# 西方大国

## 资本市场的兴起

杨大勇 著

（1568—1914）

中国社会科学出版社

**图书在版编目（CIP）数据**

西方大国资本市场的兴起：1568－1914／杨大勇著．—北京：中国社会科学出版社，2022.9
ISBN 978－7－5227－0630－6

Ⅰ.①西… Ⅱ.①杨… Ⅲ.①西方经济—经济史—1568－1914
Ⅳ.①F150.9

中国版本图书馆 CIP 数据核字（2022）第 134770 号

| | | |
|---|---|---|
| 出 版 人 | 赵剑英 |
| 责任编辑 | 刘　芳 |
| 责任校对 | 周　昊 |
| 责任印制 | 李寡寡 |

| | |
|---|---|
| 出　　版 | 中国社会科学出版社 |
| 社　　址 | 北京鼓楼西大街甲 158 号 |
| 邮　　编 | 100720 |
| 网　　址 | http://www.csspw.cn |
| 发 行 部 | 010－84083685 |
| 门 市 部 | 010－84029450 |
| 经　　销 | 新华书店及其他书店 |

| | |
|---|---|
| 印刷装订 | 北京君升印刷有限公司 |
| 版　　次 | 2022 年 9 月第 1 版 |
| 印　　次 | 2022 年 9 月第 1 次印刷 |

| | |
|---|---|
| 开　　本 | 710×1000　1/16 |
| 印　　张 | 22 |
| 字　　数 | 285 千字 |
| 定　　价 | 118.00 元 |

凡购买中国社会科学出版社图书，如有质量问题请与本社营销中心联系调换
电话：010－84083683

# 目　　录

绪　论 …………………………………………………………（1）

**第一章　金融革命与黄金时代**
　　——一骑绝尘的荷兰资本市场 ………………………（12）

　第一节　尼德兰革命与"金融革命" ……………………（12）

　　一　荷兰"金融革命" ……………………………………（12）

　　二　尼德兰革命的经费筹集与公债 ……………………（14）

　　三　资本市场与税收 ……………………………………（21）

　第二节　阿姆斯特丹银行 …………………………………（24）

　第三节　东、西印度公司的资本筹集与债券 ……………（26）

　　一　东印度公司的成立与资本筹集 ……………………（26）

　　二　东印度公司的股票交易 ……………………………（33）

　　三　东印度公司的借款与债券 …………………………（35）

　　四　西印度公司 …………………………………………（36）

　　五　东、西印度公司与荷兰的黄金时代 ………………（38）

　第四节　证券交易所 ………………………………………（41）

　　一　阿姆斯特丹交易所的起源 …………………………（41）

　　二　股票及衍生品交易 …………………………………（44）

　　三　交易监管与市场应对 ………………………………（45）

四 阿姆斯特丹股票市场与联省共和国的其他股票市场 ……… (48)

第五节 从资本市场角度审视 18 世纪荷兰的逐渐衰落 ………… (49)

小结 ……………………………………………………………… (54)

## 第二章 国债、股票与世界霸权
—— 日不落帝国资本市场的兴起 ……………… (58)

第一节 16—17 世纪的财政短缺 ………………………………… (58)

一 都铎王朝和斯图亚特王朝时期的财政状况 ………… (58)

二 复辟时期的财政状况与债务违约 …………………… (61)

第二节 光荣革命与金融革命 …………………………………… (66)

一 光荣革命与财产权制度的建立 ……………………… (66)

二 金融革命与"九年战争"融资 ……………………… (69)

第三节 英格兰银行 ……………………………………………… (72)

一 英格兰银行的成立 …………………………………… (72)

二 英格兰银行的功能和地位 …………………………… (74)

第四节 南海公司与南海泡沫危机 ……………………………… (76)

一 南海公司与国债转换 ………………………………… (76)

二 南海泡沫危机 ………………………………………… (79)

三 南海泡沫危机的影响 ………………………………… (85)

第五节 争霸战争与国债 ………………………………………… (86)

一 西班牙王位继承战 …………………………………… (86)

二 奥地利王位继承战 …………………………………… (88)

三 "七年战争" ………………………………………… (90)

第六节 东印度公司 ……………………………………………… (93)

一 英国对东方的早期探索 ……………………………… (93)

二 东印度公司的资本筹集 ……………………………… (95)

三 新老东印度公司的合并及对政府的资本支持 ……… (99)

第七节　交通运输业融资 ……………………………………（104）

　　一　运河 ………………………………………………………（104）

　　二　铁路 ………………………………………………………（107）

第八节　工业融资 ………………………………………………（111）

　　一　私人资本市场 ……………………………………………（111）

　　二　银行贷款市场 ……………………………………………（114）

第九节　证券交易所 ……………………………………………（118）

　　一　17—18 世纪伦敦证券交易所的起源 ………………（118）

　　二　17—18 世纪的证券市场 ……………………………（121）

　　三　19 世纪上半期的证券交易所和证券市场 …………（124）

小结 ………………………………………………………………（130）


第三章　危机、债券与政府

　　　　——从动荡走向繁荣的法国资本市场 …………………（133）

第一节　16—17 世纪的财政困难、贸易股份公司 …………（133）

　　一　财政危机与年金债券 ……………………………………（133）

　　二　海外贸易公司的资本募集 ………………………………（137）

第二节　18 世纪的财政危机与应对 …………………………（138）

　　一　约翰·劳与密西西比泡沫危机 …………………………（138）

　　二　财政危机与大革命 ………………………………………（147）

第三节　交通运输业融资 ………………………………………（150）

　　一　运河 ………………………………………………………（150）

　　二　铁路 ………………………………………………………（153）

第四节　工业融资 ………………………………………………（159）

第五节　19 世纪的国债 ………………………………………（166）

　　一　从第一帝国到第二帝国时期 ……………………………（166）

　　二　第三共和国时期 …………………………………………（168）

第六节 法兰西银行 ……………………………………………（170）

　一 早期的发行银行 …………………………………………（170）

　二 法兰西银行的成立 ………………………………………（172）

　三 法兰西银行与政府融资及危机应对 ……………………（174）

第七节 证券交易所 ……………………………………………（187）

　一 证券交易所的历史演变 …………………………………（187）

　二 股份公司的发展及上市 …………………………………（192）

小结 ……………………………………………………………（194）


第四章 政党斗争与金融发展

　　　——从出生到青涩时代的美国资本市场 ………………（198）

第一节 金融革命与资本市场 …………………………………（198）

　一 独立革命时期的经费筹集 ………………………………（198）

　二 金融革命与资本市场的初步形成 ………………………（201）

第二节 合众国第二银行 ………………………………………（213）

　一 银行的建立 ………………………………………………（213）

　二 银行的货币政策与贷款业务 ……………………………（216）

　三 "银行之战" ………………………………………………（220）

第三节 19 世纪上半期的国债融资 ……………………………（225）

　一 19 世纪 30—40 年代的经济危机与国债融资 …………（225）

　二 战争融资 …………………………………………………（227）

第四节 政府、州银行与资本市场 ……………………………（238）

　一 联邦政府与州政府的责任边界 …………………………（238）

　二 州特许银行（以下简称"州银行"） ……………………（241）

第五节 交通运输业融资 ………………………………………（251）

　一 政府与基础设施建设 ……………………………………（251）

　二 收费公路与运河 …………………………………………（255）

三　铁路 …………………………………………………（261）

四　政府的债务融资困境 ……………………………（270）

第六节　工业融资 ………………………………………（271）

第七节　证券交易所 ……………………………………（276）

小结 ………………………………………………………（281）

## 第五章　债券、贷款与政府

——大器晚成的德国资本市场 …………………………（285）

第一节　19 世纪的公共债券市场 ………………………（285）

一　统一前的债券市场 ………………………………（285）

二　统一后的债券市场 ………………………………（288）

第二节　交通运输业融资 ………………………………（292）

第三节　工业融资 ………………………………………（295）

一　银行贷款市场 ……………………………………（295）

二　全能银行与证券承销 ……………………………（300）

三　私人资本市场 ……………………………………（304）

四　公共资本市场 ……………………………………（306）

第四节　普鲁士银行、德意志帝国银行 ………………（312）

第五节　证券交易所 ……………………………………（314）

小结 ………………………………………………………（318）

## 结　论 ………………………………………………………（322）

## 参考文献 ……………………………………………………（327）

# 绪　　论

在传统经济学研究中，资本作为主要生产要素之一，得到了经济学家的高度重视。一国的社会经济发展离不开资本。有劳动力和土地而缺乏资本，则"巧妇难为无米之炊"。史学家在对欧美各国崛起和经济发展进行深入研究时，资本是这一研究领域的重要组成部分。一国资本的形成数量、使用规模、利用效率，直接影响一国经济发展的体量、质量和速度。在西方大国历史上，也就影响大国兴起的历史进程，包括国家形成、兴起时间、国家力量以及在世界坐标系当中的位置。如何快速筹集资本、高效利用资本，就成为除资本形成以外最重要的问题。历史上看，即使不缺资本，但缺乏对资本的快速筹集和有效利用，仍然会对一国造成很大影响，甚至引发社会动荡和革命，例如法国。法国大革命，直接原因是持续两百年的财政困境。之所以出现这样的问题，除了税收体系的落后外，还缺乏一个类似英国那样高效的资本市场，可以大规模、快速筹集资本，为政府财政解困，为战争或社会经济发展"输血"。英法争霸战争，法国之所以败给英国，也仍然是这个原因。本书主要关注资本如何通过资本市场，顺利输入国家所需的各个领域，为国家独立、崛起或社会经济发展发挥作用。

写作这本书的动机，是因为在证券行业多年，出于个人对西方金融史的兴趣，力图对西方国家资本市场的历史进行一个比较深入的学习和研究，从而为了解这些国家现代资本市场的发展状况提供必要的知识背景和更多视角。在此基础上，也有利于提升对我国资本市场未来发展的理解。我国资本市场自 20 世纪 90 年代以来快速发展。从规模和技术上看，短短 30 年时间，已经走过了一些西方国家需要上百年才能走过的历程。但是，还有很大的发展空间。我在博士学习阶段时的专业是西欧经济史，曾对英国资本市场和金融监管的历史演变做了一些研究。但是，各国情况差异很大，英国是老牌金融大国，发展路径仍有它的特殊性。因此，无论站在金融学角度，还是站在历史学角度，有必要探究一下包括英国在内的主要几个西方大国资本市场的发展历史，这可能也是作为一名历史学爱好者的直接感受。西方资本市场的发展已有数百年，而且在欧美各国，经济史、金融史的研究书籍如汗牛充栋，数不胜数，是一门显学。这对我后续的学习提供了必不可少的条件。

基于这个想法，博士阶段的研究范围尚需扩大。博士毕业后，我脱产进入北京大学国际关系学院博士后流动站工作，计划对欧美大国资本市场近代以来的发展历史尽可能做一个结构化的梳理。我的博士后合作导师是王正毅教授，经过探讨，他还希望我在原计划研究的基础上，能够关注政府和资本市场的关系。导师的指导意见非常关键。研究发现，西方大国资本市场的兴起，并非完全自动自发，而是显著的"需求驱动型"，这一需求主要来自政府，政府在资本市场的起源和发展过程中发挥了决定性影响，包括对资本市场的培育、推动以及监管。当然有时也会出现政府阻碍资本市场发展的情况。在西方大国的独立或崛起过程中，不仅有对外贸易的扩张、经济的发展，也充斥着战争、革命、宗教迫害、政治动荡等事件，经常产生大规模融资需求，荷兰、英国、法国、美国、德国等莫不如此，这一融资需求也就推动了资本市场的产生和发展。荷兰在争取独立的

"尼德兰革命"中，主要依靠债券融资获得了巨额军费，东、西印度公司通过发行股票和债券筹集发展资金。在这一过程中，荷兰成为世界贸易霸权和金融霸权。同荷兰相似，在英国，大规模战争经费筹集导致了金融革命的启动，巨额国债融资、英格兰银行的成立、征税体制改革和国债转换等，构成了金融革命的主要内容。从18世纪到19世纪，英国连续战胜法国，成为世界霸主，这与有效的国债融资密不可分。历次争霸战争中，英国发行国债提供的资金占军费支出总额的50%—75%。法国在旧制度时期，资本市场发展比较缓慢，法国大革命以后，对社会经济发展的推动作用日益显著。政府持续发行了国债，并从银行获得大量贷款，以所获资金投入社会经济发展领域。普法战争结束后的战争赔款偿付，也是通过发行国债筹集。美国建国后，以汉密尔顿为首的美国财政部发行了大量国债筹集资金，以偿还独立战争期间形成的巨额内债和外债。政府还设立了美利坚合众国第一银行，银行的股票发行是美国当时最大的股权融资，合众国第一银行也成为美国的中央银行。州政府也出资设立股份银行，银行又为各行业提供发展资金，推动了本地区的社会经济发展。各州还出资兴建运河、铁路，所需资金除了税收外，主要来源于发行公债筹资，这些公债既在国内发行，也在欧洲发行。这些措施，使刚建国不久的美国很快建立了现代金融体系，资本市场成为当时世界上最先进的资本市场。但是，随着政党斗争的加剧，19世纪上半期美国资本市场的发展也出现了很多波折。德国统一前，资本市场发展很慢。统一后，快速发展，到19世纪末，已经成为世界上最重要的资本市场之一。德国统一前后，各邦国是资本市场的债务融资主体，邦国政府通过资本市场融资，在交通运输业发展上起到了主导作用。另外，银行贷款是德国工业融资中的主要资金来源之一。因此，西方大国的独立或崛起历程，也是资本市场的兴起和发展的历程，二者紧密关联，相互作用。

可以说，近代以来到 19 世纪末 20 世纪初，西方大国的资本市场史，几乎就是一部政府融资史，政府融资在资本市场发展史上占据重要地位。在这个领域，西方史学家很早就有了深入研究。20 世纪 20 年代，哈格里夫斯就对英国从光荣革命到第一次世界大战的国债市场进行了研究，指出国债市场在英国各个历史发展阶段发挥了关键作用。[①] 麦克唐纳等人研究了荷兰、英国和美国如何通过债务手段筹集资金，实现国家的崛起和发展。[②] 富田俊基对荷兰、英国、美国、法国、德国、日本等国的国债市场进行了历史线条的梳理。他认为，国债与议会一起产生，议会主权是国债信用度的主要保证。一直到 19 世纪，国债主要用以为战争融资。[③] 詹姆斯·D. 特雷西对荷兰 16 世纪初到中期的公债市场进行了深入研究，指出哈布斯堡王朝统治时期就已出现相对成熟的公债市场，认为荷兰发生了"金融革命"。[④] 拉瑞·尼尔对荷兰东印度公司与英国东印度公司进行了比较研究，认为股价走势一定程度上反映了荷兰霸权地位的兴衰。[⑤] 邓汉姆研究了 19 世纪上半期法国的工业革命，对工业革命中政府的作用、不同行业的形成和发展等进行了深入分析。[⑥] 国外学者在这一领域的研究可谓硕果累累。

工业革命是各国在崛起过程中的重大事件，因此，在资本市场史的研

---

[①] Hargreaves，E. L.，*The National Debt*，London：Edward Arnold & Co.，1930.

[②] Macdonald，S. B.，Gastmann，A. L.，*A History of Credit and Power in the Western World*，New Brunswick：Transaction Publishers.，2001.

[③] ［日］富田俊基：《国债的历史：凝结在利率中的过去和未来》，彭曦、顾长江、曹雅洁、韩秋燕、王辉译，南京大学出版社 2011 年版。

[④] Tracy，J. D.，*A financial revolution in the Habsburg Netherlands：renten and renteniers in the country of Hollland，1515 - 1585*，Berkeley：University of California Press，1985.

[⑤] Neal，L.，*The rise of financial capitalism. International capital markets in the Age of Reason*，Cambridge：Cambridge University Press，1990.

[⑥] Rthur Louis Dunham，*The Industrial Revolution in France 1815 - 1848*，New York：Expositon Press，1955，pp. 51 - 52.

究中，对工业革命期间交通运输业融资、工业融资的研究也就必不可少，这又涉及金融发展与经济增长的关系研究。在这个领域，国内外研究就更为深入了。从亚当·斯密到白芝浩、熊彼特，再到格利、肖等人，都对此进行过深入研究和阐述。戴维斯、卡梅隆、塞拉等人，站在经济史角度，结合英、法、美、德等国金融业和经济发展的现实问题，对这个课题进行了持续的实证研究，认为金融体系（包括资本市场）为一国的工业化提供了长短期资本，降低了信息成本和交易费用，促进了经济增长。英国、美国和德国等发达国家崛起和发展过程中，金融体系获得快速发展，不仅为政府提供融资，也为社会经济发展提供了大量资本，推动了本国的经济发展和增长。菲利斯·迪恩系统研究了英国工业革命，也重点分析了银行资本对工业企业的支持。[①] 克拉潘研究了英国经济史，认为金融体系对经济增长发挥了促进作用。[②] 威德尔对法国证券交易所的演进做了分析，阐释了资本市场在法国社会经济发展过程中所承担的重要功能。[③] 安德烈·利斯对法国金融体系的产生、发展进行了系统研究，分析了金融体系和经济发展的关系。[④] 杜威较早对美国银行体系在社会经济发展中的作用进行了系统研究。[⑤] 塞拉研究了美国现代金融体系的形成过程，指出建国以后的金融体系促进了美国早期的经济增长。[⑥] 里赛尔研究了德国大银行在德

---

[①]　Dean, P., *The First Industrial Revolution*, Cambridge: Cambridge University Press, 1979.

[②]　［英］克拉潘：《现代英国经济史》上卷第一分册，姚曾廙译，商务印书馆 2014 年版。

[③]　E. Vidal, *The History and Methods of the Paris Bourse*, Washington: Government Printing Office, 1910。

[④]　Andre Liesse, *Evolution of Credit and Banks of France to the Present Time*, Washington: Government Printing Office, 1909。

[⑤]　Dewey, D. R., *Financial History of The United States*, New York: Longmans, Green and Co., 1918.

[⑥]　［美］理查德·塞拉：《扭转金融衰退：1789 年以来的政府和金融体系》，载［美］普莱斯·费希拜克等《美国经济史新论——政府与经济》，中信出版社 2003 年版，第 101—132 页。

国经济发展中发挥的重要作用。① 蒂利对 19 世纪中期以后德国银行业对工业的投资进行了研究。② 福林对德国工业化进程中金融体系发挥的作用进行了系统分析。③ 从这些国家的发展历史看，一个运行良好的金融体系会降低信息成本和交易成本，将储蓄资源高效配置在效率和回报较高的部门，从而促进投资和技术创新，提高生产率，最终推动经济增长。

基于上述考虑，本书对各国资本市场研究的内容结构安排如下。

第一是各国资本市场的早期兴起，以此作为各章起点。这一阶段，主要是战争融资或与战争融资有关的事件引发并驱动大规模政府融资，资本市场由此获得快速发展。五国当中，荷兰资本市场兴起的时间最早，起始于 1568 年爆发的尼德兰革命，本书也就将这一年作为时间区间的起点。

第二是中央银行。除了荷兰的阿姆斯特丹银行没有成为中央银行以外，其他各国在资本市场兴起阶段都出现了中央银行。英格兰银行一开始并不是中央银行，它不是政府发起，是伦敦的商人们为了给政府筹资而成立的。英格兰银行在持续为政府融资、管理国债、稳定资本市场的过程当中逐渐成为中央银行，这距离它成立时已经有百年时间。法兰西银行和美国合众国第一银行、合众国第二银行从一开始就是中央银行，但也并非一开始就具备现代中央银行意义上的所有职能。法兰西银行是拿破仑建立的，定位就是政府的银行。到第二帝国时期获得独立的货币政策权力，成为名副其实的中央银行。美国的合众国第一银行、第二银行一成立几乎就享有了中央银行的所有职权，包括货币发行、利率制定、金融监管职能

---

① Risser, J., *The German Great Banks and Their Concentration*, Washington: Government Printing Office, 1911.

② Tilly, R. H., "German banking, 1850–1913: development assistance for the strong", *Journal of Europe Economic History*, 15, 1986, pp. 113–152.

③ Fohlin, C., *Finance Capitalism and Germany's Rise to Industrial Power*, Cambridge: Cambridge University Press, 2007.

等。遗憾的是，美国这两家银行都只存在了二十年，过早凋谢，这为美国
19 世纪后半期持续的金融危机埋下了隐患。德国央行的成立是到德国统
一后，由普鲁士银行转型而成为德意志帝国银行。之所以将中央银行列入
资本市场研究，是因为央行是各国金融体系的核心，在资本市场发展中发
挥着举足轻重的作用。19 世纪历次金融危机期间，各国央行通过释放流
动性平抑危机，取得了很好的效果，这一点在英国、法国、美国尤其
显著。

第三是大型股份公司。这一点在各章的内容配置略有不同。荷兰、英
国、法国早期都有大型股份公司，包括银行和贸易公司。例如，荷兰和英
国的东印度公司等，英国的英格兰银行、南海公司。这些公司的证券构成
了本国资本市场兴起阶段除国债以外的重要产品。美国和德国资本市场兴
起较晚，已经进入 19 世纪，主要是对交通运输业、工业股份公司的研究，
也就包含在了交通运输业融资、工业融资的章节当中。

第四是交通运输业融资和工业融资。工业革命期间的交通运输业融资
是资本市场除国债融资以外最大的融资项目，占比远远超过包括制造业在
内的其他行业。首先是运河公司，后来是铁路公司。到铁路时代，铁路公
司是当时股份公司的主体。与交通运输企业相比，工业企业规模较小，所
需资本有限，19 世纪主要在私人资本市场融资，即个人圈子以内融资，
通过公共资本市场融资的不多。直到 19 世纪末 20 世纪初，工业融资在公
共资本市场的比重才开始显著上升，工业股份公司也越来越多。

第五是证券交易所。作为资本市场的物理载体之一，证券交易所出现
的很早，但成为现代意义上的交易所，各国都经历了较长的演进时期。从
交易技术和产品上看，荷兰的阿姆斯特丹交易所在 17 世纪就远远拉开了
与其他大国交易所的距离，可谓一骑绝尘。

通过这些研究，本书力图阐明以下几点：

一是在西方大国资本市场的兴起阶段，公债、国债市场构成了资本市场的主体。除此以外，银行、大型金融机构和贸易公司提供给政府的贷款，也是其中的重要组成部分。相对而言，股票市场在资本市场中所占份额很低。后来铁路公司兴起，股票市场的比重持续增加，但债券市场仍然占主体。

二是政府是各国资本市场兴起的主要推动者。资本市场并非一个完全自发的市场。在资本市场发展过程中，政府的需求起到了决定性作用。资金需求主要源于战争融资。从 16 世纪到 19 世纪，没有政府的需求推动，各国资本市场不可能大规模发展起来，至少不会那么迅速。

三是地方资本市场发挥了非常关键的作用，尤其是工业革命时期。19世纪，运河、铁路融资主要依托当地的公共资本市场。工业融资主要依靠私人资本市场，也是在当地。19 世纪中期以后，尤其是铁路热潮以后，各国的资本市场都有一个由地方市场向中心市场转移的过程。英国是逐渐向伦敦转移，法国是逐渐向巴黎转移，美国是逐渐向纽约转移，德国是逐渐向柏林转移。但阿姆斯特丹是个例外，阿姆斯特丹一直是荷兰最大的资本市场，这与荷兰省在联合省的地位有关。

还需要提及的一点是，这一时期，西方大国资本市场的主体，都有一个从土地资本、商业资本逐渐向金融资本、工业资本转移的过程。各国早期，土地资本和商业资本是资本市场的主要玩家，到了 19 世纪，金融资本、工业资本的地位逐渐增强，土地资本、商业资本的地位逐渐下滑。另外，荷兰、英国、法国的资本都曾大量输出国外，投资海外市场。需要强调的是，各国资本市场兴起的过程，其实就是资本主义兴起的过程。

从内容安排和写作手法上，本书是一本史学著作。本书采用的研究方法主要包括以下几点。首先，规范分析和实证分析相结合的方法。本书对上述国家资本市场在特定历史阶段的发展历程进行了分析，研究了资本市场对国家独立、崛起和社会经济发展的推动作用，指出了其中存在的一些共同特点和各自特征，并对国家与市场、金融体系与经济增长等问题进行了一定探讨。其次，静态分析和动态分析相结合的方法。本书引用了量化数据，在静态分析基础上进行了动态指标分析。最后，逻辑分析和比较归纳相结合的方法。一方面，通过对上述国家资本市场的历史分析，指出了对国家独立、崛起和社会经济发展所产生的作用；另一方面，对这些国家进行了对比，归纳出一些启发性的结论。本书结构安排如下。

首先是绪论，提出西方主要大国资本市场的兴起，以及对国家独立、崛起以及社会经济发展所产生的推动作用这一课题，介绍这一领域的研究现状，以及本研究的写作动机、研究目的、研究方法和文章结构。

第一章主要分析 16—18 世纪荷兰的资本市场。债务融资是荷兰在尼德兰革命时期的重要融资手段，债务工具主要是年金债券。虽然发行年金产品在荷兰起源很早，但快速发展阶段是在尼德兰革命时期。资本市场还为东印度公司的海外殖民扩张和贸易活动提供了支持，成就了荷兰的黄金时代。因此，是尼德兰革命促成了金融革命，金融革命为尼德兰革命的胜利提供了足够的经费保障。资本市场为荷兰获得贸易霸权、金融霸权起到了极为关键的作用。这一时期，荷兰资本市场的发展遥遥领先于欧洲其他各国。

第二章研究了英国在 17—19 世纪霸权形成过程中的资本市场。光荣革命后，持续的大规模对外战争产生了巨大资金需求，引发金融革命。从 18 世纪到 19 世纪，国债市场是资本市场的主体。国债融资为英国赢得争霸战争的胜利发挥了不可替代的作用。到了工业革命时代，早期的工业企业规模很小，通过私人资本市场即可获得初始建设资金和后续发展资金。英国的乡村银行是除了私人资本市场以外，工业企业最主要的资金提供者。地方资本市场是运河资本、铁路资本的主要来源。交通运输业公司构成了这一时期股份公司的主体。19世纪，英国的工业融资呈现出多层次、区域化的显著特点。借助资本市场，英国成为世界霸权国和第一大工业国。

第三章研究了法国从16世纪到20世纪初资本市场的发展历程。作为资本市场的最早形式，法国的年金债券市场起源很早。旧制度时代，资本市场一直停滞不前。18世纪初，在约翰·劳大胆而冒险的金融实验中曾经有所突破，但最终落得一地鸡毛。大革命结束后，法国现代金融体系逐渐建立起来，资本市场也进入了一个稳定而快速的发展时期，为运河、铁路建设提供了大量资金。法国的工业融资主要依靠私人资本市场，这一点和英国相似。法国的一个显著特点是，政府在社会经济发展过程中发挥了主导作用，包括对资本市场的培育和监管。

第四章研究了美国从建国到19世纪上半期资本市场的兴起。美国现代金融体系的建立，得益于联邦党人开启的金融革命，最初目的是偿还独立革命时期的内外债务。金融革命后，形成了包括中央银行、地方银行和证券市场在内的现代金融体系，有效促进了早期的经济发展。联邦政府和州政府在美国资本市场发展过程中的作用非常突出。但是，由于政党斗争的持续不断，美国资本市场的成长之路一波三折。

第五章分析了德国从19世纪到20世纪初资本市场的发展历程。相比英、法两国，德国现代意义上的资本市场起步较晚，而且直到19世纪中期以后才有了更快地发展，尤其是帝国成立以后。在铁路建设中，政府占据主导地位，包括提供主要的资金支持。银行贷款市场与私人资本市场是工业融资主要的资金来源。证券市场发展很快，但影响和规模不及银行贷款市场。与法国相似，这一阶段，无论对社会经济发展，还是对资本市场，德国各级政府发挥了决定性的影响力。

最后，结合前几章的分析，得出了一些基本结论。

本书的创新之处在于，较为系统地研究了荷兰、英国、法国、美国和德国这五个西方主要发达国家近代以来资本市场的兴起，以及国家与资本市场的关系，探究了政府在资本市场发展过程中的角色和功能定位，并对这些国家进行了一定程度的比较分析。这项研究目前国内还相对较少。

还有几点需要说明：一是对各国的研究阶段都是在国家独立和崛起的关键时期，以重点考察资本市场在其中发挥的作用。正如上文指出的那样，这一时期也是各国资本市场的兴起阶段。由于各国独立和崛起时代不同，因此研究的具体时期也不同。荷兰是从 16 世纪后期的尼德兰革命开始到 17 世纪末 18 世纪初，即荷兰的整个黄金时代。英国是从都铎王朝开始到 19 世纪中期，这一阶段正是英国大国霸权地位确立的时期。法国是从 16 世纪到 19 世纪末 20 世纪初。其间经历了两百年的财政困难时期，大革命结束后，资本市场才进入一个相对快速的发展期。美国是独立革命后到南北战争前。这个阶段是美国社会经济发展的关键时期，也是资本市场起源和形成的时期。与前述 4 国相比，德国资本市场发展相对落后。资本市场扩容、债券及股票市场的大规模发行，要到了德国统一以后，因此，时间区间确定在 19 世纪到第一次世界大战前。需要指出的是，虽然德国资本市场起步晚，但发展迅速，而且金融监管走在了各国前列。德国具有显著的"后发优势"特点。二是本书是以我的博士后出站报告为基础完成的。关于荷兰、英国、美国和德国部分在博士后阶段已完成。法国部分的相关资料在博士后期间都已整理完毕，大纲也已确定，因为时间关系，暂缓了这部分内容的撰写，未列入出站报告。书中的法国部分，是在后来工作阶段利用闲余时间梳理和撰写完成的。三是本书中，荷兰、英国、美国三个章节的部分内容，已在博士后期间发表在相关期刊上。

鉴于笔者学识、能力有限，书中不足之处在所难免，恳请各位方家及读者批评指正。

# 第一章　金融革命与黄金时代

## ——一骑绝尘的荷兰资本市场

## 第一节　尼德兰革命与"金融革命"

### 一　荷兰"金融革命"

研究荷兰资本市场的早期历史，就不能不提到金融革命，这是一个富有争议的学术议题。金融革命最早由迪克森提出，介绍了英国自光荣革命到18世纪中期公共财政的历史发展过程。[①] 很多学者认为，无论是荷兰，还是英国、美国、德国，都发生过孕育其现代金融体系的金融革命。约翰·门罗站在证券交易角度认为，金融革命由新金融技术引发，尼德兰各省城镇发行年金债券后，经过差不多两个世纪的演变，逐渐出现了能够流通年金债券的市场，最终债券二级市场在安特卫普和阿姆斯特丹得到了发展，这意味着金融革命的开始。当贸易中心地位从安特卫普转移到阿姆斯特丹以后，荷兰逐步成为金融中心。光荣革命后，英国引进了荷兰的技术和人才，开始了本国的金融革命。两国的金融革命都要比被仿效者更有效、更彻底。针对门罗的观点，尼尔认为，这是因为在金融

---

① Dickson，P. G. M.，*The financial revolution in England: a study in the development of public credit*，*1688 - 1756*，New York: St. Martin's Press，1967.

技术的移植过程中，技术引进国消除了被仿效国家存在的法律限制和障碍，政府融资的规模和效率产生革命性变化，从而为迅速实现经济领导地位，进而实现政治目标建立了强大的资本基础。① 詹姆斯·D. 特雷西强调，近代欧洲早期的第一次金融革命发生在哈布斯堡王朝统治下的尼德兰，尼德兰是神圣罗马帝国皇帝查理五世进行战争的重要资金来源。资金的很大一部分由以荷兰省为首的尼德兰各省通过发行年金债券筹集，尼德兰的高税率使这些债券的安全性和流动性得到了保障，公共债券的流通推动了资本市场的形成和发展。② 弗里茨的观点有所不同，他认为从"八十年战争"开始到 16 世纪末以前，荷兰所需的经费主要来自税收而不是公债，荷兰发起了一场税收革命。在革命早期，公债流通的市场还不存在，荷兰获得的外国援助和国外贷款比国内资本市场发挥了更为重要的作用。③ 奥斯卡·杰尔德波姆和乔斯特·约克认为，荷兰金融革命的时间应是 1600 年以后，东印度公司股票的流通促进了阿姆斯特丹二级市场的发展，从而完成了金融革命。④ 对于荷兰的金融革命，金德尔伯格持不同意见，他直言："荷兰没有发生过金融革命。……荷兰财政没有发生过任何革命，就债务管理而言，早在 17 世纪就开始朝着现代化的体制演变。"⑤

---

① Neal，L.，*The rise of financial capitalism. International capital markets in the Age of Reason*，Cambridge：Cambridge University Press，1990.

② Tracy，J. D.，*A financial revolution in the Habsburg Netherlands：renten and renteniers in the country of Hollland，1515 – 1585*，Berkeley：University of California Press，1985.

③ Fritschy，W.，"A financial revolution reconsidered. Public finance in Holland during the Dutch Revolt，1568 – 1648"，*Economic History Review*，Vol. 56，2003，pp. 57 – 89.

④ Oscar Gelderblom and Joost Jonker.，"Completing a Financial Revolution：The Finance of the Dutch East India Trade and the Rise of the Amsterdam Capital Market，1595 – 1612"，*The Journal of Economic History*，Volume 64，Number 3，September，2004.

⑤ ［美］查尔斯·P. 金德尔伯格：《西欧金融史》，徐子健、何建雄、朱忠译，中国金融出版社 2007 年版，第 172 页。

虽然对荷兰金融革命存在学术争论，但荷兰现代金融体系的产生和资本市场的兴起，与尼德兰革命（即"八十年战争"）存在紧密联系是不争的事实。荷兰在革命前已经建立了一套公共财政体系，包括税收体系和公债体系，但公共财政体系的飞跃发展，则是在革命中实现的。没有尼德兰革命，就没有各省史无前例的巨额融资，也就没有大量公共债券、公司股票、公司债券的发行以及由此产生的流动性需求，从而无法形成一个比较成熟的资本市场体系。马基林·哈特对此指出："所谓金融革命不过是荷兰为了应对无法预测的巨大战争开支所需的一项最为便宜的筹款方式而已。"[①] 这一时期，荷兰资本市场的效率、技术和产品领先于欧洲各国，并成为以后英国金融革命的样本。就金融创新而言，"革命"一词的使用可能略有过之，荷兰在金融革命中并没有新技术出现，荷兰的年金债券和短期债券在中世纪末期已经存在，新的商业组织也已经存在多年。定义为"革命"，更大意义应该在于荷兰通过业已存在的资本市场，充分调动了社会资源，最终成为世界贸易强国和金融强国。这不仅是荷兰政治史、金融史的转折，也是世界政治史、金融史的重大事件，其意义远远超越荷兰。自此以后，欧洲崛起的中心从南欧转移到了西欧，从西班牙、葡萄牙转移到荷兰，以后又转移到英国，开创了西欧近 400 年的世界霸权。从这个意义上讲，"革命"一词可谓实至名归。

## 二 尼德兰革命的经费筹集与公债

从勃艮第公国时期开始，尼德兰地区就是丰富的税收来源，勃艮第公国借助低地国家的财富，将领土一直延伸到北海。尼德兰以此为条件，换取了高度的自治权，每个省都有自己独立的政治结构、经济结构和传统，

---

① Marolein' T hart, Joost Jonker and Jan Luiten Van Zanden., *A financial history of the Netherlands*, Cambridge：Cambridge University Press, 1997, p. 11.

这项权力一直延续到了哈布斯堡的查理五世统治时期。查理五世 1515 年成为勃艮第大公，1516 年成为西班牙国王，1519 年就任神圣罗马帝国皇帝，在他统治时期，哈布斯堡王朝的威望和实力达到顶峰，尼德兰也实现了短暂的统一。这样一个大帝国必然引起欧洲其他国家的警惕。法国的长期目标一直以来就是打压哈布斯堡王朝的势力，而英国也不愿意看到欧洲大陆出现一个"巨无霸"。甚至在哈布斯堡王朝所在的德意志地区，各王侯也一直反对皇帝在德意志地区拥有实权。另一个问题是，这种区域冲突又和宗教冲突紧密联系在一起，天主教和加尔文教派的冲突愈演愈烈。哈布斯堡的君主是欧洲天主教的最大捍卫者，查理五世一生都在欧洲大陆作战。正如肯尼迪所言："民族和王朝的竞争现在与宗教狂热融为一体，使得人们不断寻求战争，而在以往，他们是可以妥协的。"[1] 战争和金钱是紧密联系在一起的，尤其自 17 世纪中期开始，欧洲的军事革命导致战争费用急剧增大。此前，作战双方的军队几乎没有超过 3 万人，到了查理五世时期，5 万—10 万人的作战部队已成为常态。[2] 战争资金的耗费十分庞大，尼德兰是查理五世最重要的财源之一。16 世纪中期，为满足哈布斯堡皇帝的作战所需，荷兰省提供的资金比 30 年前多出 10—15 倍，导致税收急剧增加，引起了市民和商业阶层的严重不满。[3] 为了缓和税务负担，荷兰省议会发行了年金债券，既获得了资金也满足了地方精英的投资兴趣。尼德兰人购买年金的历史早已有之，至此已经有两个世纪。早在 15 世纪，荷兰的年金型公债已经形成很大的市场，受到富裕阶层市民的欢

---

① ［美］保罗·肯尼迪：《大国的兴衰：1500—2000 年的经济变迁与军事冲突》，陈景彪等译，国际文化出版公司 2005 年版，第 33 页。

② ［美］保罗·肯尼迪：《大国的兴衰：1500—2000 年的经济变迁与军事冲突》，陈景彪等译，国际文化出版公司 2005 年版，第 43 页。

③ ［荷］马尔滕·波拉：《黄金时代的荷兰共和国》，金海译，中国社会科学出版社 2013 年版，第 17 页。

迎。16 世纪，阿姆斯特丹甚至规定了年金型公债购买额度的上限。[①] 荷兰省通过这一体系筹集到的资金不仅提供给查理五世，也用于应对与周围其他省的战争和保护本地区与波罗的海地区的贸易。由于查理五世的融资需求，尼德兰采用一种公共债务体系来实现这个目的，最终通过这一体系用以支持独立，这一体系将被证明非常有效。

1555 年，查理五世将王位传给儿子菲利普，即菲利普二世，菲利普同时继承了对尼德兰的统治权。与查理不同，菲利普二世在西班牙出生和成长，1559 年查理五世去世后，菲利普二世离开尼德兰前往西班牙，这成为未来尼德兰政局的分水岭。菲利普二世倾向于中央集权，强化对尼德兰的控制，起先他任命自己的姐姐玛丽担任尼德兰总督。玛丽执政时期，政治相对开明，宗教自由也得到了一定程度的尊重。随着新教徒活动的进一步扩大，玛丽和荷兰贵族之间的矛盾有所激化。1567 年，菲利普二世命阿尔瓦大公接替玛丽进入尼德兰。不久，阿尔瓦大公取代奥伦治亲王威廉成为荷兰、泽兰和乌特勒支的执政。阿尔瓦对尼德兰采取高压统治，引发反抗。为了支付军饷，还增加了新的税收，这一举动断绝了双方所有可能的妥协与让步。1568 年，荷兰的贵族们举起了反抗哈布斯堡王朝的大旗，开始了长达 80 年的独立战争。1579 年 1 月 6 日，受西班牙控制的南尼德兰地区在阿图瓦省会阿拉斯（Atrecht）发表声明，保留天主教并忠于西班牙国王，阿拉斯联盟成立。为了对抗这一联盟，1 月 23 日，北方各省发表声明，宣告为摆脱西班牙的统治而继续斗争，乌特勒支联盟成立。这是尼德兰分裂为现代比利时和荷兰的开始。乌特勒支联盟确立了七省联合共和国的政治框架。本质上，这是一个七省合作的军事联盟，与真正的统一国家还有很大不同，政治系统、财政系统，甚至部分军事系统仍处于

---

① ［日］富田俊基：《国债的历史：凝结在利率中的过去和未来》，彭曦、顾长江、曹雅洁、韩秋燕、王辉译，南京大学出版社 2011 年版，第 100 页。

分立状态。① 成立于勃艮第王朝时期的三级会议（State Gerneral）成为临时政府机构，早期这个机构只审议征税问题。因此，各省相对独立，资本市场筹资主要依靠各省，尤其是荷兰省。阿姆斯特丹是联省共和国（或称为"联合省""荷兰"，与荷兰省相区别）最主要的资本市场。

战争以金钱维持，没有雄厚的资金支持，战争很难进行下去。交战双方面对连年战争都不堪重负。联省共和国也不轻松，战争初期，经费一度难以维持。早期的资金来源十分有限。共和国接受了一些国外援助，比如英国女王伊丽莎白一世曾经一次援助 30 万盾。实施货币贬值也是方法之一。1573 年，荷兰省对硬币进行了重铸，将每单位硬币的面值提高了15%，这意味着增加了 15% 的收入。另外，荷兰还没收天主教会的资产用于冲抵战争经费，或者偿付荷兰付出的额外支出。② 但这些远远不够，战争的巨额经费超出了联省共和国的预算。1568 年，联省共和国的战争预算为 290 万盾。到 17 世纪 30 年代，年均费用为 2200 万盾，翻了 7 倍多。③ 其中，作为联省共和国支柱的荷兰省分摊最多，平均接近 58%。④联省共和国虽然计划建立全国性的税收体系，但这在两个世纪以后才实现。另外，税收筹措资金所需周期较长，而战争对资金的需求往往很急迫。为了解决经费问题，联省共和国尤其是荷兰省大规模发行了短期债券、终身年金和永续年金，其中，短期债券占据主要份额，比例至少在60% 以上。1600 年，荷兰省在资本市场的融资额度为 500 万盾，随后的20 年里，规模增加到 2000 万盾左右。1609 年，交战双方签订了 12 年的

---

① ［荷］马尔滕·波拉:《黄金时代的荷兰共和国》，金海译，中国社会科学出版社 2013 年版，第 61 页。

② Fritschy，W．，"A financial revolution reconsidered. Public finance in Holland during the Dutch Revolt，1568 – 1648"，*Economic History Review*，Vol. 56，2003，pp. 57 – 89.

③ Hooker，M. T．，*The history of Holland*，London：Greenwood Press，1999，p. 88.

④ Marolein' T hart，Joost Jonker and Jan Luiten Van Zanden，*A financial history of The Netherlands*，Cambridge：Cambridge University Press，1997，p. 16.

停战协定，军费有所下降，但重新开战后军费增幅更大。到战争结束的1648 年，荷兰省的融资额度高达 1.25 亿盾。马尔滕·波拉认为，对荷兰省代议制政府的信任是公共债券得以顺利发行和流通的关键。[①]

在联合省，各省自主发行债券和执行税收任务，没有中央控制。三级会议的任务就是收缴经费，统一配送给各个单元使用。通过发行公共债券，荷兰省和一些经济发达的商业城市促进了联省共和国资本市场的逐渐成熟。1585 年，安特卫普被西班牙攻陷，联省共和国立即封锁了贸易要道斯凯尔德河，导致安特卫普的大多数商人转移到了阿姆斯特丹。这些商人不仅带来了技术，也带来了资本，使阿姆斯特丹继承了安特卫普国际贸易中心的地位，也提升了其日后作为国际金融中心的资本实力。安特卫普逐渐失去了贸易中心和金融中心的地位，尤其是对于哈布斯堡王朝的官方金融的霸权地位，原因在于安特卫普金融市场过于依赖西班牙的税收、信贷和贵金属进口，一旦西班牙宣布破产或还款延期，必然会受到严重打击。[②] 金德尔伯格指出："16 世纪阿姆斯特丹与波罗的海地区以西至法国比斯开湾的贸易很兴盛。但是，直到 16 世纪最后 15 年，随着来自安特卫普和荷兰南部的商人和银行家涌入，阿姆斯特丹的贸易才有了爆炸性的扩展，扩大到包括与地中海地区。"[③]

发行公债，发行人就要承担相应的成本，这就是公债利息。在战争年代，利率相对较高。近代欧洲早期，因无法支付巨额利息曾经导致多次国家破产。西班牙的菲利普二世曾在 1557 年、1575 年宣告破产，严重打击

---

[①] ［荷］马尔滕·波拉：《黄金时代的荷兰共和国》，金海译，中国社会科学出版社 2013 年版，第 78 页。

[②] ［英］E. E. 里奇、C. H. 威尔逊主编：《剑桥欧洲经济史》第 5 卷，高德步、蔡挺、张林等译，经济科学出版社 2002 年版，第 341 页。

[③] ［美］查尔斯·P. 金德尔伯格：《西欧金融史》，徐子健、何建雄、朱忠译，中国金融出版社 2007 年版，第 56 页。

了人们对安特卫普资本市场的信心，这也是阿姆斯特丹取代安特卫普成为欧洲资本中心的原因之一。战争初期，债券利率曾经上升到20%，这意味着战争形势不明朗所蕴含的风险溢价。最初十多年，阿姆斯特丹还延期了利息支付。随着形势的变化，利率开始走低。到1580年，利率降到了8%，17世纪初期，进一步下降到6.25%，接近了16世纪初期的利率水平，到17世纪中期为5%，以后又到了4%，并持续了很长时间，也曾经一度达到了3%的低点，但时间不是很长。一方面，战争形势逐渐发生了变化；另一方面，随着战争的继续，投资于资本市场的资金越来越多，政府无须以更高利率便可获得所需的资金。① 同时，低廉的融资成本使公债发行也更为顺利，进一步扩大了荷兰资本市场的规模和容量，使联省共和国能充分挖掘各省的资金潜力。战争初期，大部分债券都是短期债券，人们希望偿付越快越好。自17世纪开始，长期债券的发行规模越来越大，年金债券在资本市场融资中的比例有了很大提高。②

荷兰发行公债的主体不是联省共和国，而是各省和城镇，还有海军。政府层级和部门的发行主体是税务官，税务官也分为三个层级，联合省、各省以及各城镇的税务官。各层级的税务官不仅负责公债的发行，也负责利息支付。大部分公债都是短期债券和永续年金，另外还有终身年金。利息支付金额庞大，对政府而言成本很高。终身年金在投资人中十分受欢迎，尤其是一些中小投资者和个体投资人，比如工匠、仆人等，因为这种年金实际上为他们的后半生提供了稳定的生活保障。但是，年金公债的发行利率并没有考虑到购买者的年龄大小，甚至5岁

---

① Marolein'T hart, Joost Jonker and Jan Luiten Van Zanden., *A financial history of The Nether-lands*, Cambridge: Cambridge University Press, 1997, p. 18.

② ［日］富田俊基：《国债的历史：凝结在利率中的过去和未来》，彭曦、顾长江、曹雅洁、韩秋燕、王辉译，南京大学出版社2011年版，第103页。

的小女孩也可以购买终身年金，且利率和年长者相同，带给政府很高的成本。① 高成本、不确定性以及缺乏流动性，致使对终生年金产品的需求有限，无法满足政府的融资需要，迫使政府不得不发行可赎回年金和短期债券解决问题。② 年金是中长期筹资的主要形式。很多投资人认为短期债券更能得到城市和行省的保障，相对于年金，短期债券流通不用缴纳交易税，因此也更容易流通。从 17 世纪开始，一般短期公债的周期为 6 个月，很容易被出售，虽然匿名购买者的行动仍然要受到一些限制，但没有对流通形成很大影响。③

共和国独立以前，资本市场已经出现了一批投资机构，如孤儿院、福利所和教会。它们有自己的主业，投资公共债券是副业。这些机构将资产从房地产转向金融资产，促进了资本市场的活跃和发展。16 世纪初，阿姆斯特丹市政府就建立了孤儿院，收养日益增多的城市孤儿。这些孤儿院的主要收入来源是政府补贴、社会捐赠、土地租金以及投资收益。1578 年以后，政府将没收了的天主教教堂财产转交给孤儿院，一些富人也将一些房地产捐赠给孤儿院，这使孤儿院的资金比较宽裕。为了资金的保值增值，孤儿院一方面投资房地产，另一方面开始购买公共债券。根据杰拉德波姆和约克的研究，其中有一家最大的孤儿院，1590 年在金融资产上的投资为 26364 盾，从中获得的投资收益占其年度收入的 14%。孤儿院每年还将收入的三分之一重新投入资本市场，购买荷兰省和阿姆斯特丹发行的定期年金产品。这家孤儿院在资本市场的投资持续到了 18 世纪中后期，

---

① Marolein' T hart, Joost Jonker and Jan Luiten Van Zanden. , *A financial history of The Netherlands*, Cambridge：Cambridge University Press, 1997, p. 21.

② Mark hup, "Life annuities as a resource of public finance in Holland, 1648 – 1713 Demand – or supple – driven", Bachelor Thesis Economics, University Utrecht, July 2011.

③ Marholein' T hart, "Mobilising resources for war in eighteen century Netherlands, The Dutch financial revolution in comparative perspective", Paper for the IEHA Congres IN Helsinki Session 69, "Mobilising Money and Resources for War", 2006.

而且投资规模越来越大。除了这家最大的孤儿院外，还有其他机构，比如扶贫基金、中小规模的孤儿院、医院、精神病院、教堂等。① 这些机构虽然单独持有的金融资产不多，但总体规模仍然可观。这形成了荷兰公共债券市场的一个重要特点，机构投资者成为投资者队伍中的重要组成部分，这对保持公债市场的稳定具有重要意义。

公债市场虽然为联省共和国提供了长期的资金支持，但由于各省高度自治，城镇也保持着相应的自主权，各省税收体系分立，联省共和国从未发行过有统一税收系统支持的国债，没有形成全国统一的国债市场，这种状态一直持续到拿破仑占领时代。联省共和国的内部结构呈现出双层分立性。在省级层面，各省之间呈分立状态。在城镇层面，城镇之间也呈现分立状态。这种政治状态导致无法产生统一的国债，也限制了联省共和国更充分和有效地调动全国资源。在独立革命时期，这种分立状况或许具有一定的灵活性和适应性，但是，随着外部环境的变化，尤其是和英国的竞争加剧以后，分立带来的后果也将越来越严重。

### 三　资本市场与税收

马基林·哈特曾对联省共和国和荷兰省的税收进行了研究，认为荷兰公债体系的有效性在于荷兰有一套由城镇到省的税收征管系统。对债券的利息及本金偿付依靠各省独立的税收体系来保障。联省共和国的资金主要依靠荷兰省，如上文指出，长期份额大约为58%，其他省份大约为30%，其余资金由联省共和国的收税官负责。荷兰省的税收收入主要来自消费

---

① Gelderblom, O. and Jonker, J., "With a view to hold: The emergence of institutional investors on the Amsterdam securities market during the seventeenth and eighteen centuries", In Jeremy Atack and larry Neal (eds.), *The Origins and Development of Financial Markets and Institutions – from Seventeen Century to the Present*, Cambridge: Cambirdge University Press, pp. 71 – 98.

税。荷兰省对每一种产品都会以这种或那种方式征税。17 世纪后期的英国驻荷兰大使坦普尔听人说过，在阿姆斯特丹，当一条鱼被盛在盘子里端上餐桌的时候，它已经被征了不下 30 种税。① 对于荷兰的税收体系，马尔滕·波拉做了系统的介绍：

在整个 17 世纪，荷兰省的公共金库主要是依靠消费税填满的，在政府的全部收入中，消费税带来的收入几乎要占 2/3。这种征税方式的一个好处是它给政府当局带来的便利。通过让供应商负责收税——这种方式与今天烟草和汽油收税的方式是一样的——政府当局就可以只检查一个人数相对较少的群体的账户。由于荷兰省的市场经济已经高度发展，有大量的金钱流通，政府当局可以相对比较容易地利用这种流通来增加税收。这个体系的缺陷在于，它相应地把更大的负担放在了穷人的肩上。通过向消费者征税——而且主要是向人们的日常必需品征税——税收就落在了那些普通人的头上。富人们却几乎不受这种税的影响。比如，稳步上涨的农产品价格和地租就足以抵消他们所缴纳的土地税——在 17 世纪上半期税率稳定之时这是确定无疑的。从理论上讲，还有其他方式让富人们承担起他们那部分责任，可是荷兰省却不愿意采取这些措施。人们一再拒绝考虑开征所得税的可能性，因为商人们不愿意打开他们的账本并公布他们的贸易联系以供政府审计。这个观点足以说服荷兰省——它很清楚贸易对该省的繁荣是多么重要——不要开征所得税。然而，最终也无法逃避直接税了，它就采取了不动产税的方式。特别是 1672 年以后，在与法国作战期间，经常征收财产税——由省将一部分私有财产或地产充公，而

① ［荷］马尔滕·波拉：《黄金时代的荷兰共和国》，金海译，中国社会科学出版社 2013 年版，第 61 页。

财产所有者则被要求一年数次上交商品或金钱。在 17 世纪 70 年代，就曾征收过不下 28 次的两百分之一税，这是一种缴纳房地产、有价证券或其他资本财产价值 0.5% 的税，共计获得了这类商品总价值的 14%。重要的是，商业资本是免征这种税的。17 世纪 70 年代所征的财产税对于支付急剧增加的战争费用来说是必要的。在该世纪上半期，共和国的开支迅速增加。《十二年停战协定》之前还不到 1000 万盾，17 世纪 30 年代就增加到两倍以上。①

　　因此，正是荷兰有效的税收体系，保证了公债的信誉度，使公债的还本付息得到了保障，提升了资本市场的有效性。有趣的是，在荷兰省的税收和公债的关系问题上，也存在一些不同认识。以弗里茨为代表的一些史学家提出了"税收革命"的观点，认为荷兰有效的税收体系保障了公债体系的可信度和资本市场的有效性。马尔滕·波拉认为，不是税收的充裕保证了公债的信誉度，而是税收的严重不足导致荷兰通过发行公债弥补开支缺口。在这里讨论二者的逻辑关系似乎没有太多意义，二者是互补和互相促进的。税收和公共债券发行收入共同构成了联省共和国最主要的资金供给。

　　尼德兰革命历时 80 年之久，战争经费从 16 世纪后半期的每年几百万盾增加到 17 世纪上半期的几千万盾甚至上亿盾。荷兰可以从资本市场融入资金，得益于这一市场的有效性，主要体现在以下三个方面。一是资本市场容量大。多年以来，荷兰通过贸易获得了充裕的资本积累，为资本市场提供了雄厚的资源。二是相对于西班牙，荷兰的共和体制使人们对资本市场更为信任，人们敢于且愿意购买债券，促进了资本的高

---

① ［荷］马尔滕·波拉：《黄金时代的荷兰共和国》，金海译，中国社会科学出版社 2013 年版，第 77 页。

效配置。三是资本市场的投资人不仅有中小投资者，还有商人、政客和一些机构投资者，他们的商业利益、政治利益和国家的政治前途紧密相关，争取尼德兰革命的胜利符合他们的最大利益。投资人对国家政治前途的期望和信心保证了资本供给的稳定性和长期性。正是这些因素，使荷兰资本市场为尼德兰革命提供了持续的巨额资金支持，最终促成了荷兰的独立。同时，资本市场也借助尼德兰革命融资，不断扩张和发展，成为当时世界最发达的资本市场。无论是其规模，还是其效率，欧洲其他大国都难以望其项背。

## 第二节　阿姆斯特丹银行

几个世纪以来，人们对中央银行已经形成了这样一种认识：中央银行的存在以及监管作用，是金融体系和资本市场稳定发展的重要条件。没有中央银行，一国就没有完整的金融体系。没有中央银行的干预和支持，一国金融体系和资本市场的稳定性就难以得到保障。危机时期，中央银行提供流动性，发挥最后贷款人功能，这是现代金融体系和资本市场得以保持稳定的重要措施之一。以英国为例，自 18 世纪以来，英格兰银行在历次金融危机期间一直发挥着最后贷款人的功能，基本维护了英国的金融稳定。美国的金融体系也是到美联储成立以后才逐渐告别了危机频发的时代。这一点荷兰有所不同。阿姆斯特丹银行是荷兰黄金时代货币市场的主角，但最后没有成为中央银行，这与英格兰银行形成鲜明对比。阿姆斯特丹银行没有承担起统一发行和管理荷兰公共债券的功能。金德尔伯格描述了阿姆斯特丹银行成立初期的状况："阿姆斯特丹银行是应布匹进口商的要求而迅速建立的，就像亚当·斯密所说，不仅外来的硬币引起混乱，而且当地铸造的硬币也很混乱。14 个铸币厂在联合省中竞争铸币税，当时每省有 1 个铸币厂，有 1 个省有两个，还有 6 个城市铸币厂。……于是，荷兰于 1603 年和 1609 年制定了统一铸币的法令。统一铸币的标准是为了防止货币兑换商将成色好的硬币挑选出来并将之熔化。然而法令未能统一铸币标准。在松散的联邦体制下，上级联邦政府不能将自己的意志强加到下级政府。"① 这种情况下，1609 年，阿姆斯特丹市成立了阿姆斯特丹银行，解决货币混乱的问题。银行一成立，便迅速承接了几乎所有的货币兑换和现金业务，成为荷兰货币市场的核心。银行的主要业务是：吸收存款，通过各方在银行的账户进行资金清算和划付，兑换和购买以前的和不再流通的硬币。1609 年，市政当局规定，所有超过 600 盾的汇票交易必须在阿姆斯特丹银行办理，于是商人们都在银行开立了自己的存款账户。② 阿姆斯特丹银行不办理汇票贴现、资产管理和发行银行券等业务，它的核心功能还是转账并从中获利。由于很少办理贷款业务，加之得到阿姆斯特丹市政府的支持，银行具有很高的信誉，甚至 1672 年的危机也没有导致银行的资金外流。虽然存款没有利息，但人们仍然认为在阿姆斯特丹银行的存款既有保证也十分便利。1610 年，银行每个账户的存款余额平均为 1300 盾，到了 17 世纪后期，这一数字攀升到了 3500 盾。③ 银行严格禁止透支行为，对透支处以 3% 的罚息。银行的贷款业务非常有限，但会对市政府和东印度公司提供偶有例外的贷款。④ 银行的现金一直低于存

---

① ［美］查尔斯·P. 金德尔伯格：《西欧金融史》，徐子健、何建雄、朱忠译，中国金融出版社 2007 年版，第 56 页。

② Gelderblom, O. and Jonker, J., "Amsterdam as the cradle of modern futures and options trading, 1550 – 1650", In W. N. Goetzmann and K. Geert Rouwenhorst (eds.), *The Origins of Value: The Financial institutions that Created Modern Capital Markets*, New York: Oxford University Press, 2005, pp. 189 – 205.

③ Marolein' T hart, Joost Jonker and Jan Luiten Van Zanden., *A financial history of The Netherlands*, Cambridge: Cambridge University Press, 1997, p. 47.

④ ［美］查尔斯·P. 金德尔伯格：《西欧金融史》，徐子健、何建雄、朱忠译，中国金融出版社 2007 年版，第 56—58 页。

款总额，说明银行自成立开始，一直存在贷款业务，只是很多业务采取了保密措施。到 18 世纪，阿姆斯特丹银行的贵金属交易十分繁荣，成为该银行最重要的业务。商人付出一定的管理费，银行可以为其存入的金银开具存款证书，存款人在已支付管理费的情况下随时可以持存款证书兑现。存款证书起到了银行券的作用。这一功能使荷兰成为欧洲的贵金属交易中心。但是，贵金属货币存款的一个重要后果是，很多商人都不愿意提取现金，因为既不方便也不安全。商人更愿意通过银行券进行交易，这实际上引发了银行券的不可兑换性。为了避免风险，阿姆斯特丹银行开始在货币市场上对流通的银行券开展买入和卖出业务。当自由市场上的银行券对硬币的贴水低于 4.25% 时，银行就回购银行券；当银行券对硬币的升水高于 4.875% 时，银行就出售银行券。[①]

阿姆斯特丹银行无疑是那个时代最有影响力的银行。乔斯特·约克等人认为，稳定的货币是荷兰崛起的推动因素之一。阿姆斯特丹银行为联省共和国的货币稳定做出了重要贡献。无论是贸易崛起，还是资本市场进步，如果没有货币稳定，一切无从谈起。虽然没有承担起监管与稳定资本市场的功能，但阿姆斯特丹银行通过对东印度公司等商业机构的贷款，一直以来都是资本市场的重要参与者。

## 第三节　东、西印度公司的资本筹集与债券

### 一　东印度公司的成立与资本筹集

荷兰的黄金时代与东、西印度公司的贸易扩张密不可分。两个公司通过扩大对外贸易，拓展殖民地，将欧洲与殖民地的商业贸易紧密联系在一

---

① ［英］E. E. 里奇、C. H. 威尔逊主编：《剑桥欧洲经济史》第 5 卷，高德步、蔡挺、张林等译，经济科学出版社 2002 年版，第 315 页。

起。游弋在世界各大洋的东、西印度公司的船队，是荷兰帝国的旗帜与象征。经济史学家指出，东印度公司的发展壮大离不开荷兰资本市场的支持。东印度公司成立时，荷兰处于"八十年战争"期间。尼尔认为，东印度公司成立的本意仍然是解决战争经费问题。[①] 公司通过资本市场募集股本，股票可以流通，吸引了国内资本，增强了公司的经营实力，促进了联省共和国的崛起。东印度公司还发行公司债券，补充日常运营资金。杰拉德波姆和约克指出，有了东印度公司和西印度公司的股票和债券流通，意味着荷兰真正完成了金融革命。[②]

股份公司的出现，与远洋贸易紧密相关，无论是英国还是荷兰，都是如此。到中世纪末期，世界各大地区，包括亚洲、非洲、欧洲和美洲，仍然是相对封闭的几个地区，彼此之间的联系也不过是十分有限的贸易往来。自 15 世纪地理大发现以来，这一格局被逐渐打破，地理大发现开创了未来世界的新格局。对此，库纳厄特指出："此后，自 15 世纪以来，地区间联系趋向增加并变得更为活跃，这缓慢地促进了世界单一市场的产生。面临新任务的大西洋沿岸的欧洲人发展和应用了新的经济技术。他们改变了经济组织的构架，创立了新的合作行为方式和新的国家部门，最为重要的是创立了新的商业公司。他们改进了技术，并通过新的资产组织形式和重新采用奴隶制而改变了运用资本的方式。国家更加直接地干预经济事务并且缓慢地创建了近代殖民地。一般认为，他们的方式最初属于重商

---

① Neal, L., "Venture Shares of Dutch East India Company", In W. N. Goetzmann and K. Geert Rouwenhorst (eds.), *The Origins of Value: The Financial institutions that Created Modern Capital Markets*. New York: Oxford University Press, 2005, pp. 165 – 175.

② Gelderblom, O. and Jonker, J., "Completing a financial revolution. The finance ofthe Dutch East India trade and the rise of the Amsterdam capital market", *Journal of Economic History*, Volume 64, Number 3, September, 2004, pp. 641 – 672.

主义，并最终发展成近代资本主义。"[1] 开创未来的艰巨任务，将由那些新的商业组织来完成，这就是贸易股份公司。一开始，它们数量有限，并以政府特许公司的形式出现，以后股份公司的数量有所增长。其中，影响最大、最负盛名的仍然是几个大贸易公司，尤其是 1602 年成立的荷兰东印度公司。

早期荷兰的贸易活动主要是波罗的海和北海贸易，以后发展了对美洲、亚洲的贸易。1595 年，有四艘荷兰商船绕过好望角前往东印度，耗时两年，损失了一艘船和 60% 的船员，最终得以返回荷兰。虽然没有盈利，但标志着荷兰通过南部航线开展亚洲远洋贸易的开始。[2] 1598 年，西班牙人对荷兰再次实施禁运，几乎断绝了香料供应，迫使荷兰建立起自己的公司展开东印度地区的贸易活动，这些公司分别在阿姆斯特丹、鹿特丹、米德尔堡等地。通往亚洲距离遥远，花费时间长，风险高，资本需求规模很大。每艘商船开展亚洲贸易所需的资本数量是前往非洲或加勒比海的 2—4 倍，通常高达 10 万盾，这是个人和合伙企业无法承担的。[3] 原始的股份公司形式在中世纪意大利城市以及中欧的矿区已经出现。伴随着资本扩大以及世代继承和给予法律上的人格特权，合伙企业联合成股份公司反映了资本联合的要求，以便在远距离贸易、采矿和冶金、重要的革新项目和专业的金融业务方面统一管理资本，提高资本效率，获得更多利润。投资人希望很快收回资本，但前往亚洲的航行结束后进行清算分红需要10—15 年时间。投资额度大，投资周期长，迫切需要一种新的商业形式

---

① ［英］E. E. 里奇、C. H. 威尔逊主编：《剑桥欧洲经济史》第 4 卷，张锦冬、钟和、晏波译，经济科学出版社 2003 年版，第 200 页。

② ［荷］马尔滕·波拉：《黄金时代的荷兰共和国》，金海译，中国社会科学出版社 2013 年版，第 97 页。

③ Gelderblom, O. and Jonker, J. , " Completing a financial revolution. The finance of the Dutch East India trade and the rise of the Amsterdam capital market", *Journal of Economic History*, Volume 64, Number 3, September, 2004, pp. 641 –672.

来解决资金问题。1598—1602 年的 5 年，有 51 艘船从尼德兰驶向东方。除了一支有 9 艘船的船队外，其他船队都安全返航，并有所盈利。① 这些船队中，阿姆斯特丹的船队最大。16 世纪末到 17 世纪初的 10 年中，仅从阿姆斯特丹出发前往亚洲的船队达到了 7 支，约有 50 艘船，这些船只分属于不同的贸易公司。从 1595 年到 1602 年，这些贸易公司的累计收入达到 1500 万盾，同期投入为 900 万盾，盈利可观。② 为了协调亚洲贸易的巨大利益，荷兰省提出建立一个统一的亚洲贸易公司的计划，得到了三级会议的支持。起初泽兰省对此并无兴趣，但在三级会议和荷兰省的坚持下，1602 年，10 家公司还是合并为一个巨型公司，这就是历史上赫赫有名的荷兰东印度公司。公司章程包含了 46 项条款，序言说明了公司的起源和目的。三级会议荷兰省代表对东印度公司成立的一份声明中指出：

> 　　联合省三级会议向到场的所有代表致以敬意。我们认为联合省的福祉主要依靠来自贸易和商业的利润。这些贸易和商业活动，不仅来往于相邻的国家，也有更遥远的地区，包括欧洲、亚洲以及非洲国家。过去 10 年中，这一贸易传统得到了更大的拓展，得益于阿姆斯特丹一家商人公司的付出、努力和风险。这家公司在东印度地区获得了很大的商业成功。由于这家公司的成就，泽兰、马兹和北部地区、西弗里斯兰也成立了这样的公司。一定程度上，联合省以及联合省的居民都依靠这些公司。经过对这一发展的思考，我们相信，这些公司的贸易和商业活动应该继续开展下去，持续拓展，而这需要进行统一

---

① ［英］E. E. 里奇、C. H. 威尔逊主编：《剑桥欧洲经济史》第 4 卷，张锦冬、钟和、晏波译，经济科学出版社 2003 年版，第 177 页。

② Gelderblom, O., "The Gold Age of the Dutch Republic", In W. Baumol, D. Landes, and J. Mokyr（eds.）, *History of Entrepreneurship*, Princeton：Princeton University Press, 2008.

的控制，以保证这些业务更公平，能够更好地行动，以及更好地维护各方的利益，形成统一的管理。基于这个原因，这些东印度公司的投资人建议合并为一个公司，以继续推进这项具有荣誉性、责任性和能盈利的行动，不仅为了联合省人民的福祉，也为了最早开始这项光荣业务的先驱和那些投资人。为此目的，这些贸易活动必须置于一个稳定的公司的领导之下，执行统一的命令和维护公平，以保障联合省所有参与这些贸易活动的人们的利益。经过持续的交流、深入思考、汇报和建议，在场的代表们都了解并理解这些公司合并的原因，对这些公司合并为一家公司也高度赞成。对这个合并方案，三级会议经过充分的辩论，一致认为，为了联合省的福祉，以及为了联合省所有民众的个人利益，合并工作必须推进下去。①

在章程中，涉及公司股票的转让条款，主要是第 7 条和第 9 条。第 7 条规定："联合东印度公司自 1602 年前开展和继续业务，并保证 21 年的持续时间。每 10 年作为一个账户封闭周期。10 年以后，投资人可以自由从公司抽取自己的投资以及盈余。"这表明东印度公司的一个经营周期为 10 年，10 年后进行结算分红，投资人可以自由撤出自己的投资和产生的利润。第 9 条规定："如果投资人不想继续参与未来的风险经营，他们可以抽取资本。在这种情况下，他们的剩余资本和至少 7.5% 的利息应予返还。"②

东印度公司的成立，不仅是一项商业决策和商业行为，也是一项政治

---

① Jeffrey Stephen Robertson, *Capitalism and accounting in the Dutch East – India Company 1602 – 1623: an historical study of determining influences and practices*, Research Online, University of Wollongong, p. 293.

② Jeffrey Stephen Robertson, *Capitalism and accounting in the Dutch East – India Company 1602 – 1623: an historical study of determining influences and practices*, Research Online, University of Wollongong, p. 300.

决策。公司成立之时，"八十年战争"才进行到一半。联合省成立东印度公司，也是为了通过东印度公司的贸易和所获利润为战争"输血"。公司的资本总额为640多万盾，阿姆斯特丹的商人认购了360万盾，其余额度分别由米德尔堡、鹿特丹、代尔夫特、霍伦和恩克森5个城市的商人认购。如果在过去，要发行如此大额度的股票，人们要花很多时间和精力去宣传和游说。但是，16世纪后半期以来，荷兰金融市场已经获得很大发展，前往亚洲的远航贸易收益可观，因此大部分额度很快就被市场消化，仅有29%的额度是通过个人联系和游说兜售的。股票发行的成功得益于人们对亚洲贸易美好前景的信心，也说明荷兰资本市场的巨大容量。阿姆斯特丹分公司的股票由1143名投资者认购，绝大部分是阿姆斯特丹的商人，也有其他省份和城市的投资人。[①] 其中有一个投资者认购了6万盾阿姆斯特丹分公司的股票，另外还认购了4.5万盾米德尔堡分公司的股票，成为东印度公司最大的个人股东。投资人结构的多样性为日后股票交易的活跃创造了条件。股票认购簿的第1页，说明了股票可以转让。投资款可以分期支付，1603年支付25%，1604年、1605年分别再支付33.3%，1607年支付最后部分。[②] 亚洲贸易的航行和结算经验使公司高层认识到，必须保持股本的长期性和稳定性，才能维持这种大规模和远距离的贸易活动。因此，章程规定公司的股本运营周期为21年，并规定只有通过一定的财务手续，股份方可转让。

与荷兰共和国的政治结构相似，荷兰东印度公司的组织形式也有明显的松散特征。公司为了避免出现拥有巨大权力的统一管理机构，成立了多

---

① Marolein' T hart, Joost Jonker and Jan Luiten Van Zanden. *A financial history of The Netherlands*, Cambridge: Cambridge University Press, 1997, p. 169.

② Gelderblom, O. and Jonker, J., "Completing a financial revolution. The finance of the Dutch East India trade and the rise of the Amsterdam capital market", *Journal of Economic History*, Volume 64, Number 3, September, 2004, pp. 641-672.

个委员会承担不同职能。这种管理结构具有一定灵活性，能为反对意见提供充足的讨论空间和达成一致的可能性。不利之处在于决策过程必然复杂而冗长。公司董事会成员由 6 个分公司派出的 17 名代表组成。其中，阿姆斯特丹分公司最多，拥有 8 名代表，显示出阿姆斯特丹在公司的地位。泽兰拥有 4 名代表。董事会每年召开 2—3 次会议，主要是制定公司的统一政策，并监督各城市所属船队的贸易行动，决策方式是多数票原则。董事会没有固定的办公地点和专属的工作人员。鉴于阿姆斯特丹的优势地位，这样的组织结构有其他城市防止公司的利益被阿姆斯特丹单独控制的考虑。即便如此，由于强大的金融地位和实力，公司实际上仍被阿姆斯特丹所控制。公司 6 个互不统属的分公司分别位于 6 个城市。除了米德尔堡分公司位于泽兰外，其他 5 个分公司都在荷兰省。① 每个分公司都会按照东印度公司制定的统一政策推进业务，同时兼顾到本市的利益。分公司的船队自己建造，自己输送船员并承担船员的工资，提供每次远航所需的设备。在远航时，分公司的船只组成统一船队，返回时驶回各自所属的港口，每个分公司的收入统一上交公司总部，由总部按照各分公司所占的投资比例分配利润。② 分公司的运营结构基本相同，区别在于规模和雇用的船员不同。公司章程规定每家分公司建立一个执行委员会，成员数量各不相同。比如阿姆斯特丹有 20 名成员，米德尔堡有 12 名，其他分公司各有 7 名。执行委员会负责本公司的实际运营。阿姆斯特丹分公司的执行委员会每周日和周二开会议事，业务繁忙时期开会频率更高。

---

① Steensgaard, N., "The Dutch East India Company as an Institutional Innovation", In *Dutch Capitalism and World Capitalism*, edited by M. Aymard, Cambridge: Cambridge University Press, 1982, pp. 235 – 257.

② Petram, L., *The world's first exchange: how the Amsterdam market for Dutch East India Company shares became a modern securities market, 1602 – 1700*, Academisch Proefschrift, University of Amsterdam, 2010, pp. 17 – 18.

## 二　东印度公司的股票交易

从欧洲前往亚洲地区开展贸易活动，往返一次需要数年时间，这还不包括因天气因素或海盗引发的事故。当时远航的船只损失非常大。16 世纪前半叶，在海难中损失的船只接近八分之一，整个 16 世纪，接近五分之一。① 因此，这种风险投资运转周期长，存在一定程度的不确定性。如果投资人因各种原因急需现金，转让股份也就成为一种选择。早期的贸易公司中，股份转让非常有限，投资人只有到了公司破产或业务清算时才能取回投资，一定程度上也就限制了投资人的兴趣。东印度公司的情形与此前的贸易公司显著不同。虽然公司没有发行纸质或印刷的股票，但投资人必须在总账务部登记时进行承诺，这一承诺将视作所有权人的凭证，股票的转让也由总账务部负责。② 如果要转让，必须在有两名公司管理成员在场的情况下在总账务部进行。公司管理层在场是为了监督股票转让人是否遵守了公司的章程和规定，实际上也是检查转让人是否真的持有公司的股票。股票转让时，公司要收取一定的转让费用，包括手续费和印花税。③ 杰尔德波姆和约克认为公司成立后股票即可转让的规定从一开始就为荷兰股票二级市场种下了投机的种子。公司股票发行后，似乎立即就出现了投机性交易，价格大约高于票面价值的 14%—15%。随后的几个月，价格有所回调，大致回到了票面价值的 104%。据记载，第一次正式的股份资本收缴是 1603 年 2 月，第一次股票转让登记就发生在当年的 3 月，显然

① ［英］E.E.里奇、C.H.威尔逊主编：《剑桥欧洲经济史》第 4 卷，张锦冬、钟和、晏波译，经济科学出版社 2003 年版，第 176 页。

② Abe de Jong, Jonker, J. and Roell. A., *Dutch Corporate Finance, 1602 – 1850*, 2013, p. 300, http://repub.eur.nl/pub/40333/ERS – 2013 – 008 – F&A.pdf.

③ Petram, L., *The world's first exchange: how the Amsterdam market for Dutch East India Company shares became a modern securities market, 1602 – 1700*, Academisch Proefschrift, University of Amsterdam, 2010, p. 18.

股票转让在股份募集时就立即出现了。因为章程要求在 10 年的经营期内股份不能转让，直到 1612 年后才允许，再加上没有书面凭证，因此这时候的股票交易只是简单的书面承诺，最终交割都是在以后发生的。由于价格波动带来的盈利机会，这种远期交割孕育了历史上最早的股票期货和期权交易。① 到 1607 年，约有三分之一的阿姆斯特丹分公司的股份被转手。在恩克森分公司，1604—1608 年有 30% 的股票转手。1604 年，一种经过印刷的股票转让标准凭据出现，这使股票交易开始活跃起来，价格波动开始常态化。有时基本没有股票交易发生，有时股票交投又十分活跃。公司章程规定，投资人可以采取分期形式缴纳出资款，这在一定程度上为股票交易留出了空间。一些人资金充足，可以及时缴纳。还有一些人，可能在出资日到来之前出现了流动性紧缺，于是将股票转手以获得现金。因此，在公司成立的几年内，股票交易的数量往往与要求缴纳出资的时间紧密关联。到 1609 年后，东印度公司的资本已经筹集到了 90%，绝大部分出资已经缴纳，自此以后股票交易也呈现出一种稳定状态。东印度公司的股票受到欢迎，首先是因为亚洲贸易带来的良好盈利前景。人们都希望能像此前在北海贸易中那样获得财富。其次就是因为股票具有流动性。当出现资金拮据时，可以通过卖出股票获得现金。这种流动性，给 17 世纪荷兰的资本市场带来了意想不到的结果，因为公司股票可以成为阿姆斯特丹货币市场的优良抵押品。

阿姆斯特丹股票二级市场的兴起无论是对东印度公司（以后还有西印度公司），还是联省共和国，都十分重要。如果股票不能流通，公司资本的稳定性和长期性是否能得到保障将是一个问题。二级市场的出现，增强了股票对投资人的吸引力，不仅没有流通风险，还可以获得长期收益，虽

---

① Ehrenberg, R., *Capital and finance in the Age of the Renaissance*, translated from the Germany by H. M. Lucas, London: Jonathan cape, 1928, pp. 358 – 359.

然某些时候要承担股价波动的风险，但对收益和流动性的追求超过了对风险的担忧。

### 三　东印度公司的借款与债券

相对于同时代的英国东印度公司，荷兰东印度公司自成立到终结，股本总额几乎没有发生变化。第一个特许状到期后，在分红和控制权等方面，董事会和股东进行了斗争。由于获得了荷兰省的支持，董事会占据了优势。乔斯特·约克等人也认为，政府的介入使东印度公司的股本从短期资本转变为永久性资本，但也就此断绝了公司发行股票再募资的可能性。因此，东印度公司在成立十几年后就开始了债务融资。由于无法形成有限责任，而且公司随时面临现金短期的窘境，1613 年春，董事会提出了一个比较巧妙的解决办法。公司进行了一次额度为 320 万盾的借贷资金募集，还为此提供了 5% 的保险费。这笔资金装备了船队并使之于 1617 年顺利出港。保险费的目的是给债权人一个保证，以免船队不能按期返航而造成损失。1615 年，公司董事签署了一份法律意见书，要求公司总部对每个分公司的借款承担共同责任。1617 年，董事们代表各分公司又签署了一份联合担保协议，再次明确公司可以为任何一个分公司的借款提供担保。共同担保使各分公司可以获得成本更低的资金，增强了公司的借款能力，于是公司债务迅速增长。1623 年，阿姆斯特丹分公司发行了一种新债券，这种债券排除了针对董事个人的责任，实际上间接将公司作为一个人格化的法律主体来对待，从法律角度来说，与过去的无限责任相比有了很大进步。公司的资产都是现成的，比如办公室、船舶、仓库，这些资产增强了投资人对公司债券的信心。公司持续的分红政策也增强了对投资人的吸引力，推高了股票价格，可以使公司更容易获得借贷资金。借贷资金的额度非常之大，根据乔斯特·约克等人的考证，到

17 世纪末，每年的借贷资金额度平均为 1000 万—1200 万盾，差不多是公司股本的 1—2 倍。17 世纪 70 年代，公司还发行了一种对投资人而言收益更高的短期债券，并将过去的长期借款转变为永续年金。[①] 公司的债券发行通常由各个分公司独立进行，主要发行人是阿姆斯特丹分公司，其他分公司也有发行。根据拉瑞·尼尔的考证，1622 年 10 月 26 日，米德尔堡分公司就发行了年利率为 6.25% 的债券。从 17 世纪中期到 18 世纪前半期，东印度公司的债券发行量维持在资本总额 1%—2% 的水平。从 17 世纪末期开始，总公司也开始发行。[②] 巴里·萨普认为，东印度公司的债券包含了期限为 3 个月或 6 个月的短期债券，而且这些债券通常都会延期。17 世纪后的债券甚至期延期 10—12 年，实际上已经从短期资本转变为长期资本。[③]

### 四　西印度公司

荷兰人介入美洲的业务比较晚，但规模不小。1587 年以后，巴西就出现了荷兰商人，他们用织物换糖，而且贸易规模越来越大。1598 年起，荷兰人开始在委内瑞拉开发盐田。来往的荷兰船只数量很大，平均每年有 120 艘左右，大多数是平均载重为 300 吨的货船。[④] 这些货船不时受到西班牙军舰的袭击。三级会议计划用海军保护这个地区的贸易，也为了和西

---

① Abe de Jong, Jonker, J. and Roell. A., *Dutch Corporate Finance*, *1602 – 1850*, 2013, p. 8, http://repub.eur.nl/pub/40333/ERS – 2013 – 008 – F&A.pdf.

② Neal, L., "Venture Shares of Dutch East India Company", In W. N. Goetzmann and K. Geert Rouwenhorst（eds.）, *The Origins of Value*：*The Financial institutions that Created Modern Capital Markets*, New York：Oxford University Press, 2005, pp. 165 – 175.

③ ［英］E. E. 里奇、C. H. 威尔逊主编：《剑桥欧洲经济史》第 5 卷，高德步、蔡挺、张林等译，经济科学出版社 2002 年版，第 378 页。

④ ［英］E. E. 里奇、C. H. 威尔逊主编：《剑桥欧洲经济史》第 4 卷，张锦冬、钟和、晏波译，经济科学出版社 2003 年版，第 184 页。

班牙争夺在西半球的利益，于是在 1621 年成立了西印度公司。公司的股本一半由政府捐助，另一半也是在政府的压力下投入的。考虑到美洲地区已经存在的竞争态势，国内投资人对西印度公司的贸易前景并不感到乐观，公司成立两年后，股本才募集完成。公司董事会由 19 名代表组成，其中有 1 名是三级议会的代表，显现出政府对贸易活动的支持和关注。

和东印度公司不同，西印度公司业务的开展并不顺利，在北美洲遇到了印第安人和英国人的挑战，在南美洲则遇到了葡萄牙人的抵抗。虽然前期取得了一定成功，但是，1654 年被迫放弃巴西，1664 年放弃了新阿姆斯特丹，贸易活动的盈利状况也未达到预期。1629 年 1 月，公司股价曾达到面值的 200%，但没有保持多长时间。1629 年 3 月，股价为每股 235 盾，到 1630 年就下调为 150 盾，1633 年调整到 80 盾，后来下跌到面值的十分之一，而同期东印度公司的股价接近面值的 5 倍，差别十分明显。公司的股票也因此成为交易所投资人做空的对象。1674 年，西印度公司的章程到期后决定解散，随后成立了一个新的西印度公司，但影响已大不如前。西印度公司业务乏力的原因，波拉认为，首先是荷兰人到达美洲的时间比较晚。当荷兰西印度公司成立的时候，美洲早已成为西班牙、葡萄牙和英国的殖民地，西印度公司既是一个搅局者，也是一个后来者。在此情况下要想虎口夺食物，可谓难上加难。其次，虽然在章程中有规定，但西印度公司无法确保在美洲的贸易垄断权，国内还有其他船队从事西印度地区的贸易活动，严重侵蚀了西印度公司的业务和利润。[①] 另外，对美洲贸易，荷兰似乎没有如同对亚洲贸易那样重视，从投入的船只数量就可以看

---

① ［荷］马尔滕·波拉：《黄金时代的荷兰共和国》，金海译，中国社会科学出版社 2013 年版，第 115 页。

到，仅使用了商船的较小部分，大约是商船总吨位的四分之一。① 即便如此，17 世纪，西印度公司对荷兰殖民扩张的贡献仍不容忽视，早期在北美的殖民扩张不能不说是成功的。

### 五　东、西印度公司与荷兰的黄金时代

对东印度公司，库纳厄特评价道："几乎从一开始，荷兰东印度公司便引起了人们的嫉妒和羡慕；它的财富，以及它不久即赢得的权势，使它在整个 17 世纪的过程中具有一种不可匹敌的声望。"② 公司成立后，借助从资本市场获得的巨额资金支持，立即投入贸易扩张和殖民扩张中。东印度公司的对外扩张主要在印度洋和亚洲地区，扩张方式是从前宗主国手中夺取殖民地。1618 年，荷兰在爪哇建立了巴达维亚，成为公司在亚洲的基地。1640 年，从葡萄牙手中夺取了斯里兰卡的据点，打破了葡萄牙对肉桂贸易的垄断。1641 年，夺取马六甲。1659 年，在斯里兰卡打败葡萄牙人，完全垄断肉桂贸易。一旦占领殖民地，东印度公司便对当地土著采取软硬兼施的方式，建立保护国，利用当地人之间的矛盾，逐步建立殖民统治。荷兰人规定了包括香料在内的产品价格，并严格禁止殖民地之间的贸易往来。为保持香料价格，限制出口数量，公司还建立种植特区制度，特区内只能种植一种特定作物。③ 17 世纪，东印度公司殖民地香料的平均产量是：肉豆蔻 30 万磅，肉豆蔻干皮 10 万磅，丁香 30 万磅，利润极其丰厚。④ 公司规模也越来越大，1625 年，公司在亚洲的欧洲雇员为 4500

---

① ［英］E.E.里奇、C.H.威尔逊主编：《剑桥欧洲经济史》第 4 卷，张锦冬、钟和、晏波译，经济科学出版社 2003 年版，第 187 页。

② ［英］E.E.里奇、C.H.威尔逊主编：《剑桥欧洲经济史》第 4 卷，张锦冬、钟和、晏波译，经济科学出版社 2003 年版，第 212 页。

③ 齐世荣、钱乘旦、张宏毅主编：《15 世纪以来世界九强兴衰史》上卷，人民出版社 2009 年版，第 76 页。

④ ［美］房龙：《荷兰共和国兴衰史》，施诚译，河北教育出版社 2002 年版，第 32—33 页。

人，这还不包括正在往返中的 3200 人。① 到 1669 年，公司成为世界历史上从未有过的巨型公司，拥有 1500 艘商船，40 艘战舰，5 万名员工，1 万名水手。② 东印度公司不仅控制了欧洲与东方的全部海上贸易，而且垄断了东南亚的香料经营，香料贸易是荷兰航运业的重心。西欧其他国家的殖民地产品，尤其是香料，也主要由荷兰船只转运到西方各国。阿姆斯特丹是 17 世纪欧洲的贸易中心，也是东方香料、欧洲谷物、油料、木材等的集散地，港内停泊的商船经常超过 2000 艘。东印度公司的贸易扩张使荷兰获取了巨额财富，进一步促进了荷兰的经济繁荣。1597 年，阿姆斯特丹仅有 3 家炼糖厂，到 1650 年增加到 40 家，1661 年达到 60 家，荷兰省成为欧洲制糖业的中心。贸易扩大对烟草业的推动也很明显，到 18 世纪初，阿姆斯特丹的烟草工业总共雇了大约 4000 名工人，而与烟草业相关的行业又提供了大约 3000 个工作岗位。亚洲贸易对造船业产生了更强大的推动力，对船只的需求急剧增加。东印度公司成立以后的近 100 年中，对远洋货船的需求量达到每年 400—500 艘。由于需求量大，需求时间较短，显著提升了荷兰造船业的制造能力与效率。③ 贸易的扩大不仅推动了工业、农业的发展，随着工作岗位日益增多，也促进了荷兰人口的增长。17 世纪初，联省共和国的总人口大约是 100 万人，其中荷兰省占据一半左右。到东印度公司成立以后的 20 多年中，荷兰省人口增加到了 67 万人。17 世纪末，联省共和国的总人口翻了 1 倍，接近 200 万人。④ 17 世

---

① 〔荷〕马尔滕·波拉：《黄金时代的荷兰共和国》，金海译，中国社会科学出版社 2013 年版，第 139 页。

② 齐世荣、钱乘旦、张宏毅主编：《15 世纪以来世界九强兴衰史》上卷，人民出版社 2009 年版，第 78 页。

③ 〔荷〕马尔滕·波拉：《黄金时代的荷兰共和国》，中国社会科学出版社 2013 年版，第 100—101 页。

④ 〔荷〕马尔滕·波拉：《黄金时代的荷兰共和国》，中国社会科学出版社 2013 年版，第 103 页。

纪，依靠贸易获得的巨额资本积累，荷兰还成为欧洲的资本中心，不仅投资国内市场，也投资欧洲各国。17世纪荷兰工商业发展到高峰时期，资本积累比欧洲各国的资本总和还要高，对外投资是英国的15倍。[①] 持续的对外扩张还为股东赚取了惊人的回报。1610年，第一次分红的比例高达股票面值的75%。当年11月，以胡椒的形式再次分红50%，对参与胡椒生意的股东再加7.5%的现金分红。1612年3月，以肉豆蔻的形式分红30%。1635年后，公司开始每年分红，平均年分红率为10%到15%，最高曾达到65%。[②] 18世纪，吉恩·皮埃尔·理查德的统计结果显示，公司在17世纪的平均年度分红为22.5%。J.P.德柯特的统计结果是，到18世纪末荷兰东印度公司终止为止，公司的平均年度分红比例为18%。[③] 持续的高分红是现代公司难以想象的。公司的分红政策对资本市场产生重大影响，推动股价持续上涨。1638年，股价达到400盾，1643年为480盾，1650年达到540盾。随后的20多年，股价持续在400盾至550盾徘徊。[④] 因此，东印度公司的对外贸易和殖民扩张是荷兰获取巨额财富的重要来源，推动荷兰成为17世纪的世界强国。一定意义上，这也要归功于荷兰发达的资本市场，源源不断地为东印度公司"输血"，使公司保持了持续的发展动力。

---

① 齐世荣、钱乘旦、张宏毅主编：《15世纪以来世界九强兴衰史》上卷，人民出版社2009年版，第76页。

② Petram, L. O. , *The world's first exchange：how the Amsterdam market for Dutch East India Company shares became a modern securities market, 1602 - 1700*, Academisch Proefschrift, University of Amsterdam, 2010, pp. 28 - 29.

③ Neal, L. , *The rise of financial capitalism. International capital markets in the Age of Reason*, Cambridge：Cambridge University Press, 1990, p. 119.

④ Gelderblom, O. and Jonker, J. , "Amsterdam as the cradle of modern futures and options trading, 1550 - 1650", In W. N. Goetzmann and K. Geert Rouwenhorst（eds. ）, *The Origins of Value：The Financial institutions that Created Modern Capital Markets*, New York：Oxford University Press, 2005, pp. 189 - 205.

对荷兰的黄金时代，两个印度公司的贡献是无疑巨大的，尤其是东印度公司。东印度公司和西印度公司共同构成了荷兰殖民帝国对外扩张的左右手，一只手伸向亚洲，另一只手伸向美洲。从殖民贡献上看，一部东印度公司史，就是一部荷兰殖民帝国扩张史。东印度公司扩展了亚洲贸易，产生的巨大市场需求促进了国内工业、商业和服务业的兴盛，促进了荷兰人口的增长，使荷兰成为世界强国，并保持这一地位长达一个多世纪，而荷兰对殖民地的影响和控制持续到了 20 世纪。加德纳和帕里认为，东印度公司的繁荣还使其成为一种重要的政治力量，其盛衰兴亡在世界历史上占有重要地位。它们的辉煌历史使其在群体的演进中占有醒目位置，这种演进预示着作为现代资本主义核心成分的有限公司的形成。[①] 荷兰资本市场对东、西印度公司扩张起到了巨大支持作用，也是间接对荷兰黄金时代做出了巨大贡献。对东印度公司和西印度公司而言，资本市场的支持作用表现在三个方面：一是股本的募集使公司得以成立；二是二级市场的出现使股票可以顺利转让，保证了公司股本的稳定性；三是通过信贷融资和债券融资，为公司提供了大量的流动资金。应该说，荷兰资本市场的长期支持，是东印度公司持续扩张的重要条件，也是荷兰出现黄金时代的重要条件。

# 第四节　证券交易所

### 一　阿姆斯特丹交易所的起源

今天，资本市场有很多词汇，如"牛市""熊市"，人们早已耳熟能详。类似很多这样的词汇，都源于 17 世纪的阿姆斯特丹资本市场。作为

---

① ［英］E.E.里奇、C.H.威尔逊主编：《剑桥欧洲经济史》第 4 卷，张锦冬、钟和、晏波译，经济科学出版社 2003 年版，第 227 页。

荷兰资本市场的物理载体，阿姆斯特丹交易所的发展路径和模式清晰展现了资本市场在荷兰崛起过程中发挥的作用和方式。

阿姆斯特丹交易所的起源可以追溯到 16 世纪中期的商品交易场所。17 世纪初，东印度公司成立以后，商品交易场所也同时成为股票交易的场所。早期在阿姆斯特丹进行股票交易的地点并不固定和唯一，东印度公司总部也是股票交易的地点之一。公司刚成立的 10 年内，股票交易场所主要是达姆拉克桥，这里自 1561 年起就已经是商品交易所在地了。当年，阿姆斯特丹市政厅命令将这座桥规定为人们进行日常商品交易的场所。此前，人们主要集中在城里的华尔姆斯街，随着交易活动的日渐增加，这条街严重拥堵，因此市政厅最终选择达姆拉克桥作为交易市场。达姆拉克桥位于阿姆斯特丹港口，附近还有一些建筑和商铺。人们在这里不仅可以及时获得交易所需的消息，下雨天还能找到商铺躲避。1607 年，安特卫普建立了专门的交易所，引起了阿姆斯特丹的关注。另外，商品交易的规模越来越大，过去的交易地点已经难以容纳了。于是，阿姆斯特丹市政厅决定建立一个永久性的专门交易所。1611 年 8 月 1 日，新的交易所正式开张。每种商品在交易所都有固定的交易区域，证券交易被安排在交易所背面的柱子前。在交易所开张前的 7 月 26 日，市政厅发布了一项针对市内商品交易的管理条例，这或许是最早的证券交易管理规定。条例规定，商品交易只能在交易所进行，交易所每周一到周六开市，开市时间根据季节不同而不同。春秋季节的交易时间是上午 11 点到中午。5 月到 8 月的交易时间是下午 6 点 30 分到 7 点 30 分。冬天，则在市内钟声敲响前的 30 分钟内进行交易。政府通过确定开市时间，尽可能将商品交易集中在固定的时间，以提高商品交易的效率。一方面，商人们集中在一起更容易找到交易对手，提高市场的流动性；另一方面，市场成为一个信息中心，人们可以获得更多的商业信息，满足自己的需求。条例还规定，交易时间以外的交易都不能成立。1619 年，市政府进一步加强了对交易所的监管，规定经纪人在非交易时间不能出现在交易所或大坝广场（另一个交易地点）附近。但是，这个法令并没有被人们严格遵守，至少在股票交易上是如此。人们经常在大坝广场交易，到 17 世纪下半期，一到夜间，卡弗街客栈也成为人们的交易场所。

阿姆斯特丹交易所已经有了正式的中介机构，并逐渐发挥了重要作用。1612 年，交易所的官方经纪人数量为 360 人，这个数量一直比较稳定，到 1722 年，交易所的官方经纪人数量为 395 人，增长不多，另外还有 700—800 名的非官方经纪人。经纪人在荷兰省出现得很早，东印度公司的股票开始流通后，证券经纪人也随之出现，主要业务就是撮合交易，从中收取佣金，通常按每 100 盾交易额收费。17 世纪上半期，证券经纪人发挥的作用还相对较小，几乎没有发现多少交易是通过证券经纪人完成的。随着交易量的扩大，人们发现进行交易的相关信息十分重要，没有准确的信息就无法做出合理判断。证券经纪人专职于各种信息的收集、整理，并据此做出合理的投资建议，这是很多人所需要的。因此，从 17 世纪 40 年代开始，证券经纪人的作用越来重要。从事交易的商人主要是基督教徒，他们经常在交易所见面，互相交换信息，有些人还通过婚姻关系建立了更加紧密的联系，形成了一个紧密的团体。另外还有一部分是小投资人，这些人和基督教徒团体之间的交易也是通过证券经纪人进行的。双方通过经纪人了解彼此间的信息，签署协议，知道交易对手是谁即可，其他事务全部由经纪人完成。交易完成后，双方无须掌握其他更多细节。

证券交易所也出现了证券做市商，他们的业务是买卖股票。当出现股票购买者时，他们可以提供股票；当有人要卖出股票时，他们可以收购。买卖股票之间的差价就是做市商的利润。股票交易越多，做市商的利润越多；股票交易越少，做市商的利润越少。做市商的出现活跃了证券二级市场。股价的波动、交易量的大小，成为做市商最关注的重点。东印度公司的股票开始流通后，当公司出台分红政策时，股价就会攀升，通常这是股票持有人卖出股票的时点，而做市商为这些投资人卖出股票提供了市场机会。当股价下跌时，做市商也为一些投资人的变现提供了通道。做市商的交易行为减少了市场的大幅波动，一定程度上发挥了稳定市场的功能。

## 二　股票及衍生品交易

存在商品交易，就会出现商品投机，包括谷物、鲱鱼、鲸油等都曾被投机。最著名的投机事件是 1636—1637 年的郁金香泡沫事件。每株郁金香的价格被炒到了 4600—6000 盾。东印度公司成立以后，一些人认为公司未来盈利必然推动股价攀升，针对公司股票的投机行为就开始出现。东印度公司的账簿显示，1603 年前，阿姆斯特丹分公司的股票交投就十分活跃。到 1607 年，阿姆斯特丹分公司的股票持有人有三分之一发生了变化。[1] 1608 年开始，由于公司董事会拒绝了股东要求支付红利的申请，导致东印度公司的股票期货合约大幅度增加。为了改变董事会的分红政策，一位来自安特卫普的商人艾萨克·李玛尔甚至组织起熊市团队，采取期货方式对公司股票持续做空，迫使董事会满足股东要求。李玛尔本来是公司成立时的股东兼董事，他持有公司 85000 盾股票，在公司享有重要地位，1605 年离开了公司。[2] 他组织的这支熊市团队共有 10 名成员，做空行为

---

① Neal, L., "Venture Shares of Dutch East India Company", In W. N. Goetzmann and K. Geert Rouwenhorst (eds.), *The Origins of Value：The Financial institutions that Created Modern Capital Markets*, New York：Oxford University Press, 2005, pp. 165 – 175.

② Petram, L. O., *The world's first exchange：how the Amsterdam market for Dutch East India Company shares became a modern securities market，1602 – 1700*, Academisch Proefschrift, University of Amsterdam, 2010, p. 20.

产生的交易量很大。1608—1609 年，在阿姆斯特丹分公司登记的所有交易量中，他的做空团队占到 20%，并使股价在 1610 年下跌了 11%。[①] 这一做空行为后果比较复杂。一方面，由于持续对股价进行打压，导致一些买入价高于现价的商人破产；另一方面，确实给董事会施加了极大压力，促使他们做出了分红决策。不仅如此，资本市场还因此出现了新的变化。频繁的交易提升了远期合约的标准化程度，促成了股票期货交易的进一步成熟。为了降低期货交易的风险，应东印度公司董事会的申请，三级会议于 1610 年 2 月 27 日颁布了一项法令，规定股票的远期交易必须在达成合约后的 1 个月内，在公司的账簿上进行登记，如果不进行登记，这项交易将被认为无效。[②] 虽然三级会议多次颁布了禁止卖空股票的法令，但总体环境仍然相对宽松。这一时期，市场上还出现了一种小额股票名为"十分股"（Ducaton），股价是普通股票的十分之一，这使投资人可以在这个低价位进行股票交易。

### 三　交易监管与市场应对

荷兰可能是出现证券监管最早的国家之一。东印度公司的股票一开始流通，就出现了股票和股票衍生品交易。得益于荷兰早已有之的商业合同管理，联省共和国对证券交易的监管并没有遇到太大困难。正如现今的金融市场一样，金融监管催生金融创新，金融创新推动金融监管，这种关系在联省共和国时期就已十分明显。在荷兰，股票交易出现之后，对股票交

---

①　Gelderblom, O. and Joost, J., "Completing a financial revolution. The Financeof the Dutch East India trade and the rise of the Amsterdam capital market", *Journal of Economic History*, Volume 64, Number 3, September, 2004, pp. 641–672.

②　Petram, L. O., *The world's first exchange: how the Amsterdam market for Dutch East India Company shares became a modern securities market, 1602–1700*, Academisch Proefschrift, University of Amsterdam, 2010, p. 28.

易按照商业法的规定进行监管，具体判决由各省法院来进行，这和普通的商品案件判决没有什么不同。荷兰的这种商业法律的组成元素很多，包括罗马法、习惯法，是由格劳秀斯编撰的。这一法律框架由三个部分构成：所有权和所有权转让、背书以及交易结算的期限。所有权和所有权转让的法律界定在股票二级市场的发展中至关重要。东印度公司成立后，没有标准的股票持有形式，每个投资人认购的股票都登记在公司总部的账本上，如何体现和转移这种所有权？东印度公司的董事们决定，通过在公司登记转让解决所有权让渡问题，这和房地产交易的形式一样。因此，股票和房地产一样，当时都被界定为不动产商品。一旦股票交易完成，原股票持有人不再享有股票的所有权和收益权。以后，东印度公司担心股票买卖双方的官司牵涉公司，又在股票转让过程中增加了一道程序：从1616年开始，购买人必须签署一份已经收到公司股票的个人声明。在股票结算方面，出于盈利的需要，股票期货的卖出人往往有拖延股票交付的意愿，购买者在要求尽快履约方面却没有法律支持。超出期限后，一旦卖出者突然要求交割，法院也往往支持卖方，这对买方相当不利。因此，从1630年开始，市场逐渐形成了一项自我管理的规则，即期货合约必须在结算日到期后的3周内进行结算。虽然这一规则不具有法律效力，但得到了股票市场的认可和执行。由于交易诉讼案件很多，法院的判决案例使投资者逐渐了解到案件判决的价值取向和规律，因此，自1640年以后，涉案双方的当事人就很少再去法院解决纠纷，因为已经知道法院会如何处理，当事人往往依照过去的法院判例自行解决。从荷兰股票市场出现开始，在最初的10—20年，主要是商业法律对证券交易行为进行约束和监管。①

---

① Petram, L. O., *The world's first exchange: how the Amsterdam market for Dutch East India Company shares became a modern securities market, 1602 – 1700*, Academisch Proefschrift, University of Amsterdam, 2010, pp. 91 – 115.

但是，这种对股票交易法律确定性的适用范围存在一定程度的限制，只有实际拥有股票的投资人进行现场交易和股票远期交易，这种确定性才有效。在股票市场上，实际发生的股票交易额度要远远大于投资人的股票实际持有量，这表明很多人仍然从事卖空交易，这种交易行为无法通过商业法律来判断。于是，市场出现了一种私人交易机制，对这种交易行为进行管理，填补了商法的不足。并非所有人都有资格和条件进入这一交易机制当中，只有十分诚信、可靠的投资人才能参与，这是证券市场最早的自我监管措施之一。这种私人交易机制，其实就是投资人逐渐形成了各种交易团队，投资人的诚信度是成为团队成员的基础。如果一名投资人加入了一个交易团队，意味着他可以通过内部交易机制获得交易和盈利的机会。如果投资人因为违约失去了声誉，他也将被这个团队抛弃，很可能从此与资本市场无缘。这些交易团队中，比较有名的是来自葡萄牙的犹太人团队。17 世纪中期，这些犹太商人就开始购买东印度公司的股票，由于拥有庞大的资本实力，很快就对股票市场产生了影响。在尼德兰革命的 12 年休战时期，葡萄牙犹太商人就利用这一机会在欧洲的商业网络扩大生意范围，并在阿姆斯特丹获得极大成功。休战结束后，一部分人转移到了荷兰殖民地巴西，因为巴西总督实施宗教信仰自由政策。以后又回到了阿姆斯特丹，成为阿姆斯特丹交易所的常客。1640 年，葡萄牙从西班牙获得独立，1648 年，《威斯特伐利亚协议》生效，葡萄牙犹太人再次获得了在伊比利亚半岛的贸易自由，在阿姆斯特丹交易所的交易也就更为频繁，交易规模也不小。犹太人参与交易的人数很多，通常就在自己的团队内部进行交易。他们有时在见面地点交易，有时也利用犹太教堂每周一次的礼拜时间交易。不仅进行期货交易，还进行期权交易。犹太人的这个团队与基督教徒之间也有股票交易，不过没有期货交易，只进行回购和现场交易。①

---

① Petram，L. O.，*The world's first exchange*：*how the Amsterdam market for Dutch East India Company shares became a modern securities market*，*1602 - 1700*，Academisch Proefschrift，University of Amsterdam，2010，p. 40.

#### 四 阿姆斯特丹股票市场与联省共和国的其他股票市场

东印度公司由 5 家荷兰省分公司和 1 家泽兰省分公司构成，每个分公司的股票都在当地进行交易，阿姆斯特丹交易所的股票交易占据了东印度公司股票交易的主要部分。其他城市也有东印度公司的股票交易，有些城市的交易虽然活跃，但与阿姆斯特丹差距很大。由于经济实力、区域位置的不同，阿姆斯特丹交易所的股票价格和其他市场的股票价格并不一致。比如，1610 年 1 月，有些反对禁止股票卖空交易的投资人指出，阿姆斯特丹和泽兰股票交易所的股价要比其他城市的股价高 3%—5%。到 1611 年 9 月，恩克森和米德尔堡的股票要比阿姆斯特丹低 4 个百分点，虽然此前这两个城市的股价已经上涨了 220%。有人对这些城市的股价差别进行了研究，发现自 1650 年以后差距变得更为显著。1650 年前，各个城市之间的股价差距在 1%—3.5%，但 1650 年以后，恩克森和霍恩的股价相较其他城市低约 17%，比米德尔堡的价格低 21%，到 1672 年差距扩大到 33%。米德尔堡是仅次于阿姆斯特丹的联省共和国第二大股票交易市场。东印度公司成立以后，米德尔堡的价格一直和阿姆斯特丹并驾齐驱以后也逐渐产生了差距。1672 年，米德尔堡对证券资产征收 0.5% 的资产税，价格出现下跌。由于征税按照当时股票实际价值计算，此时股价是票面价值的 400%，因此实际税率约为 2%。实际上，荷兰省的 5 个城市也征税，但没有泽兰省那样的正式税收，往往是政府出现了资金需求时才临时征税，这种临时税的税率有时候还要高于泽兰省，对这些城市的股价也形成了影响。[1] 1688 年，有人对共和国不同城市的股价进行了对比分析，认为

---

[1] Petram, L. O. , *The world's first exchange: how the Amsterdam market for Dutch East India Company shares became a modern securities market*, *1602 – 1700*, Academisch Proefschrift, University of Amsterdam, 2010, pp. 69 – 70.

各城市股价不同是由不同的交易活动引起的，与股票交投的活跃程度密切相关。股票交易活跃，股价相对越高；股票交易不活跃，股价相对较低。这一观点得到了当今学者的认同。17 世纪中期以后，东印度公司的股价在阿姆斯特丹和其他城市间的差距越来越明显。

## 第五节　从资本市场角度审视 18 世纪荷兰的逐渐衰落

在史学界，关于荷兰衰落的时间和原因有很多研究。一个明显的事实是，进入 18 世纪，随着贸易中心地位的衰落，荷兰金融大国的地位也受到英国的有力挑战。有人认为，西班牙王位继承战后，荷兰就已经从欧洲一流强国滑落到了二流国家。[1] 凯西斯认为，作为欧洲金融中心的阿姆斯特丹，衰落非常迅速和剧烈，在金融中心的历史上没有任何城市能与之相比。[2] 还一些学者认为，由于英国、法国、葡萄牙等国的激烈竞争，荷兰的衰落实际从 17 世纪中期即已开始，这与其逐渐失去贸易中心的地位紧密相关。17 世纪后半期，荷兰和英国为争夺霸权的三次战争也极大消耗了荷兰的实力。可以看到，至少从 18 世纪初开始，随着英国的日渐崛起，荷兰的大国光辉被逐渐遮盖。

16—17 世纪，阿姆斯特丹是海外贸易重要的中转口，进入 18 世纪，货物则从产地直接进入消费市场，使阿姆斯特丹贸易中心的地位受到严重影响，贸易量减少，导致从事贸易业务变得无利可图。16、17 世纪鲱鱼

---

① Carlos, A. M. and Neal, L., "Amsterdam and London as financial centers in the eighteenth century", *Financial History Review*, Vol. 18, No. 1, 2010, pp. 21 – 46.

② ［瑞］尤瑟夫·凯西斯：《资本之都：国际金融中心变迁史》，陈晗译，中国人民大学出版社 2011 年版，第 8 页。

业受到英国和斯堪的纳维亚国家的有力竞争。国内产业的消费税太高，而且和贸易周期紧密关联，国内资本对这种阴晴不定的收入状况逐渐失去耐心。虽然土地仍然是重要的投资品种，但 17 世纪晚期的农业大萧条以后，土地投资在荷兰人投资组合中的比例逐渐降低。于是，在贸易和产业无利可图的情况下，商人银行家将业务重点首先转向了国内金融市场，以最大可能利用阿姆斯特丹带来的扩展机会。但是，国内金融市场也远不如 17 世纪那般繁荣。由于过去债券发行量过大，政府利息负担沉重，进入 18 世纪，荷兰政府开始控制公债发行量，这大大压缩了国内的投资空间。另外，荷兰造船业也面临国外的激烈竞争。赫尔曼·范德尔·维认为，在荷兰，"国家重商主义从来没有采取公认的形式，因此阿姆斯特丹典型的金融技术的进步并没有从根本上有利于荷兰自身的基础结构，而是和其巨大的可利用资本储备一起，任由其余欧洲国家控制。受制于革命以后有限的政治和商业机会，荷兰别无选择，只有自行消亡"。[①] 这些因素导致联省共和国的资本市场陷入停滞状态，于是投资人将注意力转向国外。1720 年金融危机后，荷兰人的投资组合发生很大变化，从本国证券转向外国证券，国内外利率的差异致使人们更愿意持有外国证券资产，尤其是英国和法国国债。荷兰金融界对英国国债的兴趣在 18 世纪尤其强烈，荷兰商人银行家通过他们在伦敦的代理人，逐渐获得了一部分英国国债。不久，他们也通过同样的代理人大规模地参与国库券的公开认购。据估计，荷兰在国外的投资超过了 10 亿盾，其中大约三分之一投向了英国，主要是英国国债。阿姆斯特丹银行家投资英国国债受到了英国政府不断增强的清偿能力的鼓励，也和阿姆斯特丹金融资本的兴趣有关。从 17 世纪 90 年代开始，英国大公司的股票也出现在阿姆斯特丹交易所，诱发了荷兰商人的兴

---

① ［英］E. E. 里奇、C. H. 威尔逊主编：《剑桥欧洲经济史》第 5 卷，高德步、蔡挺、张林等译，经济科学出版社 2002 年版，第 361 页。

趣。英格兰银行、南海公司的股东中，都可以看到荷兰商人的身影。

另外，荷兰的政治结构造成了金融市场的分散，市场难以形成合力，公共债券没有转变成国债，股份公司也没有继续发展和持续壮大。1579年成立的乌特勒支联盟宣告了联省共和国的成立，但这只是一个松散的政治体系。共和国缺乏具有相应权力的中央机构，各省高度自治，省内城镇也高度自治。共和国的中央决策机构是三级会议，各省在三级会议派驻代表，代表在三级会议投票时首先要获得本省的认可和批准。除了三级会议之外，没有任何中央政府的组织形式，例如省长或内阁在共和国时期也是没有的。① 17 世纪前后，联省共和国的金融革命也局限于各省领域，未形成全国性金融革命。"八十年战争"期间，这种分裂的政治和财政体系使各省可以依照各自的资源情况筹集资金，而无须统一的中央决策，一定程度上起到了正面作用。但是，进入 18 世纪，这种政治体系产生的负面影响开始发酵。没有统一的政治体系，就没有统一的财政体系和金融体系。17、18 世纪，正当荷兰与英国在贸易地位和大国地位的竞争不相上下之际，为了追求更高利润，荷兰国内资本仍然大量购买和持有英国国债和法国国债。到 18 世纪，仅英国每年向荷兰支付的利息就高达 2500 万盾。经济实力较强的商人都转向国外投资。1700 年，阿姆斯特丹市市长德哈泽的财产约有三分之二投向国外。② 国内资本缺乏民族属性和国家属性，这在英国、法国这样的统一民族国家是很难想象的。由于缺乏全国市场，信息成本、人员成本、资金成本必然较高，一定程度上削弱了荷兰全国性的资本配置能力，影响了资本市场的效率。荷兰从未真正形成一个统一的国

---

① ［荷］马尔滕·波拉：《黄金时代的荷兰共和国》，金海译，中国社会科学出版社 2013 年版，第 165 页。

② 齐世荣、钱乘旦、张宏毅主编：《15 世纪以来世界九强兴衰史》上卷，人民出版社 2009 年版，第 84 页。

债市场，这是导致国内资本利用效率低，投资机会缺乏，从而迫使资本外流的重要原因之一。

实际上，自 17 世纪中期以后，荷兰资本市场的发展在一定程度上已停滞不前。荷兰自东、西印度公司成立以后，几乎没有更多股份公司成立。从已有的资料可以发现，似乎只在 1720 年荷兰才成立了一家保险股份公司。① 资本市场的重要功能之一是将公司的长期资本需求与投资人的资本增值需要连接起来。但 17 世纪以后，无论是联省共和国，还是商人阶层，都没有继续利用资本市场发展壮大自己的各项事业。这对资本雄厚的荷兰来说是对市场资源的极大浪费。国内商人阶层似乎失去了积极进取的冒险精神，更倾向于享乐主义，不愿意到艰苦的地方冒险。东印度公司的驻外人员也轻松享受着奢侈腐化的生活。1664 年，西印度公司统治下的新阿姆斯特丹仅有荷兰人 1 万人，而同期毗邻的英国殖民地普利茅斯和波士顿有移民 5 万人。② 另外，杰尔德波姆和约克等人认为，联省共和国对东印度公司强加了过多的军事目的，这使商人们不愿意去获得政府颁发的股份公司许可，以免政府也强加给他们这样的非商业目标，损害投资人利益。这在一定程度上也压制了社会资本建立新公司的信心。③ 东印度公司直到最后也没有增发新股票，一直通过借款和发行债券满足资金需求，借款形成了较高的利息负担。

不过，在 18 世纪，阿姆斯特丹在国际贸易和国际金融中仍然保持着

---

① Gelderblom, O. and Joost, J., "Completing a financial revolution. The Finance of the Dutch East India trade and the rise of the Amsterdam capital market", *Journal of Economic History*, Volume 64, Number 3, September, 2004, pp. 641 – 672.

② 齐世荣、钱乘旦、张宏毅主编：《15 世纪以来世界九强兴衰史》上卷，人民出版社 2009 年版，第 85 页。

③ Petram, L. O., *The world's first exchange: how the Amsterdam market for Dutch East India Company shares became a modern securities market*, *1602 – 1700*, Academisch Proefschrift, University of Amsterdam, 2010, p. 183.

重要地位。荷兰的贸易代办商仍然在借出资金，提供保险，进行票据结算，而且是最重要的信息来源和通道。在德国，弗里德里希大帝进行了货币改革，从市场吸收了已贬值的旧币，这导致了贴现票据的急剧崩溃。于是，他转而从阿姆斯特丹市场寻求资金，这说明阿姆斯特丹仍然是欧洲最重要的资本市场。1772年的经济危机导致英国大量银行倒闭，倒闭潮也蔓延到阿姆斯特丹，使阿姆斯特丹出现了显著的流动性危机。和英国不同的是，英格兰银行通过利率调整机制发挥了关键作用。而荷兰没有中央银行，阿姆斯特丹银行只是一家汇兑银行，虽然也不时提供一些贷款，但始终没有像英格兰银行那样承担金融稳定和提供流动性的责任。流动性的缺乏严重打击了市场信心。好在阿姆斯特丹市长亲自出马，建立了一支总额为300万盾的救助基金，以3.5%的利率为市场提供流动性，逐步缓解了危机的影响。在几次危机中，虽然有一些金融机构（比如霍普银行）保持了稳定的发展态势，一些中小银行仍然在持续经营，但是，阿姆斯特丹作为金融中心的地位遭到沉重打击，多家国际性大银行丧失了它们在欧洲金融市场的强大影响力。当法国入侵后，荷兰资本市场完全失去了国际一流资本市场的地位。

对于荷兰为什么会出现中央权威不足的问题，克里斯托弗·格莱曼认为，这可能与荷兰人在发展理念上和欧洲其他国家不同有关。荷兰人认为，经济福利的增加来自商业群体，最终导致拥有最小权力的政府。[1] 如果要增进福利，就要放松对商业群体的限制，这意味着无须强有力的政府和权力。从一开始，荷兰人从理念上就抗拒建立一个集权的中央政府。1579年成立的联省共和国，是各省在联合和统一问题上所能做出的最大努力。要想深入推进统一，加强中央集权，无疑会被各省、城镇所抗拒，

---

① ［英］E. E. 里奇、C. H. 威尔逊主编：《剑桥欧洲经济史》第5卷，高德步、蔡挺、张林等译，经济科学出版社2002年版，第269页。

这是联省共和国在两个世纪以后仍然呈现出一种松散的联邦形式的重要原因之一。对荷兰的衰落问题，道格拉斯·诺斯保留了和其他一些史学家不同的意见，他认为，荷兰只是一种相对衰落，他指出："经济史学家有时不考虑荷兰是最后的大城邦，甚或把它们的相对下降同绝对衰落混为一谈。就事实而论，尼德兰是第一个达到我们所限定的意义上的持久的经济增长的国家。而且它们不仅没有下降，相反一直繁荣并在以后若干年甚至几个世纪里达到较高的人均收入水平，只不过经济舞台的中心转移到了英国而已。"① 事实上，时至今日，荷兰仍然是世界上最富有的国家之一。在 18 世纪绝对大部分时间，阿姆斯特丹仍是世界上最大的金融中心，但仅此一点并不能阻止联合省从一个世界主要大国的地位跌落下来。

## 小　结

尼德兰革命前，荷兰的公债市场已经产生多年，即便不能认为它是一个成体系的资本市场，但其融资功能和流通功能都已具备，能为宗主国提供大量资金。尼德兰革命开始后，无论是资本市场自身的发展，还是其对革命的资金支持，都进入一个史无前例的时期。

战争的巨大耗费产生了持续庞大的资金需求，低利率使政府通过较低成本从资本市场融资成为可能。持续了近两个世纪的金融产品已经成熟，为顺利融资提供了相对安全和有效的产品，既满足了政府的需求，也实现了投资人的增值期望。这一时期，资本市场的主体是政府公债市场，包括短期证券、终身年金、永续年金等。17 世纪以前，金融产品以短期债券为主，后来长期债券比例逐渐上升。东印度公司成立以后，资本市场出现

---

① ［美］道格拉斯·诺斯、罗伯斯·托马斯：《西方世界的兴起》，厉以平、蔡磊译，华夏出版社 2009 年版，第 207 页。

了股票和股票衍生品。需要指出的是，资本市场对荷兰崛起产生的巨大支持作用，并非一朝一夕，一蹴而就，而是经历了一个漫长的历史积累过程。一是资本积累，荷兰在独立革命前就是一个资本相对丰裕的地区，捕鱼业、贸易、手工业、造船业的丰厚利润为阿姆斯特丹资本市场的崛起创造了条件。二是资本需求，到独立革命开始后，资本需求急剧上升，荷兰公债的数量在革命时期翻倍增长。三是具有较为成熟的金融产品。年金产品在中世纪后期已在荷兰有了很大市场。东印度公司成立后，股票、股票期货期权也产生了。成熟的金融产品，为资本供给和资本需求搭建起一座桥梁。这使荷兰资本市场成为世界上最有效的资本市场。荷兰金融体系的建立和资本市场的发展，与尼德兰革命密不可分。但是，荷兰的资本市场是一个相互分离的省际和城际市场，未形成全国统一市场。

资本市场也为荷兰成为殖民大国创造了条件。一方面，东、西印度公司分别从国内资本市场融资，获得了强大的资本支持。17世纪初期，东印度公司的一次性股本募集即可达到600多万盾，投资者多达千人，即使今天来看仍然是一个了不起的成就。长期贸易和商业利润的积累使商人阶层拥有较为雄厚的资本实力。东印度公司的股本总额在两个世纪内没有发生变化，没有通过资本市场进行新的股权融资，这可能是荷兰东印度公司最终被英国东印度公司超越的原因之一。资本规模保持不变也可能意味着公司自身并未产生相应的长期资本需求，而这与荷兰贸易地位的变化息息相关。另一方面，东、西印度公司能够顺利开展业务，与国内的二级市场的成熟与活跃密不可分。自公司成立起，公司股票就可以流通，高效的股票流通市场保证了两大贸易公司资本的稳定性。17世纪二级市场股价的持续上涨，体现了人们对公司前景的信心，有利于债券的顺利发行。官方对二级市场的监管和市场的自我监管，使阿姆斯特丹交易所成为世界上第一个比较成功的证券交易所。

尼德兰革命初期，阿姆斯特丹从南尼德兰不仅获得了商人和金融技术，还有他们带来的资金。巴黎、威尼斯和汉堡等城市的投资接踵而至。同时，由于西班牙和联省共和国先后对安特卫普的封锁，贸易中心转移到了阿姆斯特丹。从这个时候开始，荷兰对外贸易规模迅速扩大，商人财富也获得了快速积累，这些因素推动荷兰逐渐成为资本输出国。"八十年战争"尚未结束，荷兰的资本不仅足够国内所需，而且逐渐投向国外，资本市场也逐步从国内市场向国际市场转型。在阿姆斯特丹，政府、国内外商人，甚至外国政府，都可以以较之欧洲其他国家相比更低的成本借到资金。阿姆斯特丹的银行家也愿意投资各种类型的证券，包括外国债券。17世纪中期，荷兰贸易霸权和金融霸权达到顶峰。17世纪到18世纪，由于国内缺乏更好的投资机会，国内资本逐渐转向国外，尤其以英国、法国的国债为主。与伦敦、巴黎相比，17世纪到18世纪上半期的阿姆斯特丹仍然处于金字塔的顶端。巨额资本和数量众多的金融机构，使阿姆斯特丹资本市场非常活跃。阿姆斯特丹还是欧洲的信息中心，商人、外国领事和报纸发行人都齐聚阿姆斯特丹，信息量非常之大，随时可以获得欧洲甚至世界范围内的商业、政治和金融信息，这为阿姆斯特丹资本市场提供了丰富的流动性动力。

革命之后的荷兰共和国缺乏中央集权。由于荷兰省的强力地位，这个问题在一定程度上被克服了。尤其是阿姆斯特丹对联省共和国的货币进行了相对有效的控制。1609年成立的阿姆斯特丹银行，虽然不具有中央银行的基本功能，但保证了联省共和国的货币稳定，以及有效的多边支付和清算体系。荷兰资本市场的发展一开始得益于没有集中的中央控制，17世纪中后期后，这种体制带来的弊端逐渐显现出来。进入18世纪后，随着贸易中心地位的转移，荷兰资本市场逐步衰落。政治结构松散，又缺乏一个统一管理国债和公共财政的中央机构，致使公共债券最终没有转化为统一国债，对资本市场的利用也就无法达到一个更高水平。到 18 世纪末，阿姆斯特丹金融中心的地位被伦敦完全超越。

需要进一步指出的是，为什么荷兰最早出现了繁荣的资本市场，在 17 世纪远远拉开了与其他欧洲大国的距离？从制度主义角度分析，是因为荷兰摆脱了哈布斯堡王朝的统治，建立了联省共和国，确立了所有权制度，投资人对政府的信心增加，使顺利发行公共债券和股票成为可能，这与英国光荣革命以后飞速发展的国债市场十分相似。虽然 17 世纪由于战争经费剧增，荷兰也曾陷入利息支付困难的窘境，但投资人出于对共和国代议制政府的信任，从未离开资本市场。从这个意义上讲，对财产所有权保护制度的建立，是荷兰资本市场得以发展和繁荣的根本基础。

# 第二章 国债、股票与世界霸权
## ——日不落帝国资本市场的兴起

## 第一节 16—17 世纪的财政短缺

### 一 都铎王朝和斯图亚特王朝时期的财政状况

从都铎王朝到 18 世纪，一部英国政治史差不多就是一部英国财政史，财政问题和政治发展紧密关联，互相影响。财政问题引发政治冲突，政治冲突影响财政问题。光荣革命以前，从都铎王朝的亨利七世到斯图亚特王朝复辟时期的查理二世，英国的财政短缺问题也持续了差不多两个世纪，财政状况时好时坏，大部分时期，国王入不敷出，为了筹资，借钱、卖地、没收教会资产等，想尽各种办法。好在英国的政治精英最终通过一场革命结束了这个时代。这场革命不仅开启了共和体制，建立起议会主权，确立了财产所有权制度，也启动了金融革命。自此以后，"王债"变成国债，资本市场逐步走向成熟，英国基本解决了资金短缺问题，从此也就迈上了通向日不落帝国的阳光大道。如果没有旷日持久的财政短缺，或许革命就不会爆发，英国的历史可能是另一个模样。这一点上，英、法两国是相似的，只不过法国大革命比英国光荣革命晚了一百年。在王权体制下，财政短缺像梦魇一样继续缠绕法国一个多世纪，终于爆发大革命，路易十六不过是击鼓传花的最后一人。

都铎王朝之前的约克王朝时期，爱德华四世在一定程度上解决了自己的收入问题，而且留给都铎王朝一个良好的财政基础。他将兰开斯特的公爵领地转变为王室领地，扩大了王室收入的来源。通过说服议会，使自己可以终身享用关税收入。自此，关税收入成为英国国王的主要财政收入（斯图亚特的查理一世时期这项永久性收入被议会剥夺）。他还建立了所谓"自由捐赠"的筹资方式，其实就是一种临时性的柔性摊派，通过国王亲自游说获得贵族和市民的捐款。爱德华四世本人也善于经商，通过代理人在对外贸易中获利不少，这是英国国王财政状况相对宽裕的时期。1485 年 10 月，亨利·都铎在博斯沃斯战役中击败了篡位的理查德三世，同年成为英国国王即亨利七世，开始了都铎王朝的统治时期。亨利七世统治 24 年，除了巩固王权的内部战争以外，对外战争不多，战争花费较小，尤其和法国国王查理八世和解以后，有了一个相对宽松的外部环境。财政收入上，亨利七世一方面继承了兰开斯特公爵、约克公爵和里士满伯爵的领地，使王室领地的年收入翻了 4 倍，从 1 万英镑上升到 4 万英镑。另一方面，对外贸易的扩大使亨利七世的关税收入从 3.2 万英镑上升到 4.2 万英镑。[①] 到 16 世纪初期，亨利七世的年收入平均达到了 14.2 万英镑，财政状况还不错。由于收入颇丰，亨利七世很少向议会提出额外的资金需求，在他统治时期只召开过 7 次议会，1504 年以后未再召开。从亨利八世开始，财政收入不足的问题开始出现并日趋明显。亨利八世时期是英国发生重大变革的时期，尤其是宗教改革。这一时期，英国形成了完全的民族国家，但不得不付出巨大的内外代价。早年与法国的两次战争，就曾因经费不足导致战争失败。在 30 年代的宗教改革中，亨利八世没收了教会

---

① 钱乘旦、许洁明：《英国通史》，上海社会科学出版社 2012 年版，第 11 页。

地产和其他财产，使王室固定收入增加了约两倍。但是，巨大的战争经费和世俗人士的分赃使每年的财政收入仍然拮据，到亨利八世去世前，没收的教会土地已经被转让一半以上。[1] 到了伊丽莎白女王时期，由于和西班牙的长期战争，财政支出庞大，而且经费持续紧张。女王虽然有数额不菲的领地收入，仍然无法满足需要。后来采取亨利八世的方法，女王以10%—12%的利息在安特卫普借款，以后还在汉堡、科隆等城市借款。但是，借款产生的收入只是少数，大部分资金还是通过出售王室领地和关税获得。1588 年击败西班牙舰队后，女王卖掉了 25% 的王室领地，获得了大约 75 万英镑。[2] 但是，这种方法进一步减少了未来的领地收入。到 1603 年，王室所欠债务已经高达 36 万—37 万英镑。[3]

伊丽莎白女王去世后，斯图亚特王朝的詹姆士一世同时继承了女王留下的巨额债务，王室的领地收入仅能够维持一半的支出。到 1617 年，领地收入仅占年度支出的 16%，比例越来越低，除了支出增加外，还由于持续出卖领地导致收入剧减。詹姆士一世大约又出售了四分之一的领地，获取了 78.5 万英镑的收入。好在还有关税收入和其他收入，总计近 40 万英镑，但是，詹姆士的支出非常之大，即位仅 3 年，债务就从即位初的36.5 万英镑剧增到 60 万英镑。[4] 由于议会不同意增税，詹姆士也进行了短期借款，但不是拖延还款，就是欠债不还。詹姆士去世后，其子查理即位，是为查理一世。由于在财政问题上和议会关系紧张，查理一世采取了其他方式筹措资金，比如征收骑士的封建税，恢复中世纪森林法，向圈地人征收罚金，另外还出售明矾、盐、煤等的专卖权。这样，到 30 年代中

---

[1] 钱乘旦、许洁明：《英国通史》，上海社会科学出版社 2012 年版，第 115—116 页。
[2] ［日］富田俊基：《国债的历史：凝结在利率中的过去和未来》，彭曦、顾长江、曹雅洁、韩秋燕、王辉译，南京大学出版社 2011 年版，第 41—42 页。
[3] 钱乘旦、许洁明：《英国通史》，上海社会科学出版社 2012 年版，第 140 页。
[4] 钱乘旦、许洁明：《英国通史》，上海社会科学出版社 2012 年版，第 146 页。

期，王室收入基本实现平衡，但代价很大，查理一世也因此失去了人心。1637 年，宗教问题导致英格兰和苏格兰的战争，战争经费剧增，财政再次陷入赤字状态。由于财力不支，查理一世不得不暂时停战。1640 年 4 月，查理一世召开议会，要求讨论征税问题以解决经费不足，遭到议会拒绝，查理于是将议会解散。由于英苏战争经费仍然缺乏，11 月，查理一世再次召开议会，但和议会矛盾激化，终于导致内战爆发。1640 年 6 月，查理一世以财政枯竭为由，没收了商人们存放在伦敦铸币厂的所有硬币，总额大约 13 万英镑。商人们对此感到极度震惊和恐惧，随即向查理一世的宠臣斯特拉福伯爵递交了抗议书。经过交涉，查理一世最后同意将这部分硬币作为商人们给予国王的借款，以后归还，利息总额为 4 万英镑，以关税保证利息和本金的支付。① 虽然后来得到了偿还，但商人对国王随意没收私人财产的行为仍然惊魂不定。塞缪尔·佩皮斯指出，这是英格兰当时还无法出现一家银行的原因，因为人们对王权下自身财产的安全仍然缺乏信心。② 此后，人们将手中闲余的财富存放在金匠那里，于是金匠手中拥有了大量资金，以后成为查理二世的主要贷款人。

## 二 复辟时期的财政状况与债务违约

1649 年，查理一世被处死，内战结束。随后的 11 年中，政治混乱，军队和议会矛盾重重。克伦威尔既不愿成为国王，也不愿议会分散其权力，于是做了护国主。克伦威尔死后，国家何去何从就成了一个大问题。几经周折，将军们和新召开的议会将查理二世请回，斯图亚特王朝复

---

① Andreades, A., *History of the Bank of England*, translated by Meredith, C., Third Edition, London：P. S. King & Son, Ltd., 1935, p. 18.

② ［美］约翰·H. 伍德：《英美中央银行史》，陈晓霜译，上海财经大学 2011 年版，第 33 页。

辟了。

诺斯指出："斯图亚特王朝和议会之间的争论，在我们看来本质上是一种财政问题上的争执。"① 财政问题贯穿了整个王朝，到查理二世时期仍然如此。17 世纪上半期，英国的财政体系没有什么发展，到 17 世纪下半期，尤其是从复辟时期开始，发生了很大变化。查理二世时期是英国金融史、财政史上的一个重要阶段。为了解决财政收入的不足，查理二世与大臣们采取了一些积极措施，一方面解决了部分资金不足的问题，另一方面为光荣革命后英国新财政体系的建立提供了经验和教训。"复辟时期无论从哪个方面看，都不是一个简简单单的复辟或倒退的过程；复辟时期的成就是巨大的，它为新世纪的跨越打开了通道。"② 议会计划提供给查理二世的年度税收收入为 120 万英镑，包括物品税和关税，但是，到 1662 年，查理二世的财政支出已达到 160 万英镑，财政收入为 150 万英镑，已是入不敷出。③ 同年，议会开征永久性壁炉税，确定为王室收入。对纳税人来说，这是最令他们头疼的税种。此前，这项税收主要依靠政府征收，到 1666 年，由于第二次英荷战争导致的财政枯竭，政府将这项税收转移给了包税人。④ 17 世纪 60 年代，国王的这三项税收主要依靠包税人征收。包税人将一定额度的资金提前支付给国王，但通常利率较高，为 6%—8%，这构成了包税人的收入。⑤ 议会还新开征了两项财产税作为补充，

---

① ［美］道格拉斯·诺斯、罗伯斯·托马斯：《西方世界的兴起》，厉以平、蔡磊译，华夏出版社 2009 年版，第 210 页。

② 钱乘旦、许洁明：《英国通史》，上海社会科学出版社 2012 年版，第 191 页。

③ Carruthers, B. G., *City of Capital*: *Politics and Markets in The English Financial Revolution*, Princeton: Princeton University Press, 1996, p. 54.

④ Carruthers, B. G., *City of Capital*: *Politics and Markets in The English Financial Revolution*, Princeton: Princeton University Press, 1996, p. 57.

⑤ ［日］富田俊基：《国债的历史：凝结在利率中的过去和未来》，彭曦、顾长江、曹雅洁、韩秋燕、王辉译，南京大学出版社 2011 年版，第 45 页。

仍然不能满足国王的需要。其中一项被称为补贴税，议会当初认为可以实现收入每年75万英镑到80万英镑，但后来发现还不到一半，而且征收时间太长，无法满足即时需要。[①] 查理二世自己也想方设法增加收入。1662年秋，他将敦刻尔克卖给了路易十四，获得大约37.5万英镑。[②]

　　查理二世初期的财政部长是南安普顿伯爵，在任7年并未对财政状况的改善做出什么贡献。1667年，查理二世任命熟悉荷兰财政体系的乔治·唐宁为财政大臣，英国的财政史走入一个重要的历史时期。当时，荷兰发行的短期债券年利率不过为4%，而查理二世的短期借款利率却高达12%。查理二世希望唐宁能够改善财政收支状况。在国王支持下，唐宁强化了对财政支出和人员的控制，增加了对政府部门各项支出的监督，一些不合格的政府职员也被取消了终身为国王服务的特权。当时，政府的对外借款对象主要是个人，尤其是金匠银行家，还有伦敦城以及东印度公司。因为是短期借款，本金、利息的偿还期限较短，长期的债务安排还没有出现。为了改善政府在借款中的被动地位，唐宁力图避开金匠直接面向公众借款。因为金匠借给国王的利息过高，财政负担很重。那时候，很多人都把钱存在金匠那里，形成了金匠对公众的负债，很少有人直接给国王借钱。一方面是流动性考虑。金匠为他们开出收据，其实也是一种本票，一般给存款人支付6%的利息。这种本票可以转让，起到了银行券的作用。当人们需要现金时，可以提前通知金匠，金匠准备好现金进行支付。因此，较好的流动性是人们愿意将现金存入金匠那里的主要原因。金匠将资金再借给国王时，利息更高，甚至达到12%，这构成了金匠的利润。另

---

① Carruthers，B. G.，*City of Capital：Politics and Markets in The English Financial Revolution*，Princeton：Princeton University Press，1996，p. 59.

② ［日］富田俊基：《国债的历史：凝结在利率中的过去和未来》，彭曦、顾长江、曹雅洁、韩秋燕、王辉译，南京大学出版社2011年版，第44页。

一方面是风险考虑。在王权体制下，给国王借钱的风险过大，查理一世没收铸币厂硬币事件仍然历历在目。如果国王拒绝偿还，人们难以进行追讨，但这种事情发生在金匠身上的可能性很小。金匠成为国王的主要债权人，虽然收益颇丰，风险也很大。第二次英荷战争爆发，为筹集战争经费，议会通过了"额外援助法"，唐宁借此对财政体系进行革新。财政部发行了一种财政票据，名为"支付命令书"。这种票据按照6%的利率计息，每半年付息一次，而且可以转让。① 政府希望这种票据可以避开金匠中介，直接面向普通大众，以降低付息费用。出人意料的是，金匠仍然成为这种票据的主要投资人。虽然法律规定可以转让，但并不代表这种票据就可以真正在市场上自由交易。财政部和伦巴第街距离较远，一定程度上也影响票据的转让性。缺乏转让的票据会减弱投资人的兴趣，一旦出现需求，将无法及时获得现金，这是风险所在。查理二世并不是一个优秀的财政管理专家，财政票据没有与特定的税收收入对接，偿还缺乏保障，在财政支出不断增长的情况下，查理二世不得不大肆发行票据，政府在没有税收保证的情况下负债过度，最终使票据债务的偿付成为问题。威廉·肖对此指出，这些票据根据发行顺序在交税时可以和硬币兑换，实际上成为英国最早的纸币。如果查理二世是一个更好的管理人，这些票据很有可能成为永久性的纸币，从而改变英国货币和银行业的历史，大幅度减小英格兰银行的规模。② 由于这种付息偿债命令书的法定化，英国诞生了最早的能够转让的付息短期债券。

1672 年，第三次英荷战争爆发，政府年度财政支出达到了 250 万英

---

① ［日］富田俊基：《国债的历史：凝结在利率中的过去和未来》，彭曦、顾长江、曹雅洁、韩秋燕、王辉译，南京大学出版社 2011 年版，第 46 页。

② ［美］约翰·H.伍德：《英美中央银行史》，陈晓霜译，上海财经大学 2011 年版，第 34 页。

镑，仅军费开支大约就有120万英镑。[1] 直到此时，查理二世在第二次英荷战争时所欠债务尚未偿还完毕。巨大的财政支出加上预收税款带来的影响，使查理二世根本无力还债，就连利息支付都出现了问题。1672年1月初，查理二世宣布未来一年停止一切债务本息的偿还。所欠债务绝大部分是财政部发行的"支付命令书"，大约有120万英镑。[2] 受到影响的主要是金匠银行家，存款人要抽取现金，金匠已经无法支付。前12名债权人都是金匠，债务大约128万英镑，约占债务总额的97.5%。[3] 到年末，查理二世宣布将停止偿付本息的措施延续到1673年5月。直到1674年7月，查理二世才支付了14万英镑的利息，此前的本金仍然没有得到偿还。[4] 由于可以流通，金匠也转让了一些财政票据，票据接受人大部分为伦敦地区的商人，但是，仍然无法避免大量金匠破产。对于单方面宣布停止支付，查理二世也不是没有想过办法，他向议会请求增加额外的资金支持以支付债权人。但是，议会对此态度漠然，议员们不仅不支持，而且对金匠怀有敌意。议员们大部分是土地主，他们认为查理二世对金匠的依靠削弱了议会对国王的影响。如果查理二世能够通过借款筹集大部分资金，就会相应减少对税收的依赖，而征税权在议会手中。金匠银行家和议会之间的矛盾持续了多年，其实就是金融阶层和土地阶层之间的矛盾。同时表明，金融阶层在土地主所主导的英国政治生活中还没有获得相应的地位。

　　这次终止支付，体现了英国政府财政体系的脆弱。国王花费巨大，加

---

[1] Carruthers, B. G., *City of Capital*: *Politics and Markets in The English Financial Revolution*, Princeton: Princeton University Press, 1996, p. 54.

[2] Carruthers, B. G., *City of Capital*: *Politics and Markets in The English Financial Revolution*, Princeton: Princeton University Press, 1996, p. 62.

[3] Carruthers, B. G., *City of Capital*: *Politics and Markets in The English Financial Revolution*, Princeton: Princeton University Press, 1996, p. 63.

[4] ［日］富田俊基：《国债的历史：凝结在利率中的过去和未来》，彭曦、顾长江、曹雅洁、韩秋燕、王辉译，南京大学出版社2011年版，第47页。

上战争连续不断，导致政府入不敷出。由于缺乏一种长期融资体系，为了弥补财政缺口，发行短期债券成为政府的重要选择。这种债务利息高，周期短，政府负担沉重，违约风险也较高。更重要的是，在王权体制下，短期债券的及时偿付尚存在问题，长期融资的外部环境就更不具备。王权体制下的违约风险太高，出于安全性考虑，人们很难对长期融资产品产生兴趣。需要指出的是，到查理二世后期，由于法国的援助，查理二世的财政状况得到了极大好转，以至国王已经无须通过议会另行征税。但是，这一良好的财政基础没有被后来即位的詹姆士二世所珍惜。

## 第二节　光荣革命与金融革命

### 一　光荣革命与财产权制度的建立

1685 年，查理二世去世，其弟詹姆士二世即位。"尽管他是个天主教徒，而且受到那么多人的反对，但他所召开的议会却非常顺从，给他拨付了一大笔终身年金，比查理二世的几乎多一倍。"[①] 他本来可以在王位上终其一生，但是，稳定的局面没有持续多久，很快便被他自己破坏。由于尊崇天主教，导致支持詹姆士二世的政治联盟出现分裂。托利党是支持詹姆士二世的主要力量，他们支持国王，也信奉国教。但是，詹姆士要他的支持者反对国教，绝大多数托利党人无法接受。在宗教目标上，托利党人和辉格党人逐渐走到一起，这是詹姆士二世垮台的最主要原因。詹姆士还扩大了常备军，将很多天主教徒安插进军队。对英国民众来说，常备军和天主教是实施专制统治的重要标志。1687 年，詹姆士发布了《信仰自由宣言》，意在获得新教非国教派的支持，但事与愿违，整个新教阵营联合

① 钱乘旦、许洁明：《英国通史》，上海社会科学出版社 2012 年版，第 181 页。

起来反对詹姆士。1688 年，七位大主教因反对詹姆士发布的第二份《信仰自由宣言》而被捕入狱，导致国内政治形势急转直下。与此同时，王后生下一个男孩，这意味着詹姆士以后必将迎来又一位天主教国王。在这种情况下，对天主教和专制制度的不满使得公开反抗不可避免。7 月 30 日，包括托利党、辉格党在内的两党 7 位主要人物，起草了一份邀请信，邀请荷兰执政威廉率领军队来到英国，捍卫英国人的自由。于是，威廉率军登陆，在没有发生流血斗争的情况下取得了英国王位，史称"光荣革命"。议会颁布了《权利法案》，作为威廉成为英国国王的条件，主要内容包括只有议会才能征税，议员可以自由发表政见，议会要定期召开等。《权利法案》成为英国政治史的一个里程碑，英国就此走上了现代国家之路。

光荣革命以后，英国的资本市场才开始真正形成和发展起来。在财政支出大规模增加的情况下，除税收以外，国王可以通过资本市场获得大规模融资。虽然有时仍显拮据，但基本解决了长期融资问题。光荣革命前的财政支出增幅很小，1618 年为 50 万英镑，到 1630 年才增加到 100 万英镑，1688 年革命前，财政支出仍不过是 180 万英镑，增长十分缓慢。在此期间，财政支出占经济规模的比例为 2%—3%，国王的债务仅为 100 万英镑。但是，这些短期债务的利率很高，一般为 6%—10%，荷马、塞拉等人指出有时甚至达到 30%。光荣革命后的 1697 年，财政支出骤增至 790 万英镑，仅 8 年时间就增长了 4 倍多。"九年战争"军费和债务本息的增加是主要原因。[1] 17 世纪末，随着北美殖民地的开拓，英国的经济基础得到很大扩展。伦敦成为贸易中心，从北美进口糖、烟叶，从印度进口纺织品，然后将其再出口到欧洲市场。北美殖民地也为英国产品在当地的

---

[1] ［日］富田俊基：《国债的历史：凝结在利率中的过去和未来》，彭曦、顾长江、曹雅洁、韩秋燕、王辉译，南京大学出版社 2011 年版，第 58 页。

销售提供了很好的保护。贸易财富的积累形成了巨大的投资力量，人们不仅继续投资于土地等传统领域，也开始投资新的产品。适逢国家因战争需要大力发行国债，为这些资金提供了保值增值的渠道和机会。一开始，威廉的新政权尚不稳固，债券利率也曾达到了 8%，但进入 18 世纪后逐渐降低。

诺斯和温格斯特认为，17 世纪晚期的政治事件对英国公共财政能力的提高起到了巨大作用，最主要的影响就是政治体制的变化，使私有财产得到有效保护，增加了人们投资国家债券的信心。光荣革命后，王权和议会的力量对比发生根本变化，英国成为议会主权国家。威廉和玛丽虽然拥有巨大权力，但议会在国家政治中的地位要高于国王，国王在财政上必须依靠议会支持。光荣革命一结束，议会便给予国王啤酒、汽水等物品税，但只同意给予 4 年的关税收入。同时，议会将财政支出分为两个部分，分别为皇室费和军费。皇室费也需要议会拨付的税款来维持，因此，国王的支出也就成了国库支出的一部分。① 马格瑞特·李维指出，光荣革命以后，国王的财政支出受制于议会，在财政收入和支出方面，议会发挥了更为重要的作用。在一定程度上，王权的削弱导致了财政力量的增强。② 议会代表了英国社会上层及中上层的利益，这一阶层也就控制了英国的公共财政。另外，英国普通法法院也获得了更多独立性，可以从容应对来自国王和议会的压力，法律裁决不再受到政治势力和政治风向的影响。这种环境下，国家对信贷人的承诺较王权时期国王的承诺更令人可信。无论是查理一世，还是查理二世，他们的承诺无法令人产生安全感，事实证明也确

---

① North, D. C. and Weingast, B. W., "Constitutions and Commitment: The Evolution of Institutions Governing Pubnlic Choice in Seventeenth - Century England," *Journal of EconomicHistory*, Vol. 49, 1989, pp. 803 - 832.

② Levi, M., *Of Rule and Revenue*, Berkeley: University of California Press, 1988, pp. 96 - 97.

实不可靠，国王很少能迅速、完全、及时还清债务。国王如果出现债务违约，债权人将无可奈何。光荣革命以后，议会由选举产生，议会成为国家政治体系的核心，掌握国家大权，国王逐渐成为国家的名义代表和"虚君"，债务发行的主体由国王转变为议会，"王债"变为国债，可信度提高，风险相应减少。共和体制决定了财产权可以得到有效保护，虽然债务增加，利率却逐渐降低。这种制度性变革增强了人们购买国家债务的意向和兴趣，使英国可以在整个 18 世纪通过资本市场顺利融资。因此，光荣革命开启了英国建立现代金融体系和资本市场的大门。

## 二　金融革命与"九年战争"融资

光荣革命以后到 18 世纪上半期，英国发生金融革命，意义深远。英国的金融革命，除了指银行业的变化外，还主要指政府财政体制的大变革。对外战争导致大规模国债发行，因偿还债务利息进行的征税体制变革，英格兰银行的成立，以及伦敦证券市场的扩大和发展，是英国金融革命的主要内容。在英国近代史的研究中，关注光荣革命较多，关注金融革命较少。光荣革命使英国走上共和体制，金融革命则为维护光荣革命的胜利成果、实现英国的崛起创造了资本条件。一般认为，最早的金融革命出现在 16—17 世纪的荷兰。金融革命为尼德兰革命的胜利提供了必不可少的资金支持。[①] 光荣革命后，威廉三世引进了荷兰的资金、技术、人才，为英国的金融革命创造了条件。

威廉三世成为英国国王后，天主教的法国对新教英国始终怀有敌意，力图颠覆威廉三世政府，英国随即投入与法国的战争，史称"九年战争"。1688 年之前，英国政府每年的财政支出不到 200 万英镑，1689—

---

① Tracy, J. D., *A financial revolution in the Habsburg Netherlands: renten and renteniers in the country of Holland, 1515 – 1585*, Berkeley: University of California Press, 1985.

1702 年则快速增长到每年 500 万英镑到 600 万英镑甚至更高。① 战争时期，每年的税收收入平均为 364 万英镑，虽然是光荣革命前的近两倍，仍然难以应对支出的增长。② 这种情况下，威廉三世只能通过借款筹集费用，有时不得不从金匠和商人那里以 30% 的利率进行短期借款。③ 就债务融资的种类而言，"九年战争"和 18 世纪的其他战争不同，大部分军费由税收和短期借款构成。短期借款是获得议会批准的新税种的预收税款，一般设立 4—7 年的还款期限，但在期限内经常出现不够偿还本息的情况。④ 1688—1697 年，政府的短期债务总额超过 3200 万英镑，年利率为 5%—8%。⑤ 由于短期借款仍不能满足需求，议会于 1692 年 12 月通过了长期债务融资的法律，以对啤酒及其他酒类的物品实行恒久的追加课税为保证，开始发行长期国债。⑥ 起初，计划发行唐蒂年金筹资 100 万英镑，但仅获得 10.8 万英镑。于是，议会又发行了终身年金。1693—1694 年，筹集到 89 万英镑。1694 年，以一代年金、二代年金或三代年金的形式筹集到 30 万英镑。随后将终身年金转换为 96 年期年金，筹集到 67 万英镑。⑦ 1694 年，发行了附带彩票的永久年金，募集到 100 万英镑，以对进

---

① Dickson, P. G. M., *The financial revolution in England: a study in the development of public credit, 1688 – 1756*, New York: St. Martin's Press, 1967, p. 46.

② Brewer, J., *The Sinews of Power: War, Money and the English State, 1688 – 1783*, London: Unwin Hyman, 1994, p. 89.

③ [美] 悉尼·霍默、理查德·西勒：《利率史》，肖新明、曹建海译，中信出版社 2010 年版，第 137 页。

④ [日] 富田俊基：《国债的历史：凝结在利率中的过去和未来》，彭曦、顾长江、曹雅洁、韩秋燕、王辉译，南京大学出版社 2011 年版，第 50 页。

⑤ Murphy, A. L., *The Origins of English Financial Markets: Investment and Speculation before the South Sea Bubble*, Cambridge: Cambridge University Press, 2009, pp. 39 – 40.

⑥ [日] 富田俊基：《国债的历史：凝结在利率中的过去和未来》，彭曦、顾长江、曹雅洁、韩秋燕、王辉译，南京大学出版社 2011 年版，第 50 页。

⑦ Carruthers, B. G., *City of Capital: Politics and Markets in The English Financial Revolution*, Princeton: Princeton University Press, 1996, p. 75.

口盐增加的关税作为保证。由于仍然无法满足财政支出的需要，为了筹措资金，1694 年成立了英格兰银行。[①] 英格兰银行筹集资本 120 万英镑，全部借给政府。政府每年向英格兰银行支付 8% 的利息，另加每年 4000 英镑的管理费。利息由轮船吨位税和啤酒、麦芽酒及其他酒类的关税作为保证。英格兰银行的成立是英国金融革命的重要组成部分，也是英国现代金融体系建立的里程碑。1697 年，英格兰银行扩大资本规模至 220 万英镑，新增的 100 万英镑以 8% 的利息借给政府。两年后，英国政府偿还了这笔借款，英格兰银行的资本规模恢复到 120 万英镑。[②] 这期间，英国首次发行了另一种短期债券——国库券。1696 年发行 150 万英镑，利息率为 4.6%。1697 年，以增加的土地税为担保，再次发行 270 万英镑，利息率为 7.6%。由于国库券可以用来交税，很多包税人以低于面值的价格回收国库券，按国库券的面值上缴国库。[③] 与英国持续的战争借款相比，法国的战争经费筹措就非常困难了，到 1696 年，法国渐感财力不支，无力继续进行战争，于是各方在 1697 年签署了里斯维克条约，"九年战争"结束。法国归还了除斯特拉斯堡之外所夺取的全部地区，承认威廉三世为英国国王。"九年战争"使英国保住了光荣革命的胜利成果。战争期间，债务融资占财政支出总额的 35%[④]，可谓贡献巨大。仅 1693—1698 年的 5 年时间，包括附带彩票的年金、终身年金以及英格兰银行和东印度的借款

---

① ［美］约翰·H. 伍德:《英美中央银行史》，陈晓霜译，上海财经大学 2011 年版，第 36 页。

② Richards，R. D.，*The Early History of Banking in England*，London：P. S. King & Son，Ltd.，1929，pp. 132 – 153.

③ ［日］富田俊基:《国债的历史：凝结在利率中的过去和未来》，彭曦、顾长江、曹雅洁、韩秋燕、王辉译，南京大学出版社 2011 年版，第 54 页。

④ ［日］富田俊基:《国债的历史：凝结在利率中的过去和未来》，彭曦、顾长江、曹雅洁、韩秋燕、王辉译，南京大学出版社 2011 年版，第 58 页。

在内，政府的长期国债融资总额即为 690 万英镑。[①] 大规模国债的发行、英格兰银行的成立，以及基于此的资本市场的扩大，使英国的金融革命持续推进和发酵。如果没有金融革命，没有国债融资的支持，英国能否在 18 世纪成功崛起可能是一个问题。金融革命为英国从 17 世纪到 18 世纪连续战胜法国、成功崛起提供了必要条件。

## 第三节　英格兰银行

### 一　英格兰银行的成立

成立英格兰银行，与"九年战争"期间史无前例的军费需求紧密相关。起初，政府发行了唐蒂年金和彩票国债，虽然取得一定效果，但仍不能满足需要。于是，在苏格兰人帕特森等商人推动下，建立了以伦敦商人为主要股东的英格兰银行。银行资本为 120 万英镑，于 1694 年 7 月 27 日获得了国王颁发的经营许可。为了保证议会在征税中的主导地位，法案规定，如果没有得到议会的批准，英格兰银行不能直接给国王贷款，也不能购买王室的土地。银行的股本募资十分顺利，仅 6 月 21 日一天就募集到 30 万英镑，连安妮女王也购买了 1 万英镑的股票。[②] 银行随后将全部资本借给政府。利息加上管理费，英格兰银行每年可以从政府获得 10 万英镑，特许权为 12 年。对英格兰银行的成立，安德里奥第斯认为，除了应战争经费所需以外，还有重要的商业需要的促进。此前，虽然英国制定了借款利息的最高限制，但是金匠银行家们认为这一利率太低。有证据显示，当

---

① Murphy, A. L., *The Origins of English Financial Markets: Investment and Speculation before the South Sea Bubble*, Cambridge: Cambridge University Press, 2009, p. 43.

② Andreades, A., *History of the Bank of England*, translated by Meredith, C., Third Edition, London: P. S. King & Son, Ltd., 1935, p. 73.

官方利率最高限制为6%的时候，穷人从金匠那里获得的贷款，年利率一般不低于33%，据说还达到过70%甚至80%的高点。因此，国内迫切需要一家银行能确定或引导基准利率，规范信贷市场。另外一点是纸币需求。建立发行纸币的银行，可以缓解商业流通中货币不足的问题，促进商业的发展。[①] 17世纪末期，英国贸易和商业发展迅速，由于铸币不足，一定程度上限制了经济发展。纸币以铸币为基础，作为流通工具可以填补铸币的不足。事实证明，英格兰银行的成立，使这两个问题都得到了很大程度的解决。

英格兰银行一成立，就立即成为政治斗争的工具和商业竞争的目标。反对英格兰银行的呼声此起彼伏，包括土地阶层、贸易精英和金匠银行家。这些阶层认为自身的利益受到影响，于是在议会和金融市场不断对英格兰银行进行干扰和攻击。早在建立英格兰银行的法案提交议会上院时，托利党议员就表达了强烈反对的态度。他们认为，英格兰银行很明显是为共和人士服务的，这必将削弱王室的力量。英格兰银行很有可能在未来产生垄断资本的力量，从而增加土地阶层筹集资本的难度。人们认为，由于英格兰银行的股票可以流通，吸引了大量社会资本，因此对贸易和土地价格都产生了不利影响。土地是生产性资源，价格由土地产生的未来价值决定。利率提高，土地价格就会下调。高利率使土地所有人很难以土地为担保借到资金。利率上涨，税率也向上攀升，而地租价格和土地价格却不断下跌，这是土地阶层难以忍受的状况。在贸易方面，17世纪90年代，英格兰银行的股票吸引了大量资本，导致贸易领域的资金相应减少，因此英格兰银行的反对者认为正是英格兰银行导致了信贷短缺，从而损害了商业利益。在英格兰银行股票价格上涨的同时，贸易却出现了下滑，这很容易

---

① Andreades, A., *History of the Bank of England*, translated by Meredith, C., Third Edition, London: P. S. King & Son, Ltd., 1935, p. 45.

使人们认为是英格兰银行间接引发了贸易萎缩。金匠银行家也是反对英格兰银行的一支重要力量。英格兰银行发行银行券，吸收存款，导致金匠的业务大幅下滑。英格兰银行成立后，一开始，他们拒绝接受英格兰银行的银行券。1696 年 5 月，一批金匠还组织起来储存了大量英格兰银行的银行券，要求英格兰银行立即兑换成现金，引发了一次流动性危机，英格兰银行以小额硬币支付的方式进行了化解。但是，除了托利党人试图成立土地银行以对英格兰银行形成竞争和挑战以外，其他的那些干扰和攻击，没有给英格兰银行造成太多烦恼。

## 二　英格兰银行的功能和地位

对英格兰银行在英国财政中的地位，赫尔曼·范德尔·维指出："从 1688 年起这种革新开始将公共财政由不固定状态转为固定的国债。这个转变过程的里程碑是 1694 年英格兰银行的建立。""特别是 1697 年以后，英格兰银行的成功发展更多归因于它与国家财政的紧密关系，而不是其私营银行业务的发展。"① 在英格兰银行最初的岁月里，塑造英国的公共财政和银行业务还不是可以实现的选择。英格兰银行的成立是为了满足战争对资金的短期需求，但从长期来看，特许权的更新逐渐增强了英格兰银行的地位。在每个特许权的期限内，相关法律也逐渐消除了人们对英格兰银行的疑虑，确认了它的"排他性银行业务权力"。每一次特许权都扩大了英格兰银行的资本基础，从 1694 年的 120 万英镑，到 1742 年的 1078 万英镑。与此同时，作为回报，英格兰银行给政府的贷款也迅速增加，到 1749 年，增加到 1164.2 万英镑。英格兰银行对政府的服务远不只是提供长期贷款，在 18 世纪早期，与政府有紧密关联的业务范围也有了很大拓

---

① ［英］E.E.里奇、C.H.威尔逊主编：《剑桥欧洲经济史》第 5 卷，高德步、蔡挺、张林等译，经济科学出版社 2002 年版，第 323—324 页。

展。英格兰银行给政府提供了其他人难以做到的贷款安排和专家服务，实际上已经变成了中央政府的左膀右臂。英格兰银行从早期开始，就通过给海外的军事行动汇款，服务于军队和海军，开始和这个国家的政治事务、军事任务联系在一起，业务广泛拓展到了国家层面的众多领域。到 18 世纪的最后 25 年中，这个趋势变得更为显著，也推动了英国政府的行政工作，使其变得更经济、更有效率。在短期贷款方面，英格兰银行可以贴现财政部发行的国库券，国库券得到公共财政收入的担保。1707 年，财政部发行了 150 万英镑国库券，由英格兰银行承销，国库券的投资人可以在英格兰银行贴现，这成为以后国库券在资本市场流动的主要方式。国库券的流动性十分广泛，人们也乐于接受，因为有税收作为保障。作为对英格兰银行的回报，财政部给予英格兰银行相应的手续费，这样，英格兰银行可以在国库券的流通中获利。实际上，到 1750 年，英格兰银行在给政府的短期贷款方面已经处于半垄断地位。

1710 年，英格兰银行成为政府发行彩票国债的承销商。1715 年，英格兰银行承担起年金债券的认购和管理任务，开始在更广泛的意义上成为政府年金和股票的管理人：接受认购，管理账目，对交易进行监管，发放利息。到 18 世纪 60 年代，英格兰银行已经管理了 70% 的国债。财政部以支付手续费的方式进行酬谢，但是手续费的多少和比率并无明确规定，一直存在变化。1791 年，财政部以法律形式将手续费的比例确定下来，即每管理 100 万英镑，每年支付 450 英镑的手续费。英格兰银行也给陆军、海军和军械部提供直接贷款。18 世纪中期，这几个军队部门的财务账目交由英格兰银行管理。到 18 世纪 80 年代以前，很多政府部门的账目也转交给英格兰银行管理，作为经济改革和政府机构改革的一部分。因此，英格兰银行实际上逐步成为英国国家体制中的组成部分和关键机构。

英格兰银行的成立是英国金融革命的重要组成部分，是英国近现代金融体系形成的里程碑事件。银行的成立以为战争募集资本为初始目的，经过一百多年的演进，其成为英国金融体系的核心。英格兰银行不仅通过资本市场募集资本，更重要的是在国债承销、国债管理、政府贷款等方面成为英国政府不可或缺的助手。英格兰银行早期先后遇到土地银行和南海公司的严重威胁，最终成功应对，迅速发展。另外，通过18、19世纪对历次金融危机的应对和处理，英格兰银行逐渐形成了一套货币政策管理和金融稳定的技术方法，最终成长为现代意义上的中央银行。

## 第四节　南海公司与南海泡沫危机

### 一　南海公司与国债转换

大规模国债发行带来的一个问题就是巨额利息和债务的偿还。因此，英国随后对征税体制进行了改革，目的是保证国债和国债利息的顺利偿付。历次战争都有新税种的出现以及税率的调整。1692 年英国发行的唐蒂年金，以对啤酒及其他酒类的物品税为保证，1694 年发行的彩票年金以对进口盐增加的关税为保证。1711—1714 年，英国对咖啡、茶、书籍、扑克牌等征收新税，这些物品税的收入在西班牙王位继承战之后超过了关税和土地税收入。在以后的奥地利王位继承战时，开征了玻璃税、房产税、四轮马车税、杂品等税种。"七年战争"时，对啤酒实行了增税。[1]这些税收被用于保证不同国债的利息支付。由于税种复杂且用于不同偿付目的，英国开始对税种进行整理。1711 年，用于支付南海公司利息的税源合并为南海基金；1715 年，用于支付英格兰银行利息的税源被合并为

---

① ［日］富田俊基：《国债的历史：凝结在利率中的过去和未来》，彭曦、顾长江、曹雅洁、韩秋燕、王辉译，南京大学出版社 2011 年版，第 71 页。

综合基金；1717 年，用于偿还彩票国债利息的税源被整理为一般基金。[1]乌特勒支条约签署后，国债市场利率水平走低。[2] 由于付息压力仍然沉重，英国借此机会开始探索减轻利息负担的政策。财政大臣沃波尔力图将利息率从 6% 降至 4%，未获成功，最终在 5% 的水平得到了英格兰银行和南海公司的支持，低息续借的工作得以推进。[3]。付息费用的减少导致付息支出出现盈余，沃波尔以此创设偿债基金，这是英国最早的偿债基金。这一基金的资本不是来自财政支出的削减或者增税，而是来自国债因低息续借而节省的部分。在财税体制改革中，国债转换是重要内容之一。这项工作，主要由南海公司来推进。在英国金融史上，南海公司为人们所熟知。南海公司造成的南海泡沫危机是世界历史上第一次真正的系统性金融危机，投资人损失巨大，对英国金融体系的构建和资本市场的未来走向产生了巨大影响。

南海公司的成立，不仅是贸易的需要，也是政党斗争的结果。查理二世后期，英国政坛分为两派，一派坚持宗教改革，称为"辉格党"，反对天主教徒成为英国国王，也反对查理二世的弟弟詹姆士继承王位；另一派则坚持王位继承的正统原则，称为"托利党"，要求保留詹姆士的继承权，两党斗争激烈。辉格党人成立英格兰银行后，托利党人就开始计划反击，组建自己的金融力量。起初筹划了土地银行，1696 年 4 月获得王室批准，资本额度是英格兰银行的两倍多，银行计划给政府提供大额借款，可以发行银行券。这个行动引起辉格党人高度警惕。在英格兰银行和商人们的阻击下，土地银行最终设立失败。托利党人并不甘心，开始酝酿新的

---

① ［日］富田俊基：《国债的历史：凝结在利率中的过去和未来》，彭曦、顾长江、曹雅洁、韩秋燕、王辉译，南京大学出版社 2011 年版，第 70 页。

② ［美］悉尼·霍默、理查德·西勒：《利率史》，肖新明、曹建海译，中信出版社 2010 年版，第 142 页。

③ Hargreaves, E. L., *The National Debt*, London：Edward Arnold & Co., 1930, p. 23.

方案。西班牙王位继承战后期，托利党上台。英国发行了普通年金国债、彩票国债，还获得了英格兰银行和东印度公司的借款，国债余额从 1640 万英镑剧增到 5370 万英镑。[1] 但是这些措施仍然不能有效满足战时需要，短期国债带来的利息和贴现量也非常大，财政负担沉重。于是，一位伦敦商人给政府提出了成立南海公司的建议，政府很快同意，以此建议为基础，于 1711 年 5 月将南海公司的筹建方案上报议会。方案的主要内容就是成立一家海外贸易股份公司，开展南海贸易，同时承接政府的短期债务，将政府的债权人转变为南海公司的股东。同时，短期债务转为长期债务，减轻政府的利息负担。这个方案引发了英格兰银行和东印度公司的不安，两个公司也提出了自己的减债方案，政府随之将其相关内容纳入正式法案，但最终仍然决定成立南海公司来推进减债任务。

1711 年 9 月 8 日，南海公司正式成立，资本总额高达 917 万英镑，全部由海军证券、食品证券以及符契等短期债务构成。这样，政府债券的持有人成为南海公司的股东，南海公司将承接的短期债券转换为长期债务。政府以葡萄酒、醋等新增加的关税为担保，每年以 6% 的利率向南海公司付息，另支付每年 8000 英镑的管理费。[2] 公司明确了转换的周期和价格，以 100 英镑国债兑换 100 英镑股票。当时，短期国债的贴现率为 32%，只要股价不低于 70 英镑，投资人就会盈利。这一期间，股价出现小幅度波动，基本维持在 70 英镑左右，到 1713 年年底认购完成，股价上涨到 94 英镑，投资人至少获得 40% 的盈利。1715 年，南海公司将股本增加到 1000 万英镑。整理国债的同时，公司开展了对外贸易业务，但不是很顺

---

[1] Neal, L. *The rise of financial capitalism. International capital markets in the Age of Reason*, Cambridge：Cambridge University Press，1990，p. 90.

[2] ［日］富田俊基：《国债的历史：凝结在利率中的过去和未来》，彭曦、顾长江、曹雅洁、韩秋燕、王辉译，南京大学出版社 2011 年版，第 56 页。

利，这和同时代法国的密西西比公司形成对比。密西西比公司成立后股价攀升，随后股票顺利增发，主要原因就是贸易活动开展较好，给投资人以良好预期。在此情况下，南海公司力图按照短期债务转换的经验，通过增发股票转换国家的长期债务，以此提升公司在国债市场上的地位。整体上看，这个计划不仅庞大，而且雄心勃勃，不能不说是一个大手笔，虽然其中也掺杂着政治斗争的意图。

## 二 南海泡沫危机

1719 年，南海公司向政府提出转换 1710 年发行的 150 万英镑 32 年期彩票型年金。这款年金产品年利率为 6%，此时还有 23 年的支付期，每年支付利息总额 13.5 万英镑。南海公司提出以年息 11.5 倍的价格进行收购，总额为 155.2 万英镑，年金持有者按照市场价格转换，成为南海公司的股票持有人。这个方案无疑对政府具有吸引力。一方面可以将利息调整为 5%，另一方面政府可以随时选择给南海公司还清贷款而终止付息。这次转换的成功使南海公司提出了规模更大的国债转换计划。

1719 年年底，南海公司的实际控制人约翰·布兰特向财政大臣提出了整理国债的初步方案，方案以法国约翰·劳的密西西比计划为基础，建议由南海公司接收英格兰银行和东印度公司持有的全部政府债务。这个方案随后提交给议会下院。南海公司提出，如果允许南海公司转换国债，将向政府提供 150 万英镑的无条件贷款。另外，根据国债转换的情况，还可以再给政府提供最高 160 万英镑的贷款。按照南海公司的计划，公司持有的政府债务将达到 3098 万英镑，但利息率则下调至 5%。[①] 下院也有不少英格兰银行的支持者，为了体现公正，议会也要求英格兰银行上报自己的

---

① Andreades, A., *History of the Bank of England*, translated by Meredith, C., Third Edition, London: P. S. King & Son, Ltd., 1935, p. 129

国债转换方案。结果，英格兰银行的方案较之南海公司更有吸引力。英格兰银行建议对所有可赎回和不可赎回的债务进行转换，在此基础上，还可以给政府提供 560 万英镑的贷款。南海公司得知英格兰银行的方案当天，立刻对原有方案进行了修改，将无条件给政府的贷款从 150 万英镑上调到 350 万英镑，根据国债转换情况增加的借款数额也调整为不超过 500 万英镑。而且，从 1727 年年中开始，将贷款利率从 5% 调整到 4%。议会审议了两个方案后，责成两家公司再做进一步完善，1720 年 2 月 1 上交最终方案。最终方案中，英格兰银行没有做出太多修订。① 南海公司的方案则调整为，给政府的无条件贷款增加到 400 万英镑，依据国债转换的有条件贷款增加到 760 万英镑。经过比较，议会于 2 月 2 日通过了南海公司的方案，4 月 7 日获得王室批准。方案明确由南海公司以其股票转换所有的长期年金和短期年金以及可赎回债券，总额大约为 3150 万英镑。公司给予政府 400 万英镑的无条件借款，另外，到 1722 年 3 月 1 日为止，对不可赎回债券按 4.5 倍年利的价格进行转换，以此为条件，再向政府提供 400 万英镑借款。公司如果未能完成长期年金的转化，则处以 66.6 万英镑的罚金。根据转换情况，另外向政府提供最多 760 万英镑的贷款。3100 万英镑的国债等额转换为南海公司的股本，长期年金按照 20 倍年利转换，短期年金按照 14 倍年利转换。给政府的贷款按年利 5% 计息，其余按 4% 计息，1727 年以后按 4% 计息。政府给南海公司 100 万国库券作为流动性补充。方案中，没有明确南海公司股票和国债的转让价格，这个问题交由南海公司自行安排，这为以后南海泡沫危机的产生埋下了隐患。一些历史

---

① Andreades, A., *History of the Bank of England*, translated by Meredith, C., Third Edition, London：P. S. King & Son, Ltd., 1935, p. 130.

学家认为议会没有对此作出限制简直就是"犯罪"①。这使南海公司在国债转换中疯狂追求股价的上涨。

从 4 月到 8 月，南海公司共组织了 4 次股票发行，两次国债转换。4 月 14 日是第一次股票发行，以现金或合格的债券认购，发行了 2 万股。但实际上以每股 300 英镑的价格发行了 2.25 万股，总计募集资金 675 万英镑。为了继续维持和抬高股价，公司董事会授权董事可以给投资者贷款购买股票，没有将已经获得的投资款用作给政府的借款。从 4 月 21 日到 5 月 19 日，大约贷出 100 万英镑，进一步增强了股票的购买力，股票很快销售一空。4 月 30 日公司进行了第二次发行，发行股票 4 万股，每股 400 英镑，可以分期付款，利息为 10%，周期为 3—4 个月，分 9 次付清。5 月 19 日，公司进行了第一次国债转换股份的股票发行，由于债务转换计划对投资人有利，转换工作非常顺利。6 月 17 日，南海公司组织了第三次新股发行，发行 5 万股，每股 1000 英镑，这个价格是股票票面价格的 10 倍。这种状况引起了很多人的担心，包括财政大臣阿斯拉比，认为如此高的价格不可持续，下跌是必然的，一场风暴即将来临。8 月 12 日，公司进行了第二次国债转换，此时股价为 800 英镑。8 月 24 日，进行了第四次新股发行，以每股 1000 英镑的价格发行了 1.25 万股。② 四次发行共计增加股份 10 万股，现金流入大约为 7525 万英镑。恰好在这个时候，法国的密西西比泡沫破灭，约翰·劳外逃，投资人损失惨重，这个消息也传到了英国，对南海泡沫危机的爆发产生了推动作用。

还在 1720 年 6 月的时候，在南海公司推动下，议会颁布了《泡沫法

---

① Dale，R.，*The First Crash：Lessons From The South Sea Bubble*，Princeton：Princeton University Press，2004，p. 80.

② Dale，R.，*The First Crash：Lessons From The South Sea Bubble*，Princeton：Princeton University Press，2004，p. 102.

案》，目的是要将那些只开空头支票的皮包公司、虚假公司逐出市场，保证南海公司的顺利募资。但是，与公司的预想恰恰相反，自《泡沫法案》颁行，几个星期内，南海公司自己的股价竟然迅速下调。到 8 月底，股价下跌到 775 英镑，9 月中旬到了 520 英镑，10 月 1 日加速下跌到 290 英镑，10 月 14 日为 170 英镑，到 12 月 24 日为 140 英镑。一开始，公司试图维持股价稳定，拨出近 200 万英镑购入股票，但未获成功。8 月底，公司宣布当年圣诞节期间分红 30%，未来 12 年每年现金分红 50%。① 但是，这些承诺不仅于事无补，还加快了股价的继续下行。另外，根据议会上院议事录的资料，国王乔治一世 6 月要回汉诺威，此前抛售了一大笔南海公司的股票，据称是为了筹集路费。不过，此前阿斯拉比的警告或许对他也产生了影响。这一数量一定很大，因为股价也就是从这个时候开始下跌的。②

股价下跌导致不同点位接盘的投资人损失惨重。公司一度提出重新确定认购价的方案，但股价的快速下跌导致这些方案根本无法推行。一方面，最早的投资人坚决反对下调价格；另一方面，高位接盘的新投资人要求调整认购价格挽回损失，新老投资人在价格调整计划上矛盾尖锐。这还不是主要问题，南海公司最大的困难是严重的流动性危机。据统计，南海泡沫破灭时，公司至少面临 1460 万英镑的短期流动性缺口：债务转换过程欠政府的 700 万英镑需要立即支付，财政部支持的 100 万英镑国库券需要偿还，另有未偿还债务约 500 万英镑，利息支付和分红款有 140 万英镑。此时，公司的财务状况虽然紧张，但还不至于面临破产的境地。公司

---

① Dale，R.，*The First Crash*：*Lessons From The South Sea Bubble*，Princeton：Princeton University Press，2004，p. 136.

② Paul，H. J.，*The South Sea Bubble*：*An Economic History of Origins and Consequences*，London and New York：Taylor & Francis Group，2011，p. 49.

尚持 3775 万英镑国债，还有 7600 万英镑其他资产，包括股票质押贷款，到期股票认购款等。[1] 但是，股价的飞速下滑严重打击了投资者的信心，市场几乎不可能接受南海公司的任何新发行证券。1720 年 9 月 19 日，政府代表、南海公司和英格兰银行进行了协商，英格兰银行承销 300 万英镑的南海公司债券，为南海公司提供短期资金支持。名为承销，实际是由英格兰银行购买和持有，这个时候除了英格兰银行，恐怕没有谁有这个实力继续购买南海公司的债券了。另外，英格兰银行将手中持有的 19 万英镑年金国债以每股 400 英镑的价格转换为南海公司的股票。[2] 这个救助行动的主要目的是尽可能将南海公司的股价维持在相对合理的价位上。按照当时的设想，如果股价在 400 英镑以上，英格兰银行还可以因此获利。[3] 但是，英格兰银行此时的压力也很大，南海公司引发的危机不仅影响南海公司本身，也影响整个资本市场，英格兰银行的股票也出现了下跌，而且资本市场的恐慌情绪传递到了货币市场，引发人们对英格兰银行银行券的挤兑，使英格兰银行也陷入了流动性困难。结果，到 10 月 1 日，南海公司的股价下降到 290 英镑，继续按 400 英镑收购南海公司股票就没有太大意义了。于是，11 月 9 日，英格兰银行通知南海公司不再履行此前达成的协议。到 12 月中旬，南海公司股价已经下跌到 130 英镑左右。

1720 年秋，国王委托沃波尔解决南海泡沫事件。一开始，沃波尔和财政顾问罗伯特·杰科姆提出了一个名为"嫁接计划"的方案，由英格兰银行和东印度公司按照一定价格收购南海公司的股票。两家公司成为南

---

① Dale，R.，*The First Crash：Lessons From The South Sea Bubble*，Princeton：Princeton University Press，2004，p. 141.

② Andreades，A.，*History of the Bank of England*，translated by Meredith，C.，Third Edition，London：P. S. King & Son，Ltd.，1935，p. 137.

③ Paul，H. J.，*The South Sea Bubble：An Economic History of Origins and Consequences*，London and New York：Taylor & Francis Group，2011，p. 50.

海公司的股东，还可以为南海公司"输血"，解燃眉之急。1721 年 3 月，议会批准了这个计划。但是，英格兰银行和东印度公司都对此表示反对。当月，沃波尔接任第一财政大臣，开始制订新的救助方案。1721 年 8 月，《公共信贷恢复法案》颁行，这可能是英国历史上第一次政府对私人机构的救助行动。方案免除了南海公司在国债转化过程中应向政府支付的 700 万英镑，但南海公司欠政府的 100 万英镑国库券必须偿还。那些从南海公司进行股票抵押借款的债务人必须偿付所借金额的 10%（后来规定经纪人必须支付 20%），抵押的股票全部没收。另外，方案还重新规定了四次股票发行的价格。将第一次认购价格调整到 300 英镑，其余三次股票认购价统一调整到 400 英镑。① 方案将两次国债转换的价格统一起来，确定相同价格，以尽可能减少先前国债持有人的损失。除此之外，为了补充南海公司的流动性，沃波尔仍请英格兰银行协助，购买了南海公司持有的约 420 万英镑的年金国债，英格兰银行以同等额度增加了自身资本。② 政府还变卖了危机中没收的部分南海公司管理人员的房地产，总额约为 200 万英镑，这部分资金拨给南海公司救急。这样，南海泡沫危机才逐步化解。1723 年，南海公司被一分为二，股份公司以 1600 万英镑的资本成立贸易公司，后来持续经营到了 19 世纪中期。另外 1600 万英镑成立了"南海年金公司"，长期持有年金国债。1727 年以前获得了 5% 的利息，1727 年以后，利息调整为 4%。③

---

① Dale，R.，*The First Crash*：*Lessons From The South Sea Bubble*，Princeton：Princeton University Press，2004，p. 146.

② Paul，H. J.，*The South Sea Bubble*：*An Economic History of Origins and Consequences*，London and New York：Taylor & Francis Group，2011，p. 51.

③ ［日］富田俊基：《国债的历史：凝结在利率中的过去和未来》，彭曦、顾长江、曹雅洁、韩秋燕、王辉译，南京大学出版社 2011 年版，第 79 页。

### 三 南海泡沫危机的影响

南海泡沫危机给英国人留下了深刻印象，投资人损失惨重，股份公司的热潮也开始降温。在金融史上，这次危机也引发了众多史学家的兴趣。经过对一些历史档案资料的深度整理和分析，很多人认为南海泡沫危机其实没有早期认为的那么严重。但是，作为18世纪英国最大的一次系统性金融危机，对英国财政与金融体系仍然产生了巨大影响。

首先，南海公司实施的国债转换是成功的。南海公司的国债转换将国债市场和股票市场联系在一起，推动了国债市场的现代化，提升了资本市场的活跃与成熟。同时，减轻了政府的庞大利息支付负担。富田俊基认为，"南海计划给英国经济带来极大混乱。但另一方面，政府将合计2605万英镑的年金国债、短期债务转换为拥有偿还选择权的南海公司的借款，而且这些都是低息借款，因此从国债整理的角度来说，取得了较大进展。国债付息费从1721年的331万英镑减少至1728年的233万英镑，盈利部分被归入了沃波尔减债基金"[1]。

其次，增强了国家对资本市场的监管。危机出现以后，国家出面解决危机，而不是任由市场自发，公司自生自灭，这对未来英国金融监管哲学和监管原则产生了深远影响。英国精英阶层、商人阶层自此开始对金融危机有了初步理解，即金融危机产生的影响太大，涉及面太广，如果不加以及时干预，很可能会产生无法预期的严重后果，危及社会稳定和国家稳定。18世纪初期，英国的外部环境并不乐观，持续的对外战争使英国必须有一个相对稳定的国内环境。为了实现国内经济稳定、社会稳定和政治稳定，政府不得不对市场进行一些干预。这次危机为以后金融危机的解决

---

① ［日］富田俊基：《国债的历史：凝结在利率中的过去和未来》，彭曦、顾长江、曹雅洁、韩秋燕、王辉译，南京大学出版社2011年版，第78页。

提供了十分重要的经验教训。自此以后的历次金融危机，政府都会出面干预，或直接出手，或通过英格兰银行，采取稳定市场的措施。

最后，南海泡沫危机后，英格兰银行在英国金融体系中的核心作用逐步确立，开始承担起最后贷款人职责，最终成为中央银行。英格兰银行由辉格党创立，南海公司由托利党创立。两党的斗争直接体现在金融战场。南海泡沫危机爆发后，英格兰银行并未伸出援助之手。此前南海公司的一系列行为已使英格兰银行不安。因此，1720 年的退缩，说明英格兰银行尚未明确自己在金融体系中的位置。当时既没有这样的实力，也没有这样的意图，或许还认为这正是击败对手的难得机会。与南海公司的博弈中，英格兰银行未占据上风。但是，南海泡沫危机是一个转折点。南海公司的衰落，政府的驱动，加上危机期间的救助，使英格兰银行得以重新评估自己的地位，至少开始认识到自己在金融危机当中可以发挥的作用，这也就改变了英格兰银行在金融危机中的态度、行为方式和方法，最终改变了英格兰银行在未来金融体系中的地位。

# 第五节　争霸战争与国债

## 一　西班牙王位继承战

"九年战争"没有消除英法之间的对立。西班牙国王查理二世死后，由于没有子嗣，遗嘱决定把王位交给法国国王路易十四的孙子菲利普，这遭到英国和奥地利的反对。英国担心法国和西班牙合并后取得西班牙的殖民地，海军力量也会增强，对英国形成威胁。此时，詹姆士二世在法国去世，路易十四宣布他的儿子为英国国王。于是英国决定与法国开战。交战双方还包括荷兰、西班牙等国，这就是西班牙王位继承战。战争从 1702 年开始持续了 12 年，耗费巨大。英国的军费主要由国债构成，包括普通年金和附带彩票的年金。从 1704 年 2 月至 1708 年 3 月，发行了 6 次 99 年期年金，总计融资 800 万英镑。[1] 从 1701 年到 1712 年，发行了 4 次附带彩票的年金，募集 710 万英镑。战争结束时，普通年金国债筹集 1214 万英镑，附带彩票的年金筹集 1150 万英镑。[2] 另外，1707 年政府以窗户税为保证发行了 150 万英镑国库券，由英格兰银行承销。英格兰银行以年利 3% 的价格出售给投资人，自己获得 4.5% 的手续费。1708 年，政府再次发行 250 万英镑国库券，仍由英格兰银行承销，英格兰银行获得 3% 的手续费。英格兰银行还继续向政府提供借款，1709 年提供了 40 万英镑无息贷款。英格兰银行新增加了 250 万英镑股本，全部用来购买国库券，特许权延续到 1732 年。[3] 在经费筹集上，东印度公司也发挥了重要作用。老东印度公司成立于 1600 年，在 17 世纪 90 年代的议会斗争中，又成立了一个新东印度公司，以后两个公司合并，成为联合东印度公司。联合东印度公司一成立，便向政府提供了 200 万英镑贷款，年利率为 8%。1708 年，又提供 120 万英镑贷款，议会随之将其特许权延长到 1728 年。[4] 另外一个提供长期贷款的是南海公司。到 1712 年，英格兰银行、东印度公司和南海公司三大公司持有的政府债务总额为 1580 万英镑，占长期国债的 65%，债务总额的 35%。[5] 三大股份公司将公共财政和私人资本成功连接在一起。公司的股票在伦敦证券市场交易，占据证券市场股票交易的主要

---

[1] ［日］富田俊基：《国债的历史：凝结在利率中的过去和未来》，彭曦、顾长江、曹雅洁、韩秋燕、王辉译，南京大学出版社 2011 年版，第 63 页。

[2] Carruthers, B. G., *City of Capital: Politics and Markets in The English Financial Revolution*, Princeton: Princeton University Press, 1996, p. 76.

[3] ［美］约翰·H. 伍德：《英美中央银行史》，陈晓霜译，上海财经大学 2011 年版，第 38 页。

[4] ［日］富田俊基：《国债的历史：凝结在利率中的过去和未来》，彭曦、顾长江、曹雅洁、韩秋燕、王辉译，南京大学出版社 2011 年版，第 56 页。

[5] Carruthers, B. G., *City of Capital: Politics and Markets in The English Financial Revolution*, Princeton: Princeton University Press, 1996, p. 155.

份额。股票的流通使募集股本更为容易，三大股份公司也因此具备了持续承担国家债务的能力。

战争一直持续到 1713 年，双方签署乌特勒支条约，英国成为这场战争的最大赢家。虽然路易十四之孙成为西班牙国王，领有西班牙的殖民地，但英国迫使法国承认了安妮女王和新教徒的继承权，成功阻止了法国与西班牙的合并。另外，英国还得到大片殖民地，包括地中海的直布罗陀和梅诺卡，北美洲的哈德逊湾流域和新斯科舍，西印度的圣基茨岛，并得到了向西属美洲殖民地贩卖黑奴 30 年的垄断权。这场战争的胜利，使英国在通向世界帝国的道路上迈出了重要一步。西班牙王位继承战的经费支出高达 2879 万英镑，平均每年的军费开支约 250 万英镑。据奥布赖恩的统计，税收收入仅贡献了战争经费的 26%，其余均由长短期债务构成。[1]债务融资占整个财政支出总额的 31%。[2] 到 1714 年 9 月，长期国债达 2782 万英镑，主要是年金和来自三大公司的借款。[3] 另外，短期债务为 835 万英镑，包括国库券 467 万英镑，预收税款 358 万英镑，海军证券 9.5 万英镑。[4] 长期国债占债务总额的 77%，这和"九年战争"时期的以短期债务为主不同。

## 二　奥地利王位继承战

乌特勒支条约带来了一段时间的和平，但未解决英法之间的对抗，双方因殖民地问题兵戎相见只是时间问题。1740 年爆发的奥地利王位继承

①　Carruthers, B. G., *City of Capital: Politics and Markets in The English Financial Revolution*, Princeton: Princeton University Press, 1996, p. 71.

②　[美] 查尔斯·P. 金德尔伯格：《西欧金融史》，徐子健、何建雄、朱忠译，中国金融出版社 2007 年版，第 178 页。

③　Dickson, P. G. M., *The financial revolution in England: a study in the development of public credit, 1688 - 1756*, New York: St. Martin's Press, 1967, p. 80.

④　Hargreaves, E. L., *The National Debt*, London: Edward Arnold & Co., 1930, p. 20.

战给了双方一个再次开战的理由。查理六世去世时，哈布斯堡的领地传给了女儿玛利亚·特蕾西，普鲁士国王腓特烈大帝虽然承认其合法，但要求获得西里西亚作为补偿，并于1740年12月入侵西里西亚，奥地利王位继承战爆发。这次战争中，英国和奥地利在同一战线，与法国和普鲁士、巴伐利亚、西班牙组成的联盟作战。英国不仅在欧洲大陆投入战争，也在印度和北美地区作战，主要作战对象仍是法国，争夺海外优势是战争的主要目标。

战争期间，英国仍通过大规模发行国债解决经费问题。和此前不同的是，从这场战争开始，英国的债务融资减轻了对三大特权公司的依赖，面向社会发行的年金国债占据了增量债务的主要部分。这些年金不仅有4%年利率的债券，还有3%年利率的债券。公开发行通常由承销公司来办理。承销公司和银行家组成联合团队，先认购国债，然后分销给客户。当时有5家公司影响力较大，分别以犹太人、荷兰人、城市商人为主要客户。承销公司能较好地把握投资人的需求和国债流通市场的动向。通常情况下，他们会给政府提供发行建议和国债认购人名单，以确保发行顺利。① 1747—1748年的4%年利率债券没有经过这些承销公司，但它们是国债的主要认购者。当然，特权公司在战争年代也不会袖手旁观。1742年，英格兰银行以无息贷款方式给予政府160万英镑贷款，政府延续了英格兰银行的特许状。1746年，英格兰银行注销了98.6万英镑的政府短期债务，政府给予其4万英镑的年金债券作为酬谢。1744年，东印度公司给予政府100万英镑的3%年利率贷款。这次战争期间，南海公司没有认购政府公债。1748年，英格兰银行持有的国债余额为1168万英镑，东印度公司持有的国债余额为420万英镑，南海公司持有的国债余额为2730

---

① ［日］富田俊基：《国债的历史：凝结在利率中的过去和未来》，彭曦、顾长江、曹雅洁、韩秋燕、王辉译，南京大学出版社2011年版，第82页。

万英镑，永续年金为 2561 万英镑，三大公司仍然是持有国债的主力。[①]

到 1746 年，由于俄罗斯加入英奥同盟，法国提出停战建议，双方签订《亚琛条约》。英国虽然没有获得显著利益，但削弱了法国的殖民势力。这场战争耗资约 6000 万英镑。其中，土地税和麦芽税贡献 2200 万英镑，减债基金提供 780 万英镑，其余均由债务融资获得，占比超过 50%。[②] 到 1749 年 9 月末，国债余额达到 7144 万英镑。[③] 战争经费开支超过了"九年战争"和西班牙王位继承战。虽然三大公司仍然是国债的主要持有人，但这次债务融资主要由面向社会公开发行，一般由承销公司代理发行，三大特许公司提供的借款占比很小，显现英国政府正在逐步减轻对特权公司的依赖。这种变化扩大了投资人的社会基础，资本市场进一步扩张，政府的融资能力持续增强。

### 三 "七年战争"

奥地利王位继承战后，英法在印度与北美地区的争夺越来越激烈，最终于 1756 年再次爆发战争。18 世纪的所有战争中，"七年战争"对英国最为关键，也被认为是最接近世界战争的一场战争。这场战争的目的很简单：这个世界是英国的还是法国的。英国、法国、普鲁士、奥地利、葡萄牙、西班牙、俄罗斯、瑞典等成为参战国。英国支持普鲁士对抗法国，法国则和奥地利站在一起。双方在北美、印度和海上展开激战。这次战争规模更大，所需经费更多，英国仍然采取了以国债为主的经费筹集方式。

1758 年，政府发行了一笔 500 万英镑的国债，其中，450 万英镑是

---

① Hargreaves, E. L., *The National Debt*, London: Edward Arnold & Co., 1930, p. 53.

② ［日］富田俊基：《国债的历史：凝结在利率中的过去和未来》，彭曦、顾长江、曹雅洁、韩秋燕、王辉译，南京大学出版社 2011 年版，第 81 页。

③ ［日］富田俊基：《国债的历史：凝结在利率中的过去和未来》，彭曦、顾长江、曹雅洁、韩秋燕、王辉译，南京大学出版社 2011 年版，第 84 页。

3.5％年利率的长期年金国债，另外 50 万英镑是 3％年利率的彩票购买券。1759 年，政府再次发行了 660 万英镑的 3％年利率的彩票年金。债券票面价值 100 英镑，获得了 105 英镑的溢价发行。另外，每张债券需要另支付 10 英镑 3％年利率的彩票购买券。最终融资额度达到 759 万英镑。1760 年，按照相同模式再次发行了 800 万英镑的彩票年金，债券票面价值为 100 英镑，没有溢价发行。投资人购买国债时，除支付债券款外，每张债券另支付 3 英镑 4％年利率的彩票购买券。这一期国债发行后，20 年内年利率为 4％，以后调整为 3％，最后融资 824 万英镑。和此前的发行不同，1761 年的国债发行进一步增加了优惠条件。这一年发行的额度为 1200 万英镑的长期年金中，附带了 60 万英镑彩票。每张 100 英镑面值的债券附带一张彩票。购买的债券越多，获得的彩票越多，中奖的概率就越大。除了获得 3％的利息和彩票以外，这一期债券还附带长期年金，债券投资人可以根据年金购买数量再获得一定份额的 99 年期年金。[①] 除长期债券外，政府还发行短期债券融资，主要是海军军需证券。1763 年，发行了 367 万英镑年利率为 4％的海军证券。1765 年，再次发行了大约 1144 万英镑的海军证券。[②]

战争持续 7 年后，英国获得决定性胜利。1763 年 2 月双方缔结《巴黎和约》，战争结束。根据《巴黎和约》，英国巩固了在加拿大和密西西比河以东占领的土地，法国丧失了在加拿大及其附近的全部土地。英国还将法国在印度的势力全部排挤出去，法国只保留了屈指可数的几座城市，而且不能建造防御工事。人们普遍认为，《巴黎和约》的签订，意味着两国之间持续多年的争霸战争后，英国最终击败法国，赢得霸权，一个世界

---

① Hargreaves, E. L., *The National Debt*, London：Edward Arnold & Co., 1930, pp. 63 – 64.
② Hargreaves, E. L., *The National Debt*, London：Edward Arnold & Co., 1930, p. 65.

范围的英帝国出现了。① 这场战争也是资本的较量，是英国优良国债融资制度的胜利，也是金融革命的胜利成果。1757 年，英国的长期国债为7675 万英镑，短期债务 106 万英镑，到"七年战争"结束的 1763 年，长期国债骤增到近 1.3 亿英镑，短期债务增加到 355 万英镑。这表明整个"七年战争"时期的债务融资额超过 6000 万英镑，② 大规模国债融资对战争胜利功不可没。

对国债发挥的巨大作用，保罗·肯尼迪进行了非常精辟的总结，他指出：

> 事实上，在 18 世纪的绝大部分战争时期，在为额外的战争开支所另筹集的款项中，几乎有四分之三来自借款。英国在这方面比在其他方面都更占有决定性优势。首先是体制性结构的演进容许高效率地筹措到长期贷款，而同时负责定期偿付由此产生的利息（及本金）。1694 年创建的英格兰银行（最初作为战争中的应急措施）和稍后对国债的调整，以及债券交易的兴旺和乡村银行的发展，这两个方面为政府和商人获得资金开辟了财源。在一个硬币匮乏的时代，形形色色纸币的发行在没有引发通货膨胀和导致信誉下降的情况下，带来了极大的好处。但是，如果国家的证券没有历届议会及其征收附加税的权力做担保，如果没有从沃波尔到小皮特的历届政府殚精竭虑使银行家们和公众相信他们毫无例外的也是按照金融准则行事，是"节俭"的政府；如果没有商业工业的持续发展和在某些方面突飞猛进的发展提供了关税和消费税收的同步增长的话，那么这场金融革命就很难成

---

① 齐世荣、钱乘旦、张宏毅主编：《15 世纪以来世界九强兴衰史》上卷，人民出版社 2009年版，第 135 页。

② Hargreaves, E. L., *The National Debt*, London：Edward Arnold & Co., 1930, p. 72.

功了。只要皇家海军保护着英国的海外贸易并遏制住敌人，即使战争也未能阻止这种增长。英国的信誉就是建立在这种牢固的基础上的，尽管有早期的动荡，政治上遭到激烈反对，以及近乎金融灾难的1720年南海泡沫的破产。①

# 第六节　东印度公司

## 一　英国对东方的早期探索

英国东印度公司是英国成为世界帝国的主要扩张工具。公司成立后，与葡萄牙、荷兰和法国在亚洲展开了激烈争夺。到18世纪中后期，它最终战胜所有对手，基本垄断了印度地区的贸易活动，成为印度事务的主导者。印度也成为英国最重要的海外殖民地。这么庞大的公司，如何支撑两百多年的持续经营？与荷兰东印度公司一样，英国东印度公司也获得了英国资本市场长期和有效的支持。不同之处在于，英国东印度公司不仅从资本市场获得资本，而且是资本市场重要的机构投资人，尤其是认购英国政府发行的巨额国债和提供短期借款。

自奥斯曼帝国阻断通往亚洲的陆上贸易路线后，从海路寻找前往亚洲的路线成为欧洲国家的共同愿望。葡萄牙的亨利王子为此做了多年的准备和试航，使葡萄牙成为最先成功的海洋国家。1498年，达·伽马发现了通过好望角前往印度的新航路，随后开辟了在印度和印度洋地区的多个贸易商站。紧接着葡萄牙人的是荷兰人，他们于1595年到达了印度，虽然历经风险，但收获很大，荷兰随后成立了很多家前往亚洲的贸易远航公司，这些公司构成了以后荷兰东印度公司的基础。英国当然不会落后，不

---

① ［美］保罗·肯尼迪：《大国的兴衰：1500—2000年的经济变迁与军事冲突》，陈景彪等译，国际文化出版公司2005年版，第76页。

过还是经历了和葡萄牙一样的多次失败。早在亨利八世时期，就有人向国王建议开通与印度的贸易。但是，由于葡萄牙控制了好望角，不允许其他船只通过，因此方案提出向西北方向航行。这实在是一个冒险而错误的建议。英国在1527年和1537年分别派出了两支前往印度的船队，都以失败告终。后来的一次航向沿着挪威海岸，一直到达挪威北角。颇有运气的是，这次航行的结果是成立了从事俄罗斯贸易的俄罗斯公司（莫斯科公司），这是英国最早的股份公司。1580年，还有一支船队沿着东北方向试航前往印度，当然也最终失败。于是，英国决定不再理会葡萄牙的禁止通告，先后派出两支船队通过好望角前往中国。第一支船队于1582年出发，未获成功。1586年，英国又派出了第二支船队，携带了女王伊丽莎白写给中国皇帝的信件，但仍未能抵达亚洲地区。与此同时，其他几次航行较有收获，但一波三折，殊为不易。

1580年9月26日，德雷克船长通过南半球完成了继麦哲伦之后的一次环球航行，最后通过好望角回到了英国的普利茅斯港。虽然历经磨难，但德雷克宣称带回了50万英镑的战利品，表明葡萄牙控制的好望角并非不可通过。1593年，英国武装民船（其实就是海盗）抢劫了两艘从印度返回的葡萄牙商船，不仅获得了大量财富，也得到了前往印度的很多技术资料，更重要的是，再次点燃了英国人前往亚洲的激情。1581年，英国商人组织了一个名为"商人探险"的协会，专门对亚洲贸易的情况进行调查。1583年2月，这个组织派出了一个调查队前往印度，携带了伊丽莎白女王写给莫卧儿皇帝阿克巴大帝的信件。为了避开葡萄牙封锁的好望角，调查队通过地中海，从地中海东岸登陆，前往叙利亚的阿勒颇，最后抵达伊拉克的巴士拉，在这里兵分两路。一路留在原地接应，另一路前往印度。前往印度这一队的领队叫菲奇，后来证明他是一名胆大心细的探险家。这一队人马计划通过伊朗和波斯湾前往印度，不幸的是，刚到波斯湾的霍尔木兹岛就被葡萄牙人抓获。对信奉天主教的葡萄牙人来说，这些英国人都是异教徒，于是计划将他们押往印度的果阿进行宗教审判。在押送途中，菲奇他们得到一名当地耶稣会士的帮助而成功脱逃，辗转来到印度的法特普尔。虽然菲奇很想面见印度皇帝，但皇帝并无兴趣接见他们，菲奇也没有获得将女王的信件递给皇帝的机会。1584 年 9 月，他来到了孟加拉的胡格里，随后走访了缅甸的勃固和仰光，为这里的繁荣和宏大规模所震惊。菲奇进行长期考察后踏上了返程之旅，抵达巴士拉和留守队员会合，经巴比伦、摩苏尔、阿勒颇，于 1591 年返回伦敦。菲奇此行历时 8 年，是英国第一位深入印度并掌握了大量信息的探险家。他带回了大量关于南亚次大陆的丰富知识和技术资料，对英国至关重要。据说菲奇带来的资料直接促成了 9 年后东印度公司的成立。另一个喜讯是，就在菲奇返回的当年，虽然遭到严重损失和葡萄牙人的打击，但詹姆斯·兰卡斯特率领船队仍然通过好望角到达印度洋，并再次经好望角返回英国。另外，1595 年，荷兰的船队也顺利通过好望角抵达印度地区。这些消息为英国"商人探险"协会提供了新的动力，于是，建立一个开展印度地区贸易往来公司的方案提上了日程。

## 二　东印度公司的资本筹集

在"商人探险"协会的支持下，1599 年成立了一个股份制组织（此时还谈不上是一家公司），募集资金 3 万英镑，投资人的投资额度从 100 英镑到 3000 英镑不等，并向女王申请进行远航的特许状。[①] 伊丽莎白女王权衡一年后，与 1600 年 12 月 31 日批准了特许，这就是历史上名声显赫

---

① Mukherjee, R. , *The Rise and Fall of the East India Company*, Berlin: Veb Deutscher Verlag Der Wissenschaften, 1955, pp. 26 – 27.

的英国"东印度公司"的开始。公司的初始投资人一共有219人。[1] 特许状规定，禁止其他公司从事该公司进行的贸易活动，前四次远航所获利润全部免税。公司从一开始就和王室建立了极为紧密的关系，伊丽莎白女王在东印度公司也持有股份。公司募集股份并没有遇到太大困难，而且股份资金的缴纳分期进行。从1601年到1612年，东印度公司并不是一个真正意义上的公司。12年间进行了12次贸易远航。远航开始之前，先筹集航运资金，以此为支持进行亚洲地区的贸易活动，航行归来后根据前期投入资金的份额分配利润。下一次远航，再重新筹集资金。每一次航行筹集的资金不同。第一次航行筹集近7万英镑，第二次约为6万英镑，前两次航行都亏损。第三次近13万英镑，回报率达到95%。到1612年，大部分航行的回报率超过200%，其他航行也在100%以上。1613年，公司开始筹集长期运营资本，这才逐渐呈现出股份公司以长期资本为基础进行持续经营的特点。1613年筹集的资本运行到1617年，额度近42万英镑。1617年进行了第二次长期资本募集，募集股本达到163万英镑。1642年进行了第三次股本募集，股本为42万英镑。[2] 长期资本的募集显示出东印度公司的贸易活动逐渐稳定，以筹集的长期资本为基础，真正成为一家股份制企业。需要指出的是，公司股本的募集并非一次完成，而是分阶段缴纳。以1613年的第一次长期股本资金缴纳为例，分为四年完成，每年缴纳25%，到1616年全部缴足。虽然股本分期缴纳，但贸易活动仍然持续进行，并产生了极高的利润。第一次长期股本周期内，利润率虽然没有公司成立之初高，但总计达到了87.5%，平均年收益约为22%。高收益推动

---

[1]　Chaudhuri, K. N., *The English East India Company*, London and New York: Taylor & Francis Group, 1965, p. 28.

[2]　Chaudhuri, K. N., *The English East India Company*, London and New York: Taylor & Francis Group, 1965, p. 209.

了股票价格的上涨。到 1618 年 2 月，公司股价是票面价值的 214%—218%。[①] 1657—1691 年，公司年均收益率达到 25%，股价高达 500 英镑，超出票面价值 5 倍。[②] 在公司成立的特许状中还确定了公司的主要组织结构，包括股东大会和经营委员会。股东大会由所有股东构成，经营委员会则由 24 名成员构成。其中，总督、副总督和几位日常管理人员构成了公司的主要决策和执行团队。股东大会通过对经营委员会的控制，发挥监督作用。总督和副总督由股东大会选举产生。对于经营委员会提出的决策建议，股东大会享有批准和否决的权力。经营委员会不仅实施公司的对外贸易活动，也执行公司的内部管理职能。委员会还下设多个二级委员会，每个二级委员会分别执行不同的业务和管理职能。一般情况下，股东大会很少干预经营委员会的日常事务。[③]

东印度公司的成立给英国商业资本找到了一条新的出路。投资人中虽然包括不同阶层和身份的投资人，但都是英国社会的精英阶层。其中一部分是掌握了公司控制权和经营权的伦敦城商人。他们不仅在公司投入了大量资金，而且直接从事东印度地区的贸易活动。他们把从印度进口的商品在国内进行销售，以获取利润，也将这些产品在欧洲地区进行再出口，获得更多收益。商人资本无疑是公司最重要的资本，公司的高层管理人员也由这些人担任。公司成立之初的前几任总督、副总督，都是伦敦城最有影响力和最富裕的商人。也正是他们的努力和坚持，才将公司带上了长期发展的轨道。另一部分是英国的贵族、高官、船主，还有外国商人。这部分

---

① Chaudhuri, K. N., *The English East India Company*, London and New York: Taylor & Francis Group, 1965, p. 216.

② Mukherjee, R., *The Rise and Fall of the East India Company*, Berlin: Veb Deutscher Verlag Der Wissenschaften, 1955, p. 37.

③ Chaudhuri, K. N., *The English East India Company*, London and New York: Taylor & Francis Group, 1965, pp. 31 – 32.

资本和商人资本不同，他们的投资带有短期性和投机性的特点。如果公司
获得盈利，他们就要求分红，一旦出现亏损，就强烈要求抽回资本，这和
荷兰东印度公司的早期十分相似。1609 年前，在公司投资的贵族只有坎
伯兰伯爵，以后公司的特许状更新时，不断有新的贵族加入。1614 年，
枢密院顾问官成为公司的投资人。1617 年，公司进行第二次长期资本募
集，英国大法官也要求投资入股。1619 年，还是王子的查理一世向公司
投资 6000 英镑。另外，还有一些投资人是外国商人，据说大部分都是荷
兰人。东印度公司之所以吸收这些荷兰商人加入，部分原因是为了获得
外部资本。但最主要的原因是，荷兰人掌握了前往亚洲进行贸易活动的
技术经验，这对公司至关重要。虽然遭到很多人反对，但东印度公司坚
持对荷兰人开放。公司和欧洲大陆也有很多贸易往来，这些荷兰商人还
会在这些业务中发挥作用。东印度公司成立伊始，就垄断了英国国内在
东印度的贸易往来。但是，这种垄断也并非绝对，尤其到 18 世纪，东
印度公司默认了其他英国商人开展印度地区的贸易活动，这些商人的业
务规模也不小。

　　东印度公司从成立开始就和王室有着紧密联系。整个 17 世纪，英国
国王一直对东印度公司发挥着重要影响力。国王知道，东印度公司开展的
海外贸易必然会影响国家利益及英国和其他国家的政治关系，因此对公司
的贸易活动始终保持着紧密关注。早在 1599 年公司申请特许时，女王考
虑到英国的对外政策，就曾将特许延迟了一年，但后来自己也持有了东印
度公司的股份。到斯图亚特王朝时期，詹姆士一世和查理一世都采取了与
欧洲大陆缓和的政策，包括与荷兰东印度公司保持着相对和谐的关系，这
在一定程度上影响东印度公司的贸易活动。另外，国王在东印度公司也存
在重要利益。查理一世在王子时期就在东印度公司持有股份。另外，东印
度公司为了获得特许，也持续向王室提供贷款。更新特许成为国王从东印

度公司敛取资金的一个办法。国王不仅自己获得借款，也通过东印度公司给身边的重臣提供资金。1618 年，詹姆士一世计划授权詹姆斯·坎宁建立苏格兰东印度公司，东印度公司向国王提出了抗议。国王于是命令东印度公司向詹姆斯·坎宁支付因此可能产生的损失，并要求给予坎宁 2 万英镑的贷款。1626 年，查理一世也以不干预东印度公司在霍尔木兹海峡的贸易活动为条件，要求公司向白金汉公爵提供 2 万英镑的贷款。复辟时期，东印度公司和查理二世、詹姆士二世仍然保持着紧密关系。虽然和王室、政府关系紧密，而且股东不乏贵族、高官，但在 17 世纪上半期，公司没有开展与政府相关的军事和政治行动，主要还是贸易活动。[①]

公司成立以后，先后同葡萄牙、荷兰、法国展开贸易争夺。17 世纪主要是和葡萄牙、荷兰的斗争，并先后取得了胜利。对这一时期东印度公司所取得的成果，K. N. 查德胡里评价道："到这个世纪（指 17 世纪）末期，东印度公司已经成为英国经济社会中非常有名的大财主。公司的股票和债券接近于金边债券的地位。公司的事务也成为英国政党政治中的重要内容。"[②] 一直到 18 世纪中后期，公司主要采取相对和平的手段在当地开展贸易活动。随着"七年战争"的开始，加上法国在印度地区竞争的加剧以及莫卧儿王朝的衰落，东印度公司在印度的贸易活动加入了更多的政治任务和军事任务，而英国也进一步强化了政府对东印度公司的管理和控制，使公司最后成为英国统治印度的代理人。

### 三　新老东印度公司的合并及对政府的资本支持

到 17 世纪末期，东印度公司开展东方地区的垄断贸易获得了极高利

---

① Chaudhuri, K. N. , *The English East India Company*, London and New York：Taylor & Francis Group, 1965, pp. 30 – 31.

② Chaudhuri, K. N. , *The English East India Company*, London and New York：Taylor & Francis Group, 1965, p. 4.

润，引起英国其他商人的不满，他们希望打破东印度公司的垄断。即使不能打破垄断，至少可以打破股权的封闭性，允许新的投资人入股东印度公司。1660 年，查理二世计划建立一个竞争性的从事东印度贸易的公司，而且没有遇到什么障碍，[①] 但在东印度公司的协调下没有实施。17 世纪中期以后，公司很少再吸收新投资人加入。在营运资金方面，公司主要通过发行债券融资。令债券投资人不满的是，股东可以享有分红，分红比例随着公司盈利高低随时调整，但债券投资人只能获得相对较低的固定利息，这和股东收益存在很大差距。东印度公司的公司债和现代公司债不同，没有固定的还本日期，一旦债券持有人向公司出示临时偿付通知书，公司就必须立即偿付本金。这种偿付机制很容易造成公司流动性困难，如果突然出现大规模挤兑，公司难以应对。1682 年就出现过商人大规模要求偿付债券本金的事件，导致东印度公司遭遇流动性危机。1694 年英格兰银行成立时，东印度公司一直是英国最大的股份公司，相对英格兰银行上千人的股东队伍，东印度公司的股东数量较小，公司的利润实际上被一小部分人获得，因此公司股票的含金量非常高。即使在股东团队中，真正的控制权也是掌握在极少数人手中。1675 年，东印度公司的十大股东掌握了公司 15% 的股权，到 1689 年，十大股东的持股比例增加到 23%，公司控制权日益集中。在这种情况下，试图从东印度公司贸易中获得收益的那些商人都苦于投资无门。另外，东印度公司对亚洲的贸易垄断也导致其他一些贸易公司经营困难。和土耳其进行贸易活动的黎凡特公司，由于业务受到东印度公司的挤压，曾向议会对东印度公司提起诉讼。公司还做出一项对其声誉造成严重影响的决定，同意商人开展和亚洲的贸易，但是，贸易所获利润必须和东印度公司按照一定比例分成，这令很多商人不满。另外，

---

① ［英］E. E. 里奇、C. H. 威尔逊主编：《剑桥欧洲经济史》第 4 卷，张锦冬、钟和、晏波译，经济科学出版社 2003 年版，第 220 页。

纺织业对东印度公司也有批评，因为公司从印度进口大量廉价纺织品，严重影响到国内纺织业的繁荣。对这些压力，东印度公司没有放松立场，还进一步增强了和王室的联系，力图将公司利益和王室利益紧密捆绑在一起，以获取王室对公司的支持。公司不仅给国王贷款，赠送国王礼物，1686 年，公司还给予詹姆士二世相当数量的股票。

1688 年光荣革命后，形势急转直下，与国王及托利党人的紧密关系成为东印度公司的一大劣迹，这种紧密联系"一夜之间从政治资产变成政治负债"①。对股份公司贸易垄断权的特许由国王转移到议会。对东印度公司贸易特许的颁发，成为一场辉格党人和托利党人的政治斗争。公司的反对人士向议会提出，既然东印度公司和詹姆士二世关系紧密，现在理应收回东印度公司的垄断特许。但是，"九年战争"耗资巨大，贸易活动产生的关税收入是最重要的政府收入之一，这一点国王和议会不能不认真对待，政治斗争必须让位于国家安全。于是议会采取了模糊策略，既没有给公司颁发新的许可，也没有禁止东印度公司继续从事原有业务。1693 年，威廉三世表示愿意给予东印度公司 21 年的新许可，同时表明这还需要议会批准。议会增加了新的条件，即公司须向政府提供 60 万英镑的无息贷款。意见尚未获得一致，议会很快收回了这一提议，因为东印度公司的反对人士声称他们可以向政府提供远大于这一金额的贷款。于是，议会批准了英格兰银行的建立，获得了 120 万英镑的贷款，利息为 8%。这样，东印度公司不得不继续在议会为特许权进行游说。不过，这没有影响东印度公司的新股发行。也许是为了缓和来自商界的压力，东印度公司于 1693 年 11 月发起了一轮新的股份募集，这已经是很久没有过的事情了。计划按照票面价格发行 7440 股，每股 100 英镑，合计募集资金 744000 英镑。

---

① Carruthers, B. G., *City of Capital*: *Politics and Markets in The English Financial Revolution*, Princeton：Princeton University Press, 1996, p. 148.

此时东印度公司的股价低于票面价值，发行仍然超过了计划的资金募集规模，最终发行了 1 万股，合计募集资金 122 万英镑，发行价达到 122 英镑。据统计，其中一半由原有股东增持，另一半有新投资人认购。这次发行中，东印度公司对投资人提供了免费期权的优惠，可以免受潜在的股价损失，这也是本次发行获得成功的原因之一。[①]

与此同时，重新获取许可的工作还得继续。1697 年，公司管理层提出一个方案，向政府提供为期两年的 40 万英镑贷款以获得许可。这一建议没有获得股东大会通过。公司采取行贿方式（这是东印度公司的一贯手法）给一些反对人士提供东印度公司的股票，还向一些政客行贿。此事曝光后，成为辉格党人用以攻击东印度公司和托利党人的利器。1698 年 3 月，东印度公司又提出向政府提供 60 万英镑的贷款以获得特许。鉴于上次的教训，公司的内部会议实际将可以提供的贷款额度上限提高到 100 万英镑。本以为这一次可能会过关，未料辉格党人已做出充分准备进行阻击。东印度公司宣布可以向政府提供 70 万英镑的贷款，利息率为 4%，但是辉格党财政大臣蒙塔古随即提出了一个向政府提供 200 万贷款的方案，利息率为 8%。以此额度为基础，建立伦敦东印度公司。按照当时的财政状况，国王和议会无疑会选择 200 万贷款的方案，即使利息率高出 1 倍，此时的经费压力实在巨大。随后，东印度公司再次修订方案，提出如果允许重组资本结构，可以再增加 20 万英镑贷款。但是，考虑到这一额度和蒙塔古提出的方案差距仍然较大，议会最终选择了蒙塔古的方案。新公司 200 万额度的股本在 3 天之内全部募集到位，这和此前土地银行设立时的募集场景形成强烈对比。新公司随即将这 200 万英镑全部贷给政府。这其中，老东印度公司也认购了 31.5 万英镑，反而成为新公司的最大股

---

① Murphy, A. L., *The Origins of English Financial Markets: Investment and Speculation before the South Sea Bubble*, Cambridge: Cambridge University Press, 2009, p. 146.

东。但是，议会和政府要求老东印度公司自当年 10 月起，三年内解散。①
这样，在英国历史上，短暂出现了两个东印度公司，老东印度公司得到托
利党人支持，新东印度公司则由辉格党人主导。两党在议会的选举和斗争
也影响两个公司日后的合并进程。此后的几年中，似乎老东印度公司获得
了一些优势。1698 年，托利党人获得议会选举胜利，1700 年，托利党人
掌控的议会通过一项法案，给予老东印度公司继续经营 21 年的权力（从
1693 年算起）。这一斗争的胜利抬高了老东印度公司的股票价格。随后，
老印度公司又提出以 5% 的年利率提供给政府 200 万英镑贷款。这实际上
是老公司以更低的利率承接了新东印度公司的贷款。或许对两家公司而
言，合并是最好的选择。于是，两公司就合并开始了谈判，并于 1702 年
签署了合并协议。随后的合并进程却相当漫长，最终完成已经是 1709 年
了。1708 年，合并尚未完成的新东印度公司作为对获得贸易特权的回报，
向政府提供了 120 万英镑贷款，政府将其特许权延长至 1728 年。② 这样，
提供给政府的贷款总额达到了 320 万英镑。

东印度公司（老公司）成立初期，曾面临资本短缺的窘境。③ 因为远
航所需费用极高，而且存在不确定性，很多支出在募集资金时很难预测。
公司成立时，每次航行的股本金额不多，少则几万英镑，最多不过十几万
英镑，航行结束后，原始股本连带利润都分配完毕，没有积累。因此，公
司的资金状况十分紧张。随着贸易规模的扩大，英国东印度公司的资本额

---

① Mukherjee, R., *The Rise and Fall of the East India Company*, Berlin: Veb Deutscher Verlag Der Wissenschaften, 1955, p. 45.

② ［日］富田俊基:《国债的历史:凝结在利率中的过去和未来》，彭曦、顾长江、曹雅洁、韩秋燕、王辉译，南京大学出版社 2011 年版，第 56 页。

③ Chaudhuri, K. N., *The English East India Company*, London and New York: Taylor & Francis Group, 1965, p. 4.

度有所增加，这被认为是战胜荷兰东印度公司的原因之一。[1] 但是，从另一个角度讲，也说明英国东印度公司面临着长期资本不足的问题，需要增资扩股来充实资本金，尤其到 18 世纪末期。不过，两个公司的相似之处在于，除了股权融资外，都在资本市场发行公司债券进行债权融资，解决公司的日常运营资金问题。东印度公司发行的债券按照面值每年定期发行，是英国短期金融市场的重要产品。由于公司盈利长期稳定，因此这些债券被认为是流动性和信用度双高的金融产品，深受投资者欢迎。据约翰统计，自 1710 年以后，东印度公司债券的市场流通价值为 200 万—450 万英镑。债券流动性极高，债券投资人提前一小时通知公司，就可以获得本金的偿付。因为流动性高，市场价格和收益都较为稳定，人们甚至将其作为支付手段。[2] 到 19 世纪上半期，东印度公司通过债务融资的规模更大，每年仅利息支付就在 150万—200 万英镑，[3] 按此计算，东印度公司每年的债券余额在数千万英镑，发行量巨大。尼尔·弗格森指出："靠当海盗起家，又靠当商人发达的英国人现在成为海外几百万人民的统治者——而且不只是在印度。海上力量和金融实力的结合使它成为欧洲帝国之争的赢家。"[4] 应该说，东印度公司在 18 世纪的扩张，有一半力量来自资本市场。

## 第七节　交通运输业融资

### 一　运河

1720 年《泡沫法案》颁行以后，虽然股份公司的设立受到一定限制，

---

① Neal, L., *The rise of financial capitalism. International capital markets in the Age of Reason*, Cambridge：Cambridge University Press，1990，pp. 118 – 140.

② ［日］富田俊基：《国债的历史：凝结在利率中的过去和未来》，彭曦、顾长江、曹雅洁、韩秋燕、王辉译，南京大学出版社 2011 年版，第 94 页。

③ ［英］尼尔·弗格森：《帝国》，雨珂译，中信出版社 2012 年版，第 146 页。

④ ［英］尼尔·弗格森：《帝国》，雨珂译，中信出版社 2012 年版，第 33 页。

但还是涌现出了一批公司，主要是运河公司。修筑运河的主要动因是煤炭运输。燃料的缺乏，不仅对工业发展形成很大阻碍，而且抑制了人口增长。如何低成本、大规模地运输煤炭成为煤矿主和工厂主面临的重要问题。1761 年，煤矿主布林德利开凿了从沃斯利到曼彻斯特的第一条运河，就是为了将沃斯利煤矿出产的煤炭运送到工业重镇曼彻斯特。开凿这条运河耗资 25 万英镑，获得了较好的社会效益和经济效益，曼彻斯特的煤价因运输成本减少而降低一半。运河运输的费用是公路运输的二分之一到四分之一，① 对煤价影响巨大。赫勒福德到格罗斯特的运河开通以后，莱德伯里的煤价也降低了近 50%。运河产生的效益立即吸引了很多商人和土地主，他们也开始筹集资本，建立公司，开凿运河。投资资金除了个人储蓄外，还有通过向其他人包括亲戚朋友抵押土地和房产而来的借款。② 运河公司的资本主要在当地筹集，尤其是运河经过的区域。因此，运河建设的资本不仅来自工业资本，也来自商业资本和农业资本。运河公司被当地资本垄断，很少遇到其他竞争对手。③ 成立运河股份公司需要获得议会特许，这似乎不难。从 1759 年到 1774 年，英国共批准 52 个内陆航运法案，其中在英格兰北部和米德兰地区有 33 个，这个地区正是最先开始工业化的地区，工业生产密度也最高。④ 运河股份公司募集的股本大小不一。例如，克内特—埃房运河和大干线运河的股本高达 100 万英镑，艾尔兹米尔—切斯特运河的股本则为 50 万英镑，泰晤士—赛佛恩运河和大西运河

---

① ［英］克拉潘：《现代英国经济史》上卷第一分册，姚曾廙译，商务印书馆 2014 年版，第 113 页。

② Dean, P., *The First Industrial Revolution*, Cambridge：Cambridge University Press, 1979, pp. 79 – 80.

③ Harris, R., *Industrialization England Law：Entrepreneurship and Business Organization, 1720 – 1844*, Cambridge：Cambridge University Press, 2000, pp. 108 – 109.

④ Duckham, B. F., "Canal and River Navigations", in Aldcroft, D. H. and Freeman, M. J. (ed.), *Transport in the Industrial Revolution*, Manchester：Manchester University Press, 1983, p. 105.

的资本约为 25 万英镑。① 从 1791 年到 1794 年，英国共通过了 81 项运河和其他航运法，开凿的 42 条运河共耗资 650 万英镑。② 到 1830 年为止，包含运河在内，英国内陆航运的投资总额达到 2000 万英镑左右。③ 因为资本筹集主要在当地，运河股份公司的股票交易大部分也在地方资本市场。起初，这些资本市场是非正式市场，没有显著的制度化特征。1827 年，利物浦证券交易所成立；1830 年，曼彻斯特证券交易所成立，地方资本市场才开始成为制度化的正式市场。④ 运河公司的收益大小不一，收益高的时候分红相对就高。当时，运河公司的平均年度分红为 8% 左右，牛津运河的分红曾达到了 39%。有人对当时英国最成功的 10 条运河进行了统计，这些运河公司平均的年度分红达到 27.6%。但是，可能有超过一半的运河公司，其运营和收益要低于最初的预期。⑤ 据《每季评论》统计，1825 年，有 80 家运河公司的资本总额大约为 1320 万英镑，支付的红利大约为 78.2 万英镑，分红率仅为 5.75% 左右。减去最盈利的 10 家运河公司的份额，其他 70 家运河公司的分红比例不到 4%。可见运河公司经营和分红的差别还是相当大的。⑥ 1858 年，英国内陆航运路线长达 4250 英里，基本建成运河运输体系。运河公司的资本筹集激发了有产阶层的投资

① ［英］克拉潘：《现代英国经济史》上卷第一分册，姚曾廙译，商务印书馆 2014 年版，第 116 页。

② ［美］查尔斯·P. 金德尔伯格：《西欧金融史》，徐子健、何建雄、朱忠译，中国金融出版社 2007 年版，第 211 页。

③ Dean, P., *The First Industrial Revolution*, Cambridge: Cambridge University Press, 1979, p. 80.

④ ［美］查尔斯·P. 金德尔伯格：《西欧金融史》，徐子健、何建雄、朱忠译，中国金融出版社 2007 年版，第 212 页。

⑤ Dean, P., *The First Industrial Revolution*, Cambridge: Cambridge University Press, 1979, p. 81.

⑥ ［英］克拉潘：《现代英国经济史》上卷第一分册，姚曾廙译，商务印书馆 2014 年版，第 117 页。

兴趣，形成了一个新的投资阶层，在随后的铁路时代转型为铁路股份公司的股东。①

## 二　铁路

铁路在英国铺设很早，18 世纪末期就已出现，起先只是矿坑的附属品，1790 年后随着采矿业和冶金技术的发展而逐步发展起来，主要用于矿业产品的运输。19 世纪初，就有合伙人形式的铁路企业出现，修筑了从辛德福德通往赛佛恩河的铁路，1809 年还获得议会特许成为股份公司。在怀河对岸的德安森林，由于煤、铁和木材的运输需要，出现了修筑铁路的计划。1809—1822 年，一家获得特许的铁路股份公司铺设了穿行德安森林，从赛佛河到怀河的铁路，长度为 13 英里。② 早期，铁路只是内地航运系统的从属部分，运送短程的笨重货物来往于运河之间，货车通常由骡马牵引。③ 这一状况到蒸汽机车发明后才真正改变。1825 年，英国第一条现代意义上的铁路铺设完成，从斯托克顿到达林顿，斯蒂芬森驾驶着他和别人合伙设计的以蒸汽机为动力的"旅行者号"在新铺设的铁路上试车成功，标志着人类社会进入"铁路时代"。早期铁路线建设的资本筹集主要在英国西北部，这里先于伦敦铺设了最早的铁路网。④ 1827—1835 年，每年增加 5 家铁路股份公司，到 1836 年，猛增 29 家，1837 年又增加了

---

① Dean, P., *The First Industrial Revolution*, Cambridge: Cambridge University Press, 1979, pp. 80 – 81.

② ［英］克拉潘，《现代英国经济史》上卷第一分册，姚曾廙译，商务印书馆 2014 年版，第 121—123 页。

③ ［英］克拉潘，《现代英国经济史》上卷第一分册，姚曾廙译，商务印书馆 2014 年版，第 127 页。

④ Banks, E., *The Rise and Fall of the Merchant Banks*, London: Kogan Page, Ltd., 1999, pp. 35 – 36.

17 家。① 1835 年，各地证券交易所一共有 21 家铁路公司股票挂牌交易。一年后，上市交易的铁路公司数量翻了 3 倍。

英国的铁路建设经过了两个发展阶段。第一阶段是 19 世纪 20 年代到 30 年代末，资本筹集大部分在当地完成，主要由本地人发起，大部分是工业家和商人，这些人在当地极具影响力。如果本地资本不够，还可以获得其他地区的投资。他们持有铁路公司的股票不仅是为了分红，也是为了提高自己在商业领域中的地位。② 这些当地的实业家，受到乡土观念的影响，较之红利的获取，反而对于工程建设更为关注。这些投资人或投资集团也经常与市政当局保持接触，以推动本地铁路建设。例如，1837 年，麻布商乔治·哈德逊担任了布里斯托市的市长，开始推进当地的铁路建设。1839 年，大西部铁路公司计划提出，市政当局对此非常关注。由于本地资本有限，大西部铁路公司募资非常缓慢，后来得到了伦敦、伯明翰、曼彻斯特和利物浦的资金才成立起来。铁路时代，利物浦的实业家们相当活跃，不仅在本地投资，也在其他地区投资，这些投资人被称为"利物浦系"，包括克洛伯家族、拉斯波恩家族、霍斯福尔家族、布斯家族、桑达斯家族等。③ 这说明早期的铁路投资收益还是非常可观的。当地人除了投资铁路公司、股份银行以外，还投资煤气公司、水务公司、保险公司等。从 1825 年到 1835 年的这 10 年，英国通过了 54 项铁路特许法案，铁路线有长有短，资本规模也各有不同。例如，全长 3.25 英里的佩斯里—伦弗罗的铁路，资本规模仅 3.3 万英镑。伦敦到伯明翰的铁路长 112.5 英

① ［美］查尔斯·P.金德尔伯格，《西欧金融史》，徐子健、何建雄、朱忠译，中国金融出版社 2007 年版，第 212 页。

② Alborn, T. L., *Conceiving Companies：Joint‑stock politics in Victorian England*, London and New York：Routledge, 1998, p. 175.

③ ［英］克拉潘：《现代英国经济史》上卷第二分册，姚曾廙译，商务印书馆 2014 年版，第 524—525 页。

里，资本规模 550 万英镑。1835—1837 年，铁路建设形成了一个高潮。两年批准的铁路线多达 39 条，还不包括爱尔兰的铁路线在内。铁路热潮也引发了巨大的铁路股票投机，导致铁路股票价格大幅下跌，结果一些新的铁路公司在募集资本时只能打折出售股票。例如，伦敦到南安普顿的铁路线在发行新股时只能按票面价值的 50% 发售。[①]

到 1843 年，英国已通车的铁路里程达到 1900 英里，未完工的铁路线已经不多了，标志第一次铁路热潮已经过去。19 世纪 40 年代中期以后，铁路建设进入第二阶段。到 1848 年，铁路里程达到 5000 英里。这个阶段，伦敦城的资金开始大举进入。19 世纪 40 年代中期，平均每年的铁路投资额高达 2500 万英镑，一直持续到 60 年代。1847 年后，新的铁路投资主要由老股东再次认购新股完成，这些认购的股票随后就在伦敦证券交易所交易。[②] 这期间，铁路公司的合并、兼并数量也大幅增加。例如，1844—1845 年，议会通过了 16 项合并法案，22 项购买和租借法案。1846 年，又通过了 20 项合并法案和 19 项购买或租借法案。1843 年米德兰铁路开始兴建，随后不到一年的时间，米德兰铁路就接管了伯明翰—格拉斯哥铁路，然后又接管了格拉斯哥—布里斯托尔的铁路。1845 年，大联络线铁路与伦敦—伯明翰铁路、曼彻斯特—伯明翰铁路合并，成为伦敦—西北线铁路，总计里程 379 英里。这一年，议会几乎每天都要通过一项新的铁路议案。曼彻斯特—利兹铁路线进行了合并，成为兰开郡—约克郡铁路；经过合并，新的曼彻斯特—施菲尔德—林肯铁路线诞生；通过合并，伦敦—布莱顿—南海岸铁线诞生。通过购买和租赁，很多次要的铁路线和

---

① ［英］克拉潘：《现代英国经济史》上卷第二分册，姚曾廙译，商务印书馆 2014 年版，第 526—528 页。

② Mathias, P., *The First Industrial Nation：the Economic History of Britain 1700 - 1914*, London：Routledge, Taylor and Francis Group, 1983, p. 262.

运河都合并到大铁路公司之下。① 铁路对运河的影响是巨大的，导致一些运河公司不得不削减过河费，甚至并入铁路公司中。1845—1847 年，有 948 英里的运河线被铁路公司收购或租借。1846 年，伯明翰运河成为伦敦—西北铁路线的附属线路，此前，伯明翰运河公司的股票已经由最高时的 1200 英镑下跌到 450 英镑。伯明翰各运河公司最终重组为一家名为北斯塔福德郡铁路公司，而且，这家铁路公司同时管理铁路和平行的运河水道长达 70 年。②

铁路公司的收入主要来自客票收入。1845 年，客票收入在全国铁路公司的毛收入中占比达到 64%。到 1848 年，占比仍然为 57%。整个 19 世纪，平均占比接近 40%。③ 由于盈利尚好，因此铁路公司的红利发放也较运河公司的平均水平略高。例如，斯托克顿—达林顿铁路公司，1831 年的分红率为 6%，后来升至 8%，以后又降到 6%。累斯特—斯文宁铁路公司，账面反映 1837—1839 年的分红率为 6% 以上。但是，这几个公司的分红还不能代表一般铁路公司的水平，很多铁路公司的分红达不到这个标准。随着业务规模的持续扩大，铁路公司在证券市场的份额也逐渐增大。1853 年，伦敦证券交易所上市的证券市值总额为 12 亿英镑，铁路股票占上市证券总额的 16%，仅次于英国国债。1863 年，这一比例上升到 26%。④ 从 1853 年到 1873 年，铁路公司在伦敦证券交易所挂牌交易的股

① ［英］克拉潘，《现代英国经济史》上卷第二分册，姚曾廙译，商务印书馆 2014 年版，第 534—536 页。

② ［英］克拉潘，《现代英国经济史》上卷第一分册，姚曾廙译，商务印书馆 2014 年版，第 541—542 页。

③ ［英］克拉潘，《现代英国经济史》上卷第一分册，姚曾廙译，商务印书馆 2014 年版，第 544 页。

④ Floud, R. and Johnson, P. （eds.）, *The Cambridge Economic History of Modern Britain*, Vol. 1, Cambridge：Cambridge University Press, 2004, p. 306.

票的名义价值从 1.94 亿英镑上升到 3.74 亿英镑。[①]

　　到 1875 年，英国超过 75% 的铁路网络建设完成，总投资超过 6.3 亿英镑。完成如此巨大的投资额度，得益于英国地方资本市场和伦敦资本市场的支持。铁路网的建设，大幅度降低了运输费用，拉动了国内需求，推动了对外投资和出口，促进了英国经济的繁荣。

# 第八节　工业融资

### 一　私人资本市场

　　前工业时代和工业革命时期经济最显著的区别，就是后者投入了数量巨大的资本。英国工业革命时期，工厂建设资金和后续再投资主要依靠私人资本市场获得。主要渠道包括以下三个方面。一是自筹资金。当时工厂规模普遍很小，投资成本低，甚至到棉纺织业发展高潮时期的 1790—1815 年，机器设备价格仍然不高。一台珍妮纺织机不过 5 英镑，一台骡机的价格是 30 英镑，一台蒸汽机的成本为 500—800 英镑。到 19 世纪 30 年代，一个钢铁厂炼铁高炉的造价不超过 1 万英镑。[②] 纺织业中，靠马力做动力的工厂只需 1000 英镑的创业资本，靠水力运转的需要 3000 英镑，依靠蒸汽机的则需要 1 万英镑。[③] 工厂的固定资本数额很小，厂房通常可以租赁。需求量大的主要是周转资本，一般采取赊账买进、现金卖出获得

---

　　① ［瑞］尤瑟夫·凯西斯：《资本之都：国际金融中心变迁史》，陈晗译，中国人民大学出版社 2011 年版，第 47—48 页。

　　② Crouzet, F., "Capital Formation in Great Britain during the Industrial Revolution", in Crouzet (ed.), *Capital Formation in the Industrial Revolution*, London: Methuen & Co., Ltd., 1972, pp. 37 – 38.

　　③ Chapman, S. D., "Fixed Capital Formation in the Britain Cotton Industry, 1770 – 1815", *Economic History Review*, 1970, pp. 61 – 63.

所需资金。[①] 因此，工业革命初期，所需建设资金和营运资金可以依靠工厂发起人自己筹集，这些发起人主要是商人和土地主。以毛纺织业为例，商业资本在东部和西南部表现得更为明显，包括诺福克郡、德文郡、威尔特郡和萨默塞特郡。[②] 波斯坦指出："这个国家（英格兰）有足够多的富人，他们对经济活动的资金支持，远远超过工业革命时期的现代融资活动……但是……新企业在筹集资本时，并未从英国此时作为基督教世界最富裕的国家这一优势中获得多少帮助。在企业发起人筹集企业时，他们几乎掏空了所有的个人储蓄，或者从朋友那里获取帮助，这种奇怪和非现代的融资方式并不令我们吃惊。"[③] 迪恩曾研究了工业革命早期包括利兹在内的部分地区建立工厂的一些案例，发现创业资本绝大多数都是从工厂发起人的个人关系圈中获得。[④] 在采矿业，很多矿业公司是由土地所有人在自己的土地上开采的，这些土地所有人都是大土地贵族。[⑤] 二是通过合伙方式，合伙人共同出资。从工业革命开始，一直到19世纪末，制造业普遍采用合伙人形式，这是由工厂规模和融资规模决定的。"开办这样的企业所需的大量资金，并非总是一个人所有的。资本家们的合伙增多了，尤其在初期，在大的工业财产形成之前是如此。"[⑥] 1791年，曼彻斯特成立

① ［美］查尔斯·P. 金德尔伯格：《西欧金融史》，徐子健、何建雄、朱忠译，中国金融出版社 2007 年版，第 205 页。

② ［法］保尔·芒图：《十八世纪产业革命》，杨人楩等译，商务印书馆 1983 年版，第334—335 页。

③ Postan, M. M., "Recent trends in the accumulation of capital", *Economic History Review*, Vol. 6, 1935, pp. 1 – 12.

④ Dean, P., *The First Industrial Revolution*, Cambridge: Cambridge University Press, 1979, p. 179.

⑤ ［法］保尔·芒图：《十八世纪产业革命》，杨人楩等译，商务印书馆 1983 年版，第246 页。

⑥ ［法］保尔·芒图：《十八世纪产业革命》，杨人楩等译，商务印书馆 1983 年版，第220—221 页。

了一家纺织工厂，合伙人包括麦克康奈尔和斯坦福兄弟、肯尼迪。工厂的资本总计为 600—700 英镑，其中，麦克康奈尔的出资约 170 英镑，包括两台他自己制造的骡机，1 台梳绒机，还有 92 英镑现金，其余部分由斯坦福兄弟出资。工厂的具体管理和运营则由麦克康奈尔和肯尼迪共同负责，厂房是租用的。[①] 这种融资模式相当普遍。合伙人中有家庭成员，也有与发起人存在宗教或贸易往来的朋友或熟人。企业发展到一定阶段后，还通过吸收新合伙人的方式募集新资本。例如，19 世纪 60 年代，一家名为克洛斯菲尔德的肥皂制造厂计划扩大经营规模，但自身的利润积累不够再投资。于是，他们采取了吸收新合伙人的方式筹集资金，用于扩大固定资本投资。[②] 一家名为劳穆尔的公司买进了距离利兹不远的劳穆尔矿山，第二年创办了博林炼铁厂。工厂起初是 3 个合伙人，以后增加到 6 个，主要就是为了获得新资本。[③] 三是工厂自身的利润积累。工厂发展以后，利润积累可以提供一部分新增投资。[④] 阿什顿认为，工厂的利润积累是工业新增投资的主要组成部分，他直言："工业资本的鼻祖就是工业资本。"[⑤] 例如，兰开郡有一家名为詹姆斯·汤姆森的工厂，19 世纪初期每年的利润率非常高，均超过 30%。工厂将每年利润总额的 60% 作为新增投资再次投入工厂。从 1812 年到 1826 年，工厂资本总额增长 14 倍，主要来自利润再投资。[⑥]

---

[①]　徐滨：《英国工业革命中的资本投资和社会机制》，天津社会科学出版社 2011 年版，第 224 页。

[②]　Cottrell, P. L., *Industrial Finance 1830 – 1914*, London：Methuen & Co., Ltd., 1980, p. 252.

[③]　[法] 保尔·芒图：《十八世纪产业革命》，杨人楩等译，商务印书馆 1983 年版，第 271 页。

[④]　Crouzet, F., "Capital Formation in Great Britain during the Industrial Revolution", in Crouzet (ed.), *Capital Formation in the Industrial Revolution*, London：Methuen & Co., Ltd., 1972, p. 188.

[⑤]　Ashton, T. S., *The Industrial Revolution 1760 – 1830*, Oxford：Oxford University Press, 1948, p. 97.

[⑥]　Howe, A., *The Cotton Masters, 1830 – 1860*, Oxford：Clarendon Press, 1984, p. 318.

另外，抵押贷款市场也是工业企业获得长期资金的重要来源。18 世纪，土地和房产是最好的抵押品，抵押贷款市场被认为是这一时期英国资本市场最具效率的组成部分。工厂主可以将工厂的土地和房产作为抵押，向社会寻求抵押贷款，商人、当地的律师都是抵押贷款市场重要的资金提供者。工厂主或他们的亲属如果拥有其他地产，也可以此为抵押，获得长期贷款。[1] 例如，自 1844 年到 1845 年，皇家交易保险公司就以房地产或债券为担保，向两个煤矿公司提供了 9 万英镑的抵押贷款。从 1846 年到 1850 年，该公司又向一家酿造厂提供了 10 万英镑的抵押贷款，以永久性房地产和酿造厂的资产为担保。[2]

因此，工厂发起人的个人储蓄和对外借款、合伙人募资、工厂的利润积累、抵押贷款等，形成了工业革命时期为制造业提供主要资本的私人资本市场。工厂采用合伙人形式运营，不仅是一种企业组织形式，也是一种融资模式。虽然工厂可以通过发行股票成立股份公司筹集资本，但这种方式的成本要高于私人资本市场。制造业股份公司比较少，这种情况一直持续到 19 世纪末。

## 二 银行贷款市场

除了私人资本市场，银行也是制造业获得资本支持的重要渠道之一。银行对工业企业的融资支持，从侧面说明随着工业革命的推进，通过亲属、朋友圈子等渠道形成的私人资本市场对工业企业的资本供应呈现不足。工业革命时代，英格兰的银行体系主要包括：英格兰银行、伦敦城的

---

① Mathias, P., *The First Industrial Nation*, *The Economic History of Britain 1700 - 1914*, London: Routledge, Taylor and Francis Group, 1983, p. 135.

② Barry Supple, *The Royal Exchange Assurance*: *A history of British Insurance 1720 - 1970*, Cambridge: Cambridge University Press, 1970, pp. 317 -318.

银行、商人银行和乡村银行等。比较而言，工业革命中对制造业形成主要支持的还是乡村银行，这与当时制造业的规模、所在区域、行业特点有关。乡村银行被认为是 1750 年以后英国的一项主要金融创新。[①] 工业革命时期，工厂一般建立在距离原材料产地较近或者供水相对方便的地区，距离城区较远，一些工厂主不得不就近建立银行，以满足工厂的融资需要。另外，很多商人获得来自商品经销商和批发商的信贷支持，为了偿付贷款，产生了对支付工具的需要，比如业务所需的活期存款、银行券、汇票等。[②] 商人的应收账款未到之时为支付应付账款，也需要从银行获得贷款。因此，建立银行成为迫切需要。[③] 19 世纪 20 年代之前，私人银行还没有进入乡村地区，英格兰银行也尚未建立分行，其他股份银行还不能建立。于是，在没有任何业务竞争的情况下，乡村银行很快发展起来，数量从 1750 年的 12 家发展到 1800 年的 300 多家。到 1809 年，增加到 755 家，1821 年减少到 521 家，1824 年又增加到 547 家。[④] 由于发行银行券可以获利，甚至商店、裁缝店、面包房的老板也发起成立乡村银行，其中一些乡村银行发行了很多没有什么价值的银行券。[⑤] 对乡村银行产生的必要性，马歇尔认为："特别是新兴的制造业，为了付款收款以及获得信贷，需要经常与银行打交道。当时没有电报，邮政也很慢，单独依靠驿马运送货物耗资巨大。运河自然大大地便利了货物的运输，但其总里程很短，甚

---

①　Cottrell, P. L., *Industrial Finance 1830 – 1914*, London: Methuen & Co. Ltd., 1980, p. 13.

②　Pressnell, L., *Country Banking in the Revolution*, Oxford: Oxford University Press, 1956, p. 136.

③　Quinn, S., "Money, finance and capital markets", in Floud, R. and Jonnson, P. (ed), *The Cambridge Economic History of Modern Britain*, Vol. I, 2004, p. 147.

④　［美］查尔斯·P. 金德尔伯格：《西欧金融史》，徐子健、何建雄、朱忠译，中国金融出版社 2007 年版，第 89 页。

⑤　Andreades, A., *History of the Bank of England*, translated by Meredith, C., London: P. S. King & Son, Ltd., 1935, pp. 171 – 172.

至最好的运河也往往被水闸边拥挤的船舶和冰冻所堵塞。每个经济活动中心至少要有一家银行或大银行的分行。"① 18 世纪后半期乡村银行的发展，最主要的推动因素还是工业革命。工业革命孕育了乡村银行，乡村银行推动了工业革命。

乡村银行数量众多，规模普遍较小。由于不能成立超过 6 个发起人的股份银行，乡村银行大都采用合伙制，一般为 3 个合伙人。银行的资本规模不大，平均大约 1 万英镑，业务以银行所在区域为主。这种规模显现出乡村银行固有的不稳定特征。不同地区的乡村银行也开展资金划拨业务，到 18 世纪末期，跨区域短期资金流动达到顶峰，尤其在票据贴现市场。② 一些乡村银行还建立了分行，但数量不多。1813 年，英格兰共有 761 家乡村银行，加上分行总数为 922 家。③ 1825 年金融危机后数量有所减少，到 1834 年，英格兰和爱尔兰的乡村银行及分行总数为 638 家。④ 发放票据贴现贷款是乡村银行为工厂提供的最重要融资服务。例如在兰开夏，伦敦开出的汇票是获得乡村银行贷款的重要工具。无论是商人，还是工厂主，都在银行进行票据贴现。一定意义上，票据的功能和信赖程度与货币相同。由于工厂规模不大，乡村银行本身的资本实力较小，因此贷款规模也不大，据称最大的一笔工业贷款不过 2 万英镑。兰开夏的棉花银行由于局限于本地区以及受到来自工业的巨大压力，往往过量贷款，尤其在季节性紧缩阶段，提供的短期贷款往往变成长期贷款。一些银行虽然自称只发放

---

① ［英］马歇尔：《货币、信用与商业》，叶云龙、郭家麟译，商务印书馆 1997 年版，第 307 页。

② Mathias，P.，*The First Industrial Nation*：*the Economic History of Britain 1700 – 1914*，London：Routledge，Taylor and Francis Group，1983，p. 134.

③ Pressnell，L.，*Country Banking in the Revolution*，Oxford：Oxford University Press，1956，p. 126.

④ Fisk，H. E.，*English Public Finance*，*From the Revolution of 1688*，New York：Banks Trust Company，1920，p. 192.

流动性贷款，不发放固定资产贷款，但不断展期使短期贷款成为长期贷款，① 增大了乡村银行的经营风险。北部的工业家们特别依赖这些地方银行，由于缺乏现金，有时为了支付工资也不得不从银行贴现票据。长期以来，关于乡村银行是否给工业发展提供了长期资本一直存在争论。近年来的学术研究表明，乡村银行除了给当地工业提供短期贷款以外，也提供一些中长期的资本支持，尤其在纺织业、有色金属和钢铁等行业。乡村银行的一些长期资本多用于特定投资项目。② 发行银行券是乡村银行的主要业务之一，因为面额较小，使用起来非常方便。英格兰银行发行的银行券在伦敦占主导地位，由于面额较大，通常只用于大额结算，在乡村地区并不受欢迎。乡村银行手中持有的硬币储备不多，关键时刻主要依靠伦敦的银行和英格兰银行。③

　　由于乡村银行内在的不稳定性，历次金融危机对乡村银行都产生了很大影响。1792 年金融危机导致几十家银行破产，主要原因是这些银行过度发行银行券，出现挤兑时根本无法应付。1825 年的金融危机对乡村银行打击最大。危机开始后的 3 周内，61 家地方银行和 6 家重要的伦敦金融公司停止支付，包括乡村银行在内，总计有 73 家银行倒闭。④ 早期的研究曾将危机归咎于乡村银行滥发银行券，导致经济泡沫膨胀。⑤ 但包括尼尔、博德在内的现代学者认为乡村银行虽然发行了过量银行券，但危机的

---

① ［美］查尔斯·P. 金德尔伯格：《西欧金融史》，徐子健、何建雄、朱忠译，中国金融出版社 2007 年版，第 105 页。

② Dean，P.，*The First Industrial Revolution*，Cambridge：Cambridge University Press，1979，p. 179.

③ ［英］查尔斯·古德哈特：《古德哈特货币经济学文集》下卷，康以同、朱力、孟芳芳译，中国金融出版社 2011 年版，第 83 页。

④ ［美］查尔斯·P. 金德尔伯格：《西欧金融史》，徐子健、何建雄、朱忠译，何建雄校，中国金融出版社 2011 年版，第 95 页。

⑤ Andreades，A.，*History of the Bank of England*，translated by Meredith，C.，London：P. S. King & Son，Ltd.，1935，p. 254.

主要推手是英格兰银行。英格兰银行长期推行宽松的利率政策，导致经济过热，最终酿成危机。[1]《1826年银行法》颁行后，资本规模更大的股份银行迅速发展，阻止了新私人银行的建立，[2] 乡村银行的业务和数量开始逐渐萎缩。《1844年银行法》规定乡村银行不能继续发行银行券，更是加快了乡村银行的衰落。

# 第九节　证券交易所

### 一　17—18 世纪伦敦证券交易所的起源

伦敦的证券市场出现得很早，最早可以追溯到 16 世纪。那时候，证券交易已经有了比较正式的场所，例如皇家交易所。和早期的阿姆斯特丹交易所一样，这里不仅有证券交易，还有商品交易。到 17 世纪末 90 年代，除了皇家交易所，附近交易街的几家咖啡馆也成为证券交易的场所，例如乔纳森咖啡馆和加里威斯咖啡馆。在交易所和咖啡馆，证券的买卖双方在这里见面，协商交易价格和成交。以后，随着证券的品种和数量逐渐增多，这种交易方式难以满足双方需要，于是，竞价机制出现了。在加里威斯咖啡馆，人们开始对证券进行竞价交易。随后，也是为了适应证券数量增加带来的变化，证券中介即证券经纪人出现，承担起撮合买卖双方交易的工作。经纪人很容易获得政府的登记许可，除了本项工作之外，还可以从事其他职业。经纪人的参与提升了证券交易的规模和效率。1697 年，

---

① Neal, L., " Financial Crisis of 1825 and Restructuring British Financial System ", *Review*, May/June, 1998, pp. 53 - 76.

② ［英］沃尔特·白芝浩：《伦巴第街——货币市场记述》，沈国华译，上海财经大学出版社 2008 年版，第 118—120 页。

政府颁布法令，规定证券经纪人的数量不超过 100 人。① 这项规定似乎没有效果，随着证券种类的增加和交易量的上升，经纪人数量实际远远超过这一限定，形成了一支以代理买卖证券为主要工作的专业队伍。很多荷兰犹太人和法国胡格诺教徒也来到英国，不仅带来资金，也带了大陆金融市场尤其是荷兰的市场技术，使伦敦市场的规模越来越大，技术水平也逐渐提高。1700 年以后还出现了专职的证券自营商，利用自己的账户进行证券买卖，从中获得差价收益。据统计，从 1708 年到 1755 年，伦敦证券交市场大约有 43 名专职自营商。② 自营商在获得差价收益的同时，对市场走势起到了减震器的作用。除了皇家交易所和咖啡馆外，1765 年，英格兰银行圆形大厅启用，也成为一个交易场所，主要用来交易英格兰银行和政府发行的证券。由于进出自由，而且不受规模限制，很快成为伦敦另一个重要的证券交易市场。

进入 18 世纪中期，不同的金融机构为了提高专业水准和便利交易，排除外部干扰，成立了自己的行业组织。例如，1773 年，伦敦的银行家成立了伦敦清算所，有 31 名成员，清算所内部成员进行内部交易，不符合标准者不能成为清算所的成员。1774 年，英国的海事保险公司也成立了"新劳埃德"组织，作为行业内部业务和管理标准的组织。这些组织都具有排他性特点，不与外部单位进行交易，只在内部系统进行业务活动。虽然具有封闭性，也提升了行业的专业标准和服务水平。在证券领域，成立这种专业圈子的尝试还要更早。1761 年，就有 150 名证券经纪人和自营商在乔纳森咖啡馆建立了这样一个组织，他们每人每年给咖啡馆

---

① Michie, R. C., *The London Stock Exchange: A history*, Oxford: Oxford University Press, 1999, p. 20.

② Michie, R. C., *The London Stock Exchange: A history*, Oxford: Oxford University Press, 1999, p. 23.

支付 8 英镑，咖啡馆保证每天向他们开放 3 个小时。这 3 个小时不允许其他人进入，以方便他们进行证券交易。一年后，法院的一纸通告宣布双方行为非法，要求乔纳森咖啡馆必须和此前一样，继续允许其他愿意进行交易的人进入咖啡馆交易。对此，经纪人心有不甘，他们仍然希望有一个排他性安排，可以在一个比较专业的圈子内开展业务。1772 年，这些经纪人组织起来，在香苹果街建造了一栋新楼，这个地方以后被称为"证券交易所"。新建成的证券交易所于 1773 年 7 月 12 日正式运营。只要愿意每天支付一定费用，所有人都可以进入交易所。如果一个经纪人需要每周 6 天都在交易所工作，则每年需要支付 7.8 英镑。通常情况下，经纪人通过撮合证券交易收取佣金，在支付了交易所费用后，可以获得丰厚利润。证券交易所开始逐渐取代咖啡馆，成为一个新的交易场地。由于当时证券交易还可以在多个地点进行，比如皇家交易所、英格兰银行圆形大厅以及咖啡馆，林奇认为，1773 年证券交易所的开业还不能被看作现代伦敦证券交易所的起源。因为当时的证券交易所既没有垄断所有证券交易，也没有在伦敦证券市场形成核心地位，和其他交易场所没有什么本质区别。①

伦敦证券交易所有两个委员会，一个是业主委员会，由交易所大楼的业主代表组成。交易所是他们的房产，他们通过出租和管理交易所获得收益。另一个委员会是通用目标委员会，负责交易所内证券市场的日常运营。无论何人，只要给交易所付费便可成为交易所成员，进出方便，也经常出现欠费或者不按规定进行交易的情形。为此，通用目标委员力图加强管理。1798 年 12 月 15 日，委员会任命了 1 名专职秘书，负责委员会安排的一系列日常工作。秘书的年薪为 10 几尼，费用最终摊派在交易人身上，这引起了他们的不满。随着交易规模的扩大，交易所的日常管理和收费日

---

① Michie, R. C., *The London Stock Exchange: A history*, Oxford: Oxford University Press, 1999, pp. 31 – 32.

渐成为一个大问题。1801 年 1 月 7 日，业主委员会建议证券交易所改为"证券认购厅"。业主们估计每年的认购人至少有 200 人，每年支付 10 几尼会员费，这样一年，每年大约可以收到 2100 英镑。这个数额不仅可以满足业主的投资回报要求，还可以支付日常管理和运营的费用。12 日，通用目标委员会同意了这个建议。1801 年 3 月 3 日，真正意义上的伦敦证券交易所这才正式成立，证券交易所的一个新时期开始了。证券交易所不仅为会员提供交易场所，而且通过规章制度，对会员及交易行为进行监管。交易所成立之际，总计有 363 名会员。伦敦证券交易所的成立，不仅为伦敦的证券交易提供了一个最重要的市场，而且对未来国内国外其他证券交易所的成立及运营模式产生了重要影响。

### 二　17—18 世纪的证券市场

光荣革命以后，随着"九年战争"的持续进行，英国掀起了第一波股份公司的成立热潮。1689 年，股份公司仅有 15 家，资本规模总计约为90 万英镑。到 1695 年，增加到 150 家左右，资本规模约为 430 万英镑。哈里斯认为，英国金融革命的核心部分是证券市场的出现。[1] 以前，股份公司数量少，投资人数量也很少。由于战争所需，出现了很多生产新式武器、火药的企业。由于法国的封锁，也有不少生产进口替代物品的产业，比如丝绸、亚麻布、纸张等原材料产品。另外，从事贸易和殖民地开拓活动的公司也建立了不少。1694 年英格兰银行成立时，募集股本 120 万英镑，有 1509 名投资人，平均投资额度为 795 英镑。成立于 1671 年的皇家

---

[1]　Harris, R., "Government and the Economy, 1688 - 1850", *The Cambridge Economic History of Modern Britain*, Vol. 1, 2004, pp. 204 - 237.

非洲公司，有 200 名投资人，平均投资额度为 500 英镑。① 这一投资热潮到 1693 年开始回落，这是英国第一次资本市场泡沫的破灭。有人认为这是由于股票市场被投机者操控，干扰了市场，分散了管理层对公司业务的关注，造成经营不佳，致使股票下跌。墨菲认为 17 世纪末英国国债的大规模发行是引发股市泡沫破灭的主要原因。② 进入 18 世纪初，股份公司的成立开始进入一个新高潮。新公司的大量成立拓展了英国证券市场的规模。1711 年成立的南海公司，股本规模超过了 900 万英镑。仅在 1719—1720 年，就有 190 家新的股份公司提出申请，计划募集资本 2.2 亿英镑。随着南海泡沫危机的爆发，很多公司灰飞烟灭，即使存活下来，到 1722 年时，股票价格也只有原来的三分之一。这些存活下来的股份公司主要是银行和贸易公司，其他行业很少。由于股份公司数量有限，证券市场可交易的股票数量也不多。从 17 世纪末到 18 世纪末，推动伦敦证券市场发展的，不是股份公司和股票，而是国债。

1691 年，国债总额为 310 万英镑，主要是短期债务。到 1750 年，国债总额达到 7800 万英镑，长期国债占 93%。长期国债连同英格兰银行、东印度公司的股票，构成了当时证券市场的主要品种。从 1694 年到 1717 年，每年的交易量在 1000 笔到 6000 笔。到 1718 年，上升到 17172 笔。到了 1720 年，则达到了 21811 笔，这一年，恰好是南海泡沫危机爆发的一年。危机以后的 10 年，年平均交易量在 4000 笔到 7000 笔波动。18 世纪三四十年代交易量逐渐增加，到 1749—1750 年，交易量达到每年 25000 笔的峰值。随后有所回落，大约稳定在每年 20000 笔的水平，持续

---

① Michie, R. C., *The London Stock Exchange: A history*, Oxford: Oxford University Press, 1999, pp. 15 – 16.

② Murphy, A. L., *The Origins of English Financial Markets: Investment and Speculation before the South Sea Bubble*, Cambridge: Cambridge University Press, 2009, p. 35.

了很长时间。18 世纪中期，英国政府将长期国债整合为统一公债，使公债成为不可赎回的国债。利率仅为 3%，虽然不可赎回，但在二级市场可以轻松转让。付息日的统一和英格兰银行一元化的流通管理，使债券的流动性显著提高。随着可交易证券的品种和数量逐渐增多，投资人也出现了很大变化。尤其是长期国债大幅增加以后，很多人开始投资转型，将土地投资转变为国债投资，或者在不同时期进行投资产品的转换。1740—1770 年，英国先后投入"奥地利王位继承战"和"七年战争"，发行了大量国债用以筹集战争经费。很多投资人在此时就卖出了手中的土地，转而购进国债。战争结束后，国债价格走高，卖出债券获得盈利。和平时期，这些投资人继续持有土地，以获得更高回报。还有些投资人，投资证券不是为了低吸高抛，更愿意长期持有，通过证券分红获得收益。有一项统计表明，1767 年，至少有 44% 的东印度公司股票持有人属于这一类投资者，他们满足于每年从东印度公司获得的分红，不愿意在证券市场投机。除了商人外，银行也逐渐成为证券市场的重要投资人。资本市场早期阶段，由于没有长期国债，商人和银行家主要投资于短期债券和票据。当时东印度公司发行了短期债券用于对外贸易业务，很受投资人欢迎。以后，当政府的短期债务逐渐转为长期债务，银行的投资也转向了长期国债。很多储蓄银行吸收存款，向外部进行贷款。存款是短期资金，但贷款往往被用于购买短期内难以变现的货物或原材料，一旦出现大规模提现，银行就会面临很大风险。这种情况下，一些银行转而投资长期国债。虽然国债利息率不高，但风险也很低。如果需要现金，可以在证券市场快速卖出，收回本金。国债的流动性特点非常符合银行的需要。很多银行在伦敦的交易场所有自己的经纪人，不仅有伦敦本地银行，还有外地银行业，便利债券投资。当时，有的地方银行将资金存入伦敦的私人银行，私人银行又将存款的一部分投入证券市场。国债投资获得的利息收益要高于支付给存款人的利息支出，这样，银行可通过证券市场获得差价收益。由于国债市场的繁荣，伦敦货币市场保持了相对较低的利率，也就降低了工商业贷款的成本，从而使伦敦证券市场成为连接资本市场和货币市场的桥梁。除了银行，保险公司也是国债的重要投资人。1720 年，保险公司的投资额度仅为 30 万英镑，到 1800 年，这一额度增加到 400 万英镑，其中 80% 为证券投资，其中政府债券占主要部分。① 1760 年，国债近 1.02 亿英镑，国债投资人估计超过 6 万人。投资人大部分来自伦敦或伦敦附近地区。1755 年，在国债和英格兰银行股票的投资人中，有 50% 是伦敦人，另有 10% 来自伦敦附近地区。②

### 三 19 世纪上半期的证券交易所和证券市场

1801 年伦敦证券交易所的"证券认购厅"开业，也就意味着历史上伦敦证券交易所的真正成立。交易所之初，对会员的进入没有明确标准，主要看这个人在过去的商业信誉。如果有良好的商业记录或者信誉，就能成为交易所的会员。交易所规定，会员每年必须重新申请会员资格，会员资格的有效期是一年。同时，也对新申请人进行资格审核。1802 年 2 月，交易所对包括上一年会员在内的所有申请人进行资格审核，总计 498 人通过，有 17 人的申请被拒绝。据说，交易所审核资格并限制会员数量的另一个原因就是交易所的空间，会员数量不能多到现有交易场所无法容纳的地步。随着时间的推移，交易所对会员的资格要求越来越高。申请人如果从事的不是证券经纪或自营商业务，就不能再成为交易所会员。交易所的

① Michie, R. C., *The London Stock Exchange: A history*, Oxford: Oxford University Press, 1999, p. 19.

② Michie, R. C., *The London Stock Exchange: A history*, Oxford: Oxford University Press, 1999, p. 20.

目的是，如果要成为交易所会员，就必须专职从事证券经纪或自营业务，不能兼职。1811年，交易所的这项要求正式列入了监管制度规定中。从1812年以后，所有会员只能从事买卖证券业务，否则不能成为交易所会员。对于过去那些还有其他业务的老会员，必须在二者之间作出选择，要么放弃会员资格继续从事其他业务，要么保持会员资格。除了会员，证券交易所还要求所有与会员有业务联系的合作方加入交易所，并遵守交易所的规章制度。这些人可以从事证券买卖，但不是交易所会员。根据统计，1812年，伦敦证券交易所会员有488人，但从事政府证券买卖的人总计有726人，交易所会员大约占总数的三分之二。在这些外部交易人中，当时著名的商人银行家内森·罗斯柴尔德就是其中之一，但他一般都是委托其他人去办理交易业务。

伦敦证券交易所一直没有规定佣金标准。1799年爱尔兰的都柏林证券交易所成立后，制定了按照交易金额最高收取0.125%佣金的规定，1824年后这个标准成为最低标准。在伦敦，通常情况下证券经纪人都会收取一定的佣金，具体数额因人而异。比如，对于投资额较小的投资人，一般按照每笔交易额收费。对于像银行这样的大投资者，则按照年费形式收费。例如，有一位叫本杰明·科尔的资深经纪人，为国债办公室进行国债的交易委托，早在1786年的时候，他每年收取的年费为400英镑，到了1801年，他成为交易所的会员，继续从事这项业务。1806年，他收取的年费达到750英镑。虽然交易所内要求制定佣金收费标准的呼声此起彼伏，但最终也没有出台佣金管理规定。在交易所，会员与他们的客户尤其是大投资者，建立起了一种非常和谐亲密的关系，这主要基于双方的各自需求。客户需要投资，希望资金的保值增值。经纪人希望通过为客户提供专业和周到的服务，获得相应收入。很多投资人就住在伦敦城，以方便工作。经纪人则会服务多个客户。有的经纪人每天上午出去，收集各个客户的需求，然后回到交易所内完成交易。当时，还出现了证券经纪公司。这些经纪公司接受客户委托，安排自己的职员到交易所内完成交易。这些经纪公司规模不大，通常 2—3 名合伙人不等，最多有 5 名合伙人。经纪公司往往都有自己专门的服务方向和客户，有的经纪公司主要接受私人银行委托，有的服务于政府，接受政府的委托。一般情况下，经纪公司的客户主要是从自己的私人圈子开始，比如亲属、朋友，然后逐渐延伸，扩大客户群体。由于规模很小，经纪公司的客户数量一般也不多，几十人到一百多人不等。经纪公司的出现，进一步扩大了伦敦证券交易所的业务规模。19 世纪初期，伦敦证券交易所还没有垄断证券交易。当时，还有其他几个地方都能进行证券交易，包括皇家交易所、英格兰银行圆形大厅以及咖啡馆。其中，最有力的竞争对手还是英格兰银行圆形大厅。不过，随着交易规模越来越大，伦敦证券交易所的优势地位也越来越明显。有一段意外插曲是，1810 年，曾有一位名叫约翰·海明斯的前交易所雇员，以反对证券交易所垄断为名，向议会提出了新建一家证券交易所的申请。申请方案中，新交易所将采取开放性政策，只要支付相关费用，向所有人开放。这个计划提交给议会后，引起了伦敦证券交易所的高度警惕，交易所的业主们向议会解释，当前的证券市场仍然是竞争市场，证券交易所没有垄断交易。由于业主们的大力游说，这个方案最终没有获得通过。1834 年，英格兰银行圆形大厅作为交易场所关闭。其他几处交易场所也日渐式微，伦敦证券交易所逐渐成为伦敦证券市场的核心。

进入 19 世纪 20 年代，一些外国政府也开始在伦敦发行债券以募集资金。1822 年，至少有 5 支外国政府债券在伦敦发行，票面价值大约为 890 万英镑。到第二年，又有两支发行，票面价值约为 500 万英镑。1824 年，有 7 支外国政府债券发行，票面价值约为 1270 万英镑。1825 年，有 6 支发行，票面价值 1150 万英镑。这 4 年总计有 20 支外国政府债券发行，票面价值超过 4000 万英镑。这些外国政府债券，以新独立的拉丁美洲国家为主，例如哥伦比亚、智利、秘鲁、墨西哥、巴西等。这些债券较之英国和欧洲其他国家的利率更高，因而对投资人也就更有吸引力。但是，这些债券价格波动也很大，随着不时传来的各种消息，价格起伏不定，风险也就更高。交易所还没有一套针对这些外国证券的具体规定，比如在价格监控方面。于是，关于外国证券交易的场所和监管的问题就提上了日程。由于外国证券数量增加很快，交易规模也很可观，给交易所业务提供了新的利润来源。于是，交易所很快行动，购买了一处邻近交易所的房产，作为进行外国证券交易的场地，就是希望能够控制伦敦的证券市场，不能任由其他场所夺去这个份额。1823 年 1 月 1 日，专门提供外国证券交易的"外国基金市场"正式开业。开业后，面临的首要问题就是市场准入问题。这些外国证券的交易活动吸引了更多的人成为证券经纪人和自营商，但很多人都有自己的职业，比如银行家以及货币经纪商。如果按照证券交易所的会员资格，这些人是达不到条件的。证券交易所也不愿意为此改变原来的规则。于是，交易所做出"一所两制"的安排，即外国基金市场实行自由准入制度，进入市场无须资格审核，只要每年缴纳 8 几尼的年费，即可进入市场进行交易。证券交易所的会员可以在外国基金市场交易，无须缴费。由于在外国基金市场交易的人员接近 200 人左右，超出了此前对入场人数的估算，原来购买的场地无法容纳这么多人，于是，交易所业主又买下了旁边的一块场地作为交易场所。外国基金市场的成员，不包括交易所会员，1823 年为 143 人，1824 年为 173 人，1825 年有所下降，为 169 人。

19 世纪 20 年代，正是英国工业革命阶段，交通运输业和制造业快速发展，很多都是股份公司，尤其是交通运输企业，这些公司的股票也开始交易。由于这些股份公司的发展前景还不清晰，伦敦证券交易所对这些公司的股票是否进入交易所交易存在疑虑，这给其他交易场所提供了机会，尤其是皇家交易所。很快，皇家交易所成为这些新公司股票交易的重要市场。这个情况令伦敦证券交易所的业主们感到不安。1825 年 3 月，伦敦证券交易所的管理层同意在外国基金市场开展这些股票的交易活动，不再开设单独的股票交易市场。但是，好景不长，1825 年爆发了 19 世纪最大的一次经济危机，也影响外国债券，不仅大量股份公司倒闭，很多外国政府债券也开始拖欠利息支付。到 1826 年年底，股份公司数量减至 127 家，仅为原来的五分之一。外国政府债券中，到 1828 年，仅有巴西政府还能勉强支付利息。外国基金市场的成员大幅萎缩，到 1826 年，市场成员锐减到 30 人。由于交易规模变小，两个分立的市场安排也就无此必要。1831 年 7 月，证券交易所吸收了外国基金市场的制度和监管规定，这样，两个市场开始实行统一管理。1832 年 8 月，交易所允许外国政府证券在交易所一楼大厅内交易，外国基金市场的场地被用作除了国债之外的其他各类证券业务场地。到 1835 年，两个市场完成合并，成为统一的伦敦证券交易所市场。1844 年，随着股票交易规模的迅速扩大，为了容纳日益增加的股票交易人，交易所再次购买场地以扩大交易场所。

随着工业革命的推进，各地也出现了一些规模不同的证券交易所，反映出地方资本市场对本地经济发展的支持。相对而言，工业公司的股票相对较少，主要还是交通运输企业的股票，尤其是铁路公司。1799 年，爱尔兰的都柏林证券交易所成立，拥有 13 名会员。到 1820 年和 1830 年分别增加到 25 名和 30 名。1836 年，利物浦证券交易所拥有 37 名会员，同期的曼彻斯特证券交易所有 7 名会员。由于股票的投机活动规模很大，兰开夏甚至出现了两个证券交易所。铁路热潮开始后，铁路公司大量涌现，铁路股票成为各地证券交易所的主力产品，投资人数量持续增加，对各地证券交易所影响巨大。到 1846 年，利物浦证券交易所的会员增加到 220

名，曼彻斯特证券交易所增加到 89 名。伦敦证券交易所的会员数量也急剧攀升，从 1844 年的 617 名增加到 1851 年的 906 名。到 1845 年年底，英国已经有了 18 家证券交易所，较之这个世纪初的 3 家增长了 5 倍。其中，爱尔兰的都柏林一度曾有 4 家证券交易所。相较于伦敦证券交易所，地方证券交易所在当地具有更显著的信息优势和资本优势，也更吸引本地的投资人。地方证券交易所的兴起，表明英国证券市场的体量有了很大拓展。到 19 世纪上半期，英国形成了多中心的证券市场格局，包括爱丁堡、格拉斯哥、伯明翰、利兹、利物浦等城市，这是当时英国资本市场的一大特点。但是，随着铁路热潮的退去，地方证券交易所的交易量开始大幅萎缩，很多铁路公司股票的交易业务转移到伦敦，表明地方资本市场业务开始向伦敦转移。① 这种情况下，伦敦证券交易所在与地方证券交易所的竞争中，最终获得了优势地位，而且持续保持了下去。金德尔伯格指出，即便到了 19 世纪最后的 30 多年，大量公司股票仍在地方资本市场进行交易，伦敦资本市场交易的证券产品主要集中在铁路、钢铁行业，以及国际性大公司的股票、外国债券等。②

　　到 1853 年，英国的铁路投资总额增加到 2.784 亿英镑，其中，有 70% 的铁路证券在伦敦证券交易所上市。1853 年，在伦敦证券交易所上市的所有证券，资本总额达到 12 亿英镑。其中，四分之三是政府债券，主要由国债构成。四分之一是公司证券，其中，铁路公司证券为 1.94 亿英镑，占 16%，外国证券占 8%。这个时候，伦敦证券交易所可以为各国证券提供发行和交易服务。有一名叫美国乔治·皮博迪的美国商人，常驻

---

① Michie, R. C., *The London Stock Exchange*: *A history*, Oxford: Oxford University Press, 1999, pp. 61 – 64.

② ［美］查尔斯·P. 金德尔伯格:《西欧金融史》，徐子健、何建雄、朱忠译，中国金融出版社 2007 年，第 218 页。

伦敦进行美国债券的交易。他从美国购入美国债券，然后在伦敦证券交易所卖出。或者从伦敦证券交易所购入美国证券，在美国卖出。这种交易行为在伦敦和欧洲大陆之间同样不少。① 越来越多的银行将总部设立在伦敦，把闲置资金投资于伦敦资本市场，伦敦证券交易所成为伦敦货币市场与证券市场的纽带。②

19 世纪以来，由于荷兰丧失了世界贸易中心的地位，阿姆斯特丹也随之失去了世界金融中心的地位。同时期的法国连续爆发革命，资本市场停滞不前。德意志地区也尚未处于分裂状态，统一的德国还未出现。纽约资本市场还在成长之中。英国凭借自己强大的工业实力和金融实力，成为无出其右的世界第一大国，伦敦是世界首屈一指的金融中心，伦敦资本市场成为世界各国资本的主要集散地。

# 小　结

和同时代的其他大国相比，英国拥有一个更高效、更具规模的资本市场，这是英国得以在 18—19 世纪崛起的重要因素之一。从金融角度讲，荷兰在 16—17 世纪拥有世界最先进的金融体系，而英国在 18 世纪末全面超越荷兰。整个 18 世纪，英国的资本市场几乎就是国债市场，国债构成了资本市场的主力产品。股份公司虽然已经出现，并经历了两次发展高潮，但是，无论是规模还是对英国的贡献，都不可和国债市场同日而语。英国的崛起主要是在一系列对外战争中逐渐实现的。这些战争持续时间

---

① Michie, R. C., *The London Stock Exchange*：*A history*，Oxford：Oxford University Press，1999，p. 68.

② Michie, R. C., *The London Stock Exchange*：*A history*，Oxford：Oxford University Press，1999，pp. 66 – 67.

长，耗资巨大。没有一个有效的资金筹措体系，就无法支持战争、赢得战争。从光荣革命到18世纪末，英国先后投入"九年战争"、西班牙王位继承战、奥地利王位继承战、"七年战争"等，每次战争经费的主要来源就是国债收入，占比达到三分之二强。"七年战争"时期的国债筹资超过1亿英镑，这在当时就是一个天文数字。这一点和同时代的法国形成了鲜明对比。国债市场之所以能够迅速建立，并且发挥了重要作用，主要原因有以下几个方面。第一，英国在复辟时代已经获得了一些关于荷兰资本市场筹资的技术，从而为光荣革命以后的国债发行积累了经验。光荣革命后，威廉三世带来荷兰的先进技术和相关人员，从而有足够的技术能力在短时期内实施大规模筹资计划。第二，光荣革命以前，通过三次英荷战争，英国削弱了荷兰的海上实力。随着贸易路线的转换，伦敦成为新的贸易中心。贸易和商业的持续发展使英国积累了大量资本，这为资本市场的形成创造了条件，使大规模发行国债成为可能。第三，相较于荷兰，英国的资本市场是一个统一完整的资本市场，以伦敦为中心，可以在全国范围内筹集资金，更有效率。第四，英国出现了中央银行。英格兰银行从一开始便在公共财政领域发挥了巨大作用。一方面，银行是政府债务的重要持有人，长期持有巨额英国国债；另一方面，18世纪中期以后英格兰银行成为国债的管理银行，行使国债还本付息的职能。这使国债得到统一管理，更有利于资本市场的高效运行。第五，英国出现了若干个大股份公司，包括英格兰银行、东印度公司、南海公司等，这些公司为国债发行和国债转换做出巨大贡献。南海公司虽然引发了英国历史上第一次系统性金融危机，但国债转换也大幅度降低了政府还本付息的负担。东印度公司是英国最著名的股份公司，通过资本市场融资，获得了长期股本，也向政府提供大规模贷款进行支持。上述因素使英国可以建立一个大规模的以国债为主体的资本市场，保障了英国在争霸战争中获得最终胜利。

资本市场对英国工业革命的支持是多层次的，并具有显著的区域化特点。工业革命早期的建设资本主要来自商业资本和农业资本，商人和土地主是最早的工厂主。由于工厂规模不大，所需建设资金依靠发起人自我筹集即可获得。合伙人的企业组织形式也是一种重要的融资模式。随着工厂的发展，工业资本也成为重要的资本来源之一。受到工业和贸易发展的推动，乡村银行随之出现，主要为工厂提供短期借款。因此，私人资本市场和银行贷款市场是制造业最主要的融资市场。运河公司、铁路公司和银行、矿业公司等主要获得公共资本市场的融资服务，地方资本市场在其中发挥了重要作用，这是英国工业革命融资的一个重要特点。[1] 需要指出的是，工业革命融资中，政府很少参与投资，这一点和法国、美国显著不同。但是，政府并不是工业革命的旁观者，而是发挥了十分重要的推动作用。通过颁行一系列法律，政府努力消除经济社会发展中的各种障碍，增强市场配置资源的功能，促进商业竞争，支持私人企业发展，以这种方式推动着工业革命的进程。这些行动反映出亚当·斯密和李嘉图的"自由经济理论"对英国的深刻影响。

经过19世纪上半期的演进，伦敦证券市场将国内货币市场和资本市场紧密连接在一起，提高了国内资本的利用效率，相应降低了国内利率水平，对促进英国经济发展起到重要作用。另外，随着大量外国证券尤其是政府债券在英国的发行和上市，伦敦取代阿姆斯特丹成为国际金融中心，是世界各国筹资人和投资人的向往之地。到19世纪中期，英国的资本市场已经呈现出高度国际化的特点。

---

[1] Quinn, S., "Money, finance and capital markets", edited by R. Loud and P. Jonson, *The Cambridge Economic History of Modern Britain*, Vol. 1, 2004, pp. 147 – 175.

# 第三章 危机、债券与政府

## ——从动荡走向繁荣的法国资本市场

## 第一节 16—17 世纪的财政困难、贸易股份公司

### 一 财政危机与年金债券

与欧洲的其他大国相似，19 世纪以前的法国财政史几乎就是一部王室欠债史。王室财政亏空的时候占绝大多数时间，很难想象在这样的财政状态下竟然支持历代国王几个世纪。同期英国的财政状况也好不到哪里，但自光荣革命后有了很大改善，法国王室则在跌跌撞撞中又挺过一百年。王室应对财政亏空的主要手段就是借债、卖官、增税。其中，借债包括向社会公开发行年金债券，法国早期的非正式资本市场就是这样形成并逐渐发展起来的。

15—16 世纪，由于法国里昂集市的持续繁荣，导致里昂有大量的流动资金储备和信贷余额，这自然就引起了急需资金的国王的注意。在国王要求下，里昂的大商人将他们在集市期间从商业和金融活动中获得的资金头寸交给国王支配。1522 年，国王以从巴黎市饭店获得的租金收入为这笔贷款提供担保。因此，有人认为 1522 年是法国长期国债诞生的一年。1530 年以后，巴黎和里昂发行了年金债券。法国的这种年金，早期并不

被当作借款，而是一种收入的提前出售。双方确定，买方立即支付给卖方一笔资金，以换取一定时期内每年获得的一定收入，这是此种债券被称为年金的原因。年金有永久性的，类似于英国的统一公债；也有终身性的，即在买方有生之年持续支付。由于持续的大规模支出，国王的债务一直居高不下。1547 年，弗朗西斯一世去世时，国王短期债务为 686 万利弗尔。1555 年，亨利二世为统一法国的短期债务并筹措新资金，举办"里昂资金大集会"，获得的资金在后来十年时间里分期偿还了本金和利息。金德尔伯格认为这个集市的创新之处在于向所有放债人开放，而不是仅限于少数银行家。① 由于这种债务产品公开发售，意味着这个市场实际已经具有了公共资本市场的特点。1557 年年底，法国国王的短期债务总额达到1220 万利弗尔。从 1558 年起，国家其实处于破产状态。1559 年，国王重组了 75% 的短期债务，将这些债务转换成里昂城担保的年金，并规定逐步偿还本金。但这个重组方案最终以失败告终，结果导致王室的债券以15% 或更高的折扣进行交易。里昂的政府债券市场遭到沉重打击，再也没有恢复过来。② 法国的金融中心也逐渐从里昂转移到巴黎。

　　1589 年，亨利四世即位，法国进入波旁王朝时期。为获得天主教同盟的支持，亨利四世给予他们 3200 万利弗尔的资助，另外付给外国同盟军费 6700 利弗尔。为了应对入不敷出的局面，亨利四世开始财政改革。1598 年，任命苏利担任财政大臣，苏利降低人头税，废除诸如入港、通行和过桥等关卡税，增加盐税、葡萄酒税等间接税。要求政府部门先预算后支出，并将结余资金上缴国库。在苏利治理下，3 年后政府第一次获得

---

　　① ［美］查尔斯·P.金德尔伯格：《西欧金融史》，徐子健、何建雄、朱忠译，中国金融出版社 2007 年版，第 180—181 页。

　　② ［英］E.E.里奇、C.H.威尔逊主编：《剑桥欧洲经济史》第 5 卷，高德步、蔡挺、张林等译，经济科学出版社 2002 年版，第 334—335 页。

了国家收支的准确估算。从 1601 年到 1610 年，政府偿还了 2.78 亿利弗尔的国债，实现了收支平衡且略有结余，1609 年的财政盈余为 373.9 万利弗尔。1610 年路易十三即位时，国库盈余达到 4000 万利弗尔，但好景不长，贵族竞相大肆挥霍，财政状况再度恶化，苏利难以控制。1614 年召开了解决财政问题的三级会议，最终也无果而终。①

路易十三时期，法国参与"三十年战争"，付出很大代价。首相黎塞留实行重商主义政策，增加本国出口，减少进口，并同荷兰、英国展开海上贸易竞争，财政状况一度得到好转。路易十三去世后，路易十四年幼，首相马扎然通过老练的外交手段，为法国赢得了一个和平的国际环境，这恰恰是法国持续的财政困境所需要的。1661 年，马扎然去世，路易十四开始独掌大权。他不仅称王，也决定要直接统治，也就不再需要马扎然这样的首相。就此，法国的财政状况也因路易十四的雄心勃勃而开始重新走上入不敷出的老路。这一年，马扎然时期的财政大臣富凯被免职入狱，终身监禁，路易十四取借此消财政大臣一职，改设财政督察官，实权相对较小，便于国王直接控制。马扎然的助手科尔培尔接替富凯，开始掌握政府的财政和经济政策，担任财政监督官直到 1683 年。科尔培尔接手时，法国财政完全是一个烂摊子，甚至把 1663 年的部分财政收入提前耗尽。在纳税人缴纳的 8300 万利弗尔中，只有 3100 万进入国库，其他都流入征税官和包税人的腰包。② 科尔培尔依据"重商主义理论"推进经济和财政改革。他曾说："贸易是公共财政的源泉，而公共财政是战争的中枢神经。"③ 一方面，法国尽可能夺取荷兰的商业霸权；另一方面，偿还部分

---

① 张芝联主编：《法国通史》，北京大学出版社 2009 年版，第 118—125 页。

② ［英］F. L. 卡斯滕编：《新编剑桥世界近代史》第 5 卷，中国社会科学院世界历史组译，中国社会科学出版社 2018 年版，第 252 页。

③ ［英］E. E. 里奇、C. H. 威尔逊主编：《剑桥欧洲经济史》第 5 卷，高德步、蔡挺、张林等译，经济科学出版社 2002 年版，第 529 页。

国债，同时迫使征税官交出一部分收益。经过科尔培尔的一系列改革，到 1667 年，国家年度岁入达到 9500 万利弗尔，净岁入达到 6300 万利弗尔。但是，由于路易十四的扩张野心，以及法国国内四分五裂的关税体系和各自为政的赋税制度，科尔培尔的改革计划整体收效甚微。到 1689 年，法国的财政支出为 9600 万利弗尔，净岁入仅为 6100 万利弗尔，即使不算过去的累计欠款，亏空也达到 3500 万利弗尔。[1] 除了捐税、出售官职以外，主要的资金筹集手段就是发行债券。包括长期债券和短期债券。长期借款数额超过 10 亿利弗尔。法国政府发行的长期债券大部分是各种年金。根据统计，这些债券的持有人主要包括：亲王和贵族大约持有 10%，官僚及法庭人员持有 29%，教会及公司持有 7%，商人及银行持有 6%，艺术家及商贩持有 4%，外国人持有 4%。1689 年、1696 年、1708 年，发行了 3 次联合养老保险债券，1704—1705 年，发行了有奖债券。这些年金债券分为永久年金和终身年金。短期债券主要是三种类型。第一种是期券，记在借贷金库账上，这是一个押金银行，由科尔培尔创立于 1674 年，他去世后关闭，1702 年重新开张。第二种是以未来收入作为抵押的债券。第三种是造币厂票据，本来是作为硬币收据发行的，后来强制流通。[2] 17世纪，法国的年金发行手续非常烦琐，需要到巴黎的国会进行登记，并通过王室的法令予以公布，需要很长的销售时间，但是发行相对顺利，主要在于年金和其他不动产一样，被认为是一种非常安全的投资。[3]

---

① ［英］F. L. 卡斯滕编：《新编剑桥世界近代史》第 5 卷，中国社会科学院世界历史研究所组译，中国社会科学出版社 2018 年版，第 252—253 页。

② ［英］J. S. 布朗伯利编：《新编剑桥世界近代史》第 6 卷，中国社会科学院世界历史研究所组译，中国社会科学出版社 2018 年版，第 327 页。

③ ［英］E. E. 里奇、C. H. 威尔逊主编：《剑桥欧洲经济史》第 5 卷，高德步、蔡挺、张林等译，经济科学出版社 2002 年版，第 347 页。

### 二　海外贸易公司的资本募集

法国组建的贸易公司与荷兰、英国不同，一开始就具有浓厚的国家干预特征。法国发展了最接近于进行海外贸易的大型公司的模式。早在路易十一时期，就已创建了这样的海外公司，计划给予其特许经营权，垄断地中海区域的贸易。还建立了两家完全属于法国人的公司，为它们提供船只和资金。但是这种垄断权被法国商人强烈抵制，最终没有成功。1604 年，亨利四世与一些荷兰商人一起，建立东印度公司，这些公司主要为了寻找香料和贵金属，但没有获得成功。在资本筹集中，私人认购股份的最低限额为 3000 利弗尔，不对公司的资本总额进行限制。①

路易十四时期，大型贸易公司的重建提上日程。科尔培尔创立了大约十多家这样的公司，得到了路易十四的大力支持。这些公司主要由商人发起，目标是开拓新的殖民地。商人为公司的航海提供了大部分资金，公司的成员大约有四分之一是商人。1664 年，再次成立了东印度公司，柯尔培尔甚至成为东印度公司的主要负责人。科尔培尔建立的这些公司，资本总额从最初的 600 万利弗尔增加到后来的 1500 万利弗尔。海外贸易风险巨大，也伴随着丰厚的回报。因此，很多王室成员和高官贵族在这些公司中占有股份，国内的一些早期资本家也投资了这些贸易公司。黎塞留时期，一些公司得到了英国资本的支持。科尔培尔时期，还获得过德意志地区的资本。在股份公司中，永久性资本投入成为股东同意联合新股东的基础。这些早期的股份公司，开创了未来有限责任公司的先河。无论是亨利四世还是科尔培尔创建的公司，在股份募集时一般向所有人开放，条件是投资人同意在第一艘派往美洲或非洲的公司返航之后，再次认购未来 1

---

① ［英］E. E. 里奇、C. H. 威尔逊主编：《剑桥欧洲经济史》第 4 卷，张锦冬、钟和、晏波译，经济科学出版社 2003 年版，第 232 页。

年、1 年半或 3 年的资本。① 相比荷兰和英国，法国政府在特许公司中发挥着重要作用。政府不仅出资组建贸易公司，而且提供船只，招聘人员。很多时候，政府还给这些公司财政补贴。有些是直接补贴，有些是按照贸易增长比例提供。特许公司的殖民地也由政府出面管理。直接隶属于国王的殖民地归海军部管理，属于特许公司的殖民地则由财政部管理。从 1600 年到 1789 年，特许公司数量不少于 75 家。其中，对印度贸易的有 7 家，对中国贸易的有 3 家，对加拿大和阿卡迪亚的有 6 家。② 正如历史学家通常指出的，相对于海上贸易和海上霸权，法国更关注的是欧洲大陆的霸权，尤其是到了路易十四时期。因此，法国大型海外贸易公司的发展较之荷兰、英国，不可同日而语。

## 第二节 18 世纪的财政危机与应对

### 一 约翰·劳与密西西比泡沫危机

#### （一）通用银行与西部公司

路易十四后期，"九年战争"和西班牙王位继承战导致开支上升。西班牙王位继承战是路易十四生前最后一场大战，其扩张领土的雄心最终被遏制。战争极大地消耗了法国的财力，政府债务总额较战前增长了 7 倍。③ 1689 年，法国财政支出约 1.3 亿利弗尔，1698 年为 2.11 亿利弗尔，到 1711 年，则上升到 2.64 亿利弗尔。1714 年，西班牙王位继承战争结束，

---

① ［英］E. E. 里奇、C. H. 威尔逊主编：《剑桥欧洲经济史》第 4 卷，张锦冬、钟和、晏波译，经济科学出版社 2003 年版，第 232 页。

② ［英］E. E. 里奇、C. H. 威尔逊主编：《剑桥欧洲经济史》第 4 卷，张锦冬、钟和、晏波译，经济科学出版社 2003 年版，第 238 页。

③ ［美］保罗·肯尼迪：《大国的兴衰：1500—2000 年的经济变迁与军事冲突》，陈景彪等译，国际文化出版公司 2005 年版，第 102 页。

法国财政支出仍然高达 2.13 亿利弗尔。① 收入和开支的差额主要通过借债来解决。在政府借债方面，英国、荷兰和法国最为典型。法国和荷兰用借债的方式解决了财政总开支的 35%—50%。战争结束后，各交战国的债务总额相当于 5—7 年的税收收入。在法国，为了解决债务危机，苏格兰人约翰·劳发起的财政改革引发了著名的"密西西比泡沫"，和南海泡沫危机几乎同时，二者相互影响，在法国资本市场史上留下了极其深刻的印记。

约翰·劳 1671 出生于苏格兰爱丁堡的一个金匠家庭，生活富有。父亲去世后，他继承庞大家业，迁居到伦敦，过着风花雪月一般的生活。1694 年 4 月，在与一个名为威尔逊的纨绔子弟决斗时，他刺死对方，导致以谋杀罪被指控和监禁。在等待判决结果时，他竟然成功越狱，逃到欧洲大陆，成为一个技术高超的专业赌徒。他广泛游历了欧洲的大金融中心，包括巴黎、布鲁塞尔、日内瓦、威尼斯、佛罗伦萨、罗马和阿姆斯特丹，其间曾短暂师从苏格兰人商人威廉·佩特森。佩特森曾给英国提出建立纸币发行银行的建议，后来成为英格兰银行的创始人。在佩特森的影响下，约翰·劳逐加深了对货币、银行的理解和认识，逐渐形成了自己的理论。1705 年，他回到苏格兰，出版了名为《论货币和贸易》的小册子，重点阐释了他对银行和纸币的观点，并向苏格兰议会提出了建立货币发行银行的建议。他认为，增加货币供应可以创造更多工作机会，改良土地和创造土地价值，还能推进贸易和发展制造业，改变各阶层人们的生活状况，增强国家维持国内秩序和抵御外敌的能力。他认为："利用银行来增加货币，是迄今为止所采用好的办法。"② 纸币比白银更适合充当货币，

---

① ［英］J. S. 布朗伯利编：《新编剑桥世界近代史》第 6 卷，中国社会科学院世界历史研究所组译，中国社会科学出版社 2018 年版，第 325 页。

② ［英］约翰·罗：《论货币和贸易》，朱泱译，商务印书馆 2007 年版，第 25 页。

因为纸币更易转手、运输和保存。建立一个以土地为担保发行纸币的银行，具有无限创造信用的能力。但是，苏格兰议会没有同意他的建议，再加上英格兰又驳回了他申请赦免的请求，约翰·劳不得不再次返回欧洲大陆。由于他赌术高超，这些年他积累了超过 10 万英镑的财富。他在赌场的成功不只是运气，主要还是依靠他精密的计算和对规则的准确把握。由于他在赌场总能获得丰厚盈利，结果引发了人们的妒忌和巨大不满，甚至被巴黎、日内瓦和都灵市驱离。劳远非人们一般想象中的赌徒，他至少是个天才，是一位金融思想家和经济学家，他很清楚自己的舞台不在赌场。他在金融与货币领域做了深入研究，花费大量时间学习欧洲大陆金融中心的银行和金融市场，尤其是阿姆斯特丹。财富对他而言只不过是一种增进生活质量和层次的手段。他雄心勃勃，志不在此。在赌场上，他有意识地结交了不少国家的王室成员，包括法国的奥尔良公爵菲利普，即未来路易十五的摄政王。公爵发现他和劳有着共同的娱乐兴趣，相谈甚欢，两人很快交往密切，公爵也随之解了劳在银行和金融市场方面的理论及独到见解。约翰·劳缺的就是一个机会。

1715 年 9 月，路易十四去世，年仅 7 岁的路易十五即位，奥尔良公爵成为摄政王，开始掌握大权。摄政王聪明而强有力，力图使法国有一个新的开始，也不害怕采取激烈措施。由于财政形势极其危急，他甚至打算召开全国三级会议来解决这个问题。约翰·劳在此前已经举家搬到了巴黎，或许就在等待这一天。1716 年 5 月，在摄政王支持下，约翰·劳成立了"通用银行"，特许期限 20 年。约翰·劳终于可以大显身手了。银行资本 600 万利弗尔，股票面值为 5000 利弗尔。由于股份并非全部以现金认购，还包括公债券认购，因此当时募集到的实际资本只有 82.5 万利弗尔。特许状规定，银行可以吸收见券即付的存款，可以贴现票据，给有实力的商人提供贷款，但不能向外部借款，贷款利率通常为 5%—6%，利润非常可观。对通用银行来说，特许现状提供的最大价值就是发行银行券。人们将铸币存于银行而获得银行券，享受了纸币带来的巨大便利，还可以随时换回等额铸币，这是对人们的吸引力所在。银行券等额兑换铸币，保持了纸币的稳定性。1717 年 4 月，政府颁布了一项法令，规定通用银行的银行券为法定货币，可以用来支付税款。于是，银行券的使用规模也就越来越大，价值有时甚至超过了对应的铸币。戴尔认为，与流通在外的银行券相比，通用银行可能保持了 25%—50% 的铸币储备，以应对银行券兑付。当时来看，这么低的储备率风险很高。① 劳深入研究过阿姆斯特丹银行，他曾写道："最可靠的银行是库存现金等于信贷额的银行，因为即使人们要去全部兑现，银行也拿得出现金。"② 他对信用货币增发比例过大带来的风险心知肚明，因此，他曾劝说政府以财政资金为银行券在必要时提供支持。但是，劳的目标不是设立一家银行而已，而是要通过发行银行券，增加货币供应，提振法国经济。这样的动机，导致劳采取了更为激进的手段。1718 年 12 月，政府将通用银行转型为政府控制的皇家银行，而且在里昂、拉罗谢尔、图尔斯、奥尔良和亚眠设立了分行，扩大了银行的业务规模。

　　成立通用银行，这是劳的第一个步骤。要推动法国经济发展，解决财政困难，为摄政王处理巨额国债，工作还需要进一步推进。1711 年，英国成立了南海公司，在削减国债方面获得很大成功，这一定给了劳以启发。劳计划成立一家国际贸易公司，从事海外贸易，公债持有人以债权认购公司股份，从政府的债权人转变为公司的股东。摄政王很快批准了这个计划。对于股票发行，劳的计划是发行 20 万股，每股 500 利弗尔。1717

---

① Dale，R.，*The First Crash：Lessons From The South Sea Bubble*，Princeton：Princeton University Press，2004，p. 60.

② ［英］约翰·罗：《论货币和贸易》，朱泱译，商务印书馆 2007 年版，第 26 页。

年 8 月，劳的西部公司正式成立，也被称为密西西比公司。公司成立时的公开发行环境并不乐观，实际募集到的资金不到计划的三分之一，股票发行速度很慢。为了提振公众信心，摄政王代表国王认购了 40% 的份额。公司成立后，劳作为公司首席官员大力推进业务，北美路易斯安娜地区的殖民业务进展很快，大量移民进入，一些村庄逐步建立起来，地价逐渐攀升，展现出非常好的发展前景。在推进公司业务的同时，劳开始整合法国的主要贸易公司，以增强公司的整体实力。1717 年年底，公司接管了塞内加尔公司的业务。第二年，以 200 万利弗尔的价格取得了烟草贸易垄断权。1719 年，合并了印度公司、中国公司和非洲公司，同时还承接了印度公司和中国公司的债务。这一年，西部公司更名为印度公司。这样，法国的所有殖民地贸易权以及与欧洲最富有国家的贸易权，都集中在了公司一家手里。①

推进贸易需要资本，1719 年 6 月，劳很快开始谋划公司的新股发行，计划发行 55000 股，发行价 550 利弗尔。第二次股票发行的情况和初次发行有很大不同。由于公司已经取得了比较好的经营业绩，这次认购价确定为 450 法郎，虽然仍低于面值，但已经是上次认购价的 3 倍。在准备发行期间，公司股价也攀升到了 450 利弗尔。以劳为首的发行团队还为这次发行提供了担保，承诺如果发行失败，将由劳本人和团队认购所有新股。这次发行采取了分期付款的模式，规定首付款的最低标准为 50 利弗尔，但由于股票溢价，因此首付款在这个标准之上增加了 10 利弗尔，后来增加到 20 利弗尔。投资款每月支付一次。为了增强股票的关注度和吸引力，让人们认为购买新股是一种特权行为，这次发行采用了"购股权"发行模式，即规定了认购新股的资格条件。投资人必须先持有 4 股旧股，方可

---

① Dale, R., *The First Crash*: *Lessons From The South Sea Bubble*, Princeton: Princeton University Press, 2004, pp. 61 – 65.

购买 1 股新股。由于准备充分，且有了良好的业绩预期，这次股票发行非常顺利，但关键点还在于劳掌控着皇家银行。据统计，当年 6 月，皇家银行向社会新注入 5000 万利弗尔银行券，使流通中的银行券总量达到 1.6 亿利弗尔，为股票发行提供了充分的流动性，这一点是英国南海公司做不到的，也表明劳充分认识到了流动性和资产价格之间的紧密关系。1719 年 7 月 20 日，公司以 5000 万利弗尔的代价获得了国家铸币厂 9 年的经营权。当时估计，铸币厂每年能带来 600 万利弗尔的收入。5000 万利弗尔分 15 个月支付完毕。面对这一大笔支出，劳计划通过再次增发股票来筹集资金。为了保证增发顺利，劳宣布将密西西比公司的年度分红从 4% 提高到 12%。这次发行，仍然采用购股权发行方式，计划增发 55000 股，发行价确定在 1000 利弗尔。这次发行结束后，公司股份总额将超过 30 万股，市值或将突破 3 亿利弗尔。由于投资者认购踊跃，认购价上涨到 3000 利弗尔。看到认购价水涨船高，公司推迟了一部分股票发行，意图在更高价位上再投放出去。第三次发行，标志着密西西比泡沫危机开始进入酝酿阶段。[1]

与同时期的南海公司的股票发行相比，密西西比公司的股票发行既有相同点，也有不同点，戴尔指出，两家公司的相同点是：两个公司都获得了贸易特许，并对国债进行了转换，将债务转换为公司股票；股票发行时都采用了市场化销售策略，包括报纸宣传、分期支付认购款、通过连续发布吸引人的消息推动股价上涨等；在发行过程中出现了各种投资方式，包括现场认购、股票期货、股票期权交易等。而且，两家公司都获得了国际投资人的关注。大量来自威尼斯、日内瓦、德国、英国、荷兰和西班牙等国的投资人都来抢购两家公司的股票。两个公司的发行也有不同之处，例

---

[1] Dale，R.，*The First Crash: Lessons From The South Sea Bubble*，Princeton：Princeton University Press，2004，pp. 63 – 65.

如，密西西比公司一开始就在北美贸易上获得了很大成功，但是南海公司的贸易业务始终没有繁荣起来。另外，密西西比公司的股票可以自由交易，而南海公司的股票交易则必须到公司进行变更登记。还有一点是，两个公司在国债转换方面取得的成就不同。虽然密西西比公司在一开始复制了南海公司的操作模式，但是到 1719 年，密西西比公司所取得的成绩已经远远超过南海公司，导致南海公司在 1720 年开始模仿密西西比公司的做法，进而刺激了南海公司股票价格后来的持续上涨。①

（二）密西西比泡沫危机

看到密西西比公司的股价持续攀升，大量的银行券被用于支付股票认购，约翰·劳也就开始着手进行纸币替换铸币的工作。直到 19 世纪中期以前，法国的铸币支付仍然占支付总额的 93%，银行券仅占 7%。到 1856 年，铸币支付也仍然占 80%，银行券占 20%。② 可想而知，18 世纪初要以纸币替换铸币的计划是多么超前，这在当时无疑是一个大胆而冒险的实验。1719 年年底，公司在孔恩康波伊克斯大街设立了一个交易厅，专门进行自己公司的股票买卖。据说这个行动是为了取代职业股票经纪人，以进一步支持公司股价。1720 年 1 月 9 日，公司开始发行一种认购证，也可以看作股票期权，即支付 1000 利弗尔的保证金，可以在未来 6 个月内以 10000 利弗尔的价格购买 1 股公司股票。根据劳的解释，这是为了防止股票投机，当时股票期货市场的价格已经达到 1 股 12000—14000 利弗尔。由于期权价格得到的认购价更为便宜，因此也就引起了人们的踊跃购买，发售额度很快到 3 亿利弗尔。意想不到的是，对期权的认购反而导致股票

---

① Dale，R.，*The First Crash*：*Lessons From The South Sea Bubble*，Princeton：Princeton University Press，2004，p. 71

② ［美］查尔斯·P. 金德尔伯格：《西欧金融史》，徐子健、何建雄、朱忠译，中国金融出版社 2007 年版，第 122 页。

价格有所回落，这不是劳愿意看到的结果。于是劳出台一项政策，每 10 份期权换购 1 股股票，意在维护股价。或许是认为股价已经得到保障，2 月 22 日，公司关闭了孔恩康波伊克斯大街的股票交易厅，结果导致一周内公司股价下跌 26%。由于公众对此非常不满，3 月 5 日，交易厅重新开放。货币替代工作也在继续推进，从 1 月到 3 月，连续出台了一系列法令，包括：禁止铸币和黄金出口；禁止佩戴钻石和稀有珠宝；每人或每个机构的铸币持有量不得超过 500 利弗尔；100 利弗尔以上的交易必须使用银行券；取消黄金的货币职能，逐渐减少白银的流通。在这个政策的强制推动下，到 5 月，人们持有的银行券便翻了 1 倍，流通总额达到 26 亿法郎，而同时只有 13 亿法郎的铸币与之对应。而且，皇家银行的铸币储备率也只有 15%。劳立即意识到了这个风险，但采取的措施却导致灾难降临。由于银行券和铸币的存量比是 2∶1，因此，5 月 21 日，政府颁布一项法令，在未来 6 个月内，将银行券贬值 50%，以和铸币存量保持一致。这个法令立即引发了密西西比股票下跌。从 21 日到 27 日，价格下跌 17%。从 27 日到 31 日，下跌 44%，到了 4200 利弗尔。由于股票价格急跌，28 日政府取消了 21 日的法令，但为时已晚，泡沫危机爆发了。①

5 月 29 日，劳被免去了担任不久的法国财政主计长职务。6 月 2 日摄政王又请他出来收拾自己造成的这个烂摊子，但这个时候形势已经无法控制。到 9 月，密西西比公司的股票已经下跌超过 80%，投资人损失惨重。从 6 月到 10 月，政府出台了很多法令，力图挽回局势，平抑危机，先后采取的政策包括：部分中止银行券和铸币的兑换；取消 500 利弗尔的铸币持有限额；逐步回收流通中的银行券，减少银行券流通；取消大额面值的

---

① Dale，R.，*The First Crash*：*Lessons From The South Sea Bubble*，Princeton：Princeton University Press，2004，pp. 126 – 128.

银行券等。到了 10 月，政府取消了银行券的法定货币地位，从 11 月 1 日起，采用其他支付方式进行交易。11 月 27 日，无事可做的皇家银行也关门了。到了 12 月 8 日，政府禁止了股票交易和证券经纪。① 危机中，也有一些投资者将利润及时兑现并转换成金银，把财富转移到国外，躲过了一劫。据估计，1720 年，大约有 5 亿利弗尔的财富转移出法国。利弗尔的大规模转出导致对英镑的大幅贬值，从 5 月的 1∶39 迅速下滑到 9 月的 1∶92。面对无可收拾的残局，11 月 17 日，在摄政王的帮助下，约翰·劳逃离法国。他最终定居在威尼斯，依靠赌博仍然过着体面的生活，还喜欢收集名画。劳其实一直计划返回法国。1723 年，劳的死敌——外交大臣杜布瓦去世，摄政王计划请劳回到法国。但是，摄政王很快去世，新摄政王则是劳的政敌的朋友，劳回国的期望化为泡影。1729 年 3 月，劳在优裕的生活中去世，留下一大笔遗产，包括在经济领域的很多著述。金德尔伯格评价道："约翰·劳对法国的影响是，法国人在长达 150 年的时间里不愿意提及'银行'这个词，这是一个留在集体金融记忆中的典型。"② 密西西比泡沫危机最终结束，意味着劳的财政改革彻底失败，但改革对法国经济生活带来的刺激却没有完全消失。贸易和工业获得了发展，兴建的大运河和道路也没有被完全放弃，海外贸易也得到了很大促进。最重要的一点是，改革导致法国社会财富的重新分配，并使各阶层之间的界限变得不那么显著了。③ 这次改革失败的终极结果是，财政危机一直得不到有效解决，在路易十五时期持续加重，最终引发了法国大革命。

---

① Dale，R.，*The First Crash：Lessons From The South Sea Bubble*，Princeton：Princeton University Press，2004，pp. 128 - 130.

② ［美］查尔斯·P. 金德尔伯格：《西欧金融史》，徐子健、何建雄、朱忠译，中国金融出版社 2007 年版，第 111 页。

③ ［英］J. O. 林赛编：《新编剑桥世界近代史》第 7 卷，中国社会科学院世界历史研究所组译，中国社会科学出版社 2018 年版，第 237 页。

### 二　财政危机与大革命

由于劳的改革失败，国债削减工作没有获得成功。1721 年，法国国债仍高达 20.6 亿利弗尔。1723 年，摄政王去世，路易十五开始亲政。从 1726 年到 1743 年，红衣主教弗勒执掌大权，国家财政状况获得一些好转。这期间担任财政大臣的菲利贝尔·奥里是一位出色的行政管理专家，在他的治理下，财政压缩到了旧制度所能允许的最大限度。但是，并未从根本上改变财政困境。17 世纪中期，法国先后参与"奥地利王位继承战"和"七年战争"，都极大地损耗了法国的国力。尤其是"七年战争"，耗费了巨额军费，最终败给英国，严重动摇了法国的王权。到了 18 世纪 80 年代，法国年度总支出的 43% 用于偿债，1788 年这一比例升至 50.5%。除了英国，法国是欧洲各国中负债最重的。[1] 国王的信誉由于经常失信于民而受到极大损害，成立一个中央银行的建议也遭到摒弃，于是，财政状态持续恶化。保罗·肯尼迪认为，至少到 18 世纪 80 年代的内克改革之前，法国人没有一个全国性账目核算的总体意识，没有支出与收入的年度账目，对财政赤字也认为无关紧要。只要能为军队和宫廷的眼前急需搞到钱，债务的步步上升对国王来说是无足轻重的。[2]

美国独立战争期间，法国积极参与。由于财政困难，继续采用了发行年金债券的方式进行筹资。法国参加美国独立战争的耗费大约是 20 亿利弗尔。到独立战争结束时，法国年度财政赤字达到 8000 万利弗尔，到 1787 年增加到 1.12 亿利弗尔。每年花费在应付债务上的资金超过 3 亿利

---

[1]　〔美〕彼得·马赛厄斯、悉尼·波拉德主编：《剑桥欧洲经济史》第 8 卷，王宏伟、钟和译，经济科学出版社 2004 年版，第 335 页。

[2]　〔美〕保罗·肯尼迪：《大国的兴衰：1500—2000 年的经济变迁与军事冲突》，陈景彪等译，国际文化出版公司 2005 年版，第 78 页。

弗尔，占国家年度支出的一半左右。[①] 在这种情况下，政府不得不在公开市场发行年金。1783 年，卡隆担任财政大臣，停止从银行借款，发行了 1 亿利弗尔的终身年金。由于利率较高，发行顺利，在法国和荷兰获得了很好的认购。由于财政收入仍然难以为继，1784 年 12 月，卡隆又发行了 1.25 亿利弗尔、年利率为 5% 的新品种债券，并加入了每年按 500 万利弗尔进行抽签偿还的条款。同时，卡隆还计划征收不能免税的土地税，这引起贵族和教会的激烈反对，于是，1787 年 4 月卡隆被免职。5 月，国王任命布里昂担任财政大臣，但布里昂除了增税和债务违约外没有太多选择。于是，到 1788 年 8 月，路易十六再度任命内克尔（卡隆的前任）为财政大臣，并根据高等法院的要求召集全国三级会议。[②] 1788 年，根据财政预算报告，政府支出总额为 6.29 亿利弗尔，收入为 5.03 亿利弗尔，亏空高达 1.26 亿利弗尔，开支项目中仅国债利息高达 3.18 亿利弗尔。[③] 财政状况持续恶化，除了增税无计可施，但召开三级会议也就掀起了大革命的风暴。到 18 世纪末，法国国债余额虽然与英国基本持平，接近 2.15 亿英镑，但法国每年需要为此支付的利息几乎是英国的两倍，即 1400 万英镑。[④] 反复多次的财政改革最终都因利益集团的强烈反对无果而终，法国的行政和金融官吏与荷兰和英国相比根基很深，没有法国革命这场复杂的社会大动荡就不可能把他们推翻。可以说，法国大革命是由法国持续几百年的财政恶化和持续的融资失败而直接引发的。对于财政困难深层次的原因，科班指出："法国君主政体的财政困难只是旧制度日益衰败的一种症

---

① ［英］A.古德温编：《新编剑桥世界近代史》第 8 卷，中国社会科学院世界历史研究所组译，中国社会科学出版社 2018 年版，第 624 页。

② ［日］富田俊基：《国债的历史：凝结在利率中的过去和未来》，彭曦、顾长江、曹雅洁、韩秋燕、王辉译，南京大学出版社 2011 年版，第 129—130 页。

③ 张芝联主编：《法国通史》，北京大学出版社 2009 年版，第 165 页。

④ ［美］保罗·肯尼迪：《大国的兴衰：1500—2000 年的经济变迁与军事冲突》，陈景彪等译，国际文化出版公司 2005 年版，第 80 页。

状，但不是其根本问题，根本问题在于路易十四及其大臣们建立的社会和行政结构基本上是一成不变的，而社会本身在此同时却以前所未有的速度开始发生变化。"①

大革命爆发后，革命政府上台，财政困境越发严峻。法国进入了近代以来货币和金融最为混乱的时期。8 月，国民议会宣布废除封建制，赎回过去卖出的官职，并保护债权，履行债务，这项政策必须以新的财政资源作为基础，共和国的债务危机并未得到缓解。于是，国民议会提出以没收的教会和贵族的土地为担保发行债券。当时的估算是，没收的土地价值大约为 24 亿利弗尔，而旧政府的债务为 20 亿利弗尔，应该可以偿付。到 1791 年，以公开招标的方式大约获得了 15 亿利弗尔的收入。债券收入不仅清偿了部分债务，也用于解决财政赤字。1792 年，共和国垄断了纸币发行，大规模发行指券，这其实是政府筹集军费的措施之一，因此指券的快速贬值也就不足为奇。后来为了削减指券数量，1793 年 5 月，政府强制性发行了国债。为了推进发行，政府威胁要对每 10 万利弗尔征收 95% 的税金。在恐怖氛围笼罩下，政府筹集了 1.25 亿利弗尔，但距 10 亿利弗尔的计划认购额相去甚远。当年 8 月，和英国统一公债、荷兰年金国债具有相同性质的法国统一公债诞生。革命政府认为 5% 以上的利率是旧制度的产物，将终生年金的利率调整到 5% 以下，将所有其他债务的利率统一转换为 5%。1797 年，督政府制定了《三分之二破产法》，规定以优惠券来支付未来三分之二的永久债和年金债券，其余三分之一整理为国债，将来以正式的货币予以偿还。这样，留有记录的国债从 1788 年的 2.6 亿利弗尔减至 1799 年的 7530 万利弗尔。《三分之二破产法》实际是以官方确认的方式完全注销了国债，不再偿还。1799 年，督政府强迫富裕阶层在

---

① ［英］J. O. 林赛编：《新编剑桥世界近代史》第 7 卷，中国社会科学院世界历史研究所组译，中国社会科学出版社 2018 年版，第 248 页。

认购国债和大规模增税中进行选择，最终发行了 1 亿利弗尔的国债，这部分国债也被称为"恐怖国债"。这种强迫行为对市场造成巨大震动，导致 5% 利率的国债价格跌至面值的 10%。[1] 执政府初期，国库仅存余额 16.7 万法郎。执政府加强了财政的集中管理，设立直接税行政总署，以改善收税。1802 年，财政预算达到了 5 亿法郎的平衡数字。[2] 以后，拿破仑开始推行财政改革，从 1800 年开始以正式货币支付利息，1802 年，实现了 25 以来的第一次预算平衡。拿破仑对于借债并无兴趣，战争经费的筹集主要依靠战争赔款。从 1794 年到 1814 年，法国从占领地总计获得了 8 亿法郎的赔款。虽然拿破仑也发行过年利 5% 的国债，但不是为了弥补赤字，而是统一短期债务。直到 1812 年远征俄国，法国一直维持了财政平衡。[3]

整个 18 世纪，是法国资本市场史上极其混乱不堪的时期，这种状况一直持续到拿破仑时代。当时资本市场上的产品，主要是年金债券，这种债券由于王室和政府的违约，令投资人唯恐避之不及，政府有时甚至采取强制注销债务的方式。法国资本市场要迎来进步和发展，还要到运河时代和铁路时代。

# 第三节　交通运输业融资

## 一　运河

进入 19 世纪，法国开始了运河建设。法国运河建设和英国运河建设几乎在同一时期，但是，法国的建设规模相对较小，里程也短于英国。另外，运河建设的融资方式和英国也不同。英国的运河建设，主要由当地人

---

① ［日］富田俊基：《国债的历史：凝结在利率中的过去和未来》，彭曦、顾长江、曹雅洁、韩秋燕、王辉译，南京大学出版社 2011 年版，第 134—138 页。

② 张芝联主编：《法国通史》，北京大学出版社 2009 年版，248 页。

③ ［日］富田俊基：《国债的历史：凝结在利率中的过去和未来》，彭曦、顾长江、曹雅洁、韩秋燕、王辉译，南京大学出版社 2011 年版，第 139 页。

发起，即从当地私人资本市场融资，政府几乎不参与。在法国，政府在运河修筑发起和融资方面都发挥了重要作用。除了私人资本市场外，政府还通过银行贷款等手段获取资金建设运河。

　　法国可以利用的水利运输资源比较丰富。运河运输的成本为公路运输的25%—50%。大革命以前，法国运河建设有限。波旁王朝时期，开掘过数条运河，也只是考虑可以带来税收，而非出于推进运输和贸易发展的动机。到大革命时期和第一帝国时期，在运河建设方面做了一些规划和设计，不过投入的资本和取得的效果都非常有限。拿破仑曾计划建设一条连通巴黎和第戎的运河，在他执政时期，总计开掘了800多千米的运河。从复辟王朝到"七月王朝"，是法国建设运河的主要时期，更多是加宽自然状况不太好的天然河流。1820年8月，内政部长西蒙给路易十八提交了运河建设计划，这是法国第一份正式的运河建设计划，建议修建1万千米的运河。但是，计划过于庞大，最终推进的力度和效果都因为各种问题大打折扣，包括融资问题、土地问题等。当时，法国要支付战胜国赔款以尽快让他们撤出法国，资金非常紧张，运河建设只能依靠借款。针对建设资金问题，1821—1822年，政府颁布了一项法令，将私人金融家和运河工程建设连接在一起。一旦开凿完成，政府不再过问运河收费权的定价，这给以后带来很多问题。1821年，通过巴黎的银行家，政府以6%的年利率借款1800万法郎，完成了索姆、曼妮卡普和阿登三条运河的开通，并对埃纳河和瓦兹河进行了整修。随后，政府安排了一系列借款，总计9800万法郎，平均利率为5.5%，修筑完成了布列塔尼、卢瓦尔、柏瑞、纳韦尔4条运河。这4条运河很快重组为一家运河公司，称为"四运河公司"。政府发起建设的运河，资金提供者往往是法国乃至国外的大私人银行家。比如勃艮第运河，就是由雅克·拉菲特、巴勒索尼、皮雷-威尔等银行家提供的资金，很有可能还包括罗斯柴尔德家族。这些银行家，有的和法兰西银行联系紧密，有的则与国外有着紧密的商业联系。比如，巴勒索尼、皮雷－威尔和瑞士的日内瓦交往甚密，而勃艮第运河的主要资金提供者海格曼可能是阿尔萨斯人。因此，复辟政府时期的运河建设资金，大部分来自巴黎、日内瓦和阿尔萨斯等地。除了支付利息外，政府还需要向这些借款人（借贷公司）按每年1%—2%的比例分期支付本金。同时，他们还享有极大的优惠条件。除了利息之外，在运河投入运营后的相当长一段时间，一般为40—99年，运河公司每年要将净收入的50%分配给这些借款人。如果运河没有完成建设，政府则要以年金债券的形式进行赔偿。这些借款人还有权检查政府涉及这些运河建设的财务账目和档案资料。根据1821—1822年的政策，这些银行家牵头的借贷公司提供运河贷款之后，立即发行了本公司的一种特殊股票，这类股票数量和普通股数量相当，但与普通股不同的是，持有这类特殊股票的股东可以享受运河公司未来运营获得的收益。这类股票在巴黎证券交易所上市后，由于可以获得特别红利，被投资人大量追捧，价格较普通股票高出很多。①

"七月王朝"时期，法国继续大力推进运河建设，除了新开掘运河以外，还将复辟时期未完成的运河项目全部建设完工，投资也大幅度增加。复辟时期，运河投资总额约为1.43亿法郎。"七月王朝"时期，则接近2.5亿法郎。② 鉴于运河可能产生的长期收益，王室也对运河公司进行了投资。例如，王室就持有奥尔良运河公司大部分股权。由于要向那些借贷公司分配特别收益，因此运河不得不收取较高的通行费，这引起了运输货主的普遍不满。货主们希望政府进行协调，降低运河收费。按照相关法

① Arthur Louis Dunham, *The Industrial Revolution in France 1815 – 1848*, New York：Expositon Press, 1955, pp. 31 – 34.

② Arthur Louis Dunham, *The Industrial Revolution in France 1815 – 1848*, New York：Expositon Press, 1955, p. 37.

律，政府可以收购运河公司。由于奥尔良运河公司由王室控股，政府几经犹豫，也未能向运河公司提出降低收费的建议，这种情况持续到"七月王朝"被推翻才得以改变。① 复辟王朝和"七月王朝"时期，运河的建设总里程为 2700 千米左右。②

进入 19 世纪 30 年代，运河建设潮尚未结束，铁路建设时代已经来临，而且发展势头很快超过了运河。

## 二 铁路

1821 年 5 月 5 日，法国人路易斯·博尼尔在国会秘书长克劳德·高迪的支持下，申请建设一条连接鲁昂和卢瓦尔，途经圣太田的铁路线，旨在解决煤炭和矿石的运输问题，他同时要求依据 1807 年商法征收土地。同年，另外两项铁路建设申请也递交给了政府。这些申请遭到了圣太田地区众多车夫的反对，因为铁路开通必将影响他们的生计，同时，很多大土地主也加入了反对行列。但是，政府不为所动，只是要求缩短鲁昂到卢瓦尔的长度，三家公司合并为一家铁路公司，并接受法国桥梁与公路工程局的监管。1823 年 2 月 26 日，政府授予这家公司开通从圣太田至安德雷佐铁路线的永久许可。这条铁路线总长 18 千米，1827 年竣工通车，是法国第一条铁路。创办人主要是冶金企业家及其亲友，公司的发起资本中还没有资本家或银行家参与进来。后来公司进行有限责任改制，规模虽然很小，但已经有了不同投资人的加入。在董事名单中，有海军大臣以及其他一些行政官员。这表明公司发起人希望能够得到多元化的投资，也表露出政府

---

① Arthur Louis Dunham, *The Industrial Revolution in France 1815－1848*, New York：Expositon Press, 1955, p. 34.

② Arthur Louis Dunham, *The Industrial Revolution in France 1815－1848*, New York：Expositon Press, 1955, p. 36.

对此事的态度。这条铁路线由于线路太短，从运输角度看，发挥的作用非常有限，没有革命性的意义，也没有给股东带来显著收益。

到法国开建第二条铁路的时候，投资主体有了新的变化。1826 年春，政府颁发了一项新的铁路线特许，这条线路连接了圣太田和里昂，总长58 千米，于 1832 年完成建设。这条线路被认为是法国真正意义上的第一条铁路线，不仅是因为长度，而且它连接起了矿山和铸造企业，发挥了重要的运输作用。这家铁路公司的发起人和建设者是一群工程师。其中，有犹太人赛古因兄弟，兄长马克是法国科学院的成员、著名科学家，英国人史蒂芬森后来在蒸汽机车配置的管式锅炉，就是他发明的产品，他还曾去英国实地考察了从斯托克顿到达灵顿的铁路线，研究了英国铁路建设的情况。1825 年，赛古因兄弟在鲁昂建立了一家制造蒸汽拖船的公司。爱德华·比奥后来也加入进来，他是马克在科学院同事的儿子，其岳父是法国桥梁与公路工程局的局长贝基。这条线路就是这些发起人设计、实施完成的。关键是，他们在这条线路上引进了蒸汽机车。1827 年，公司进行了有限责任改制。这些发起人所持有的股份只占 25%，也就失去了对公司的控制权，赛古因家族仅在董事会保留了一个董事的席位。相比财富的获取，他们更感兴趣的是工程和技术。发起人中持股最多的两个人，分别是担任公司副经理的亨瑞·布拉德以及来自巴黎的洛朗·加西亚，两人各持有 500 股。[①]

进入 19 世纪 30 年代以后，法国铁路建设进入了一个高潮期。看到铁路建设的良好前景和预期收益，巴黎的金融资本开始进入。法国铁路建设早期，就立即受到了金融资本的关注，这和英国相比也是一个很大不同。1838 年，巴黎银行家投资了巴黎到奥尔良的铁路线。虽然有金融资本的

---

① Arthur Louis Dunham, *The Industrial Revolution in France 1815 – 1848*, New York：Expositon Press，1955，pp. 51 – 52.

参与和支持，但铁路建设进展依旧缓慢，这和政府的规划、控制有很大关系。比较之下，英国铁路建设由当地商人或工业家发起，政府没有规划和参与，进展很快。英国、法国、德国在铁路建设方面几乎同时起步，到19世纪中期，三国的差距已经非常明显。1835 年 7 月 9 日，法国政府颁发了一项从巴黎到勒佩克的铁路特许，这条线路穿过了塞纳和圣日耳曼所在的陡峭山区。铁路于 1837 年 8 月 24 日开工，到 1847 春才完工。虽然线路很短，但这是法国铁路史上的一条重要铁路，是巴黎向外延伸的第一条铁路，还是第一条搭载乘客的铁路。这条铁路引发广泛关注，也引起了大银行家罗斯柴尔德家族（以后被誉为"铁路沙皇"）的注意。公司初始资本为 600 万法郎，不久后就增加到 900 万法郎，发行的股票几乎全部被罗斯柴尔德、图尔奈森、达维利耶以及艾希塔尔斯家族认购。作为公司的发起人和经理，埃米尔·皮埃尔持有 2000 股。另外，公司至少还发行了2 支短期债券，总计 1000 万法郎。从 1837 年到 1845 年，公司总计投入铁路建设 1600 万法郎，年平均收益 6.7%。[①]

　　这个时期，也不是所有的铁路公司都能够顺利开工。1838 年，政府给予莱霍公司一项铁路特许，建设从巴黎到勒阿弗尔的线路。起初公司踌躇满志，但第二年公司交回了特许，因为难以筹集到足够资本。除此之外，政府的严格管制也是影响因素之一。政府规定，公司年度盈利不能超过 10% 的上限，同时又规定了较低的收费标准，这使公司可能无法盈利。另外，对铁路线投资金额的测算，政府和公司也存在较大差距。政府估计投资总额大约 8000 万法郎，所以限定公司的资本总额为 9000 万法郎。但根据公司自己的测算，整个投资总额接近 1.58 亿法郎，双方测算差距实在太大。而且，公司也没有获得政府的投资支持。于是这条线路的建设不

---

① Arthur Louis Dunham, *The Industrial Revolution in France 1815 – 1848*, New York：Expositon Press, 1955, pp. 60 – 61.

了了之。第二年，另一家公司获得完全不同的待遇。著名的银行家查尔斯·拉菲特，连同英国伦敦及西南铁路公司的董事一道，开始筹划建设从巴黎到鲁昂的铁路线。由于资本充裕，不仅轻松获得政府特许，还得到政府给予的 1400 万法郎贷款。这还是法国第一次引入英国资本的线路，由英国工程师规划，且由英国人总承包。1838 年，从巴黎到奥尔良的铁路特许颁发给了卡西米尔·勒孔特，此人是法国最大的公路公司的前负责人。对这条铁路线，法国政府规划良久。勒孔特也从巴黎、埃唐普获得了 3000 万法郎的股票认购。鉴于这条线路的关键意义，罗斯柴尔德家族承诺给予公司 200 万法郎贷款，另外巴黎银行家皮洛特·威尔、奥迪尔和巴萨罗尼兄弟也承诺给予 2100 万英镑的贷款。弗朗索瓦·巴萨罗尼是巴黎真正的银行家，后来取代勒孔特成为这家铁路公司的实际控制人，并一直持续到 1848 年法国革命。公司股票的发行价高于面值，也引起了众多投资人的不满。公司还获得了政府的支持，政府为股东的投资提供每年 4% 的利息保证。对利息保证，政府内部也有分歧，国家桥梁与公路工程局坚决反对，但最终还是按这个保证支付。同时，作为公司负责人的巴萨罗尼，每年也为股东提供 4% 的股利，持续了 5 年时间。①

　　欧洲大陆国家尤其是法国，一个占据主流的观点认为，铁路就应该由国家经营管理，而非私人企业运营。首先是出于战略安全角度。一旦出现外敌入侵，只有国家掌握了铁路线，才能更好地进行防御安排。法国政府和民众一般都认为，铁路这样的重大工程，应该由政府牵头实施，只有政府才能考虑和照顾公共利益。私人资本的关注点在项目盈利上，必然会对公共利益产生影响。法国政府长期以来对私人资本有一种深深的不信任感，认为私人资本的目的就是盈利和投机，建设铁路线涉及国家安全和民

---

① Arthur Louis Dunham, *The Industrial Revolution in France 1815 - 1848*, New York: Expositon Press, 1955, pp. 64 - 65.

众利益，不能完全放手给私人资本。因此，在交通运输业，法国就有桥梁与公路工程局这样的管理部门。这个部门主要由工程师组成，对包括铁路在内的交通运输建设进行系统规划和监管。从历史上看，法国人对这个部门的评价很高，这和英国、美国完全不同。政府内部对铁路投资和铁路建设也不是没有分歧。1837 年，政府提出一项铁路建设方案，有 6 条铁路线，主要交给铁路公司去完成。但到 1838 年，新一届政府提出了另一项方案，规定铁路线由政府独自建设。两个方案都无法获得通过，最终方案是两种不同意见的妥协。历史学家普遍认为，这一时期法国的铁路投资显著不足。虽然有一些银行家和资本家的参与，但无论参与的机构数量，还是投资金额，都非常有限。到 1840 年，法国也只建成了 427 千米铁路，大多是矿山铁路。[①] 虽然里程与德国一样多，但发展仍然缓慢，除了传统观念影响、国家统一规划带来的影响以外，投资不足也是一个重要原因。19 世纪，法国仍然是一个农业国，农民占人口主体。由于财产有限，手中的盈余钱财一般都储蓄起来以备未来之需，或者购买土地扩大农业生产。中产阶级和早期的资本家，也更倾向于投资房地产和政府债券，对铁路投资兴趣不高，可用于投资的资金就非常有限。

1842 年 6 月 11 日，法国通过一项法案，旨在为铁路建设中政府和私人资本的作用进行细致划分。这项法案授权修建大约 3600 千米长的铁路线，建设的具体细节由后续法规明确。法案再次强调，铁路是政府财产，政府可以将铁路租给铁路公司运营。铁路经过区域的土地由中央政府供应或购买，铁路经过区域的城市和行政区承担土地成本的三分之二。政府承建路基和桥梁、隧道，铁路公司负责提供列车装备和铁路养护。租期的长短以及运营监管方面的事宜，单独进行规定，经由国家公共工程部部长批

---

① ［英］M. M. 波斯坦、H. J. 哈巴萨克主编：《剑桥欧洲经济史》第 6 卷，王春法、张伟、赵海波译，经济科学出版社 2002 年版，第 225 页。

准。在实践中，这部法律并未得到充分执行。一些铁路是由铁路公司在没有政府参与的情况下自行完成建设的。另外，法律没有规定租期，监管规定也就很难落实下去。因此，法国铁路线的投资和建设，虽然整体上由政府主导，但经常还是由私人资本独立完成。19世纪30年代到40年代，法国经历了和英国相同的铁路泡沫时期，但规模比英国要小。给予铁路公司的特许条件更加严苛，特许周期更短，迫使铁路公司更加关注短期盈利，强化了人们对铁路股票的投机。法国的詹姆斯·罗斯柴尔德积极参与铁路公司的购并，随后推动股票攀升，并在最高点位出货获得利润，然后等待股票下跌后再次买进，获得大量盈利。由于地缘关系，法国铁路建设得到了英国资本的支持。到19世纪40—50年代，英国第一波铁路建设热潮结束，实力雄厚的大投资人认为英国在铁路建设方面已经没有赚取高利润的机会了，所以开始寻找英国以外的铁路投资机会。法国离英国最近，铁路建设缓慢且空间巨大，吸引了英国人的目光。法国的铁路建设成本只有英国的一半，铁路线建设完成后，可以把铁路公司股票再卖给法国人，从而大赚一笔。因此，从1842年到1846年的铁路热潮期间，英国私人资本发挥了决定性作用。从1840年到1848年，据说有半数的英国海外资本选择投资法国铁路。

1847年的经济危机使铁路建设热潮暂时冷却下来。这场危机中，英国资本开始大量抽回，对已经开工的铁路线建设影响很大。这场经济危机引发1848年革命，法国先后进入了第二共和国和第二帝国时期。到1850年，法国铁路线总长3000千米，而此时德国已有近6000千米的铁路，短短10年，德国的铁路线已经是法国的两倍。法国人也看到了与英国、德国的差距，因此，第二帝国时期，法国再次进入了一个铁路建设快速发展的阶段，帝国政府发挥了重要的推动作用。为了鼓励私人资本投资铁路，政府将铁路经营许可统一确定为99年。政府还鼓励铁路公司之间的合并。

当时法国有 27 条不同经营期限的铁路线，经过政府协调推动，重组为六大铁路公司。铁路公司可以发行政府支持的新股票，这样政府就成了铁路公司的合伙人，政府还为铁路公司提供利息担保。1869 年，法国铁路总里程接近 17000 千米，英国为 24768 千米，德国为 17330 千米，法国在第二帝国时期用近 20 年时间缩小了与德国的差距，在欧洲仅次于英国和德国。[①] 进入第三共和国时期，尤其是 1877 年以后，政府开始在更偏远的山区和农村地区建设铁路线。这些铁路线的建设成本更高，盈利困难，这就需要政府出台一系列投资政策来吸引私人资本。铁路公司在公开资本市场发行股票筹集建设资金，政府也向铁路公司提供贷款支持。铁路公司的利润，在支付股东股息的同时，还要支付政府的贷款利息，但政府对贷款利息提供担保。即如果铁路公司产生的利润无法支付政府贷款利息，则由政府来承担。如果铁路公司无法偿还政府贷款，政府还可以将这些铁路线买下来。这样，政府在一定程度上消除了私人资本的后顾之忧。铁路公司由于得到了政府的担保支持，公司股票受到广泛追捧，后来几乎等同于法国国债。[②] 到了 19 世纪 80 年代以后，铁路建设开始无利可图，法国的主要铁路建设也告一段落。

## 第四节　工业融资

对于法国金融体系和工业投资的关系，长期以来在学术界一直存有争议。有学者认为，从 19 世纪初期开始，法国就出现了农业生产效率低下

---

① 〔英〕M. M. 波斯坦、H. J. 哈巴萨克主编：《剑桥欧洲经济史》第 6 卷，王春法、张伟、赵海波译，经济科学出版社 2002 年版，第 220 页。

② 〔英〕M. M. 波斯坦、H. J. 哈巴萨克主编：《剑桥欧洲经济史》第 6 卷，王春法、张伟、赵海波译，经济科学出版社 2002 年版，第 250 页。

和国际贸易衰退的情况，而且一直持续到 20 年代。大革命以来的 30 年，法国始终处于政治和社会环境的不稳定时期，导致新技术未能及时引进和采纳，也导致了社会各方面不断削减对基础设施以及设备、机器等方面的投资。① 还有学者认为，法国经济发展之所以落后，是因为没有足够的金融工具。例如，卡梅伦指出，法国的银行业阻碍了经济发展，一是由于银行的分行数量和分布不够，二是专门金融机构的多样化不够，三是对信贷的数量有人为和不必要的限制，四是货币存量缺乏弹性。但也有学者对上述观点有不同看法，指出法国经济没有受到阻碍，法国的经济增长在 18 世纪就高于英国，1815—1870 年这一时期，增长也还是高于英国。另外，对银行在促进经济发展的作用方面，卡梅伦认为，成立于 1852 年的动产抵押贷款银行对工业投资起到了很大推动作用。金德尔伯格对此并不认同，指出动产抵押贷款银行的资金主要投向了公共建筑工程。起初投资于铁路，以后又投资于港口、供水系统和煤电厂，在制造业领域投资并不多。② 金融发展和经济增长的关系长期以来是经济史学的一个重要课题，关于法国在这个主题上的争议就更多。但是从法国经济发展、金融体系来看，法国的工业化确实要晚于英国半个世纪左右。金德尔伯格指出：制度既对经济条件起重要作用，也反映经济条件。法国在货币、银行业和金融方面落后英国 100 年，这既是经济发展缓慢的反映，也是造成经济发展缓慢的一个原因。③

　　经济发展中的一个重要组成部分是工业发展。工业发展需要资本，从

---

① ［英］彼得·马赛厄斯、M. M. 波斯坦主编：《剑桥欧洲经济史》第 7 卷上册，徐强、李军、马宏生译，经济科学出版社 2004 年版，第 303 页。

② ［美］查尔斯·P. 金德尔伯格：《西欧金融史》，徐子健、何建雄、朱忠译，中国金融出版社 2007 年版，第 123—124 页。

③ ［美］查尔斯·P. 金德尔伯格：《西欧金融史》，徐子健、何建雄、朱忠译，中国金融出版社 2007 年版，第 130 页。

19 世纪早期到 20 世纪初，法国工业资本的来源也有一个逐渐变化的过程。法国的工业融资和英国工业化早期的融资，既有相似之处，又有不同之处。相似之处是，早期工业企业都是依靠私人资本市场融资。因为制造企业起步时规模很小，投资金额不大，在自己的私人圈就可以解决建设资金问题，比如来自亲人和家族继承、朋友等。19 世纪，法国的工业企业家来自社会不同阶层，尤其是技师和商人。企业所需的资本与企业所在行业以及后续的机器改造等都有关系。在机器制造行业以技师为主，在纺织行业则以商人为主。无论是在阿尔萨斯、纳韦尔，还是在洛林和格勒诺布尔，这些企业家都在各自地方的范围内寻求资本，依赖于本地的私人资本市场。到 19 世纪末，阿尔萨斯地区的电化工和电冶金行业所需的发展资金也仍然来源于当地。家族资金成为大部分企业创建的主要资金来源。这些资金来自对上一代的继承，然后一代一代传承下去。继承关系是冶金行业获得企业所有权的主要方式。在这个行业，往往是由一个已经存在的业务活动支持着制铁活动必要的材料采购，无论这种材料是木材还是矿产品。18 世纪末的洛林、香槟以及弗朗什 – 孔泰（Franche – Comte）等地区，有很多贵族出身的地主成为炼铁厂投资人，他们将企业和地产收入结合得非常成功。当时，生产技术仍然比较初级，投资数量也不大，这种模式也就比较容易维持下去。进入 19 世纪后，当外部条件发生变化时，这些小企业就逐渐消失了。一些小企业通过合并来寻求继续生存。在纺织行业，企业资金可能由家族的父亲、儿子、岳父、女婿，或者是侄子或朋友来提供，有时候还有外部商人的参与。外部参与的这些商人，积累资本就是为了投资工业企业。例如，一位名叫利昂（Riant）的商人早期经营销售矿山和炼铁厂的产品，积累了大量原始资本，然后投资创办了一家炼铁厂。另外，在大革命过程中，修道院和移民的不动产会被资本家以很低的价格买下来，并在非常有利的条件下转化为工厂。因此，成功的投机活动也成为工业企业的起源之一。① 由于企业规模很小，而且没有从外部获得资本的需要，因此，18 世纪末到 19 世纪前期，巴黎证券交易所的上市产品仍以政府债券、铁路公司债券为主，工业企业的证券还很少。另外，政府对工业企业改制为股份公司并上市有更为严苛的标准，这也是一个制约因素。工业企业一旦进入正常经营阶段，内部融资即通过利润积累实现滚动发展就成为一个主要融资模式。让·布维耶指出："在工业企业处在发展的初期，多半情况下能够通过自我融通获取资金，不论从企业的初始创建还是从它们的规模扩张上看，都是这样。"② 企业的利润往往被留存起来进行再投资，企业家一般并不认同增加投资者的利润分红。他们认为，工业企业应该形成"战略储备"，最大比例地利用利润进行再投资。法国北部的大维克瓦涅－诺伊采矿公司的董事们曾经感叹世界存在着过度分发红利的倾向，认为"我们公司就一定程度做得过分"。根据统计，法国在 19 世纪 70 年代所发生的投资，很大一部分来源于五六十年代形成的财务储备，五六十年代正好是工业企业利润最高的时期。③

　　与英国早期工业融资不同的一点是，相对英国而言，法国工业企业从银行那里获得的贷款支持并不显著。虽然这种融资形式逐渐有所发展，但是发展不平衡，因所在地区、企业类型和企业自身追求的发展方式的不同而不同。另外，贷款银行数量较少是一个主要原因。法国由于地域广大，18 世纪银行的分布仍然有限。英国在工业革命初期到 19 世纪 30 年代，遍及各地的乡村银行是当地早期工业企业最大的外部资金提供者，这个条

---

① ［英］彼得·马赛厄斯、M. M. 波斯坦主编：《剑桥欧洲经济史》第 7 卷上册，徐强、李军、马宏生译，经济科学出版社 2004 年版，第 454 页。
② ［英］彼得·马赛厄斯、M. M. 波斯坦主编：《剑桥欧洲经济史》第 7 卷上册，徐强、李军、马宏生译，经济科学出版社 2004 年版，第 455 页。
③ ［英］彼得·马赛厄斯、M. M. 波斯坦主编：《剑桥欧洲经济史》第 7 卷上册，徐强、李军、马宏生译，经济科学出版社 2004 年版，第 345—346 页。

件法国工业企业并不具备。至少到 19 世纪初期，在银行和实业企业之间，彼此都对相互合作存在疑虑：银行担心无法获得短期利益，企业认为银行过于贪婪。以后情况也逐步发生了一些变化。当企业需要短期资金时，可以通过将商业票据到银行进行贴现和再贴现获得贷款。但是，出现经济危机时，银行往往拒绝为企业贴现票据，有时还会引发金融恐慌。因此，在与银行合作时，企业往往需要的是雪中送炭，而银行只能做到锦上添花。企业在不缺乏资金的情况下，对双方合作既不情愿，也认为无此必要。企业倒闭也会拖累银行，银行因此慎之又慎。例如，著名政治家、银行家雅克·拉菲特，早年将资金投向工业企业（还是他自己的企业）失败，后来成立工商通用银行，就只向经营公共设施（水电）的机构贷款，将工业企业完全排除在外。还有里昂信贷银行，曾给里昂地区的冶金企业提供了大量贷款。1863 年，当地成立了一家染料制造公司，股本 8000 股，每股 500 法郎。里昂信贷银行认购了 3000 股，并为这家公司提供了现金贷款。后来这家企业经营越来越差，到 1870 年，企业破产清算，里昂信贷银行不得不接受股权债权双重投资失败的结果。这个事件给很多银行以警示，一些银行不再直接参与工业企业的融资活动。[①] 大型商业与储蓄银行包括里昂信贷银行、兴业银行以及其他银行，在早期都曾将工业投资作为主要发展方向，最后都失望而归。这些银行当时曾经因未能对工业发展进行投资而受到指责。对此，里昂信贷银行的亨利·杰曼愤然反击道："法国没有值得支持的工业家。"[②] 其实，法国不是没有这样的工业企业家，只是他们对银行借款没有兴趣，也没有需要。虽然大型储蓄银行对工业投

---

① ［英］彼得·马赛厄斯、M. M. 波斯坦主编：《剑桥欧洲经济史》第 7 卷上册，徐强、李军、马宏生译，经济科学出版社 2004 年版，第 463 页。

② ［英］M. M. 波斯坦、H. J. 哈巴萨克主编：《剑桥欧洲经济史》第 6 卷，王春法、张伟、赵海波译，经济科学出版社 2002 年版，第 415 页。

资没有兴趣且缺乏耐心，但法国的投资银行对工业企业的发展无疑起到了一定推动作用。无论是在工业企业早期，还是在 19 世纪后半期，很多工业企业都获得了法国一些大投资银行的资金支持。从 19 世纪 40 年代开始，这些投资银行的业务对象就从铁路转向了工业，在投资冶金和机器生产领域持有这些有限合伙制企业的大量股份。而且，很多行业就是在这些投资银行的支持下创立的。[①] 到 19 世纪 90 年代，投资于电力、钢铁、运输、煤气等方面证券的有巴黎荷兰银行、巴黎联合银行、东方汇理等，它们不仅投资本国工业证券，也投资外国债券。[②]

因此，法国的工业企业在 19 世纪的大部分时间里，主要通过私人资本市场和地方资本市场筹集资金，通过利润留存再投资扩大企业规模和再生产，通过公共资本市场融资的规模不大。银行贷款方式通常解决一些短期资金问题，投资银行参与一些企业的股权投资，还不能代表工业企业融资的主要模式。这种情况，到 19 世纪末和 20 世纪初才得以改善。表 3 - 1 显示了这一变化。

可以看到，19 世纪末到 20 世纪初，工业企业在公共资本市场融资的一个重要变化，就是融资比例占资本市场融资比例的大幅提升。1897 年以后，工业部门在所有证券发行中占比 40%，在股票发行中占比超过 65%。虽然工业公司可以在证券市场融资，但与银行及交通运输业的公司相比，受到的约束也相对更多。到 19 世纪 80 年代，法国证券市场居于主导地位的投资产品仍然是政府证券。以后铁路证券，包括铁路公司股票和债券，逐渐替代政府债券成为交易所的主角。直到第一次世界大战前夕，

---

① ［英］彼得·马赛厄斯、M. M. 波斯坦主编：《剑桥欧洲经济史》第 7 卷上册，徐强、李军、马宏生译，经济科学出版社 2004 年版，第 344 页。

② ［美］查尔斯·P. 金德尔伯格：《西欧金融史》，徐子健、何建雄、朱忠译，中国金融出版社 2007 年版，第 127 页。

工业证券的重要性才超过铁路证券。[①] 1901 年，根据《法国统计年鉴》的数据，工业公司占股份公司总资本的 22%，但工业股份公司的股票在交易所占上市股份公司股份总额的 34%。[②] "法国的企业获取金融资源的方式实际上和其他资本主义国家的企业完全一样。当它们确定自己的资本不充足时，外部融资手段就会保证予以补充，补充的程度视当时市场环境下实业生产的盈利程度而定。"[③]

表 3 – 1　　　　　　　1892—1911 年证券交易所上市情况　　　（单位：亿法郎,%）

| 时期 | 股票和债券 | | | 股票 | | |
|---|---|---|---|---|---|---|
| | 总额<br>（A） | 工业公司<br>（B） | 工业占比<br>B/A | 总额<br>（C） | 工业公司<br>（D） | 工业占比<br>C/D |
| 1892—1896 年 | 5.43 | 1.88 | 34.7 | 1.76 | 0.676 | 55.5 |
| 1897—1091 年 | 9.41 | 4.09 | 43.5 | 4.70 | 2.142 | 62.6 |
| 1902—1906 年 | 7.10 | 2.99 | 42.1 | 3.69 | 2.483 | 67.3 |
| 1907—1911 年 | 14.44 | 6.05 | 41.9 | 6.16 | 4.108 | 66.7 |

资料来源：［英］彼得·马赛厄斯、M. M. 波斯坦主编：《剑桥欧洲经济史》第 7 卷上册，徐强、李军、马宏生译，经济科学出版社 2004 年版，第 347 页。

整体上看，法国并不缺乏资本。到 19 世纪末，法国对外投资达到 270 亿—280 亿法郎，是本国投资的 3 倍。[④] 法国积累的大量剩余资本，以借贷方式输出国外，到 1900 年，国外投资增加到 300 亿法郎，1914 年增至

---

[①] ［英］彼得·马赛厄斯、M. M. 波斯坦主编：《剑桥欧洲经济史》第 7 卷上册，徐强、李军、马宏生译，经济科学出版社 2004 年版，第 348 页。

[②] ［英］彼得·马赛厄斯、M. M. 波斯坦主编：《剑桥欧洲经济史》第 7 卷上册，徐强、李军、马宏生译，经济科学出版社 2004 年版，第 344 页。

[③] ［英］彼得·马赛厄斯、M. M. 波斯坦主编：《剑桥欧洲经济史》第 7 卷上册，徐强、李军、马宏生译，经济科学出版社 2004 年版，第 465 页。

[④] 张芝联主编：《法国通史》，北京大学出版社 2009 年版，430 页。

600 亿法郎。[1] 从工业成长分析，主要是缺乏对资本的需求。工业企业更愿意用自己的利润积累来进行再投资，投资者更偏向于投资债券以获得稳定利息。二者导致了法国工业企业在公共资本市场融资进展缓慢。对此，洛德·弗朗评价道："就我们目前所了解的情况来看，法国企业没有受到融资问题导致的资源缺乏的束缚。如果说法国工业发展受到了什么限制的话，融资问题不是这种限制产生的原因。"[2]

# 第五节　19 世纪的国债

### 一　从第一帝国到第二帝国时期

法国的国债，经过长期演变和发展，到 19 世纪，形成了以下四类主要品种。

第一类是永续债（法国的统一公债），即永久性年金。这种年金，政府必须持续支付利息，无须偿还本金。如果政府需要结清本金结束债务，债权人必须接受。永续债和英国的统一公债相同。第二类是分期偿还债务。政府除了定期支付利息之外，同时定期支付本金，本金偿付完毕，则债务结清。第三类是短期债务，通常是国库券。第四类是人寿型年金债券。即受益人去世，则年金支付终止。这种债券来源于退伍军人的抚恤金和退休公职人员的退休金。法国在拿破仑时代，很少发行国债。拿破仑解决战争经费的主要办法是征收战败国的赔款。曾经发行过较少的国债，目的只是平衡短期债务。到 1812 年，法国的财政一直维持了平衡。远征俄国失败后，法国国债公信力下降，到 1814 年，年利率 5% 的永续债价格

---

① 张芝联主编：《法国通史》，北京大学出版社 2009 年版，第 464 页。

② ［英］彼得·马赛厄斯、M. M. 波斯坦主编：《剑桥欧洲经济史》第 7 卷上册，徐强、李军、马宏生译，经济科学出版社 2004 年版，第 465 页。

跌至票面价值的45%。① 19 世纪初，法国的长期国债总额为5000 万法郎，年利率为5%。到1814 年，法国仅永续债总额即为6331 万法郎。② 滑铁卢战役后，第二个《巴黎条约》要求复辟的路易十八偿付7 亿法郎战争赔款。但是，到1816 年，法国的财政赤字为3.8 亿法郎，根本无力支付，只能对外借款。于是，法国通过国际私人银行进行债务融资安排，采用发行债券的方式，筹集战争赔款。1817 年，通过巴林兄弟银行和霍普公司发行了三期债券，总计大约3 亿法郎。这次债券发行也引起了法国银行家和公众的兴趣。紧接着，1818 年5 月，法国政府向国内投资者发行了一期年金债券，年利率5%，债券认购超额10 倍，本金总计达到2 亿法郎。这一年，巴林兄弟银行继续组织了两次年利率为5%的债券发行，本金总额超过1.9 亿法郎。由于有大量伦敦投资人认购债券，因此，也使一部分法国赔款回流，还扩大了英国投资人的视野，将对外放债作为一种投资选择。③ 1821 年，发行了一笔年利率为5%的959 万法郎国债，主要由霍普公司等大型机构认购。1823 年7 月，发行了另一笔年利率为5%的债券，额度2311 万法郎，由罗斯柴尔德公司负责发行。自此，一直到第二帝国时期，罗斯柴尔德家族垄断了法国长期国债的发行。④ 到1823 年，年利率为5%的债券价格稳定在面值左右，因此，这类国债也成为有产阶级普遍的投资产品。以大型私人银行或财团为主的机构组成发行辛迪加。在债券发行时，发挥了与财政部、银行或企业相同的作用，促成了更大规模的销

① ［日］富田俊基：《国债的历史：凝结在利率中的过去和未来》，彭曦、顾长江、曹雅洁、韩秋燕、王辉译，南京大学出版社2011 年版，第140 页。

② E. Vidal, *The History and Methods of the Paris Bourse*, Washington：Government Printing Office，1910，p. 171.

③ ［美］查尔斯·P. 金德尔伯格：《西欧金融史》，徐子健、何建雄、朱忠译，中国金融出版社2007 年版，第234 页。

④ E. Vidal, *The History and Methods of the Paris Bourse*, Washington：Government Printing Office，1910，p. 173.

售。法国人也逐渐开始将债券视为一种可以选择的投资对象，而不是只投资土地或房产。复辟王朝和七月王朝时期，国债增幅相对缓慢。1830 年 7 月，永续债为 2.02 亿法郎。1848 年革命时期，永续债约为 2.44 亿法郎。到了第二帝国时期，国债的公开发行和认购才真正发展起来，国债增幅加快。拿破仑三世着意推进普通大众对国债的认购，他认为大众的认购实力应该比银行家更强大。1851 年，永续债为 2.42 亿法郎，到帝国结束之际，永续债增长到 4.03 亿法郎。[①] 第二帝国是法国国债市场快速发展的时期。

## 二 第三共和国时期

第三共和国时期重要的公债发行恐怕就是普法战争赔款融资了。1870 年，普法战争爆发，开战不到两个月，法国在色当战役中大败，拿破仑三世向普军投降。法兰西第二帝国随之垮台。第三国共和国成立后，继续同普鲁士交战，最终于 1871 年 1 月签署投降协议。2 月 26 日，协议的赔偿数额确定为 50 亿法郎。5 月签署《法兰克福合约》后，法国政府开始支付战争赔款。协议签署后的 30 天内支付 5 亿法郎。1871 年的剩余时间再支付 10 亿法郎，1872 年 5 月支付 5 亿法郎。1873 年、1874 年、1875 年 3 月 1 日前各支付 10 亿法郎。面对如此庞大的债务，第三共和国的梯也尔政府开始发行专门用于偿付赔款的公债，史称"梯也尔公债"。一共发行了两笔。公债发行之顺利超出了人们的想象。在偿付了 1871 年的首付款后，梯也尔政府准备发行第一笔公债，支付 1871 年年底到期的 10 亿法郎赔款。6 月 6 日，财政部宣布发行年利率为 5% 的 25 亿法郎公债，发行价格为 82.5 法郎。梯也尔对面向公众筹集资金的计划并不完全乐观，预期

---

① E. Vidal, *The History and Methods of the Paris Bourse*, Washington：Government Printing Office，1910，p. 171.

只能筹集到 10 亿法郎，另外向银行借款 10 亿法郎。6 月 25 日认购开始，第一天仅巴黎地区的认购额就达到 25 亿法郎。第二天，巴黎以外地区的认购额为 12.5 亿法郎。由于法国政府在国外也刊登了公债广告，国外的认购额达到了 11.35 亿法郎。总认购额接近 49 亿法郎，远远超过融资需求。由于债券在资本市场受到追捧，因此，7 月债券价格上升到 86.25 法郎，10 月底涨到 94.95 法郎，第一笔公债发行圆满成功。债券的初期购买者和投机者从中获得了很大利润。1872 年 7 月，梯也尔政府开始第二笔战争赔款公债发行，计划筹款 30 亿法郎，认购分为 5 期，自 9 月 1 日起开始，每月一期。另外，增加 5 亿法郎用于发行费用和折扣弥补。公债年利率仍为 5%，发行价为 84.50 法郎。第二次的认购热情和规模超过第一次认购。在巴黎和其他 9 个发行点，认购额超过了 12 倍。在国外的认购规模也很大，1873 年，在柏林和德国北部的认购额达到 45 亿法郎。认购方基本是大型银行和财团，单笔认购金额大部分为 1000 万法郎到 5000万法郎。法国的罗斯柴尔家族在这次公债发行中再次表现出强大实力。不仅获得了公债的承销费，法国政府还额外给予罗斯柴尔德银行 2500 万法郎，以安排在筹集的资金当中能够包含 7 亿法郎的德国外汇，以便向德国支付赔款。第二笔公债发行由于获得超额认购，第一期筹款金额就达到11 亿法郎。[①] 梯也尔债券的成功发行对法国银行业的投资业务产生很大影响。这些银行通过承销、投资公债获得可观利润，于是很多银行把业务方向从工业贷款转向证券投资。第三共和国时期的战争赔款公债，充分体现出法国资本市场经过大半个世纪的持续培育和发展，无论从规模、技术和机构角度看，已经成为一个发达和国际化的资本市场，巴黎成为仅次于伦敦的世界第二大金融中心。

---

① ［美］查尔斯·P.金德尔伯格：《西欧金融史》，徐子健、何建雄、朱忠译，中国金融出版社 2007 年版，第 256—262 页。

除了国债之外，法国还有省和市镇发行的公债，规模也很大。1869年11月30日，在巴黎证券交易所上市的省和市镇债券总计有14支，市值总额超过8亿法郎。到1909年，上市的省和市镇债券达到了58支，市值总额达到23亿法郎。[①] 这一年，法国国债中的永续债总额为6.58亿法郎，年利率为3%。另外，还有分期偿付债务约为1.08亿法郎。[②] 从第二帝国到20世纪初，法国的永续债增长相对缓慢，增长幅度远远低于短期债券和地方债券。

# 第六节　法兰西银行

## 一　早期的发行银行

作为西方国家成立较早的中央银行，法兰西银行在世界金融史上占有重要地位。从19世纪到20世纪初，在国际影响力上，法兰西银行仅次于英格兰银行。无论是在货币发行，还是在给法国政府提供资金支持方面，法兰西银行都发挥了不可替代的重大作用。

法兰西银行成立之前，法国先后出现了几家规模较大的发行银行。有的银行后来被关闭，有的则成为未来法兰西银行的组成部分之一。这些银行的出现，为法兰西银行的建立积累了经验。18世纪20年代约翰·劳财政金融改革失败，由于银行倒闭造成的巨大灾难，法国银行业停滞了半个多世纪，甚至不能提起"银行"这个词。直到1776年，一名叫伊萨克·潘乔德的瑞士银行家建立了"贴现银行"（Caisse d'Escompte）。这家银

---

① E. Vidal, *The History and Methods of the Paris Bourse*, Washington：Government Printing Office，1910，p. 174.

② E. Vidal, *The History and Methods of the Paris Bourse*, Washington：Government Printing Office，1910，p. 171.

行采取有限合伙制，开展贴现业务，还可以发行银行券。银行业务的顺利
发展立即引起了政府高官的注意，财政总审计长（Comptrollers of Finance）
德奥米松和财政大臣卡隆都曾从银行借钱。[1] 1783 年，贴现银行的银行券
流通量达到 7000 万利弗尔，1787 年达到 1 亿利弗尔。银行与政府的关系
变得越来越密切，几乎成为政府财政部门的一个分支机构。贴现银行也确
实曾向政府提出申请，由政府接管银行业务，并向财政部提供了银行的资
产和负债报告。政府要求银行进行改组，并向国王贷款 1 亿利弗尔，作为
特许权延长 30 年的条件。银行被迫同意，但由此失去了外界对该行银行
券的信任。大革命开始后，乾坤倒转。作为旧制度的组成部分，1793 年
贴现银行被关闭。另外可能的原因是，贴现银行发行的银行券被认为对
1791 年革命政府发行的指券造成了影响。

由于指券快速贬值，到 1795 年即被废止，而贴现银行已经被关闭并
进入清算程序，市场上流通的铸币稀缺，严重缺乏支付媒介。1796 年 6
月 20 日，另一家贴现银行在巴黎成立（Caisse des Comptes Courants），名
为库兰特贴现银行。银行的资本总额为 500 万法郎，分为 1000 股，1 股
面值 5000 法郎，主要由一些巴黎的银行家成立，其中的几位发起人早前
就在潘乔德的贴现银行工作。同之前的贴现银行一样，之所以也称为
"Caisse"，就是想避开"银行"这个字眼，以免引起公众的不安。库兰特
贴现银行不仅发行银行券，也进行票据贴现业务。它的最长贴现周期为
90 天，需要 3 个签名。银行券发行量后来达到了 2000 万法郎，而且只发
行面额 1000 法郎和 500 法郎的银行券，主要用作大额支付。1797 年 11
月，这家银行遭到抢劫，被盗匪掠去大约 250 万法郎。这个消息传播开
来，引发了一次规模不大的挤兑。好在银行股东及时出面，宣称对银行的

---

[1] Andre Liesse, *Evolution of Credit and Banks of France to the Present Time*, Washington：Government Office，1909，pp. 9 – 10.

业务和安全负责到底，于是挤兑风波很快平息。1797 年，一些商人组织起来，也成立了一家贴现银行，这些人的目的并不是从银行的经营中获得盈利，而是希望为开展各自的业务提供银行便利。这家银行称为"商业贴现银行"（Caisse d'Escompte du Commerce）。银行的名义资本总额为 2400 万法郎，分为 2400 股，1 股面值 1 万法郎。股东不需要一次性缴清，前期总计只投入了不到四分之一的资本，即不到 600 万法郎，这个金额足以支持银行的早期运营了。董事会的构成比较多元化，包括杂货店主、缝纫用品店主、布料商人、丝绸商人等。银行的运营还不错，发行的银行券数量维持在 2000 万法郎以内。除了这几家比较大的发行银行外，1800 年在巴黎还有一家发行银行成立，这家银行一般被称为"让巴克银行"，不同的是它不仅发行面额为 1000 法郎、500 法郎的银行券，还发行面额为 250 法郎的银行券。让巴克银行开展票据贴现业务，而且采取见票即付的政策。另外还有一家在鲁昂的贴现银行，也发行银行券和开展贴现业务，业务模式相对激进。银行贴现票据一般只要求两个签名（通行的做法是 3 个签名），最长的可贴现票据周期是 180 天。另外，它还发行了面额仅为 100 法郎的银行券，这种面额的银行券在巴黎是见不到的。

### 二 法兰西银行的成立

贴现银行的经营相对比较成功，给执政府的第一执政拿破仑留下了深刻印象。面对持续的大额资金需要，拿破仑需要一家自己可以控制的银行为政府提供服务，尤其是获取融资便利。建立法兰西银行，被历史学家认为与民法典、政教协定、荣誉勋位一样，是拿破仑的重要成就之一。

1799 年，拿破仑成为执政府第一执政后，革命时期发行的指券引起的疯狂通货膨胀令他印象深刻，他对所谓的理财家们十分不信任。看到英国引以为荣的巨额国债和银行券，他又感到英国的财富也非常脆弱，并且难以为继。他逐渐形成了自己的财政金融理念,反对纸币和政府债券,也反对投机和自由市场。他依靠战场上的一系列胜利来为自己筹集经费,渡过难关。但是,对于治理欧洲大陆第一强国,这远远不够。在拿破仑执政初期,由于政府的信用已经降至冰点,依靠银行融资难上加难。据一位当年接近拿破仑执政圈子的官员回忆,在法兰西银行成立之前,政府从银行获得贷款的成本很高,有时月利率就达到3%。这显示出金融界对政府的信心已经低落到何种地步。拿破仑需要一家受自己控制的银行,可以方便地以优惠利率为政府提供贷款。于是,他开始为此采取具体行动。他很有可能经常向一些围绕在他身边的银行家提起过关于银行和融资方面的想法,在这些银行家中,包括了库兰特贴现银行的董事。银行家们对拿破仑的想法也是心领神会,在1799年年底或1800年年初的时候,他们拟订了成立一家新银行的方案,而且新银行将合并现有的库兰特贴现银行。筹建中的新银行很快选举了董事会,1800年1月6日,董事会将这个方案提交给财政部。方案的具体内容是:建立名为法兰西银行的发行银行,资本总额为3000万法郎,从事票据贴现和流通、银行券业务,以及黄金和白银业务。3000万法郎的资本分为3万股,1股1000法郎。方案建议成立储蓄与投资部,可以吸收存款,并对存款支付5%的利息(后来利率降至4%,这个部门存续到1808年后撤销)。为了促成银行尽快成立,1月18日,库兰特贴现银行召开股东大会,宣布解散,银行整体并入拟成立的法兰西银行。① 也就在这一天,执政府发布一项敕令,由财政部给未来的法兰西银行出租一处办公场所,作为其总部所在地。就这样,法兰西银行成立了。这也显现出,从一开始法兰西银行就和政府存在的紧密关系。

法兰西银行的股东大会由200名最大的股东构成,代表所有股东。董

---

① Andre Liesse, *Evolution of Credit and Banks of France to the Present Time*, Washington: Government Printing Office, 1909, pp. 18 – 19.

事会由 15 名成员构成，其中由 3 名董事成立一个管理委员会负责银行的直接管理。日常监管则由一个名为审查委员会的机构负责，该委员会也由 3 名成员组成。由于资本额度很大，因此，银行股票的发行并不十分容易。1800 年，总计发行了 7447 股，这还包括了合并库兰特贴现银行形成的股份。法兰西银行早期的私人股东名单一定使外界受到了极大震动，名单中包括：第一执政波拿巴·拿破仑、第一执政的兄长约瑟夫·波拿巴、拿破仑的著名将军缪拉（也是拿破仑的妹夫及以后的那不勒斯国王），还有拿破仑的副官杜洛克以及勒马华将军、国会议员等。这些人都是拿破仑最核心圈子里的人物，也显示出拿破仑决定要将法兰西银行从成立之日起即掌握在自己手中。根据 1800 年 7 月的一项法令，法国政府在法兰西银行存入 500 万法郎，同时，在股东名册上登记法国减债基金为股东，持有法兰西银行股票 5000 股，占股本总额的六分之一。政府希望法兰西银行对政府的投资支持进行回报，因此，政府的一项法令明确规定，法兰西银行必须向政府提供贷款。但是，在出资的份额上，政府对这笔投资并未过于关注，也许还有资金需求方面的原因，1801—1802 年两年间，政府卖掉 4500 股，仅剩 500 股。除了合并库兰特贴现银行外，拿破仑还意欲由法兰西银行合并商业贴现银行，但后者并不乐意。经过反复谈判无果后，政府干脆关闭了商业贴现银行的大门。1803 年 8 月 25 日，双方最终达成了合并协议。①

### 三　法兰西银行与政府融资及危机应对

（一）第一帝国时期

1803 年 4 月 14 日，执政府发布了关于法兰西银行的一项新法规，进

---

① Andre Liesse，*Evolution of Credit and Banks of France to the Present Time*，Washington：Government Printing Office，1909，pp. 20 - 24.

一步明确了法兰西银行的地位。法令规定，法兰西银行拥有银行券发行垄断权。在巴黎，其他已经发行了银行券的银行，要在 6 月内全部收回和退出流通，且不能再发行新的银行券。在各地成立新的银行，必须获得政府的批准。从 1803 年 9 月算起，法令将法兰西银行的特许权确定为 15 年。法兰西银行将资本增加到 4500 万法郎，年度分红比例确定为 6%。法兰西银行对政府支持的回报也不吝啬。从银行成立到 1804 年，银行为政府提供了 7220 万法郎的贷款，票据贴现量则是这个金额的 3 倍。1804 年，法兰西银行的银行券流通量为 8000 万法郎，同时，银行持有的铸币储备为 2400 万法郎。[①] 1806 年 4 月 22 日，新的一项法令取消了原来的 3 人管理委员会，设立 1 名行长和 2 名副行长，由政府提名，负责日常运营和管理。特许权延长至 25 年。年度分红不得超过 6%，三分之二用作红利分配，三分之一留作银行储备。拿破仑的想法是，通过控制银行负责人进而控制银行。银行虽然是私人资本出资，但必须是政府的银行。这项法令颁行还不到两年，从德意志征战回来的拿破仑，了解到此前在法兰西银行发生了一次小规模硬币挤兑，立即产生了警觉，再次强化了对银行的控制。1808 年 1 月 16 日的一项政令确认了 1806 年的法律，并要求法兰西银行创设地区分行。这样，到当年 6 月 24 日，建立了里昂和鲁昂的分行，1810 年 5 月，建立了里尔分行。里尔分行运营不佳，到 1813 年就关闭了。里昂和鲁昂分行的运营还不错，通过总行发行银行券，也贴现票据，贴现率通常为 4%，低于巴黎的水平。但是到第一帝国结束后，这两家分行也关闭了。1806 年的法律规定和 1808 年的政令，实际上将法兰西银行与政府更紧密地联系在一起。拿破仑经常说法兰西银行是"他的银行"，由此可见一斑。第一帝国时期，法兰西银行的主要客户就是财政部。1811 年，

---

① Andre Liesse, *Evolution of Credit and Banks of France to the Present Time*, Washington: Government Printing Office, 1909, pp. 27 – 29.

银行贴现的政府票据总额为 1500 万法郎，1812 年，又提供给政府 4000 万法郎贷款。[1] 1813 年，第一帝国开始走下坡路，到这一年银行提供给财政部的贷款总计达到 3.4 亿法郎。另外，法兰西银行还持有 3500 万法郎的政府长期债券。[2]

（二）复辟王朝、"七月王朝"和第二共和国时期

拿破仑下台后，著名银行家雅克·拉菲特任法兰西银行行长。1815 年，他安排法兰西银行向路易十八贷款 570 万法郎。同拿破仑的观点不同，拉菲特主张法兰西银行应该是一家单一的商业银行，不受政府控制，也不享有银行券发行垄断权。因此，这一时期，法兰西银行不反对建立享有银行券发行权的地方银行。[3] 路易十八时期，有几家地方银行建立，分别是：1817 年 5 月建立的鲁昂银行，1818 年 5 月建立的南特银行和同年 11 月建立的波尔多银行。鲁昂银行的初始的资本金规模是 100 万法郎，一直经营到 1848 年。南特银行直到 1822 年才正式开业，初始资本金 60 万法郎。可以吸收存款，并给存款支付利息，也可以发行银行券，在全国范围内贴现票据。波尔多银行的初始资本金规模较大，达到 300 万法郎。经营范围和前两家相同。1818 年，由于要支付给反法同盟战争赔款，包括奥地利、普鲁士和俄国，法兰西银行给政府支付了一大笔贷款，数额不详，但是这一贷款几乎耗尽了法国的铸币储备。法兰西银行的现金储备下降到 3400 万法郎，而银行负债却达到了 1.6 亿法郎。如果出现银行券兑付，后果不堪设想。对此，银行没有停止兑付，并且将贴现票据的周期限

---

[1] Andre Liesse, *Evolution of Credit and Banks of France to the Present Time*, Washington：Government Printing Office，1909，p. 35

[2] Andre Liesse, *Evolution of Credit and Banks of France to the Present Time*, Washington：Government Printing Office，1909，pp. 40 – 41.

[3] ［美］查尔斯·P. 金德尔伯格：《西欧金融史》，徐子健、何建雄、朱忠译，中国金融出版社 2007 年版，第 117—118 页。

定在 45 天以内,以避免提高贴现率。[1] 这一时期,法兰西银行发放了以政府短期证券为抵押的贷款,1834 年 5 月 17 日的一项法令规定,银行以政府债券为抵押发放贷款,可以不要求以债券到期时间为条件。地方发行银行的大量成立给法兰西银行带来重大挑战。由于分行较少,法兰西银行无法在全国范围内获得发行银行券带来的收益。1835 年,马赛银行成立,1836 年,黑尔银行成立,勒阿弗尔银行成立于 1837 年,1838 年还成立了图卢兹银行和奥尔良银行。[2] 法兰西银行渐次失去巴黎以外地区的银行券市场,这是法兰西银行不甘心的。1835 年开始,法兰西银行开始陆续在一些城镇建立分行,力图重新获得银行券的垄断权。1841 年 3 月颁布的一项法律对分行的建立进行了规定:法兰西银行在分行所在地拥有银行券垄断权。分行的董事和督察官由法兰西银行任命,行长由中央政府任命。从 1841 年到 1848 年,法兰西银行一共建立了 15 家分行。1840 年 5 月 21 日的法令,特许权延长到 1867 年 12 月 31 日。分行的建立,有利于法兰西银行推广自己的银行券业务。

1845—1846 年,法国出现了经济危机,主要是由马铃薯病导致的农业歉收引发的。危机导致工人工资降低,购买力锐减,同时市场资金紧张,信贷不足。1846 年,财政赤字达到 2.58 亿法郎。1846 年春季开始,法国进口大量农作物以应对国内农业歉收。对危机的到来,法兰西银行起初没有及时进行政策调整。农作物进口导致银行的铸币储备大幅下降。从 1846 年到 1847 年的 1 月,铸币储备减少了 1.73 亿法郎,仅 1846 年的最后两个月就消耗近 1 亿法郎储备。面对储备的迅速下降,银行不得不采取

---

[1]　Andre Liesse, *Evolution of Credit and Banks of France to the Present Time*, Washington: Government Printing Office, 1909, pp. 42 – 45.

[2]　[美] 查尔斯·P. 金德尔伯格:《西欧金融史》,徐子健、何建雄、朱忠译,中国金融出版社 2007 年版,第 119 页。

紧急措施。一方面，以极大代价从各地回收铸币 2000 万法郎；另一方面，卖掉了价值大约 4500 万法郎的政府证券。1847 年，法兰西银行还获得了英国伦敦市场 100 万英镑的贷款。同年，法国从俄罗斯进口了大约 5000 万法郎的粮食，以法国公债券进行了支付，避免了又一次的大额储备溢出。1847 年 1 月 14 日，法兰西银行将贴现率从 4% 提升到 5%，储备逐步恢复。当年 12 月，银行的贴现率恢复到 4% 的水平。整体上，法兰西银行的利率政策稳定了货币市场，促进了经济的逐步恢复。但是，1847 年的经济危机引发了社会危机和政治危机，法国爆发了"二月革命"。"二月革命"推翻了"七月王朝"，建立了共和国。这场革命导致很多私人银行倒闭，为了应对危机，经一些商人申请，1848 年 3 月成立了一家贴现银行，提供工商业贷款，这家银行以后产生了很大影响。危机中，法兰西银行仍将贴现率维持在 4%，从 1848 年 2 月 26 日到 3 月 15 日，不到一个月的时间，法兰西银行总行的票据贴现达到 1.1 亿法郎。为了应急，财政部还从法兰西银行抽走 7700 万法郎的存款。这期间，法兰西银行的各地分行的票据贴现达到 4300 万法郎，不仅如此，分行还贷款给各地政府作为公共应急资金，总计 1100 万法郎。由于大量资金溢出，到 3 月 14 日，法兰西银行的铸币储备从 1.4 亿法郎减少到 7000 万法郎，到 15 日，仅剩 5900 万法郎。基于此，银行向政府提出了几项政策建议。一是法兰西银行发行的银行券成为法定货币，中止铸币兑换，以避免储备的进一步减少。二是将银行券的最小面额确定为 100 法郎，以应对各种小额交易需要。同期，法国一些地方银行的银行券已经出现了 25—50 法郎的小面额。① 三是建议将银行券的发行上限提升到 3.5 亿法郎，以增强法兰西银行应对危机的能力。法兰西银行的这些建议获得政府同意并得以实施。另

---

① Andre Liesse，*Evolution of Credit and Banks of France to the Present Time*，Washington：Government Printing Office，1909，p. 60.

外，法兰西银行还给予政府和机构大量贷款。3 月 31 日，以国库券为抵押，提供给政府 5000 万法郎无息贷款；5 月 5 日，以政府证券为抵押给予"存款和托付银行"3000 万法郎贷款；6 月 3 日，再次给予国家 5000 万法郎贷款；7 月 24 日，认购了 2200 万法郎政府债务，同日，巴黎市、里昂市和塞纳也得到了总计 2000 万法郎的贷款。银行还给一家金属加工厂贷款 3400 万法郎，以支付铁路公司的贷款。[①] 这期间戏剧化的一幕是，看到法兰西银行申请其银行券成为法定货币，地方银行也沉不住气了，于是向当地政府提出了将自己的银行券作为法定货币的申请。这个想法实际上没有可操作性，因为他们的银行券都只能在当地流通，不具有在全国范围内流通和兑换的能力。地方银行这个天真的想法反而引发了共和国政府和法兰西银行对银行券问题的关注。于是，1848 年，在政府的推动下，法兰西银行很快合并了 9 家地方发行银行，分别是：鲁昂银行、里昂银行、阿弗尔银行、里尔银行、奥尔良银行、图卢兹银行、马赛银行、南特银行和波尔多银行。这 9 家银行的资本总额为 2335 万法郎，合并后法兰西银行的资本实力进一步增强。自此之后，法兰西银行成为法国唯一的发行银行。[②]

半个世纪以来，经过多次危机的洗礼，面对复杂的经济和政治局面，法兰西银行已经可以从容应对了，并逐渐从一家"银行的银行"转变为"国家的银行"。随着对政府的持续贷款支持，银行特许权的延长也就顺理成章。1852 年 3 月 3 日，新法令将法兰西银行的特许权延长至 1867 年（1840 年时"七月王朝"已经延长，第二共和国重新进行了特

---

① Andre Liesse, *Evolution of Credit and Banks of France to the Present Time*, Washington：Government Printing Office，1909，p. 84.

② Andre Liesse, *Evolution of Credit and Banks of France to the Present Time*, Washington：Government Printing Office，1909，pp. 63 – 65.

许安排）。[1]

### （三）第二帝国时期

1852 年 12 月，拿破仑三世发动政变，第二帝国建立，帝国奉行积极的外交政策。1854 年 3 月，为了支持奥斯曼帝国与俄罗斯的战争，法国与英国一道共同对俄罗斯宣战，克里米亚战争爆发。战争最终以英法的胜利告终，法国重新获得了欧洲大陆的优势。克里米亚战争由于耗资巨大，伤亡惨重，被史学家认为是第一次世界大战的预演。战争虽然于 1855 年结束，但对法国资本市场和货币市场的影响则持续到 1856 年。19 世纪 50 年代中期，正是法国建筑业、工商业快速发展的时期，克里米亚战争极大地消耗了法国的经济资源，战争的巨大开支使政府不得不进行巨额贷款，总额达到 1.54 亿法郎。战争开始后，法兰西银行将贴现率提高到 5%，随后又提升至 6%。但是，银行的铸币储备仍然下降到 2.11 亿法郎，较之 1853 年的平均储备水平下降近 55%；到 1855 年 10 月，票据贴现量增加到 4.8 亿法郎，是 1854 年同期的两倍。银行还将票据贴现周期延长到 75 天，1856 年又延长到 90 天，贴现率则降低到 5%。克里米亚战争军费支出总计大约为 8 亿法郎，到 1856 年，法兰西银行的铸币储备减少到 1.64 亿法郎，贴现总量上升到 5.2 亿法郎。加上一些其他原因，这场战争导致大约 10 亿法郎流出法国。由于法兰西银行的有力支持和妥善的政策安排，法国筹集军费并没有遇到太多困难。法兰西银行在战争期间的表现使拿破仑三世对其刮目相看，回报也是巨大的。1857 年 6 月 9 日，距银行特许权到期还有 10 年，第二帝国便通过一项法案，将法兰西银行的特许权延长至 1897 年 12 月 31 日，这是法兰西银行成立以来获得最长的一次特许周期。法案允许法兰西银行发行 91250 股新股，将现有股本规模

---

[1] Andre Liesse, *Evolution of Credit and Banks of France to the Present Time*, Washington：Government Printing Office, 1909, p. 86.

扩大 1 倍，新股面向原有股东进行增发。这样，银行的资本规模达到 1 亿 8250 万法郎。鉴于法国政府的高额财政赤字，新增股本后的法兰西银行随后购买了 1 亿法郎的国库券，年利率为 3%，政府用这笔钱来平衡财政赤字。法案授权法兰西银行可以发行面额为 50 法郎的纸币。长期意义上看，由于比小额硬币更利于携带和使用，小面额纸币必将在流通领域逐步替代硬币。另外，法案还规定，根据形势需要，银行享有提高利率的权利，但是最高利率不得超过 6%。① 在这项权力上，法兰西银行具有排他权。加上 1848 年获得银行券发行垄断权，意味着法兰西银行已经成为真正的中央银行。

　　1857 年和 1866 年经济危机并未对法国造成显著影响。这一时期，最重要的事件就是普法战争，战争导致第二帝国垮台。虽然法国战败，但作为中央银行的法兰西银行在战争融资和赔款安排中功不可没。1870 年 7 月 19 日，法国对普鲁士宣战。战争爆发的前一天，即 7 月 18 日，政府即从法兰西银行借款 5000 万法郎。8 月 12 日，政府推出一项法令，规定法兰西银行的银行券是法定和强制性货币，债权人必须无条件接受银行券的支付。银行券的发行上限提升到 18 亿法郎，并允许发行面额 25 法郎的银行券以应对小额交易需求。但是，到 8 月 14 日，银行券的发行量就已达到 24 亿法郎，超过法定发行上限 6 亿法郎。由于帝国政府很快倒台，法兰西银行随之立即服务于新成立的第三共和国。无论是在巴黎还是在其他地区，给予政府大量的资金支持。具体金额如表 3 - 2 所示。

---

① Andre Liesse, *Evolution of Credit and Banks of France to the Present Time*, Washington: Government Printing Office, 1909, pp. 88 - 89.

表 3 - 2            普法战争法兰西银行贷款金额          （单位：法郎）

| 年份 | 时间 | 金额 |
|---|---|---|
| 1870 年 | 7 月 18 日 | 5000 万 |
| | 8 月 18 日 | 5000 万 |
| | 8 月 19 日 | 4000 万 |
| | 9 月 24 日 | 7500 万 |
| | 12 月 5 日（巴黎） | 1 亿 |
| | 12 月 5 日（图尔） | 1 亿 |
| 1871 年 | 1 月 11 日 | 4 亿 |
| | 3 月 13 日 | 5000 万 |
| | 4 月 15 日 | 7500 万 |
| | 5 月 17 日 | 1.5 亿 |
| | 5 月 30 日 | 9000 万 |
| | 6 月 10 日 | 5000 万 |
| | 给梅斯和斯塔拉斯两地 | 3000 万 |
| | 7 月 | 2.1 亿 |
| 总计 | | 14.7 亿 |

资料来源：Andre Liesse，*Evolution of Credit and Banks of France to the Present Time*，Washington：Government Printing Office，1909，p. 139.

这些贷款的利息率起先为 6%，即与当时的贴现率一致。1871 年 1 月 22 日，利息率被重新确定为 3%，贷款以国库券为抵押。另外，1871 年 1 月 28 日签署停战协定后，法兰西银行还给巴黎市政府贷款 2 亿法郎，加上其他一些借出资金，巴黎市总计获得法兰西银行 2.1 亿法郎的借款。最初的计划是在 6 个月内还清贷款，但巴黎市政府不仅没有按期还款，1875 年这些债务还被一笔勾销。1871 年 11 月 29 日的法案授权银行可以发行 5 法郎和 10 法郎面额的纸币。这样，法兰西银行的纸币在小额支付和日常支付领域逐步取代硬币。法国对德国的赔款安排主要是通过两笔梯也尔公债来实现的。德国接受的支付的方式包括黄金、白银和英格兰银行、普鲁士国家银行、荷兰皇家银行、比利时皇家银行的银行券及支票等，起初，关于黄金和白银支付未说明是铸币还是块锭，后来规定必须用铸币。这种情况下，1873 年 5 月法兰西银行又借给政府 1.5 亿金法郎，构成了对德国铸币支付的重要组成部分。对于法兰西银行在整个战争和赔款当中的表现，安德尔·莱斯评价道："事实证明，法兰西银行完全有能力在困难时期发挥应有的作用，高效协助政府完成他们必须面对的极其艰难的任务。"①

（四）第三共和国时期

1.1882 年通用联合银行危机与应对

第三共和国成立后，法国经济进入一个增长缓慢的时期，尤其是 19 世纪 80—90 年代，以 1882 年通用联合银行的倒闭为起点，危机迅速波及其他行业。通用联合银行成立于 1878 年，资本金 2500 万法郎。成立伊始，正赶上股市泡沫形成期。银行意识到，如果要增加资本和分红，就必须维持较高的股价。因此，通用联合银行持续用客户存款购买自己增发的股票，资本规模由此增加到 1 亿法郎。银行还通过在二级市场持续购进自家股票以维持高股价。除了通用联合银行，很多大银行在这一时期都纷纷增发股票，以增加运营资本，同时获得资本利得。1879 年以后，银行业的增发进入一个高峰期，银行股票在证券交易所非常抢手，成为政府证券的有力竞争产品。从 1876 年到 1882 年，这些银行的股票增发总额超过了 9 亿法郎。② 随着增发的持续推进，银行的股票价格也逐渐攀升。到 1882 年 1 月 10 日，通用联合银行的股价达到 3020 法郎的峰值。这样的价格很

---

① Andre Liesse, *Evolution of Credit and Banks of France to the Present Time*, Washington：Government Printing Office，1909，pp. 138 – 140.

② Andre Liesse, *Evolution of Credit and Banks of France to the Present Time*, Washington：Government Printing Office，1909，p. 174.

难维持下去，迟早要进入一个下行通道。果然，1 月 16 日股价下调到
2750 法郎，1 月 18 日下调到 2400 法郎，19 日飞速下跌到 1300 法郎，到
27 日，跌到 900 法郎，28 日股价为 600 法郎，30 日跌到 450 法郎。仅仅
20 天时间，市值蒸发 85%。通用联合银行的股价崩塌导致全国范围内证
券交易所的大股灾。里昂证券交易所的证券经纪人已经无力支付，其中，
14 名经纪人因此欠款 6500 万法郎。巴黎证券交易所的情况更为严重，证
券经纪人的客户欠款达到 1.75 亿法郎。[①] 危急时刻，法兰西银行提供给巴
黎证券交易所 8000 万法郎贷款，给里昂证券交易所 1 亿法郎贷款。同时，
票据贴现量大幅度增加，2 月 2 日一天的贴现额度就达到 16.46 亿法郎。[②]
这次危机带来的全部损失大约在 40 亿法郎。[③] 虽然通用联合银行的危机
最终平息，但是，对法国经济社会的影响却很难立即消除。以 1882 年
危机为起点，法国走上一条长达十几年的缓慢发展之路。通常情况下，
遇到市场危机，法兰西银行按惯例会增加银行券发行，这也是同时代英
格兰银行的做法。这一时期，法兰西银行的银行券数量持续增加，到
1890 年，流通中的银行券总量超过 30 亿法郎。同期，银行的黄金储备
也稳步上升。

2. 1889 年贴现银行危机与应对

正如上文所言，法国贴现银行成立于 1848 年二月革命后。经过多年
发展，贴现银行已经成为法兰西银行之外最有声誉和实力的银行。到 19
世纪 80 年代，它是法国第二大贴现银行，贴现量仅次于法兰西银行。银

---

① E. Vidal, *The History and Methods of the Paris Bourse*, Washington：Government Printing Office，
1910，p. 190.

② Andre Liesse, *Evolution of Credit and Banks of France to the Present Time*, Washington：Govern-
ment Printing Office，1909，p. 176.

③ E. Vidal, *The History and Methods of the Paris Bourse*, Washington：Government Printing Office，
1910，p. 191.

行的存款业务规模很大，每周的存款支付金额达到 4000 万法郎。贴现银行还是法兰西银行与商人、银行家之间的重要业务桥梁。1876 年以后，银行的存款业务快速扩大，到 1878 年，存款总额达到 1 亿法郎，贴现量则从 1874 年的 12 亿法郎增加到 1878 年的 16 亿法郎。银行的业务不仅在国内，还延伸到多个国家。但是，随着业务规模的持续扩大，银行管理层的审慎态度也逐渐出现了变化，这个变化随之给银行带来大灾难。银行有一个名为"金属公司"的大客户，主要从事铜的贸易。贴现银行以其商品为抵押为其提供抵押贷款。有了贴现银行的资金支持，这家公司从铜产品价格上涨中获得了很大收益。于是，公司产生了垄断世界铜价格的想法。公司联络其他主要生产商一起，力图通过控制产量推高价格，从中获得更大利益。这个计划得到了时任贴现银行行长的支持。开始给金属公司贷款时，行长未同银行管理层的其他成员商议，而是个人做出了决定。随着给金属公司的贷款越来越大，他不得不把这个情况通报给管理层其他成员。当他通报情况的时候，金属公司的境况已经到了无法切断资金支持的地步，这意味着贴现银行就此被带入深渊。1888 年，在金属公司的操纵下，铜产量持续增加，价格仍被各个商家维持在高位。由于价格太高，各国的客户都无法接受，拒绝采购。这种情况下，价格崩盘是迟早的事情。到 1889 年年初，价格风险、市场风险已经非常明显了，金属公司倒闭已经不可避免。行长承受不住这样的压力，于当年 3 月自杀，贴现银行的巨大风险就这样暴露出来，引发了 1889 年的市场危机。一旦了解到银行暴露的贷款风险，客户挤兑也就不可避免了。仅仅两天时间，贴现银行的储户和票据持有人就从银行提取了超过 7000 万法郎的资金。面对危机，法国财政部部长鲁维耶要求法兰西银行进行干预。法兰西银行很快组织了一个辛迪加，以商业票据和证券为抵押，提供给贴现银行 1.4 亿法郎贷款，这笔贷款以法兰西银行的银行券支付。[①] 鉴于贴现银行的庞大规模和影响，政府意识到救助是必需的。财政部部长鲁维耶指出，如果贴现银行随着通用联合银行业倒闭了，那整个法国的银行体系也可能会被摧毁。[②] 有了法兰西银行的援助，市场情绪也就逐渐恢复平静，挤兑危机也被平息。由于贴现银行自身的资产质量很好，因此未出现其他风险。在对贴现银行的清算中，发现其资产完全可以覆盖负债，包括对法兰西银行的援助贷款。而且，经过对资产负债数据的统计，发现资本金还是足额的。1889年5月，在原来资产的基础上，新的贴现银行成立。[③] 这次危机中，法兰西银行作为中央银行，迅速有力介入危机处理，发挥了最后贷款人作用，对于危机解除和市场的恢复产生了关键影响。

从成立到19世纪末20世纪初，法兰西银行经过一个世纪的历练，成为一家真正意义上的中央银行。同英格兰银行一样，法兰西银行也是一家独立的股份制银行，但从成立之日起，它就被赋予了极其特殊和重大的责任。无论是发行银行券，还是在金融危机时的出手相助，法兰西银行很少有过犹豫不决，这主要源自它和政府的紧密关系。法国政府是一个事务主导型政府，关注控制与集中，这是法国长期以来的执政传统。无论是在王朝时期，还是在共和国时期，都是如此。法国政府的治理风格，也就影响法兰西银行在处理和面对危机时的表现，这一点和英国、美国都大为不同。法兰西银行作为最后贷款人，在金融危机时刻表现出的熟练和专业，得到了国际上的广泛认同。法国拥有一家中央银行履行最后贷款人职责，

---

① Maurice Patron, *The Bank of France in Its Relation to National and International Credit*, Washington: Government Printing Office, 1910, pp. 47 – 48.

② ［美］查尔斯·P. 金德尔伯格：《西欧金融史》，徐子健、何建雄、朱忠译，中国金融出版社2007年版，第127页。

③ Andre Liesse, *Evolution of Credit and Banks of France to the Present Time*, Washington: Government Printing Office, 1909, pp. 185 – 186.

为法国资本市场在 19 世纪及以后的稳定发展创造了重要条件。

# 第七节　证券交易所

### 一　证券交易所的历史演变

法国的交易所最早出现在里昂，其实就是比较大的交易集市。1549 年 7 月迁到了图卢兹，亨利二世时期迁到了鲁昂，以后又迁移到波尔多。当时很多城市都有市场，市场名称往往来源于通向市场的街道。巴黎的交易所则可追溯到菲利普四世时期，几个世纪以来，巴黎交易所的地点反复变动。到 1826 年 11 月 6 日，交易所最新的地点固定下来。1901 年进行了扩大改造，1903 年，新的交易大厅正式启用。[①]

巴黎交易所既是进行商品交易的场所，也是进行证券交易的场所。从商品角度而言，可以称为巴黎商品交易所。从证券角度而言，称为巴黎证券交易所。交易所内，无论是商品交易，还是证券交易，交易权限都被经纪人垄断。商品交易有商品经纪人，证券交易有证券经纪人，非经纪人不能进行上述交易。法国的证券经纪人制度是法国证券史上非常重要的制度，也是巴黎证券交易所的主要特征之一。巴黎交易所的交易由经纪人垄断由来已久。1572 年 6 月，查理九世对从事商品经纪业务的人设置了经纪人岗位，法令要求所有正在从事经纪业务的经纪人，必须获得经纪人委员会的许可。也就是从这个时候起，法国建立了各种委员会，包括司法委员会、财务委员会、战争委员会等。委员会的职位可以售卖，构成王室的收入之一。1595 年，亨利四世更新法令，新法令规定，如果没有委员会的许可，任何人都不得从事经纪业务，委员会成员由国王任命。这项法令

---

① E. Vidal, *The History and Methods of the Paris Bourse*, Washington：Government Printing Office, 1910，pp. 117 – 119.

实际上将经纪人的许可权力进一步上收到国王手中。1638 年，国王委员会颁布法令，规定经纪人的数量为 30 名。1645 年，新增了 6 名官方委派的经纪人职位。因此，从 16 世纪晚期，巴黎交易所的交易业务都是由经纪人垄断，而经纪人的任命，则受到王室的直接控制。<sup>①</sup> 18 世纪初，法国经历了约翰·劳体系失败带来的震动，证券经纪业务本身受到的打击也很大，因此，18 世纪 20 年代是针对证券交易的一个密集监管时代，监管法令持续出台。1723 年 1 月，王室颁布法令，推出了 60 个出售的证券经纪人职位，不知是无利可图还是认为风险太大，当时竟然没有人购买。这一情况持续近 10 年。为了推动证券经纪人岗位的销售，1724 年的法令明确规定了证券经纪人的权利义务以及可交易证券的范围。1726 年的法令进一步细化了可交易证券的种类，具体包括印度公司的股票以及其他证券和票据。到了 1733 年，终于有人愿意购买证券经纪人职位，但这 10 年当中的证券交易是如何进行的不得而知。1733 年的法令规定，对于印度公司的股票以及其他证券和票据交易，必须通过两名经纪人进行代理。同时，将经纪人数量削减至 40 名。进入 18 世纪 80 年代，又是一个针对证券交易所和证券经纪人的法令密集出台期。1785 年，即大革命爆发的前 4 年，政府再次颁布了一项针对证券交易所的法令，包括：王室发行的证券和其他公共证券的交易，必须由证券经纪人作为交易中介，否则交易无效；证券交易的议价必须在证券交易所内进行，特定的商品经纪人也可以参与部分证券交易；除了王室证券外，其他证券的价格须在交易所挂牌显示；证券经纪人不得动用个人账户进行王室证券和其他票据的交易，违者取消经纪人资格，并处以 3000 利弗尔的罚款；对王室证券和其他证券，不得进行远期交易或者空头交易；等等。1786 年 3 月 19 日，新的一项法令再度

---

① E. Vidal, *The History and Methods of the Paris Bourse*, Washington：Government Printing Office, 1910，pp. 120 – 123.

将证券经纪人数量增加到 60 人。1787 年国务委员会的法令部分取消了证券经纪人的交易垄断，但仍保留对王室证券、贴现银行（即成立于 1776 年的贴现银行）股票的交易垄断权。1788 年 6 月 10 日，国务委员会再度颁行法令，更新了 1785 年法令中的条款，并同意了证券经纪人声明放弃总额 27 万利弗尔的岗位薪酬的请求。这一时期，政府针对交易所尤其是证券经纪人的管理反反复复，对职位数量和相关权力不时增减，都是为了加强控制，从中获得更多利益。和同时代其他大国相比，法国对证券交易的监管相对较早，而且比较严格，也更多变，荷兰、英国在证券监管方面，既没有这么复杂，也没有这么反复。整个 18 世纪，巴黎交易所上市的证券品种还非常有限，主要是王室证券和其他一些股份公司的股票。王室证券主要包括三个产品，分别是唐蒂年金债券、彩票债券以及交易券。股份公司的股票包括印度公司和贴现银行的股票，还有若干火灾保险公司和其他几家公司的股票。到 1789 年，证券交易所上市的证券数量总计只有 17 支。[①]

大革命爆发后，作为旧制度组成部分的经纪人制度于 1791 年 3 月 17 日被废止，结果出现了前所未有的证券投机。原来的这些证券经纪人随后组织起来，成员有 80 人，组成了一个联合会，以协调与此前非官方经纪人或者新经纪人的关系。在整个大革命期间，法国财政金融管理制度简直如过山车般上下起伏，也如同这一时期的政治走向，经常从一个极端走向另一个极端。正如上文提到，为了筹集资金，1789 年 11 月 21 日，法国发行了 4000 万法郎的指券，以没收的王室和教会土地为担保，支付 5% 的年息。1790 年 4 月 17 日，将利息率降低至 3%。指券发行后立即贬值 2%，当年 9 月，新的法令取消了指券利息。到 1793 年 1 月，指券流通额

---

① E. Vidal, *The History and Methods of the Paris Bourse*, Washington：Government Printing Office，1910，pp. 141-145.

约为 28.26 亿法郎，贬值幅度达到 50%。6 月，指券贬值 64%，仅为面值的 36%。一些人认为巴黎交易所要对物价飞涨、铸币短缺承担责任，因此，6 月 27 日的法令关闭了巴黎交易所。交易所关闭期间，铸币和汇票交易转到了王宫市场。同年 8 月的法令，取缔了所有与公司有关的组织。但是，由于交易所的关闭以及官方经纪人的缺席，证券投机反而迅速加剧。于是，1795 年 8 月 30 日，颁布法令恢复巴黎交易所。法令还规定，黄金和白银的交易必须在巴黎交易所内进行。商品、证券不得进行空头交易。如有违反，处以监禁两年、挂牌示众及没收所有财产的处罚。1795 年 9 月 1 日，巴黎交易所被再度关闭，仅仅 8 天之后又重新开放。这一年的 10 月，政府恢复了经纪人制度，官方经纪人的交易垄断地位得以继续保持。[①]

大革命结束以后，证券交易所和经纪人制度才基本稳定下来。1816—1830 年，交易所的官方经纪人席位价值从 3 万法郎暴涨到 8.5 万法郎。[②] 巴黎证券交易所主要的交易品种是法国及其他国家的国债。到 1866 年的第二帝国时期，法令废除商品经纪人的垄断地位，证券经纪人的垄断地位则继续保持下来。根据 1807 年、1866 年、1872 年、1880 年颁布的各项法令，巴黎证券交易所证券经纪人享有诸多特权，包括：政府证券和其他上市证券的交易排他权；各种票据包括所有商业票据的议价排他权；对上市交易证券的核查；对上市交易贵金属的核查；根据法令，对拟上市交易的年金颁发交易许可证。到第三共和国时期，巴黎证券交易所的证券经纪人为 70 名，由共和国总统依法提名，并受国家财政部

① E. Vidal, *The History and Methods of the Paris Bourse*, Washington: Government Printing Office, 1910, pp. 152 - 156.

② Arthur Louis Dunham, *The Industrial Revolution in France 1815 - 1848*, New York: Expositon Press, 1955, p. 226

管辖。巴黎以外各省的证券经纪人一部分由财政部管辖，还有一部分归商务部管辖。①

波旁王朝以来，巴黎证券交易所一直就是双层交易体系。第一层是正厅，作为证券发行和交易的正式市场，是获得官方许可的证券经纪人才能进行交易的场所；第二层是偏厅，即非正式市场，即由非官方经纪人进行交易的场所。两个交易场所都在巴黎证券交易所内。偏厅的交易品种，主要是未能在正厅获得上市批准的证券。按规定，政府年金的交易场所在正厅，但到后来，偏厅也开展了政府年金的交易。政府和正厅对此也是睁一只眼闭一只眼，但也存在两个交易厅对业务的争夺和矛盾。偏厅的经纪人数量不受限制，只要拥有足够进行证券交易的资本，自身技能获得市场认可，原则上任何人都可以成为非官方经纪人。偏厅自发形成了一个自律机构，这个机构由一定数量的非官方经纪人组成，对新进入者进行资质审核，以便保证其有适当能力可以承担在偏厅的交易活动。由于偏厅交易自由，更具活力，有时候交易额甚至超过正式市场。因为业务存在一定竞争关系，两家交易厅的矛盾持续存在，正厅要求解散偏厅，而偏厅要求废除官方经纪人的垄断地位。1892 年，两家市场达成协议，俄国债券在正厅上市，土耳其、埃及、西班牙、匈牙利、葡萄牙等国的股票在偏厅上市。1898 年通过的一项法令，再一次确定了正厅证券经纪人的垄断地位，同时承认了偏厅作为非正式市场的法律地位，不过法令也限制了偏厅的证券业务。

在 1800 年左右，巴黎证券交易所上市的证券中，主要是年金型国债、法兰西银行的股票以及英国的统一公债等。其中，年金型国债所代表的价值总额大约为 4000 万法郎，其他证券的价值总额大约为 2 亿法郎。到

---

① E. Vidal, *The History and Methods of the Paris Bourse*, Washington：Government Printing Office, 1910，pp. 24 – 25.

1900 年，经过一百年的发展，巴黎已成为世界第二大资本市场，仅次于伦敦。根据 1900 年召开的"国际证券大会"公布的数据，这一年 2 月，在巴黎证券交易所上市的股份公司数量达到 442 家，市值约为 420 亿法郎。上市的政府债券为 203 支，市值约为 560 亿法郎。政府债券（包括国债和地方政府债券）仍然占据交易所证券产品的大部分。1900 年 3 月，在巴黎交易所交易的品种中，远期交易的种类如下：政府证券有 4 支产品，铁路证券有 3 支，矿业公司和其他公司的证券有 47 支。即期交易的种类相对更多，包括了 386 支不同的证券：不同地方政府的证券为 38 支，金矿公司 57 支，其他矿业公司 38 支，铁路和其他交通运输公司 26 支，金属工业 35 支，等等。加上外国上市公司，巴黎证券交易所的上市证券所代表的资本为 1350 亿法郎，其中，800 亿—850 亿法郎是法国本土资本，占比为 59. 27%—62. 96%。[①]

## 二 股份公司的发展及上市

法国在 1807 年就颁布了《商法》，将企业分成了三大类：简单合伙制公司、有限责任合伙公司（有的译为"两合公司"）、股份公司。简单合伙公司的组建没有法律限制，只要求公司向所在地商会的注册机构备份公司章程。从 19 世纪到 20 世纪，简单合伙制公司是法国最为普遍的公司形式，无论是工业、商业还是银行业，尤其是中小企业。有限责任合伙制公司组建不受限制，但必须在管理机构进行注册登记。在注册过程中，需要登记承担公司管理经营任务的董事的名字。这种类型公司的股份可以转让和流通，可以通过增发股份募集资金。很多企业在经历了早期的发展后，当经营规模达到一定程度时，往往会采取这种企业形式，目的就是通过增

---

① E. Vidal, *The History and Methods of the Paris Bourse*, Washington：Government Printing Office, 1910, pp. 164 – 169.

发股份筹集资金，增加公司资本。在法国，股份公司的成立必须获得行政法院的命令状或判决书。成立后，还须向当地的行政官员、法院以及国家行政法院提交每半年度的财务报告。1807 年法规定，股份公司的成立需获得特许，并受政府相关部门周期性的持续监管。19 世纪，大部分企业仍然是有限责任合伙制公司。1804 年曾经只允许一种公司形式存在，即无记名的股份有限公司。1808 年再度恢复有限责任合伙制形式。当时股份有限公司数量非常有限，可能还不到 30 家。从 1826 年到 1838 年，有限责任合伙制形式公司超过了 500 家，总资本为 5.2 亿法郎，包括采矿业、铁路、银行等。① 19 世纪 60 年代以前，政府对股份公司保持着严格的管制。因此，1815—1867 年，新创建的股份公司数量不多，只有 635 家获得了特许，以交通运输公司、保险公司为主。其中，运输公司 194 家，占资本总额的 31%，其中 66% 为铁路公司；保险公司 145 家，占资本总额的 23%。工业股份公司为 135 家，虽然数量很大，但资本总额相对较小。19 世纪上半期，股份公司的资本规模还相对较小，总的来说，每一家的资本总额都不超过 1000 万法郎。② 1867 年的法律为建立股份公司清除了障碍。在第三共和国时期，总共建立了 18.1 万家公司。其中，12 万家为普通合伙制，3.06 万家为有限责任合伙制，股份公司的数量也增加到 3.12 万家。③

整个 19 世纪，证券交易所上市的股份公司中，保险公司和铁路公司一直占据着主要地位，工业股份公司占比较低，这种情况一直到 19 世纪

---

① ［美］查尔斯·P.金德尔伯格：《西欧金融史》，徐子健、何建雄、朱忠译，中国金融出版社 2007 年版，第 220 页。

② ［英］彼得·马赛厄斯、M. M. 波斯坦主编：《剑桥欧洲经济史》第 7 卷上册，徐强、李军、马宏生译，经济科学出版社 2004 年版，第 443—444 页。

③ ［英］彼得·马赛厄斯、M. M. 波斯坦主编：《剑桥欧洲经济史》第 7 卷上册，徐强、李军、马宏生译，经济科学出版社 2004 年版，第 344 页。

末期才有所改变。据统计，到 1830 年，在巴黎证券交易所一共有 7 家保险公司的股票。19 世纪，法国总计成立过 327 家各类保险公司，其中 209 家公司最终停止了运营，资本损失达接近 6.3 亿法郎。到 1900 年，还有 118 家保险公司在运营，资本总额大约为 4.86 亿法郎。根据当时国际统计研究所的数据，截至 1906 年 12 月 31 日，在巴黎证券交易所上市的保险公司，证券市值达到了 46.44 亿法郎。另外，巴黎证券交易所的偏厅也有 7 家保险公司的股票，证券市值达到 5400 万法郎。1837 年，第一家外国铁路公司在巴黎证券交易所上市，起初安排在偏厅，随后升级到正厅。在罗斯柴尔德银行的大力推动下，巴黎证券交易所的投资人对外国铁路公司的股票产生了越来越浓厚的兴趣，越来越多的外国铁路公司在巴黎证券交易所上市，以至于到 1858 年 5 月，政府通过一项法案，制定了一些具体的必需条件，以使这些外国铁路公司的股票可以达到官方证券经纪人认可的上市标准。除了外国铁路公司，巴黎证券交易所还有上市的城市轨道公司。据统计，到 1906 年 12 月 31 日，上市的铁路公司和城市轨道公司总计 71 家，股票总计约 584 万股，资本总额为 201.68 亿法郎。其中，外国铁路公司为 32 家，资本总额为 75.41 亿法郎。[1] 1892 年到 1896 年，法国股份公司的新股发行量为 1.52 亿法郎。从 1911 年到 1913 年，这个数字增加到 9.87 亿法郎。所属行业大部分是铁路和城市运输业。[2]

# 小　结

法国近代资本市场的发展，阶段性非常显著。即从旧制度到大革命是

---

① E. Vidal, *The History and Methods of the Paris Bourse*, Washington：Government Printing Office, 1910, p. 181.

② ［美］查尔斯·P. 金德尔伯格：《西欧金融史》，徐子健、何建雄、朱忠译，中国金融出版社 2007 年版，第 222 页。

一个时期，从大革命到 19 世纪末 20 世纪初是一个时期。旧制度时期，无论是财政管理的体制和效率，还是资本市场的发展，长期停滞不前。早期法国资本市场的演进，与英国一样，是典型的财政需求推动型。财政支出需要国债支持，国债发行和交易流通需要资本市场，这就把政府财政和资本市场紧密联系在了一起。欧洲大陆，近代以来主要是英、法争霸。英国和法国雄踞英吉利海峡两岸，持续争霸几百年。以英、法两国进行比较，可以更清晰地看出双方的发展历程和各自的优劣势。从国债角度言，法国资本市场起源和英国基本在同一时期，甚至还要早于英国。由于国家规模更大，国力更强，法国在财政管理方面尤其是年金国债发行方面，规模也就更大，这一点英国在 17 世纪无法做到。查理一世筹集不到资金，只能发动内战，结果身首异处。法国虽然财政困难，但通过出售官职和发行国债、增税等举措，还能渡过难关，而且在这样的财政体制下又继续 100 多年，这不能不说是法国波旁王朝的成功之处。从另一个角度看，"祸兮福所倚，福兮祸所伏"。英国爆发了终结旧体制的光荣革命，一个具备信用和高效率的国债市场迅速建立起来，对国家财政能力形成巨大支持，尤其在战时。相比之下，18 世纪的法国融资困境持续了 100 年而无法克服，从路易十四到路易十六，历任财政大臣的改革总是无果而终，财政危机引发政治危机，最终爆发大革命。这一个世纪，恰好是英法争霸的一个世纪。战争经费的筹集对双方的财政体制和资本市场都是一个巨大挑战。英法争霸的历次战争，法国最终告败，主要是战争经费短缺导致。也可以说，这是资本市场竞争的失败。1705 年，英国驻都灵的公使理查德·希尔给英国财政大臣戈多尔芬的信中就写道："法国国王的金库已经开始崩溃了。他已经亏空了 2500 万……对于夏米亚尔（战争时期总管理员），爵士阁下，你还是一如既往继续占他的上风一两年，把其余的事情留给马尔伯勒公爵去做就行了。"[1] 英国经光荣革命后，形成一个有效的资本市场，这构成了英国持续战胜法国的资本基础，与之对应的是，财政管理体制尤其是税收、国债管理持续优化提升。达到英国资本市场18世纪的水平，法国要到19世纪后半期了。旧制度下，法国虽然有巨额年金国债，但总是出现债务违约，而且筹资率极低。英国光荣革命恰好早于法国大革命一百年，从功能和效率上讲，法国资本市场也落后英国100年。应该说，法国大革命以后，尤其是进入复辟王朝以后，资本市场的发展才进入一个快速发展阶段。法国大革命虽然是一个里程碑，但大革命时期却是法国资本市场史上最混乱的时期。进入复辟时期和"七月王朝"以后，随着运河热、铁路热的持续进行，证券交易所的产品越来越丰富，不仅有国债，还有保险公司，并逐渐有了运河公司、铁路公司的股票和债券，资本市场才真正发展起来。运河公司、铁路公司的股票最后都在巴黎证券交易所上市交易。交通运输业的投资除了从银行借款，就是在公开市场发行股票。到第二帝国时期，由于政府更加大力发展公共工程，推进经济发展，资本市场进入一个快速发展时期，包括交易规模、产品种类、证券监管等诸多方面。

法国传统上是强政府文化，共和国时代仍然如此，政府习惯对社会经济进行规划、监管，强调集中和控制，这和英美政府显著不同。法国工业革命晚于英国，不能说与此没有关系。当然，近水楼台先得月，法国最早获得英国工业技术以及技术工人的支持，也就成为欧洲大陆最早开始工业革命的国家。法国股份公司的出现和普及相对英国也较晚。一方面，对公司的特许非常严格，拿到特许殊为不易；另一方面，法国工业革命起始阶段，工业企业由于规模小，发起所需资金量少，主要是发起人在亲友圈内

---

① ［英］J. S. 布朗伯利编：《新编剑桥世界近代史》第6卷，中国社会科学院世界历史研究所组译，中国社会科学出版社2018年版，第310页。

筹资。工厂发展到一定规模后，采取利润滚动再投资。因此，工业企业主要通过私人资本市场融资。还有一点是，法国的企业形式，有限合伙制一直占主体，有限合伙制的合伙人只需要对出资承担责任，而且所持份额也可以流通，采取股份公司这样的形式并无太大需要。到20世纪初，在巴黎证券交易所内，工业股份公司在股票总额方面才开始占据更大份额。因此，法国工业融资，从19世纪初到20世纪初，经历了一个由私人资本市场逐渐向公共资本市场转型的过程。在这一点上，法国和英国非常相似。

法国建立了法兰西银行，增强了对国家的金融支持，也进一步强化了对金融市场的干预。由于和政府的渊源，法兰西银行对金融市场的态度与早期的英格兰银行迥然不同。英格兰银行虽然也是股份制银行，但早期和政府的关系显然不及法兰西银行密切，这与两家银行的出身有关。19世纪几次较大的蔓延欧美的金融危机对法国造成的影响整体而言相对较小，这和法兰西银行以及政府的及时干预密不可分。与英国相比，法国中央银行的作用发挥得更为有效，这也可能借鉴了英格兰银行100多年已经总结出的监管经验。拿破仑成立法兰西银行，核心目的就是要把它掌握在自己手中，这个理念也被以后各时期的执政者继承下来。

# 第四章 政党斗争与金融发展

## ——从出生到青涩时代的美国资本市场

## 第一节 金融革命与资本市场

### 一 独立革命时期的经费筹集

1774 年，美国独立革命开始，事实证明这是一个漫长的战争过程，超出此前双方的预想。1776 年北美宣布独立后不久，第二届大陆会议就着手起草全国宪法——《邦联条例》，由于一些州不愿把统治权交给一个全国政府，这个条例直到 1781 年才被 13 个州全体批准。按照条例，成立的邦联实际是一个松散的各州联盟。虽然设立了中央政府，但权力极小，而且没有征税权，征税权保留在各州。作为最高权力机构的大陆会议，只能向各州募集款项。这样的政治体制导致战争经费筹集十分困难。因此，虽然各州征税并将款项上缴，但数额十分有限，对庞大的战争费用简直是杯水车薪。大陆会议只能采取发行纸币和借款的方式筹集经费。

从 1775 年到 1781 年，大陆会议发行的纸币几乎只用来为战争服务。这种纸币被称为"大陆券"，以各州缴纳的税收为兑付保障。由于税收有限，而大陆券发行数量巨大，因此迅速贬值。从 1775 年到 1780 年，总计发行纸币或大陆券约 2.2 亿美元。[①] 1780 年，大陆会议不得不采取措施，用 40 美元的大陆券兑换 1 美元的铸币，以回收旧券。同时发行新的大陆券，这一措施将政府的债务从 2 亿美元减少到 500 万美元。但是，到 1781 年，新大陆券又开始疯狂贬值，这一年年底，100 美元的大陆券只能兑换 1 美元的铸币，财政陷入极度窘迫的状态。由于没有财政收入，加上货币迅速贬值，1780 年大陆会议宣布政府已经破产。[②] 这一时期，不仅大陆会议发行纸币，各州也发行了纸币。其中，仅弗吉尼亚州就发行了约 1.28 亿美元，北卡罗来纳州发行了 3333 万美元，南卡罗来纳州也发行了 3346 万美元。[③] 虽然纸币严重贬值，货币混杂，但也发挥了很大作用，是美国独立战争期间最主要的融资手段。

借款和发行债券则是发行货币以外主要的经费筹集方式。1776 年 10 月，大陆会议发行 500 万美元年利率为 4% 的债券，每个州都设立了公债办公室，统一负责公债的发行和管理。军队的采购部门也是债券发行机构，通过出售债券直接获得物资供应。由于债券发行非常困难，1777 年 2 月，年利率提高到 6%。截至当年 10 月，仅收到 379 万美元。后来获得了法国的贷款，利息有了保障，债券发行才得以继续。最终，发行的债券票面价值总额为 6339 万美元，实际折合铸币仅 768 万美元。[④] 从 1777 年开始，大陆会议还向各州提出借款请求，到 1780 年，借款额度总计为 9500

---

①　［美］詹姆斯·柯比·马丁、兰迪·罗伯茨等：《美国史》上册，范道丰、柏克、曹大鹏、沈愈、杜梦纲译，商务印书馆 2014 年版，第 237 页。

②　Kaplan, E. S., *The Bank of the United States and the American Economy*, Westport：Greenwood Press, 1999, pp. 3 – 4.

③　Dewey, D. R., *Financial History of The United States*, New York：Longmans, Green and Co., 1918, pp. 36 – 37.

④　Dewey, D. R., *Financial History of The United States*, New York：Longmans, Green and Co., 1918, p. 46.

万美元，但只得到各州纸币支付的 5500 万美元，而且纸币贬值十分严重。[1] 不仅大陆会议进行了借款，各州也大量举债，用以军费和日常开支。

此外，大陆会议还把目光投向海外，尤其是法国和荷兰等国。起初战争形势并不明朗，法国对美国的借款十分犹豫，直到 1777 年 10 月萨拉托加大捷后，态度才出现变化。荷兰、西班牙等国也加入了援助队伍，主要是提供贷款。[2] 1776 年，法国给美国提供了 100 万利弗尔的援助。1777 年提供了约合 18 万美元的贷款，随后每年都会贷款。[3] 到战争结束，法国提供给美国的贷款总额为 635 万美元。西班牙提供了约 17.4 万美元的贷款，主要是现金和物资。荷兰提供的援助也主要是贷款，大部分集中在战争后期，到 1783 年，贷款总计为 130 万美元。[4] 这些贷款战后都得到了偿付。

另外，大陆会议通过银行也获得了一些资金支持，但金额不大。1780 年，大陆会议向曾是会议代表的罗伯特·莫里斯求助。莫里斯本人是一个出色的商人，战争期间，他在大西洋两岸的贸易活动中收获颇丰。这一年，莫里斯成立了宾夕法尼亚银行，这是美国第一家银行。为建立这家银行，莫里斯筹集 30 万英镑，大部分是从商业伙伴和亲属那里来的借款，他自己也出资 1 万英镑。银行成立后，为大陆军提供了保障物资供应的资金支持。宾夕法尼亚银行以后被北美银行取代。1781 年 5 月，莫里斯被

---

① Mccraw, T., *The Founders and Finance*, Cambridge: The Belknap Press of Harvard University Press, 2012, p. 66.

② Jensen, M., *The New Nation: A history of the United States during the Confederation, 1781 – 1789*, New York: Alfred A. Knopf, 1967, p. 107.

③ Mccraw, T., *The Founders and Finance*, Cambridge: The Belknap Press of Harvard University Press, 2002, p. 66.

④ Dewey, D. R., *Financial History of The United States*, New York: Longmans, Green and Co., 1918, pp. 46 – 47.

任命为邦联的财政部部长。此前，年轻的亚历山大·汉密尔顿曾写信给他，提出建立国家银行的想法，指出这是解决目前战争经费短缺和防止货币快速贬值的有效方法。[①] 于是，在莫里斯提议下，1781 年 5 月 26 日，北美银行成立，在宾夕法尼亚州和马萨诸塞州获得了特许。从 1781 年到 1784 年，财政部总计从这家银行借款 125 万美元，用于战争经费和政府开支。[②]

到美国独立战争结束，美国的内外借款总额约为 6700 万美元，折合 1780 年的铸币价值约为 1150 万美元。内外借款构成战争总支出的 35%，仅次于纸币发行的 59%。[③] 这些债务由国家偿还还是由各州偿还成为一个问题，影响建国初期金融体系的构建。1787 年制宪会议后，联邦政府的权力得以增强，筹措资金的能力显著改善。到 1789 年 12 月，美国的外债总额为 1171 万美元，其中利息 164 万美元；国内债务为 4041 万美元，其中利息为 1303 万美元，各州的债务总额为 2500 万美元。这样，债务总额达到 7712 万美元。[④] 这种情况下，国会力图解决债务偿还问题，于是，1790 年，以汉密尔顿为首的联邦党人开启了历史上著名的金融革命。

## 二 金融革命与资本市场的初步形成

### （一）金融革命的开始

建国之初的金融革命，是美国金融史上的一件大事。历史上，荷兰、英国、美国等国都发生过金融革命，与战争融资紧密相关。荷兰在尼德兰

---

① Mccraw, T., *The Founders and Finance*, Cambridge：The Belknap Press of Harvard University Press，2002，pp. 61 – 65.

② Dewey, D. R., *Financial History of The United States*, New York：Longmans, Green and Co.，1918，pp. 54 – 56.

③ Kaplan, E. S., *The Bank of the United States and the American Economy*, Westport：Greenwood Press，1999，p. 5.

④ Taylor, G. R. （eds），*Hamilton and the National Debt*, Boston：D. G. Heath and Company，1950，p. 1.

革命时期爆发金融革命，目的是为正在进行的战争筹集经费。英国始于17世纪末期的金融革命，也是为了筹集战争经费。美国金融革命的出现，很大程度上是为了偿付战争期间发生的巨额债务。金融革命是由以汉密尔顿为代表的联邦党人推动的，使刚成立的美利坚合众国迅速建立了现代金融体系。

1787年5月到9月，合众国召开制宪会议，会议的原本目的是修改《邦联条例》，但在麦迪逊、汉密尔顿等人推动下，会议朝着建立一个新的联邦政府的议程进行，最终颁布了人类历史上第一部成文宪法《美利坚合众国宪法》，宪法明确了联邦政府的具体职责，使美国成为一个具有统一中央政权的联邦制国家，结束了此前分散的邦联状态。宪法明确了中央政府的权力，对州政府的一些行为做出禁止性规定。依照宪法第1条第8款，中央政府掌握了征税权力，从而获得了独立的收入来源。依照第1条和第6条，中央政府还掌握了借款及偿还债务的权力，并可以处理邦联时期的债务。这些权力减少了政府偿债的不确定性，有利于改善美国的财政和金融状况，也为建立一个有效的资本市场体系创造了条件。1789年，华盛顿宣誓就职，成为美国第一任总统，随后开始组阁工作。他曾邀请莫里斯出任财政部部长一职，但莫里斯推荐了汉密尔顿。汉密尔顿曾任华盛顿的副官，是华盛顿十分器重的青年政治家。独立革命期间，在军事工作之余，汉密尔顿学习和研究了英国的金融体系和相关金融知识，对英格兰银行在18世纪为英国提供持续的资金支持印象深刻，认为建国后美国也应拥有一家这样的银行，为政府提供金融服务。早在莫里斯任邦联政府的财政部部长期间，汉密尔顿就已经表现出了卓越的金融思想。华盛顿接受了莫里斯的推荐，选任年仅34岁的汉密尔顿为财政部部长，美国历史上著名的金融革命拉开帷幕。

（二）战争借款的偿付与新国债发行

由于新政府拥有征税和发行货币的权力，这就为汉密尔顿的开创性事业创造了条件。汉密尔顿拥有向总统和国会提请报告的权力，可以直接向国会提交议案。1789 年，在汉密尔顿主导下，联邦政府开始实施新的税收政策，主要包括进口关税和船舶吨位税。以后，又开始对国内商品征税，这是对此前进口税的补充。但是，国家的税收体系刚开始建立，因此，税收对政府财政形成的支持十分有限。政府很大程度上仍然依靠国内银行和借款为政府和改革项目提供资金。

1790 年 1 月 9 日，汉密尔顿向国会正式提交了那篇著名的《关于对公共信贷提供支持的报告》，阐述了偿付战争债务、发行新国债的具体计划。主要包括几个方面：一是获得按面值偿付欧洲债权人债务和利息的权力，计划向欧洲债权人再融资 1200 万美元。这个计划已经在协商。二是发行新的国债代替过去的旧债，并以旧债的票面价值兑换新债。另外，由联邦政府承担战争期间各州政府的债务。① 这一方案遭到很多人反对，包括此前的盟友詹姆斯·麦迪逊也站在反对一方，很多人批评这只会让投机者发财致富。经过汉密尔顿多方斡旋，并得到杰斐逊支持后，法案获得通过。外国机构债权人的债务将由新借款按面值偿付，其他债权人以旧债换新债，利息支付略有不同。三分之二的债务按 4% 的年利率自 1792 年开始支付，其余三分之一以 6% 的年利率自 1800 年开始支付。自 1792 年开始，州的债权人持有的新国债，九分之四按 4% 计息，三分之一按 3% 计息，剩余的九分之二自 1800 年开始按 6% 计息。② 据统计，这次新国债发行票面价值高达 6400 万美元。③ 汉密尔顿还建立了偿债基金，基本职能是

---

① Mccraw, T., *The Founders and Finance*, Cambridge：The Belknap Press of Harvard University Press, 2012, pp. 97–99.

② Mccraw, T., *The Founders and Finance*, Cambridge：The Belknap Press of Harvard University Press, 2012, pp. 108–109.

③ ［美］理查德·塞拉：《扭转金融衰退——1789 年以来的政府和金融体系》，载［美］普莱斯·费希拜克等《美国经济史新论——政府与经济》，张燕、郭晨、白玲等译，中信出版社 2003 年版，第 107 页。

偿还国债。偿债基金的来源主要包括以下部分：一是税收，包括进口税、吨位税和消费税等；二是政府在美国第一银行的股权分红；三是偿还银行贷款利息资金的一部分。另外，政府出售西部公共土地收入的一部分也被用来补充偿债基金。① 不过，以后减债基金的作用并不显著，真正发挥作用要到共和党人执政时期。新国债引起了欧洲投资人的广泛兴趣。到1794 年，美国国债已经成为欧洲信用等级最高的证券。后来成为法国外交部部长的塔列朗评价道："（美国债券）十分安全，不会发生变化。美国发展很快，这些债券建立在这样一个稳固的财富基础之上，毫无疑问会得到偿付。"② 1803 年，杰斐逊政府从法国购买了路易斯安那，总计花费了1500 万美元，其中1125 万美元是通过发行债券支付的，这些债券通过船只送到欧洲，英国和荷兰的银行家扣除了佣金之后交付给拿破仑政府。虽然杰斐逊和汉密尔顿存在政治分歧和竞争，但是汉密尔顿建立的金融体系为杰斐逊的这一成就创造了条件。

同期，联邦政府的财政支出持续增加，主要由军费及国债利息构成，这两项费用在1791 年到1800 年这 10 年的大部分时间里各占财政支出的40% 以上。其中，1796 年，财政支出总额为579 万美元，其中利息支出达到324 万美元，占支出总额的56% 。而在1799 年和1800 年连续两年中，包括战争经费和海军经费在内的军费开支连续两年占财政支出的50% 以上。③ 长期国债自 1793 年以后一直保持在 5500 万—6000 万美元，短期国债则从 1793 年长期国债大幅度增加后持续减少，到 1801 年，除了

---

① Dewey, D. R., *Financial History of The United States*, New York：Longmans, Green and Co., 1918, p. 114.

② Gordon, J. S., *Hamilton's Blessing – The Extraordinary Life and Times of Our National Debt*, New York：Walker & Company, 1997, p. 36.

③ Dewey, D. R., *Financial History of The United States*, New York：Longmans, Green and Co., 1918, p. 111.

1796 年和 1797 年分别为 620 万美元和 510 万美元，大部分时间在 200 万美元到 400 万美元的水平。[①] 杰斐逊担任美国总统以后，从 1802 年开始，国债总额开始减少，其间虽有一些反复，整体上持续下降。从 1802 年的 8000 万美元减少到 1812 年的 4520 万美元。[②]

（三）合众国第一银行与政府融资

汉密尔顿的另一个行动就是建立一家国家银行，这是美国金融革命的重要组成部分。第一银行的建立引起了联邦党人和共和党人的激烈冲突。汉密尔顿认为，独立革命期间的一大教训，就是没有国家银行为战争融资。1790 年 12 月 13 日，汉密尔顿向议会提交了关于建立公共信贷体系的报告。报告的主要内容涉及银行结构，指出应该建立一家"国家银行"。他认为，国家银行对提高公共财政具有重要意义，欧洲主要国家都有纸币发行银行，这些银行发行的纸币要远远大于黄金和白银等构成的硬币数量。汉密尔顿的主张在国会引起强烈反响。争论主要是基于政治和法律上的考量，而不是经济观点的分歧。包括麦迪逊和杰斐逊在内的共和党人认为建立国家银行严重违宪。麦迪逊指出，这样一家发行银行券的国家银行"会对各州建立银行和发行银行券的权力造成直接影响"[③]。支持建立银行的一方者则认为银行不是中央银行，而是从事私人和公共业务的国家银行。1791 年 2 月 8 日，法案在众议院以 39 票对 20 票获得通过，随后在参议院也顺利过关，交由总统华盛顿签署。考虑到此前的争论，华盛顿没有立即签署，而是就是否违宪征求国务卿杰斐逊和高级幕僚伦道夫的意

---

① Dewey, D. R., *Financial History of The United States*, New York: Longmans, Green and Co., 1918, p. 113.

② Dewey, D. R., *Financial History of The United States*, New York: Longmans, Green and Co., 1918, p. 125.

③ Kaplan, E. S., *The Bank of the United States and the American Economy*, Westport: Greenwood Press, 1999, p. 23.

见。杰斐逊对此强烈反对，认为建立这样一家银行对自由的威胁甚至要大于当前面对的敌人，希望华盛顿否决法案。[1] 杰斐逊和伦道夫都认为，设立这样的银行不仅无此必要，而且制造了垄断，将其权威凌驾于各州银行之上。华盛顿随后将两人的意见转交给汉密尔顿。汉密尔顿对此进行了辩解，指出不会对州银行的设立以及发行银行券形成垄断，且符合宪法精神。[2] 经过深思熟虑之后，华盛顿于 2 月 25 日签署了这一法案。1791 年12 月 12 日，合众国第一银行正式在费城开业。银行的资本总额为 1000万美元，分成 25000 股，每股 400 美元。其中，美国政府持有 200 万美元股份，另外 80% 向社会公众募集，募集工作两年内完成。美国政府同时获得同等出资金额的银行贷款。认购资金中，25% 以铸币缴纳（黄金和白银），另外 75% 以 6% 年利率的国债支付。铸币构成了银行的基本储备，国债则构成了发行银行券的基础。银行股票的认购者主要是商人、职业人士、政客和一些投机者。其中包括 30 名国会议员，超过议员总数的三分之一，且一半以上在银行议案表决时投了赞成票。还有一些社会机构也参与了认购，包括马萨诸塞银行、纽约州和哈佛大学。银行不得从事商品交易活动，也不能进行土地和房产投资。财政部有权检查银行的账目并要求银行提供报告，内容涉及资本金、存款、银行券和现金等内容。[3] 第一银行迅速进入国家银行的角色，实际上成为政府财政部的代理机构，这些功能与 18、19 世纪的英格兰银行十分相似。其实，汉密尔顿筹划国家银行时，就是以英格兰银行为蓝本。第一银行不仅负责发放国债利息，收取政

[1]　Markham, J. W., *A Financial History of the United States*, Armonk：M. E. Sharp, 2002, p. 89.

[2]　Mccraw, T., *The Founders and Finance*, Cambridge：The Belknap Press of Harvard University Press, 2012, pp. 115 – 116.

[3]　Kaplan, E. S., *The Bank of the United States and the American Economy*, Westport：Greenwood Press, 1999, pp. 25 – 26.

府发行证券的认购款，还负责发放国家公务人员的工资。从以后的功能上看，最重要的还是为政府提供融资和维护金融稳定。

1792年5月，为应对和印第安人的战争，除了银行成立时提供给美国政府的200万美元贷款外，第一银行以5%的年利率再次提供给政府40万美元贷款。1792年年底，银行成立一周年之际，提供给政府的贷款超过250万美元。法国大革命爆发后，美国和英国、法国的关系陷入紧张状态，为应对可能出现的冲突，联邦政府增强了防务，对资金的需求进一步提升。1794年1月，银行以5%的年利率给联邦政府100万美元贷款。第二年，又提供了80万美元。到1795年年底，第一银行提供给联邦政府的资金总额达到620万美元。[①] 从1792年到1798年，联邦政府累积从第一银行获得的贷款合计为1037.6万美元。其中，三分之一的贷款直到1801年以后才得以偿还。[②] 第一银行还获得了在美国各地开设分支机构的权力，先后有8家分行成立。1792年建立了波士顿、纽约、巴尔的摩和查尔斯顿4家分行，随后几年又在弗吉尼亚、华盛顿和新奥尔良等地设立了分行。由于分行可以开展存贷款业务，且拥有发行银行券的权力，这给当地银行带来很大影响，引起了当地商人阶层的抵制。[③] 虽然汉密尔顿创建合众国第一银行的主要目的是为政府融资，但是，这家银行实际上成为美国历史上第一个中央银行，不仅为中央政府提供贷款，也成为各州银行的贷款人。第一银行管理着中央政府的账户，同时，也兑付各州银行发行的银行券，一定意义上控制着全国货币供应量。如果第一银行认为州银行发

---

[①] Holdsworth, J. T. and Dewey, D. R., *The First and Second Banks of the United States*, Washington: Government Printing Office, 1910, pp. 42–45.

[②] Dewey, D. R., *Financial History of The United States*, New York: Longmans, Green and Co., 1918, pp. 112.

[③] Hammond, B., *Banks and Politics in American*, Princeton: Princeton University Press, 1985, p. 127.

行了过多银行券，便可以向州银行提出兑换硬币的要求。如果第一银行需要扩大货币供应量，就可以减少在州银行的兑付数量。第一银行的这种货币调控措施十分有效，也招致了一些过量发行银行券的州银行的敌意。1802 年，联邦政府向巴林银行卖出了最后的 2220 股，溢价 45%。这样，美国政府不再持有第一银行的股票。十几年来，转让第一银行的股票使政府获利颇丰，总计获得溢价收入 67 万美元，另外，还从第一银行获得110 万美元的分红。① 美国政府实际上成为第一银行的最大受益者，但以后的政党斗争却断送了第一银行的发展。

　　在金融革命的推动下，美国不仅出现了中央银行，从中央到地方的银行体系也逐渐形成。第一银行成立时，美国仅有 3 家地方银行。到 1795年，美国拥有 20 家州特许银行和 5 家第一银行分行。② 但是，由于当时美国政治精英在治国理念上的巨大差异，导致金融业的发展出现了反复。第一银行的特许时间为 20 年，1811 年到期，于是特许权的延续成为一场政治斗争。共和党人和州银行一直对第一银行不满。第一银行成立时，杰斐逊就坚决反对，认为国家银行违反宪法，损害各州的独立性和利益。1801年，杰斐逊成为美国第三任总统，将政府在该行的存款全部转移到州银行。这期间，第一银行的股权结构也发生了很大变化。外国投资者持有的股权比例越来越高，到 1809 年，大约 75% 的股份掌握在外国投资人手中。这引起包括杰斐逊总统在内很多人的不安。恰好在这一时期，第一银行特许权延续的问题开始提上日程。此时的财政部部长是共和党人卡拉丁，他虽然是杰斐逊的内阁成员，但和杰斐逊的看法有所不同。基于对第

　　① Holdsworth, J. T. and Dewey, D. R., *The First and Second Banks of the United States*, Washington：Government Printing Office，1910，p. 49.

　　② ［美］理查德·塞拉：《扭转金融衰退——1789 年以来的政府和金融体系》，载［美］普莱斯·费希拜克等《美国经济史新论——政府与经济》，张燕、郭晨、白玲等译，中信出版社2003 年版，第 109 页。

一银行功能和影响的认识，他选择支持第一银行特许权续期。他曾致信第一银行行长，希望股东们等下一届总统大选之后再提出续期的问题，以避免可能产生的政治风险。① 但是，股东显然没有重视卡拉丁的劝告，于1808 年 1 月，即距离特许到期还有 3 年时间，就向国会提交了一份关于延续特许权的备忘录，这决定了第一银行最后的命运。不出卡拉丁所料，备忘录立即引起国会关注，参众两院都反对继续给予第一银行特许。1810年 11 月，距离特许到期还有 3 个月，银行向国会提交了第二份备忘录。备忘录指出，银行不仅在商业信贷和各州贸易平衡中发挥着关键作用，而且还保护了各州的银行业。② 卡拉丁也竭尽全力辩护，指出第一银行保证了公共资金的安全，有效运转支付体系，还提供了一部分政府收入，给予政府大量贷款，使政府避免了长期性的负债方式，减轻了国家负担，应该延长特许。卡拉丁警告，如果第一银行进入清算，720 万美元的股本金将会返还给外国投资人，但如果延长特许，每年只有 85 万美元的红利转移到国外。无论从银行功能角度，还是从资本角度，利弊十分清楚。尽管卡拉丁苦口婆心，参议院仍在 1811 年 2 月 20 日以一票之差否决了续期议案。③ 这样，美国历史上第一个中央银行——合众国第一银行就此结束，特许终止后成为宾夕法尼亚的州银行继续经营。但是，或许是第一银行在特许时期对州银行形成的压力过于强烈，导致其获得州的特许也遇到了很大麻烦，州议会两次否决了特许申请。后来被迫转移到纽约，最终特许为美洲银行。此时，银行的资本额为 3500 万美元，仍然是首屈一指的大银行。但是，超过

① Hammond, B., *Banks and Politics in American*, Princeton：Princeton University Press, 1985, p. 209.

② Timberlake, R. H., *Monetary Policy in the United States*, Chicago：Chicago University Press, 1993, p. 10.

③ Holdsworth, J. T. and Dewey, D. R., *The First and Second Banks of the United States*, Washington：Government Office, 1910, p. 11.

700 万美元的外国资本从银行抽离，还有 1500 万美元被用于对该行银行券持有者的兑付。[①] 第一银行特许终止的严重后果将在随后几年中显现出来，尤其是美英战争期间，最终导致了合众国第二银行的诞生。当然，第一银行的关闭也为州银行的快速兴起创造了机会，同时也带来了通货膨胀。

（四）1792 年的资本市场危机

金融革命开始后，美国历史上第一次金融危机也随之而来。新国债的大规模发行，加上新成立的合众国第一银行的认股权证和股票的相继上市，使资本市场的证券交易活跃起来并逐渐升温。1791 年，成立合众国第一银行的法案获得通过，美国政府开始发售认股权证。7 月，认股权证的价格仅为 25 美元，到 8 月，在纽约的价格飞涨到近 300 美元，费城则超过了 300 美元。[②] 投机活动开始出现，引起了汉密尔顿的担心，他认为证券投机必然引发证券价格的快速上涨，从而对经济活动产生负面影响。在 1791 年的《制造业报告》中，他不无担忧地写道："在目前这个节骨眼上，这种激动情绪和投机行为，如果引导得好，可能对有用的目标产生促进作用；但是如果任由它去，则可能产生致命威胁。"[③] 一些史学家认为汉密尔顿选定的财政部部长助理威廉姆·杜尔从事的投机活动引起了社会对债券和股票的热烈追捧，导致证券价格一路攀升，最终引发危机。杜尔本人进行投机的资金大部分来自银行借款，这为随后的股市崩溃埋下了伏笔。1792 年 3 月，受到另一家投机商利文斯顿家族提取铸币的影响，银行开始收回贷款，引起货币紧缩，没有持续货币支撑的证券价格开始下

① Markham, J. W., *A Financial History of the United States*, Volume I, New York: M. E. Sharp, Inc., 2002, p. 127.

② Davies, J. S., *Essays in the Earlier History of American Corporations*, Cambridge, MA: Harvard University Press, Vol1, 1917, pp. 202 – 203.

③ Banner, S., *Anglo – American Securities Regulation*, Cambridge: Cambridge University Press, 1998, p. 139.

跌。当杜尔无法偿付其债务时，证券价格开始加速下行。杜尔因资不抵债入狱的第二天，纽约发生了 25 起破产案。① 在费城的杰斐逊对此评价道："市场崩溃真是极其可怕，在纽约产生的损失大致相当于这个城市房地产价值的总和，据说在 400 万美元至 500 万美元。波士顿大约损失了 100 万美元。其他地区的损失可能要少一些。证券大都在面值以下。银行股票下跌到面值的 25%，而它曾经高达面值的 300%。"② 危机爆发后，汉密尔顿领导的财政部发挥了关键的作用。一方面，他下令财政部购买大量联邦债券，向市场注入流动性，避免债券价格的进一步下跌，同时要求银行不要在此时收回贷款；另一方面，为了缓解流动性短缺，财政部允许商人可用期限为 45 天的短期票据支付进口关税。于是，市场上的恐慌情绪逐渐消退，危机也就被平息了。汉密尔顿在这次危机中采取的主动干预行为得到了广泛赞誉。对此，戈登评价道："汉密尔顿所做的正是一个社会的货币和财政当局在金融恐慌中应该做的。他这样一个严密的应急计划有效地阻止了恐慌，使之没有发展到不可控制的地步，确保了股市危机不会对美国经济造成长期的负面影响，尽管有个别的投机者无法避免地遭受到了毁灭性的打击。"③

危机给刚刚诞生的这个新国家很多反思，联邦政府和各州开始了早期的证券监管。为了打击投机，1794 年，部分国会议员提出了征收证券交易税的议案，最终未获通过。邦纳认为主要原因是大部分议员不同意征税，而非针对证券交易。虽然联邦政府未能实施，但宾夕法尼亚州和纽约州却在证券监管上进行了探索和推进。早在 1792 年 3 月底，宾夕法尼亚

---

① ［美］约翰·S. 戈登：《伟大的博弈：华尔街金融帝国的崛起（1653—2011）》，祁斌译，中信出版社 2011 年版，第 33—36 页。

② Banner, S., *Anglo – American Securities Regulation*, Cambridge：Cambridge University Press, 1998，p. 144.

③ ［美］约翰·S. 戈登：《伟大的博弈：华尔街金融帝国的崛起（1653—2011）》，祁斌译，中信出版社 2011 年版，第 36—37 页。

州议会就提出了一项法案，这项法案以英国 1734 年的《巴纳德法案》为蓝本，旨在控制证券投机，但这项法案未能获得通过。不过，纽约州制定了自己规范证券交易的法案并颁布实施。纽约证券市场成为全国唯一投机者不能卖出自己尚不持有的股票的市场，这项禁止条款一直延续到 1910 年。1836 年，马萨诸塞州也颁布了控制证券投机的法律。[①]

（五）金融革命的意义

联邦党人启动的这场金融革命建立了美国的金融体系和资本市场，深刻影响美国未来的发展之路。首先，迅速解决了独立战争期间产生的债务问题、货币问题。其次，建立了包括中央银行、地方银行、资本市场在内的现代金融体系。塞拉认为美国的金融体系是当时世界上最先进的，他指出："……银行体系和资本市场迅速成为美国的基础性制度，美国将在未来从这种制度中获益良多。1803 年，拿破仑提供给汉密尔顿的政治对手——杰斐逊购买路易斯安那的机会，这片土地是美国已有国土面积的两倍，杰斐逊发现法国人非常乐于接受美国人提供的 1125 万美元的美国债券作为付款方式，法国人很快转手卖给荷兰银行家，后者又将它们销售到了海峡对岸的拿破仑的敌人那里。"[②] 另外，新国债和合众国第一银行的股票发行以后，人们开始交易债券和股票。1790 年，美国第一家证券交易所——费城证券交易所成立。1792 年，纽约的商人以及经纪人也建立了证券交易俱乐部，以后演变成证券交易所。18 世纪 90 年代，波士顿也出现了证券交易所。巴尔的摩在 19 世纪也建立了证券交易所。可以说，金融革命孕育了美国现代资本市场。最后，金融革命对美国现代经济部门

---

① Banner, S., *Anglo – American Securities Regulation*, Cambridge：Cambridge University Press，1998，pp. 171 – 174.

② Sylla, R., "Shaping the US financial system, 1690 – 1913：the dominant role of public finance", In *The State*, *the Financial system and Economic Modernization*, Sylla, R., Tilly, R., Tortella, G. (edited), Cambridge：Cambridge University Press, 1999, p. 260.

的快速发展产生了重大影响。从 1790 年到 1802 年,工业生产每年以 5.4% 的速度快速增长,1802 年达到峰值,并超过了人口的增长速度。这个增长速度比 1815 年至 1833 年国家工业化迅速发展时的最高速 5.3% 还要稍快一些。[①] "当制造业开始在美国出现,银行和证券市场可以为其提供资金。当运河和铁路时代开始,政府和私人公司可以向金融机构和市场寻求资金。当人们在西部定居下来,并将从农业获取的盈余向东部和外国市场转移时,现代金融体系恰好为此提供了资金。当美国为生存和扩张而战时,正是从资本市场借到绝大部分资金。银行和证券市场调动和有效配置资本,为美国提供了 1790 年以前所没有的流动性支持。金融革命释放了巨大能量,提高和推动了美国的经济增长,直到它成为世界上最强大的国家。"[②] 詹姆斯·柯比·马丁等人也认为,18 世纪 90 年代美国经济快速发展,除了得益于英、法战争增加了对美国商品的需求以外,还因为采取了保证了国家信贷的财政金融政策。[③]

## 第二节 合众国第二银行

### 一 银行的建立

合众国第一银行关闭后,美国的银行业和金融市场进入了一个相对混乱的时期。不到 5 年时间,各州的银行增加到 246 家,纸币发行量从 5000

---

① [美] 理查德·塞拉:《扭转金融衰退——1789 年以来的政府和金融体系》,载 [美] 普莱斯·费希拜克等《美国经济史新论——政府与经济》,张燕、郭晨、白玲等译,中信出版社 2003 年版,第 110 页。

② Sylla, R., "Shaping the US financial system, 1690 – 1913: the dominant role of public finance", In *The State*, *the Financial system and Economic Modernization*, Sylla, R., Tilly, R., Tortella, G. (edited), Cambridge: Cambridge University Press, 1999, p. 261.

③ [美] 詹姆斯·柯比·马丁、兰迪·罗伯茨等:《美国史》上册,范道丰、柏克、曹大鹏、沈愈、杜梦纲译,商务印书馆 2014 年版,第 274 页。

万美元增加到 1 亿美元，通货膨胀十分严重。1812 年爆发美英战争，英军占领华盛顿后，除新英格兰的几家银行外，其他银行都停止了纸币兑付。这种混乱状况对麦迪逊政府的影响是灾难性的。既没有国家层面金融机构的支持，也得不到北部银行家的帮助，政府陷入严重的财政困境。从 1812 年到 1816 年，联邦政府发行的 8000 万美元公债只收到以铸币计算的 3400 万美元，政府的债务从 4250 万美元增加到 1.27 亿美元。[①] 另外，战后经济形势虽然出现好转，但在新英格兰地区以外的各州，州银行仍然拒绝以铸币作为支付手段。客观地说，如果这些州采取铸币支付，可能第二银行也不会产生了。全国缺乏统一的流通货币，州银行各自发行本州纸币，都是各取所需。如果采用统一的货币，必须有一家全国性银行。虽然州银行在第一银行特许终止后发展迅速，但未能在战争融资中发挥显著作用。于是，重新成立一家国家银行为联邦政府服务的需求也就显得十分迫切。

合众国第二银行的建立，很大程度上是美国政府吸取了美英战争融资教训的结果，朝野上下对此认识基本一致，麦迪逊总统本人也承认关闭第一银行带来的巨大负面影响。因此，1814 年 10 月战争一结束，新任财政部部长达拉斯就提出建立类似于合众国第一银行的国家银行的方案。但是，达拉斯的方案遭到在野的联邦党人的反对，这和 20 多年前民主—共和党人反对联邦党人建立第一合众国银行如出一辙。很大意义上，建立新的国家银行仍然是一场政治斗争。联邦党人担心国家银行的设立会强化民主—共和党人的政治优势，大大增强麦迪逊政府的经济权力。另外，此时的形势也和过去大不相同，很多联邦党人在州银行已经形成利益，担心新国家银行会损害州银行，从而对自身造成影响。在争

---

① ［美］查尔斯·A.比尔德、玛丽·R.比尔德：《美国文明的兴起》上册，许亚芬译，商务印书馆 2012 年版，第 453—454 页。

论过程中，联邦党人和其他议员也先后提出了新的银行法案。达拉斯随后对法案进行了修订，几经运作，终于使法案于 1816 年 4 月获得国会通过，麦迪逊 4 月 10 日批准颁行，合众国第二银行随后开始筹建。同第一银行一样，第二银行的特许周期也是 20 年，注册资本额为 3500 万美元，分为 35 万股，每股面值 100 美元。相比第一银行的每股 400 美元，这次降低面值主要是考虑是扩大投资者范围。联邦政府持有银行 20% 的股份，以 700 万美元联邦债券作为出资。其余 2800 万美元面向社会公开发行。其中，认购份额的四分之一需要以铸币支付，另外四分之三可以以国债债券支付。以铸币支付在市场上出现了 8% 左右的溢价。① 最终银行收到的股本金中，铸币仅为 200 万美元，国债债券为 1400 万美元，另外还有 1200 万美元的个人票据。② 银行作为财政部的存款银行，接受美国政府的检查。银行总部仍设在费城，有 25 名董事。与第一银行不同的是，其中 5 名董事经参议院批准后由美国总统任命。③ 麦迪逊总统希望第二银行成为民主—共和党人的银行，任命的 5 名董事全部来自该党。但股东不希望介入政治斗争，于是，在剩余的 20 名董事席位中，联邦党和民主—共和党各推选 10 人。④ 可以看到，第二银行从一开始就站在政党斗争的前沿，虽然并非所愿，但身不由己。从以后的发展结果看，第二银行的最终结局在成立时就已经注定。

---

① Kaplan, E. S., *The Bank of the United States and the American Economy*, Westport：Greenwood Press, 1999, pp. 50 – 56.

② Hammond, B., *Banks and Politics in American*, Princeton：Princeton University Press, 1985, p. 255.

③ Hammond, B., *Banks and Politics in American*, Princeton：Princeton University Press, 1985, p. 244.

④ Kaplan, E. S., *The Bank of the United States and the American Economy*, Westport：Greenwood Press, 1999, p. 57.

## 二 银行的货币政策与贷款业务

第二银行成立的最初几年经营效果并不令人满意。成立仅两年就遇到美国 1819 年经济危机。这场危机主要由持续的贸易不平衡和扩张的信贷政策造成，但导火索与第二银行突然执行紧缩的货币政策有关。一方面，由于大量进口英国纺织品，造成美国严重的贸易赤字，打击了正处于成长期的国内纺织业；另一方面，合众国第一银行关闭，州银行发行了大量银行券，而持有的铸币储备有限，不足以支撑流通中的银行券数量。随着银行券越来越多，国内物价开始飞涨。到第二银行成立时，州银行发行的银行券大约为 6800 万美元。美英战争时，国内商品价格上涨 30% 左右。第二银行成立后，不仅没有及时采取控制措施，还大量发行了自己的银行券。1818 年 8 月，第二银行意识到通货膨胀已十分严重，决定执行货币紧缩政策，向州银行提出兑付银行券的要求，结果这一行动引发了 1819 年危机。由于手中缺乏足够的铸币储备，很多州银行只能中止支付。到 1820 年，大量州银行破产，流通中的银行券也减少到 4500 万美元。物价也持续下跌，进口额锐减到 7400 万美元。第二银行在此次危机中的表现引起各州的不满，一些州甚至对第二银行的分行征税，经美国最高法院进行干预才得以避免。① 另外，第二银行和各州银行在联邦存款的转移、银行券兑付等方面也存在着矛盾。

在给联邦政府国债融资方面，和第一银行相似，第二银行对联邦政府给予持续的资本支持。第二银行成立的目的之一，就是吸纳巨额政府债券为政府融资。到 1817 年 4 月，在第二银行 4688 万美元的资产总额中，有一半是政府债券。按照特许状的规定，财政部可以随时按照固定利率兑付

---

① Kaplan，E. S.，*The Bank of the United States and the American Economy*，Westport：Greenwood Press，1999，pp. 67 – 71.

用以认购第二银行股份的联邦债券，这一工作由减债基金来实施。政府可以以较之外部更低的价格回购债券，这对联邦政府而言是有利可图的。第二银行不仅大额度购买国债为政府提供融资支持，也为社会经济发展提供金融服务。银行成立早期，主要发放短期贷款，借款人可以以证券为担保。很多短期贷款因此变成了长期贷款，不仅大量挤占资金，而且影响了第二银行控制货币供应的能力。从1818年到1823年，银行提供的贷款额度保持在3000万美元到4000万美元，仅1822年在3000万美元以内。[①] 1823年，银行董事尼古拉斯·比德尔被推选为第三任行长。虽然此前他从未有过管理和经营银行的经验，但事实证明他是美国建国以来最出色的国家银行行长。他认为，第二银行应该成为中央银行。作为政府的银行，应该继续担任财政部的代理银行，持有国家储备，并为国债支付利息和执行偿付责任。另外，第二银行应该发行自己的货币，并接受人们持有其他银行的货币。比德尔对银行贷款政策做出了较大调整，要求第二银行的所有贷款必须是短期贷款，而且应该以良好的商业票据作为抵押，反对发放超过60天的贷款。而且，贷款不能以证券或房地产作抵押。[②] 比德尔的理念在第二银行不长的经营岁月中得以贯彻实施，取得了良好效果。第二银行成立时，获得了开设分行的权利。特许状规定，银行应该根据国会的时间要求在哥伦比亚特区建立分行。另外，那些认购银行股票超过2000股的州，如果州议会同意，可以在该州设立分行。[③] 到1817年年底，第二银行开设了18家分行。从1826年到1830年，在开设7家分行的同时，关

---

[①] Dewey, D. R., *Financial History of The United States*, Longmans, Green and Co., 1918, p. 153.

[②] Kaplan, E. S., *The Bank of the United States and the American Economy*, Westport: Greenwood Press, 1999, pp. 85–86.

[③] Holdsworth, J. T., Dewey, D. R., *First and Second Banks of the United States*, Washington: Government Printing Office, 1910, p. 194.

闭了 2 家分行。1830 年，第二银行最多时总计拥有 25 家分行。① 各分行
给地方提供的贷款支持十分明显。起初，各分行的资本额度并没有明确，
主要是根据银行的整体利益进行分配。随着一些分行的成立，银行资本除
了费城以外，还流向西部和南部。由于巴尔的摩出现了过量贷款，银行调
整了资本分配，将一些资本从南部和西部重新调整到北部。到 1819 年，
明确了各分行的资本额度。费城是总部所在地，资本额度为 2400 万美元，
费城以外，根据业务量大小，确定了不同的资本分配额度，大约分为几
档：1500 万美元，1000 万美元，500 万美元，350 万美元和 200 万美元。
其中，查尔斯顿分配到了 1500 万美元，朴次茅斯和米德尔顿最少，都只
有 200 万美元。不同的资本分配额度影响这些分行的贷款政策和数量。到
1825 年，主要分行的贷款额度见表 4 - 1。

表 4 - 1　　　　　　　　合众国第二银行分行贷款额度（1825）

| 序号 | 分行 | 贷款（万美元） | 汇票贴现贷款（万美元） |
|---|---|---|---|
| 1 | 朴次茅斯分行 | 43.7 | 0.5 |
| 2 | 波士顿分行 | 179 | 22.1 |
| 3 | 普罗维登斯分行 | 44 | 15.9 |
| 4 | 米德尔顿和哈佛分行 | 53.6 | 8.2 |
| 5 | 纽约分行 | 489.5 | 22.3 |
| 6 | 费城分行 | 372.3 | 78.4 |
| 7 | 匹兹堡分行 | 73 | 8.5 |
| 8 | 巴尔的摩分行 | 403.1 | 25 |
| 9 | 华盛顿分行 | 129.4 | 41 |
| 10 | 里士满分行 | 122.6 | 9 |

---

① Hammond, B., *Banks and Politics in American*, Princeton: Princeton University Press, 1985,
p. 256.

续表

| 序号 | 分行 | 贷款<br>（万美元） | 汇票贴现贷款<br>（万美元） |
|---|---|---|---|
| 11 | 诺福克分行 | 69.6 | |
| 12 | 费耶特维尔分行 | 45.7 | 9.2 |
| 13 | 查尔斯顿分行 | 242.8 | 36.7 |
| 14 | 萨凡纳分行 | 62.6 | 15 |
| 15 | 新奥尔良分行 | 245.5 | 101.7 |
| 16 | 路易斯维尔分行 | 106.9 | 12.8 |
| 17 | 莱克星顿分行 | 100.2 | 6 |
| 18 | 辛辛那提分行 | 132.9 | 14.9 |
| 19 | 奇里克斯分行 | 45 | 1.1 |

资料来源：Holdsworth, J. T., Dewey, D. R., 1910, *First and Second Banks of the United States*, Washington：Government Printing Office，1910，p. 200.

比德尔上任初期，曾经减少了南部和西部的业务量，主要考虑是那里的金融风险相对较大，以后又对这一政策做出调整。1831 年 11 月，第二银行手中已经没有美国国债了，开始将目光转向各州的债券，增加了南部和西部的业务量。原因是这一地区的经济正处于繁荣时期。19 世纪二三十年代各州的内部提升运动降低了运输成本，推动了各行业的快速发展，尤其是棉纺织业的发展。第二银行不想错过这样的发展盛宴。[①] 从 1828 年 5 月到 1832 年 5 月，第二银行的贷款量从 5480 万美元增加到 7040 万美元。由于贷款增加很快，银行的铸币储备跟不上贷款的增速。1828 年 5 月，银行的硬币储备为 630 万美元，到 1832 年，仅增长到 790 万美元。1831 年 10 月，贷款数量迅速增加，由于进口增加，铸币又大量流向欧

---

[①] Kaplan, E. S., *The Bank of the United States and the American Economy*, Westport：Greenwood Press，1999，p. 92.

洲，引发了严重的通货膨胀。1832 年 5 月，第二银行在南部和西部地区的贷款数量为 3640 万美元，尤其在新奥尔良、纳什维尔、路易斯维尔、莫比尔和纳齐兹等地，第二银行不得不采取了货币紧缩措施。[①] 整体上看，第二银行在比德尔的领导下，执行了较好的货币政策，推动了各州的经济发展，这在 19 世纪上半期的世界金融史上显得十分突出。

### 三 "银行之战"

虽然第二银行在美国经济发展方面成绩显著，却不得不面对政治形势变化带来的致命威胁。1828 年，共和党分裂为两个新党，一个是由约翰·昆西·亚当斯领导的国家共和党，另一个则是由美英战争英雄安德鲁·杰克逊将军领导的民主共和党。这一年，杰克逊战胜亚当斯当选美国总统。这位信奉杰斐逊主义、崇尚农业立国的民主共和党总统成了第二银行的掘墓人。从他早期的信件可以看到，自 18 世纪 90 年代起，他就反对所有的银行、商业以及信贷体系，认为银行以牺牲农业阶层为代价促进了商人阶层的财富。他对合众国第二银行的反对态度尤为激烈。虽然距离第二银行特许到期还有 8 年之久，但更新特许的工作因杰克逊当选总统而提前。身为战争英雄的杰克逊也是一名出色的政客。1829 年，当比德尔前往华盛顿面见总统一试究竟时，杰克逊的含糊其辞使比德尔对特许获得延期过分自信。相对比德尔，杰克逊的政治对手加勒廷更加了解杰克逊。1830 年 8 月，他写信提醒比德尔，即便特许法案获得议会通过，也很难赢得最后的胜利。果然。1830 年 12 月，杰克逊在议会发表第二次年度演说，对第二银行的攻击较之此前更为激烈，宣称应该有一家新的银行替代第二银行，这家银行应以财政部分支机构的形式存在。到 1831 年，形势

---

① Kaplan，E. S.，*The Bank of the United States and the American Economy*，Westport：Greenwood Press，1999，p. 93.

似乎有了一些变化,杰克逊内阁中的主要成员都赞成给予第二银行更新特许,包括新任国务卿爱德华·利文斯顿和财政部部长路易斯·麦克莱恩。另外,杰克逊即将面临竞选连任的挑战,态度发生了微妙变化。在 1831年 12 月在议会的第三次演说中,杰克逊宣称,虽然他对第二银行的态度没有发生变化,但也会接受第二银行的再次特许。因此,这时呈现出的局面似乎是,如果第二银行不介入总统选举,并在总统竞选结束后再提出更新特许的议案,杰克逊会批准这一议案。但是,或许出于对杰克逊的不信任,比德尔在总统竞选开始前选择站在杰克逊的对手克雷一边,提前于1832 年 1 月提出了更新特许的议案,从而将银行特许与总统选战捆绑在一起。这一行为最终葬送了第二银行。杰克逊被比德尔的行为激怒,他说道:"我会证明给他们看,我是不会退缩的,他们以为这样的心计就能诱导我,那可是大错特错。"[1] 此前,有很多议员劝告比德尔收回议案,因为他们认为杰克逊一定会否决,但比德尔没有听从劝告。议案经过反复修改后,于 6 月 11 日以 28 票对 20 票在参议会通过,3 周以后的 7 月 3 日,在众议院以 107 票对 85 票获得通过。不出所料的是,虽然议案为了赢得各州和州银行的支持做出了很大调整,但杰克逊总统在 7 月 10 日便行使了否决权。[2] 在决定性的总统选举中,杰克逊最终战胜克雷赢得连任,这意味着银行之战以杰克逊的胜利而结束。但是,杰克逊的最终得票率低于第一次竞选时的水平,一些历史学家认为这是他否决第二银行更新特许付出的政治代价。[3] 1833 年,他在一份信件中宣称:"大家都了解我,尤其

---

① Remini, R. V., *Andrew Jackson and the Bank War: A Study in the Growth of Presidential Power*, New York: W. W. Norton and Company, 1967, p. 77.

② Kaplan, E. S., *The Bank of the United States and the American Economy*, Westport: Greenwood Press, 1999, pp. 121 – 124.

③ Remini, R. V., *Andrew Jackson and the Bank War: A Study in the Growth of Presidential Power*, New York: W. W. Norton and Company, 1967, p. 106.

了解我长期以来一直反对合众国银行，反对所有的银行。"① 杰克逊反对第二银行不仅是出于他本人对银行的厌恶，也是对当时第二银行外国资本的担忧。杰克逊曾说道："合众国银行的大部分股票是否应该流入外国公民的手中呢？假如很不幸要与持有我们股票的国家交战，我们的情形又将如何呢？几乎由外国势力掌控的银行的经营方向与其持股人的利益或个人感情相一致，这一点毫无疑问。银行所有的内部操作都将依靠国外敌舰和敌军的支持。控制我们的货币，赚取国内大众的财富，并使国内成千上万的公民对此产生依赖，这种危险要比敌人的海军和军事力量可怕得多。"②因此，作为和英国作战多年的战争英雄，他对外国资本尤其是英国资本在合众国银行中的地位极度敏感，这是杰克逊最终否决第二银行的重要原因。

废止第二银行很大程度上是杰克逊总统的个人行为，即便为此付出政治代价也在所不惜。第二银行的特许被终止后，杰克逊立即要求将联邦政府的存款从第二银行转移到州银行。在杰克逊政府内部，绝大多数内阁成员反对这一决定。财政部部长麦克莱恩显然比总统更了解第二银行的作用以及对经济的影响。1833 年 5 月，他写信给杰克逊指出，从以往的经验看，州银行不是存放联邦存款最佳选择。一旦获得存款，州银行一定会投放更多贷款，这会对经济造成损害，而且会导致国家银行和州银行的竞争。他提醒杰克逊，依照第二银行的章程，只有财政部部长有权调动第二银行的联邦存款。作为内阁财政部部长，持有如此不同的观点显然不能为总统所容忍。于是杰克逊撤销了麦克莱恩的职务，于 1833 年 6 月任命杜

---

① Kaplan, E. S., *The Bank of the United States and the American Economy*, Westport: Greenwood Press, 1999, p. 101.

② ［美］理查德·塞拉：《扭转金融衰退——1789 年以来的政府和金融体系》，载［美］普莱斯·费希拜克等《美国经济史新论——政府与经济》，张燕、郭晨、白玲等译，中信出版社 2003 年版，第 117 页。

恩为财政部部长。杜恩虽然表示反对第二银行，但也不赞成将存款转移到州银行。迫不得已的杰克逊于9月又撤销了杜恩的职务，任命总检察长坦尼为财政部部长，这一政策才得以执行。[①] 联邦存款从1833年10月开始转移，首批存款转移到了费城的吉拉德银行。到1833年年底，第二银行的政府存款几乎全部被转出。接受政府存款的州银行从早前的7家增加到22家，在随后的3年中达到了90家。[②] 面对杰克逊政府的行动，第二银行则采取了减少贷款和降低利率的措施予以应对，但更大的影响还在后面。由于第二银行失去中央银行的地位，州银行的数量快速增加，并发放了过量贷款，最后引发严重的通货膨胀。在合众国第二银行特许到期的1836年，杰克逊总统颁布了控制土地投机的《铸币流通法令》，要求购买土地必须以铸币支付。于是，在多种因素的影响下，美国历史上第一次系统性经济危机爆发，对美国经济造成严重打击。对此，塞拉评价道："美国经济中不设立中央银行的后果有：经济低效率、成本更高的银行支付体系以及更大的金融不稳定，这些都将提高金融资本的运营成本。从1790年金融体系投入使用，到1836年第二合众国银行的特许执照过期，美国在此期间只经历了两次金融恐慌。第一次是1792年，发生在第一合众国银行开业的几个月内；第二次是在1819年，刚成立的第二合众国银行与美国财政部联合起来整顿金融秩序，利用它能利用的唯一方式——减少货币发行——来加强全国货币的可兑换性。1836年之后，美国连续发生了3次金融恐慌，分别发生在1837年、1839年以及1842年。之后金融恐慌稍稍停息，但是在1857年、1873年、1884年、1893年以及1907年又分

---

① Kaplan, E. S., *The Bank of the United States and the American Economy*, Westport: Greenwood Press, 1999, pp. 127 – 132.

② Markham, J. W., *A Financial History of the United States*, Volume I, New York: M. E. Sharp, Inc., 2002, pp. 144 – 145.

别发生了几次大的金融恐慌。无论使用何种办法来掩盖这些数据，人们都可以发现在没有中央银行的情况下，金融恐慌发生得更加频繁。不稳定的金融环境使资本的成本上升，因为人们必须为风险的成本买单。"① 卡普兰也认为，美国政府花了 100 年时间才认识到拥有一家中央银行是多么重要，这个代价过于沉重，美国经济遭受严重打击，还对联邦政府的财政收入形成严重影响。② 但是，休斯等人指出，从 1834 年到 1860 年出现了 3 次物价高涨期，虽然存在一定程度的通货膨胀，但是物价的涨幅低于银行支付的增长。虽然人们指责州银行发行了过多的货币，但是也可能是人们对商业的乐观情绪导致了对信用的需求，而银行不过是满足了这一需求而已。③ 第二银行终止后，美国的银行就只有两种类型：州银行和私人银行。州银行是获得州特许的股份银行，私人银行则是在自由银行时代未获特许的股份银行。这些银行广泛分布于 18 个州，很多银行缺乏信用，甚至从未考虑过向客户以铸币支付。第二银行关闭后，美国政府也考虑采取其他方式来代替中央银行，1840 年创建了所谓的"独立财政体系"，1841 年取消，1846 年再次建立，这一体制一直存续到美联储的诞生。在这种机制下，所有公共资金都必须由联邦财政部管理而不是分配到各州银行。但是，无论如何也无法代替中央银行的货币政策功能，这使 19 世纪后半期成为美国历史上最频繁的金融动荡时代，直到 1913 年美联储的成立。

---

① ［美］理查德·塞拉：《扭转金融衰退——1789 年以来的政府和金融体系》，载［美］普莱斯·费希拜克等《美国经济史新论——政府与经济》，张燕、郭晨、白玲等译，中信出版社 2003 年版，第 120—121 页。

② Kaplan, E. S., *The Bank of the United States and the American Economy*, Westport: Greenwood Press, 1999, p. 161.

③ ［美］乔纳森·休斯、路易斯·P. 凯恩：《美国经济史》，邸晓燕、邢露译，北京大学出版社 2011 年版，第 252 页。

## 第三节　19 世纪上半期的国债融资

### 一　19 世纪 30—40 年代的经济危机与国债融资

进入 19 世纪 30 年代，美国经济一片繁荣景象。上文已指出，合众国第二银行特许终止以后，州银行数量和银行贷款数量都呈现快速增长态势。银行数量从 1829 年的 329 家，增加到 1837 年的 788 家。贷款数量从 1829 年的 1.37 亿美元增加到 1837 年的 5.25 亿美元。① 运河建设和铁路建设引发了对土地的投机，导致土地价格飞涨。另外，杰克逊政府大力削减国债，不再从资本市场借款，这使很多资本开始投向土地、运河和铁路，推高资产价格。由于交易所的联邦政府债券减少，于是州政府的债券、运河公司和铁路公司的股票成为资本市场的主要品种。同时，证券供给减少增强了人们对市场现有证券的认购热情，抬高了证券价格。② 这一时期，联邦政府的卖地收入也有显著增长。从 1810 年到 1830 年，卖地收入始终维持在 100 万美元到 200 万美元，进入 19 世纪 30 年代以后飞速增长。1834 年接近 500 万美元，1835 年增长近 3 倍，达到 1476 万美元，1836 年又增加到 2488 万美元。土地收入的快速增加使联邦政府持有了大量财政盈余。③ 国会决定将财政盈余全部分配给各州政府使用。从 1837 年2 月开始，财政部每个季度从联邦政府在银行的存款中取出 900 万美元，按照各州的人口比例分配给各州。④ 起初这些款项被称为给各州的借款，

---

① Dewey, D. R., *Financial History of The United States*, Longmans, Green and Co., 1918, pp. 132 – 138.

② ［美］约翰·S. 戈登：《伟大的博弈：华尔街金融帝国的崛起（1653—2011）》，祁斌译，中信出版社 2011 年版，第 63 页。

③ Dewey, D. R., *Financial History of the United States*, Longmans, Green and Co., 1918, p. 217.

④ ［美］约翰·S. 戈登：《伟大的博弈：华尔街金融帝国的崛起（1653—2011）》，祁斌译，中信出版社 2011 年版，第 66 页。

但最终没有一个州偿还。① 1836 年，为了应对土地投机导致的价格上涨，杰克逊政府颁布《铸币流通法令》，要求购买土地时以铸币支付，导致出现了一定程度的货币紧缩。银行不得不做好准备，应对存款的减少。很多银行发行了大量银行券，铸币储备很少，结果出现了银行破产，危机也就开始了。到 1837 年 5 月底，美国的所有银行都中止了铸币支付。对这场危机，威尔斯提到了 1836 年有两家英国银行倒闭产生的影响。这两家银行给美国新奥尔良和纽约等地的银行提供了大笔贷款，此时要求这些银行偿还，恶化了当地银行的财务状况。② 1836 年，联邦政府的财政收入为 5080 万美元，到 1837 年锐减为 2490 万美元。1837 年，纽约的房地产价格下跌导致房地产价值缩水 4000 万美元。仅 1837 年 3 月到 4 月，纽约就有 158 家企业倒闭。③ 到 1837 年初秋，全美 90% 的企业关了门，美国历史上首次进入经济萧条期。④ 1837 年，流通的货币量 1.49 亿美元，到 1842 年减少为 8300 万美元。进口从 1836 年的 1.9 亿美元下降到 1837 年的 1.41 亿美元，到 1838 年为 1.13 亿美元。但是，这一时期的财政支出不降反增，导致入不敷出。一方面，内部建设投入很大；另一方面，这一时期驱逐印第安人的战争花费也不少。1837 年到 1838 年的财政支出是 1834 年到 1835 年的两倍。⑤ 另外，一些政府高官的贪污腐败加重了这一形势。

① Wells, L. R., *Industrial History of the United States*, New York：The Macmillan Company, 1924, p. 208.

② Wells, L. R., *Industrial History of the United States*, New York：The Macmillan Company, 1924, p. 209.

③ Markham, J. W., *A Financial History of the United States*, Volume I, New York：M. E. Sharp, Inc., 2002, p. 149.

④ ［美］约翰·S. 戈登：《伟大的博弈：华尔街金融帝国的崛起（1653—2011）》，祁斌译，中信出版社 2011 年版，第 67 页。

⑤ Dewey, D. R., *Financial History of The United States*, Longmans, Green and Co., 1918, p. 233.

　　1837 年 10 月，国会计划采取措施解决财政困境，10 月 12 日通过了发行国库券融资的法案。国库券面值不超过 50 美元，一年内偿付，可用于支付联邦政府的所有债务，还可用以购买土地的付款。从 1837 年到 1843 年，总共通过了 8 项关于发行国库券的法案，总计 4700 万美元，利率最高达到 6%。1843 年的发行中，财政部采取了新的偿付办法，规定在国库券到期前，财政部可以按照面值进行回购。1841 年，辉格党控制了国会，随后提出了发行长期债券的议案，作为发行国库券的补充。1841 年 7 月，通过了发行长期债券的第一个法案，融入资金用来支付到期的国库券以及财政部的日常开支。债券的周期为 3 年，法案禁止以低于面值的价格销售债券。虽然利率确定为 5.4% 到 6%，但债券发行并没有获得投资人的关注。原计划发行 1200 万美元，最终只发行了 567 万美元，还不及发行计划的一半。1842 年 4 月和 1843 年 4 月又发行了两次债券，相对于第一次，这两次发行对利息和周期的限定相对宽松。最终的发行价低于面值，且偿付周期分别为 20 年和 10 年。1842 年的这笔国债发行额为 834 万美元，最终以低于面值的 97.5 美元发售。但 1843 年的 700 万美元债券则获得溢价收入。[①] 整体上看，这次经济危机后的国债融资并不令人满意，虽然一定程度上弥补了财政赤字，减轻了政府的财政负担，但也反映出投资者对美国经济信心不足。

### 二　战争融资

（一）1812—1814 年美英战争与国债融资

　　1812 年，由于英国对美国的贸易限制、美国海员被强制加入英军以及封锁美国海港等，美国对英宣战，美英战争爆发，也被称为美国的"第

---

　　①　Dewey, D. R., *Financial History of The United States*, Longmans, Green and Co., 1918, pp. 234 – 235.

二次独立战争"。美国的战争准备并不充分，虽然此前已经预料到很有可能与英国再次交战，但在经费筹集方面一直处于犹豫和拖延状态。前任总统杰斐逊大幅度削减税收，且在 1808 年对欧洲实施贸易禁运，导致关税减少了一半多。[①] 战争爆发时，国家财政收入只有此前的三分之一。政府宣战的第二天，将关税税率提高了 1 倍。税收远水解不了近渴，无法及时满足战争需要，发行国债也就提上了日程。从 1812 年到 1816 年，发行的国债主要由公债和国库券构成。由于准备不足，直到战争爆发前的 3 个月，国会才批准发行了一笔 1100 万美元的 6% 年利率债券。除弥补财政赤字外，大部分用于战争准备，包括军队扩编、装备采购、堡垒修建等。[②] 1813 年 2 月，政府再次发行总额为 1600 万美元的债券，这一次被迫以低于面值的价格发行，发行工作仍不顺利，尤其在东部各州，由于这些地区的商业受到严重影响，人们购买战争债券的意愿十分勉强。这次认购债券的投资人主要来自费城、纽约州、巴尔的摩与哥伦比亚地区。反战的新英格兰地区认购数量不多，到 1814 年年底，除了短期债券和国库券外，美国政府的债务总额达到 4101 万美元，而新英格兰地区认购总额不超过 300 万美元。另外，由于合众国第一银行已经终止运营，债券发行工作几乎没有得到银行机构有力支持。为了促进债券发行，自此以后都采取折价销售方式，折扣曾达到 12%，最高的一次是 20%。战争接近结束时，大约降低到 5% 以内。[③] 从 1812 年到 1816 年，由于采取低于面值的价格发行，联邦政府实际获得的债券发行款远低于发行数量。按照铸币

---

① ［美］理查德·塞拉：《扭转金融衰退——1789 年以来的政府和金融体系》，载［美］普莱斯·费希拜克等《美国经济史新论——政府与经济》，张燕、郭晨、白玲等译，中信出版社 2003 年版，第 111 页。

② Dewey, D. R., *Financial History of The United States*, Longmans, Green and Co., 1918, p. 132.

③ Markham, J. W., *A Financial History of the United States*, Volume I, New York：M. E. Sharp, Inc., 2002, pp. 121 – 122.

价值计算，财政部最终收到的款项为 3400 万美元，债券面值则高达 8000 万美元。①

除发行债券以外，财政部还多次发行国库券以弥补经费不足。1812 年 6 月 30 日，国会通过了发行国库券的法案，首期额度为 500 万美元。相对于债券，人们更愿意持有国库券。国库券可以用来支付税收和用于其他公用开支，而且可以获得利息，显然更具优势。1813 年 2 月，再次发行 500 万美元。1814 年 3 月，创纪录地发行了 1000 万美元。由于此时债券发行困难重重，且低于面值发行，因此，当年 12 月，财政部再次发行了 831 万美元的国库券。这 5 年的债券发行数量分别为：1812 年发行了 1270 万美元，1813 年发行了 2290 万美元，1814 年发行了 1830 万美元，1815 年发行了 2270 万美元，1816 年发行了 780 万美元。由于每年都有到期债务，这 5 年的债务净增加额度分别为 710 万美元、1890 万美元、1660 万美元、1930 万美元和 480 万美元。加上国库券，按照杜威的统计，每年的国债净增加额度分别达到 990 万美元、2500 万美元、1910 万美元、3180 万美元和 70 万美元。②

1814 年，战争终于结束，这符合交战双方的意愿，虽然没有一方对结果完全满意，但也没有任何一方不希望尽快实现和平。除了英、美两国政府各自的意愿外，美国的金融家在签署和平协议中也发挥了重要作用。他们坚决要求停战，作为支持美国国债的条件。③ 由于没有国家银行的支持，国债发行显然并不顺利。战争最重要的教训之一，就是应该有一家国

---

① Leckie, R., *From Sea to Shining Sea：From the War of 1812 to the Mexican War：The Saga of American's Expansion*, HarperPerennial, 1994, p. 362.

② Dewey, D. R., *Financial History of the United States*, Longmans, Green and Co., 1918, pp. 137 – 138.

③ ［美］查尔斯·A. 比尔德、玛丽·R. 比尔德：《美国文明的兴起》上卷，许亚芬译，商务印书馆 2012 年版，第 443 页。

家银行为政府提供融资支持。所以，这场战争直接促成了合众国第二银行的成立。

（二）1846—1848 年美墨战争与国债融资

1. 1846 年融资

19 世纪 40 年代初，美国移民不断涌向西部，占据了大量墨西哥领土，墨西哥和美国的冲突变得不可避免。1845 年，美国国会表决通过了吞并得克萨斯的决议。对此，墨西哥中断了与美国的外交关系，美国也就相应做好了与墨西哥开战的准备。虽然美国希望展开和平谈判，以解决有关得克萨斯的边界和赔偿美国公民的损失问题，但是，波尔克总统还想得到墨西哥西北的加利福尼亚和新墨西哥两个省，计划通过购买的方式，分别出价 2500 万美元和 500 万美元。这个提议引起了墨西哥政府的强烈不满，战争也就不可避免了。4 月 25 日，两国发生了一场小规模冲突，5 月，国会同意正式向墨西哥宣战，美墨战争爆发。与美英战争相比，美墨战争时期的国债融资更有效。这场战争中，联邦政府一共进行了 3 次国债发行，用以支付战争经费，包括 1846 年 7 月 22 日的借贷法案、1847 年 1 月 28 日的借贷法案，以及 1848 年 3 月 31 日的借贷法案。三次总计募集资金 4900 万美元。①

战争爆发后，美国迅速扩充军队。总统波尔克预测，1846 年 5 月到 7 月军费开支将达到 280 万美元，从下一个财政年度开始，军费总额将突破 1700 万美元。此前为了应对急剧增加的军费开支，财政部不得不持续抽取存放在各州银行的联邦政府存款。1846 年 4 月，存款总额尚有 1200 万美元，到 7 月底减少到 772 万美元，8 月剧减为 230 万美元。由于进口减少，到 1846 年 9 月底，关税收入较前一年减少 270 万美元，政府出现了

---

① Dewey, D. R., *Financial History of The United States*, Longmans, Green and Co., 1918, p. 255.

高达 720 万美元的财政赤字。每个月的赤字为 240 万美元，国债发行迫在眉睫。① 财政部部长沃尔克预计从战争开始到下一个财政年度结束的 13 个半月中，联邦政府的开支将到达 2395 万美元，其中的一半需要通过借款才能解决。他希望采取同时发行国库券和长期国债的方式筹资，以面值或高于面值的价格发行，年利率不高于 6%。总统对此表示支持，同时表达了反对增税的态度。于是，众议院筹款委员会制定了借款法案，于 7 月 14 日提交众议院审议。此时，在众议院辉格党占少数议席，他们对此没有提出较强的反对意见。众议院以 118 票赞成 47 票反对的绝对优势于 15 日通过了这项议案。由于参议院也反对增税，于是 18 日议案在参议院迅速获得通过，波尔克总统遂于 22 日签署了法案。②

8 月底，财政部开始发行利率仅为 0.1% 的国库券，主要面向军队军官和采购官员，由他们背书以后再卖给其他投资者。到 8 月底，发行了 66 万美元，9 月发行了 129 万美元。到 10 月，流通的国库券达到 228 万美元。问题也随之出现。在新奥尔良，由于国库券利率太低，很少有人将它作为投资，拿到票据之后很快将其转换为现金，尤其用它来偿付关税，因为可以按票面价值足额偿付。国库券甚至出现贬值，100 美元的票面价值曾跌至 97.5 美元。这些措施并未从根本上缓解财政困境。到 10 月，政府的财政储备仅剩 135 万美元。③ 财政部考虑增加国库券发行量，有人建议将 12 个月的国库券利率提高到 6%，总统波尔克表示支持，但仍希望由财政部做最终决定。9 月 30 日，财政部部长沃尔克离开华盛顿，先后

① Cummings, J. W., *Toward Modern Public Finance*：*The American war with Mexico*，*1846 - 1848*，London：Pickering & Chatto，2009，pp. 52 - 53.

② Cummings, J. W., *Toward Modern Public Finance*：*The American war with Mexico*，*1846 - 1848*，London：Pickering & Chatto，2009，pp. 44 - 51.

③ Cummings, J. W., *Toward Modern Public Finance*：*The American war with Mexico*，*1846 - 1848*，London：Pickering & Chatto，2009，pp. 53 - 55.

到普林斯顿和纽约同一些银行巨头见面，希望他们能以 5% 左右的利率给政府提供 400 万美元至 500 万美元的借款。但是，这些银行家希望的利率是 6%，财政部部长无功而返。10 月 17 日，总统召集内阁会议再次商议，最终确定了 5.4% 的发行利率。即便提高了发行利率，也仍未得到这些银行家的关注，国库券发行依然难以推进。10 月 30 日，沃尔克向总统通报做了这一情况，建议发行利率为 6% 的长期债券。财政部随后向外界公布了发行一笔为期 10 年、总额 500 万美元的 6% 年利率债券的招标通知，债券在 1856 年 11 月 12 日前不可赎回。由于债券利率提高到 6%，立即产生效果，引起了银行家们的兴趣。纽约的金融家们分为两个阵营，分别由纽约州银行和名为约翰·沃德公司的投资银行为首，开始竞标这一期债券，使国债获得了溢价发行。11 月，财政部筹集到 346 万美元，12 月筹集到 96 万美元。到 1847 年发行结束，募集资金 500 万美元。在国债发行的同时，国库券也没有停止。1846 年的 10 月和 11 月，财政部发行了 208 万美元。整个 1846 年，国库券发行总额达到 437 万美元，票面利率定在 5.4%。①

1846 年的国债意义重大，卡明斯评价道："1846 年的债务发行无疑给财政部提供了极有价值的经验。沃尔克认识到，政府债券的发行必须满足市场条件和需求，他不能简单设定自己的条件。从这时候起，财政部开始了和银行家的合作。发行国库券是权宜之计，不是长期的金融工具。另外，债券的利率和周期应该是市场可以接受的，这样才能保证发行成功。同样，投资银行家们证明自己有能力消化这种规模的金融产品。但是，如果他们想获得更大的利润，在未来的债券发行中就需要更多的控

---

① Cummings, J. W., *Toward Modern Public Finance：The American war with Mexico，1846 - 1848*, London：Pickering & Chatto, 2009, pp. 55 – 63.

制与合作。"① 因此，1846 年的国债融资是美国资本市场历史上的一次重要事件，自此以后，政府认识到，债券发行应考虑市场需求并迎合需要，这是美国资本市场的历史进步。

2. 1847 年融资

美墨战争开始后，美军进展顺利。1846 年 5 月 18 日，美军越过格兰德河占领了马塔莫罗斯城，经过连续战斗，于 9 月 24 日攻破蒙特里城，25 日墨西哥守军投降。双方达成休战 8 周的协议。停战协定期满后，美军又占领科阿韦拉的首府萨尔蒂略。在西部战区，美军先后占领旧金山、圣诺明和洛杉矶。到 1847 年年初，在新墨西哥和加利福尼亚的军事行动基本结束。虽然美国在战场上取得一系列胜利，但墨西哥仍不屈服，拒绝进行和谈，坚持继续作战，这样美国也无法将到手的加利福尼亚和新墨西哥正式纳入领土范围，因此战争仍将进行，战争经费的筹集仍是摆在国会和政府面前的重要工作。

虽然经过 1846 年的国债和国库券的发行，保证了军队的日常开支，但政府手中的可支配资金仍呈下降趋势。到 1846 年 12 月 31 日，财政部手中的可支配资金不到 300 万美元，1847 年 1 月继续下滑到 268 万美元。连同战争经费，政府预计到下一个财政年度国家的日常支出要高出和平时期 2100 万美元，如果要实现 400 万美元左右的财政盈余，必须再融资 2300 万美元。融资的渠道仍然是增税和发行国债。国会中，有的议员再次提出对茶和咖啡征税的方案，认为战争形势下这一方案可以获得国人的支持。出乎意料的是，征税方案在国会仍被否决。② 1847 年 1 月，财政部

----

① Cummings, J. W., *Toward Modern Public Finance：The American war with Mexico*，*1846 - 1848*, London：Pickering & Chatto, 2009, p. 67.

② Cummings, J. W., *Toward Modern Public Finance：The American war with Mexico*，*1846 - 1848*, London：Pickering & Chatto, 2009, pp. 72 - 74.

提出将钢铁行业的关税提高 10%，每年可以多获得 141 万美元的收入，同样未获国会通过。① 这种情况下，就只有发行国债了。在财政部指导下，众议院筹款委员会拟定了一份 1847 年度的筹款方案，建议发行 1—2 年期总额为 2300 万的国库券。只要持有人愿意，国库券可以转换为 6% 年利率的长期国债。政府以公用土地作为长期国债的担保，但这一担保只对长期国债，不覆盖到国库券。法案将可以转换的国库券扩展到 1846 年及 1846 年以前，在这期间发行的国库券都可以转化为长期国债。根据计算，如果偿付国库券，还需要发行长期国债 2800 万美元。长期国债到 1867 年 12 月 1 日到期，12 月 30 日还清。法案很快得到国会两院批准。1847 年 1 月 28 日，波尔克总统正式批准，财政部开始着手国库券和长期国债的发行。

1847 年，财政部发行了 3 次国库券。同 1846 年一样，发行顺利主要得益于金融界的大力支持，尤其以投资银行为代表的承销商。1847 年 2 月，财政部进行了第一次招标发行，额度为 400 万美元。其中，由科克伦—里格斯公司和摩根公司联合组成的承销团认购了 240 万美元，其中 140 万美元联合承销，两家公司各自再承销 50 万美元。实际上，科克伦—里格斯公司独资承销了 170 万美元，两家公司实际承销了 400 万美元国库券中的 320 万美元。到 1847 年 3 月 31 日，两家公司已承销的 285 万美元国库券，都是溢价发行，投资银行家获益颇丰。1847 年 4 月 12 日，财政部启动了第二次发行，额度为 1800 万美元。参加竞标的银行家中，纽约的温斯洛·帕金斯以 100.05 的价格竞标 1233 万美元；同样来自纽约的约翰·伍德公司与摩根公司组成的团队以相同价格竞标 1200 万美元。来自波士顿的大卫·亨肖公司以 100.06 的价格竞标 700 万美元，科克

---

① Cummings, J. W., *Toward Modern Public Finance: The American war with Mexico, 1846 – 1848*, London: Pickering & Chatto, 2009, p. 75.

伦—里格斯公司则以 100.0625 的价格竞标这次额度的绝大部分，伊莉莎公司以 100.15 的价格竞标 165 万美元。最终，科克伦—里格斯公司获得 1470 万美元的认购权。加上伊莉莎公司，总额达到此次发行量的 90% 以上。剩余 10% 的份额中，5% 由包括北美银行在内的几家银行获得，其余 5% 分配给小投资人。[①] 1847 年年底至 1848 年年初，财政部启动第三次发行，融资额度为 500 万美元。新国库券发行的同时，此前的国库券也大量到期。到 1848 年 1 月 30 日，财政部总共偿付了 591 万美元的国库券款，其中有 458 万美元是 1847 年发行的。这样，依照 1847 年 1 月 28 日的借款法案，按照票面价值，总计发行国库券 2612 万美元，其中，约有 47 万的国库券利率为 6%。除此之外，财政部又发行了 2800 万美元 20 年期 6% 年利率的长期债券。这些债券主要用于赎回 1846 年、1847 年发行的国库券。相对 1846 年，这次国库券和长期债券的发行十分顺利，主要原因是财政部和金融界保持了十分融洽的销售合作，债券得以很快分销。另外，1847 年，美国经济形势相对较好，也为国债发行提供了良好的条件。

3. 1848 年融资

1847 年，美军继续向墨西哥南部推进，9 月占领墨西哥城，意味着墨西哥已实际战败。

到 1847 年年底，战争形势已经十分明朗，但停战条约仍未达成。战争部提出了新的资金需求，包括未来 7 个月内 1800 万美元的经费，以及到下一个财政年度的 4100 万美元的需求。对此方案，总统和财政部都不赞成，认为这样的融资规模必将严重打击美国资本市场。根据财政部的提议，总统同意先组织一次 1850 万美元的国债发行，如果不能满足需要，下一个财政年度可以再发行 2050 万美元。和前两年相比，国会的政治形

---

① Cummings, J. W., *Toward Modern Public Finance：The American war with Mexico，1846 - 1848*，London：Pickering & Chatto，2009，pp. 77 - 80.

势发生了很大变化，辉格党已占据主导地位。辉格党不仅反对财政部提出的国库券发行方案，而且压缩了国债发行计划，将金额限定在 1600 万美元，而且全部由 6% 年利率的 20 年长期国债构成。法案允许财政部在国债到期前，可以在债券价格低于面值时进行国债回购。法案于 2 月 17 日在众议院通过。在参议院辩论和表决的 3 月 10 日，美国和墨西哥达成了停战协定，这样，人们也认为此前确定的 1600 万美元的发行额度可以满足需求。于是 1848 年 3 月 29 日，法案在参议院也获得通过，两天后，波尔克总统批准了法案。①

和前两年的发行不同，这一次承销商将发行范围拓展到欧洲市场。一方面，到 1848 年，英国的经济危机有所缓解，英格兰银行也将利率重新调整到 4%，而且还有进一步下调的趋向。英国的铁路热开始退潮，大量闲余资本开始寻找新的出路。欧洲的投资银行家包括罗斯柴尔德家族和巴林兄弟银行在内，也愿意在欧洲销售美国债券。1848 年 4 月 17 日，财政部开始了总额 1600 万美元的 20 年期国债招标。国债到期日为 1868 年 7 月 1 日，每年支付两次利息，分别是 1 月 1 日和 7 月 1 日。债券款可以分期支付，中标者要自 7 月开始到 11 月的 5 个月期间，每月支付债券款的 20%。如果是溢价发行，溢价款必须同 7 月的分期支付款一并缴纳给财政部。② 19 世纪 40 年代，随着国债承销的成功，科克伦—里格斯公司在华尔街投资银行界占据了主导地位。基于对欧洲资本环境的了解，公司的控制人科克伦也认为这一笔国债应该销售到欧洲市场。他和巴林兄弟银行在美国的代表机构取得了联系，经过商议，巴林兄弟银行承诺参加科克伦组

---

① Cummings, J. W., *Toward Modern Public Finance：The American war with Mexico，1846 - 1848*，London：Pickering & Chatto，2009，p. 133.

② Cummings, J. W., *Toward Modern Public Finance：The American war with Mexico，1846 - 1848*，London：Pickering & Chatto，2009，p. 134.

织的承销团，认购其中的 125 万美元。另外一家和巴林兄弟银行有业务联络的公司也承诺认购 25 万美元。除了巴林兄弟银行，科克伦还联络了包括摩根在内的其他美国投资银行。到开标时，总计投标资金达到 3000 万美元。最终，价格高于 103.02 美元的中标额度有 1793 万美元，政府在 1600 万美元的发行收入中，还获得了近 49 万美元的溢价。其中，科克伦—里格斯公司组织的承销团获得了 1400 万美元的承销额度。虽然获得最大份额，但是，接下来的承销工作并不轻松，尤其是在欧洲的销售。到这年 9 月，巴林兄弟银行完成了 110 万美元的销售，销售价格为 105.5 美元。7 月和 8 月，科克伦—里格斯公司分别将 7 月和 8 月的分期款打给财政部。但随后的状况出现了波折，使公司不得不重新发掘市场。前期销售后，科克伦手中仍然持有 600 万美元至 700 万美元的债券。为了给公司留出销售时间，财政部给予很大支持。一方面，财政部延长了分期付款的时间，9 月和 10 月，由于销售不佳，财政部接受科克伦—里格斯公司只向财政部分别存入 65.5 万美元和 82.5 万美元，按照分期付款要求，这一数额应是每月 280 万美元；另一方面，财政部出资从公司的合伙人那里购买了 80 万美元的 1847 年期国库券，9 月和 10 月又兑现了 81 万美元的国库券款，一定程度上为公司减轻了部分压力。当然，科克伦也没有闲着，直接前往伦敦，在针线街和伦巴第街游说，成功说服巴林兄弟银行在原来的基础上再增加 75 万美元认购额。其他认购人还包括伦敦城最大的贴现公司奥弗伦·格尼公司。巴林兄弟银行于 1849 年 1 月完成了最后一笔债券的销售工作，此时债券价格也从最初不足 100 美元上涨到 103.5—104.5 美元。到 1849 年 9 月，财政部收到最后一笔债券认购款，距离最早的到期日 1848 年 11 月 30 日已过去近一年。①

---

① Cummings, J. W., *Toward Modern Public Finance: The American war with Mexico, 1846 - 1848*, London: Pickering & Chatto, 2009, pp. 136 - 149.

1848 年 1 月 2 日，美国和墨西哥开始和谈。经过一个月的谈判，双方于 2 月 2 日签署了和平条约，确定了美国在此次战争中的战果，包括墨西哥的格兰德河以北全部权利让与得克萨斯，割让新墨西哥和上加利福尼亚给美国。另外，美国同意给墨西哥支付 1500 万美元并承担美国公民向墨西哥政府索取的 325 万美元的赔偿要求。1848 年 3 月 10 日参议院以 38 票对 14 票的多数批准了条约。7 月 4 日，波尔多总统宣布条约正式生效。因此，1848 年的国债发行法案是在和平条约已经签署的情况下批准的。这次国债发行的收入主要用来发放士兵的复原费用、奖励，用以支付和平条约确定的向墨西哥支付的款项，以及增强财政部的资金储备等。这次发行没有选择国库券，而是直接发行了 20 年期的 6% 年利率的长期国债。很多债券被销往国外，在欧洲很受欢迎，这是 1848 年国债的一个特点。至此，美国政府在美墨战争中的 3 次国债融资基本顺利完成。依靠巨额融资，美国获得充足的军事费用，支持战争进行并最终获得胜利。这和墨西哥政府形成鲜明对比，战争经费不足是导致墨西哥最终战败的重要原因之一。但是，这次战争融资的意义远不止于此。它第一次显现出美国资本市场的巨大潜力，对美国的公共财政体系产生深远影响。美国的投资银行开始显露身手，成为资本市场的重要参与者。

## 第四节　政府、州银行与资本市场

### 一　联邦政府与州政府的责任边界

19 世纪，美国联邦政府的职责主要集中在维护独立和拓展领土等方面。在社会经济发展领域，联邦政府发挥的作用并不明显。有两方面的原因：一是建国先贤们最初设计时，给予联邦政府的权力十分有限。汉密尔顿指出，联邦要达到的目的是：其成员的共同防务；维持公安，对付国内动乱，抵抗外国进攻；管理国际贸易和州际贸易；管理同外国的政治交往和商业往来。① 因此，联邦政府的职能主要集中在维护国家安全和国家交往等方面，对社会经济发展没有进行职责上的明确。这与 18 世纪末开始兴起的自由主义思想不无关系，当时正是亚当·斯密的思想开始盛行的时代。二是建国以来，美国政府不断应对外部威胁以及领土拓展等问题，既无精力也无财力在社会经济发展中投入更多资源。另外一点也很关键，就是 19 世纪上半期，大部分时间由杰斐逊主义者和杰克逊主义者执政，他们强烈反对扩大国家职能，支持保留各州的权力。联邦政府的支出主要投向陆军、海军和退役人员，以及偿还战争债务等，这些支出每年都在增加。相对而言，用于国内支出的部分占比不高。与 20 世纪相比，联邦政府调动经济资源的能力十分有限，这种情况下，推动社会经济发展的责任就由各州来承担。

为了促进本州的社会经济发展，州政府将触角伸进了多个领域，包括银行业、运河、铁路等，一些州成为美国工业革命的实际发起人，也成为银行业的主要投资人。州在银行的投资主要集中在 19 世纪 20 年代至 30 年代，主要的促发因素包括：一是各州从联邦政府设立合众国第一银行中获取了经验，认为设立州银行可以为州的各项事业提供必要的资本支持；二是金融革命后，州政府失去了货币发行权，通过州银行发行银行券在一定程度上弥补了这一利益的缺失；三是州政府可以从银行获得税收、红利，很多州从本地银行获得了相当比例的财政收入。例如马萨诸塞州，从 1811 年到 1860 年，州政府一半以上的财政收入来自银行的资本税。银行越多，缴纳的资本税就越高，因此州政府对设立银行的特许申请一般都会

---

① ［美］汉密尔顿·杰伊·麦迪逊：《联邦党人文集》，程逢如、在汉、舒逊译，商务印书馆 2007 年版，第 114 页。

批准。① 从人口密度看，马萨诸塞州的银行体系是最庞大的，这使该州成为 19 世纪上半期美国工业革命的"领头羊"。② 从 1820 年到 1841 年，大约 20 个州为经济发展投资了近 2 亿美元，资金来源主要是州政府在资本市场发行债券筹集的资本。依照塞拉的统计，各州发行债券获得资金中，有四分之一用于西部、北部和南部各州的银行投资，四分之三用于内部提升——基础设施的改善，包括公路、运河和铁路。③

合众国第一银行、合众国第二银行都由联邦政府直接设立，联邦政府在这两大银行拥有股权，可以对银行实施监督和检查。相似的是，州政府在州银行的设立过程中发挥着同样的重要作用。州政府获得银行股权，除了股票分红构成财政收入的一部分以外，还在银行政策制定上发挥作用，以避免银行的行为影响本州利益。另外，入股州银行也便于州政府在需要时可以从银行获得更为便利的资金。很多州银行在设立时，由于私人资本数量有限，难以满足资本需求，因此对州政府出资也持欢迎态度。从 1801 年到 1811 年，州银行的数量从 30 家增长到 88 家。1812 年，纽约地区就有 9 家银行，包括美洲银行和菲尼克斯银行。第一银行特许终止以后，州银行随即快速发展起来，填补了第一银行留下来的业务空白。从 1811 年到 1813 年的两年间，又有 120 家州银行成立，都是股份银行。投资款通常可以分期支付，很多股东都是从银行借钱，然后作为投资款支付给银行。第一银行特许终止后，部分股东参与投资了新成立的纽约城市银行，于是该银行宣称自己是合众国第一银行的继承者。1812 年，美英战

---

① Sylla, R., Legler, J. and Wallis, J. J., "Bank and State Public Finance in the New Republic: The Unite States, 1790 – 1860", *Journal of Economic History*, Vol. 37, 1987, pp. 391 – 403.

② Sylla, R. Wilson, J. K. and Wright, R. E., "American's First Securities Markets, 1790 – 1830: Emergence, Development, Integration", *Financial History*, 1998, pp. 14 – 31.

③ ［美］斯坦利·L. 恩格尔曼、肯尼思·L. 索科洛夫:《剑桥美国经济史》第 2 卷，高德步、王珏总译校，王珏、李淑清主译，中国人民大学出版社 2008 年版，第 371 页。

争爆发，战争融资数额巨大。1813 年，纽约城市银行认购了 50 万美元的
国债，1814 年，再次认购财政部发行的 50 万美元债券，庞大的债务甚至
导致银行险些倒闭。纽约城市银行就是以后著名的花旗银行。[①] 对此，沃
利斯指出："除了两家合众国银行，其他银行一直在州政府的控制之中，
联邦政府在 1863 年之前一直没有在颁发银行特许和监管银行中发挥积极
作用。州政府处于推动经济发展的中心位置。"[②]

### 二 州特许银行（以下简称"州银行"）

（一）政府资本与州银行

19 世纪上半期，银行在美国金融体系中占据中心位置。除了联邦层
面先后设立的合众国第一银行、合众国第二银行以外，最重要的就是州银
行。最初一批银行为了获得州政府的特许，给予州政府一部分股权，州政
府因此获得在银行的投资机会，股票分红成为州政府收入的重要来源之
一，尤其是东部一些州，例如马萨诸塞、纽约、宾夕法尼亚、马里兰、弗
吉尼亚和南卡罗来纳。[③] 例如，马萨诸塞州持有约 100 万美元的银行股
权，马里兰州持有 54 万美元，康涅狄格州、纽约州和特拉华州相对少一
些。1793 年，波士顿银行获得特许，马萨诸塞州政府提供了该银行三分
之一的资本。到 1812 年，银行的股本总额为 800 万美元，州政府持有其
中的 100 万美元股本并保持多年。波士顿银行的特许状规定，州政府享有
收购银行新发行股票不超过 50% 的优先权。州政府还依照持股比例在银

---

① Markham, J. W., *A Financial History of the United States*, Volume I, New York: M. E.
Sharp, Inc., 2002, pp. 127 – 128.

② ［美］约翰·约瑟夫·沃利斯:《国家时代》, 载［美］普莱斯·费希拜克等《美国经济
史新论——政府与经济》, 张燕、郭晨、白玲等译, 中信出版社 2013 年版, 第 133—173 页。

③ ［美］约翰·约瑟夫·沃利斯:《国家时代》, 载［美］普莱斯·费希拜克等《美国经济
史新论——政府与经济》, 张燕、郭晨、白玲等译, 中信出版社 2013 年版, 第 133—173 页。

行董事会派出董事。1793 年，宾夕法尼亚州建立了宾夕法尼亚银行，州政府持有该银行三分之一的股权。从银行获得股票分红几乎可以维持州政府的所有开支。1803 年成立的费城银行中，州政府可以在该行 200 万美元股本中认购 30 万美元，并享有在第 4 年年底和第 8 年年底各认购 20 万美元股票的特权。在该行 22 名董事中，州政府可以任命其中 4 名。1810 年 3 月 10 日，该州还通过一项法律，如果州的财政盈余资金超过 3 万美元，超过部分应投资于宾夕法尼亚银行。也就在这一年，该州持有的宾夕法尼亚银行股权高达 160 万美元。到 1813 年，州政府总计获得了 20 万美元的股票分红，几乎等于当年州财政收入的五分之二。① 罗得岛州也持有银行股份，不同的是，它持有股票是为了影响银行的贷款方向，为学校教育提供资金。在康涅狄格州，哈德福德银行于 1792 年获得特许，州政府获得认购银行总股本 250 股中 40 股的权利，还可以向银行派出两名董事。1810 年，纽约成立了米凯尼克银行，州政府有权购买总股本六分之一的份额。到 1833 年这家银行不幸破产时，州政府仍然持有价值约 8.5 万美元的股份。1810 年，新泽西成立了特伦顿银行，州政府购买了 2 万美元的股份，到 1812 年，州政府持有该州 5 家银行一半的股权。② 北卡罗来纳州政府持有州立银行三分之一的股权，另持有北卡罗来纳银行 200 万美元的股份，该行的总股本为 350 万美元。1830 年，密西西比州成立了密西西比种植园主银行，州政府认购了该行三分之二的股本，认购资金全部来自该州发行的公债。③ 东部地区的州政府常常从颁发特许过程中直接获得

---

① Dewey, D. R., *State Banking before the Civil War*, Washington: Government Printing Office, 1910, pp. 37 - 38.

② Markham, J. W., *A Financial History of the United States*, Volume Ⅰ, New York: M. E. Sharp, Inc., 2002, p. 171.

③ Dewey, D. R., *State Banking before the Civil War*, Washington: Government Printing Office, 1910, pp. 37 - 40.

银行股份，并没有直接向银行投资。①

到 19 世纪 30 年代，有 8 个州拥有自己的银行，即银行是州政府出资建立的。尤其在西部及南部各州。对州政府在银行持有的股权及投资目的，杜威援引卡伦德的话介绍道：

> 一直到内战爆发，南部各州一直持有这些银行的股权；1839 年时，佐治亚州持有 300 万至 400 万美元的银行股权，南卡罗来纳州持有州立银行的全部股权，合计 1156318 美元；弗吉尼亚州的建设基金为 1185000 美元，大部分由银行股权构成。到 1820 年，西部各州也采取了这样的政策。但是，这些州的投资资金并非来自财政收入，这和东部州一样，这些州通过发行债券筹集投资资金。1824 年，路易斯安那州最早采取了这种方式。一直到 1840 年，西部和西南部各州包括佛罗里达，总计发行了超过 6500 万美元的公债，州政府用所筹资金投资于银行。……虽然州政府和银行通过股权建立了紧密联系，但各州的出发点并不一样。北方和南方一些较早的州不是出于发展银行业的目的，即使有，也绝非主要目的。他们更多将银行视为一个盈利企业，并把在银行的投资视为一种荣誉……但在西部这些新成立的州，由于资本稀缺，因此动机也不同。人们不仅希望提供流通媒介，也希望银行能为商业阶层提供服务，包括给农民提供贷款。但整体看，通过银行业务获得利润还是重要动机，即便不是最重要动机。因此，当印第安纳州和伊利诺伊州开始基础设施建设时，它们都增加了在银行的投资，并授权州政府购买银行新发行的股份。……这些州从银行获得利率为 5% 或 6% 的贷款，而银行的分红是 7%—9%。州还

---

① ［美］约翰·约瑟夫·沃利斯：《国家时代》，载［美］普莱斯·费希拜克等《美国经济史新论——政府与经济》，张燕、郭晨、白玲等译，中信出版社 2013 年版，第 133—173 页。

可以从中获得利差，用以支付发行公债的利息，甚至继续投资银行股票。肯塔基和田纳西州也是如此。……但在西南部州情况有所不同，无论是对资本的需求，还是筹资的难度，都高于美国的其他各州。这些州的种植园主还需从北方和欧洲获得资本；无论是个人信贷，还是在新的城镇建立的股份银行，相对需求而言，资本远远不够，不如北方各州资金那么充裕，可以用来建设运河与铁路。为弥补资金不足，除公共信贷之外没有什么选择，每一个新建立的南方州都通过发行州债券募集资金，以建立一家或几家银行，再为这些社会需求提供资金支持，无论佛罗里达州还是阿肯色州，都是如此。很多这样的银行以"房地产银行"闻名，都是为给种植园主提供贷款而专门建立的。①

西部和南部各州的银行一般都比北方的银行大，西南地区银行的资本金是新英格兰地区银行的 10 倍。②

19 世纪 30 年代，路易斯安那州的银行依照特许状划分为 3 种类型，除了上述的"房地产银行外"，还有"商业银行"和"（基础设施）提升银行"（improvement banks）。商业银行主要面向商业和制造业，提升银行主要是为各州包括运河、道路在内的基础设施建设提供资金。房地产银行主要为种植园主和房地产所有人提供长期抵押贷款。1831 年成立的新奥尔良运河银行，在特许状中，州政府要求这家银行出资建设连接庞嘉全湖和密西西比河的一条运河。对 1835 年成立的交易银行以及 1836 年成立的新奥尔良基础设施提升银行，特许状要求这两家银行要在新奥尔良建设并

---

① Dewey, D. R., *State Banking before the Civil War*, Washington: Government Printing Office, 1910, pp. 34 – 36.

② ［美］约翰·约瑟夫·沃利斯：《国家时代》，载［美］普莱斯·费希拜克等《美国经济史新论——政府与经济》，张燕、郭晨、白玲等译，中信出版社 2013 年版，第 133—173 页。

经营旅馆。对 1835 年成立的新奥尔良煤气灯银行，则要求该银行必须在新奥尔良和银行拥有分支机构的 5 个城镇建设和运营煤气路灯。另外，还有些银行是专门成立为铁路建设融资的，例如 1835 年成立的卡罗尔顿铁路银行，1836 年成立的阿查法利亚铁路银行。房地产银行同样得到州政府的大力支持。1827 年成立的种植园主联合银行、1832 年成立的联盟银行，以及 1833 年成立的公民银行，都由州政府出资设立，州政府通过发行以房地产为抵押的公债来募集投资资金。由于提供了房地产抵押，而且根据抵押房地产的价值比例获得了一定股份，种植园主也变成了股东，且能借到同等比例的资金。银行经营获得的利润不直接分红，而是存入偿债基金，用以支付公债的利息和本金。路易斯安那州不仅在本州筹集资金，也在其他州和国外筹集资金。1837 年，路易斯安那州在欧洲发行了 2000 万美元的抵押债券，另外，还在纽约、费城、波士顿发行债券筹集到 700 万美元。路易斯安那州通过发展银行业促进了全州的社会经济发展，这种模式被历史学家称为"州的理想"（commonwealth ideal）。另外，1827 年成立的肯塔基银行在贷款业务上也受到政府指导，要求给予借款人较之过去更长的借款期限。所有肯塔基的土地所有人都有权获得 1000 美元的贷款。[①] 这些南部和西部的银行，虽然发展形势不同，但是有着相同的理念，那就是让种植园主和农民摆脱"贫困和窘迫的状态"[②]。州政府力图通过这些直接设立的银行，推动本州的经济发展，提高社会福利。

1836 年，获得州政府特许的州银行资本总额已达到合众国第二银行

---

① Bodenhorn, H., *A History of Banking in Antebellum American*, Cambridge：Cambridge University Press, 2000, pp. 42 – 44.

② Bodenhorn, H., *A History of Banking in Antebellum American*, Cambridge：Cambridge University Press, 2000, p. 45.

的 10 倍。① 由于南部地区拥有直达大海的通航河流，因此对基础设施的投资相对较小，州政府主要投资于银行。从 1824 年以后，路易斯安那州向银行投入了 2300 万美元。到 1837 年，在亚拉巴马州、佐治亚州、佛罗里达州以及阿肯色州和密西西比州，银行资本的一半以上来自州政府的投资，而州政府发行债券获得资金多是为了投资银行。1837 年才刚成立的阿肯色州，州议会通过的第一个法案就是发行州债券以创立一家银行。②

表 4-2　　　　　银行、银行资本与州政府对银行的投资（1837 年）

| 地区 | 银行及分支机构数目 | 银行资本（万美元） | 平均资本（万美元） | 银行债券（万美元） | 州政府在银行的投资比例 | 投资于银行的资本占政府债务比例 |
|---|---|---|---|---|---|---|
| 新英格兰地区 | 304 | 6423.23 | 21.13 | 0 | 0 | 0 |
| 中大西洋地区 | 204 | 7845.5 | 38.46 | 0 | 0 | 0 |
| 南大西洋地区 | 38 | 3137.79 | 82.57 | 0 | 0 | 0 |
| 西南地区 | 31 | 6230.71 | 201 | 4225 | 68% | 87% |
| 西北地区 | 49 | 2389.29 | 48.76 | 889 | 37% | 29% |

资料来源：［美］约翰·约瑟夫·沃利斯：《国家时代》，《美国经济史新论——政府与经济》，张燕、郭晨、白玲等译，中信出版社 2013 年版，第 163 页。

从表 4-2 中可以看到，截至 1837 年（这一年后，很多州开始实施自由银行制度，私人银行的数量开始快速增长），虽然新英格兰地区和中大西洋地区银行数量最多，但银行的资本规模小于南部各州。在西南地区，

---

① ［美］约翰·约瑟夫·沃利斯：《国家时代》，载［美］普莱斯·费希拜克等《美国经济史新论——政府与经济》，张燕、郭晨、白玲等译，中信出版社 2013 年版，第 133—173 页。

② ［美］约翰·约瑟夫·沃利斯：《国家时代》，载［美］普莱斯·费希拜克等《美国经济史新论——政府与经济》，张燕、郭晨、白玲等译，中信出版社 2013 年版，第 133—173 页。

银行的平均资本高达 201 万美元，这在当时是大型股份公司。政府在银行股本中占比最高的地区也是西南地区，占比高达 68%，而且，这些资本主要是州政府发行州债券获得的。因此，相对新英格兰和中大西洋地区，南部各州对银行业的支持力度更大，影响也更显著。

（二）州银行与贷款市场

1. 州银行对州政府的贷款支持

既然州银行获得了州政府的特许和投资，则向州政府提供贷款就成为顺理成章的业务。其实，一些州将银行给予州贷款作为颁发特许状的必需条件。1791 年，马萨诸塞州的联盟银行获得了州的特许状，特许状要求该银行向州政府提供不高于 10 万美元的贷款，年利率为 5%，以后成立的其他银行也同样如此。1811 年，该州成立了州立银行，特许状中更是明确州政府可随时向银行要求获得不超过资本总额 10% 的贷款，年利率为 5%，5 年内偿付本金，贷款总额不超过银行资本总额的 20%。到 1829年为止，州银行给州政府的贷款总额一般达到银行资本额的 10%，利率为 5%，最高曾达到 10%。还有一些州，虽然特许状中没有明确规定贷款给政府的条款，这样的情况仍然存在。例如，1794 年，在汉密尔顿的要求下，纽约银行就提供给联邦政府一大笔贷款，同时也给州政府贷款。1810 年，纽约米凯尼克银行给州政府提供了一笔额度为银行资本总额六分之一的贷款，年利率为 5%。1811 年 3 月，合众国第一银行关闭，1812年它在纽约的分行改组为美洲银行，需要获得纽约州的特许，为此这家银行付出了巨大代价。州政府要求该行提供两笔额度各为 10 万美元的贷款，其中一笔利息率为 5%，另一笔为 6%。另外，州政府还要求享有一笔 4万美元的红利。1815 年，新泽西州也要求该州的农民银行要在政府提出贷款需要的 30 日之内提供 5 万美元贷款。1804 年，费城政府要求费城银行提供一笔 10 万美元的贷款，利率不能高于 5%。1814 年，费城政府规定，每家新成立的银行都应给予政府一笔占其资本总额 10% 的贷款，并在 1824 年银行法案中重申了这一规定。1825 年，北美银行为了延续特许权，响应政府要求，为其提供了资本总额 5% 的贷款，年利率为 5%。另外一些州，州政府则担心对银行形成过度依赖。例如，1795 年，在马里兰州巴尔的摩银行成立的特许状中，对给予联邦政府或州的贷款总额做出不能超过 5 万美元的限定。1812—1816 年，由于战争需求等因素，对这一规定进行了调整，将最高贷款额度限定在资本总额的三分之一。① 可以看出，美国各州银行在成立时，州政府普遍要求获得银行贷款，有的是通过特许状强制要求的，还有一些虽然没有在特许状中明确，但实际上也有强制性贷款要求。

相比 19 世纪上半期的其他国家，美国银行体系的发展非常迅速，发展道路也不同。美国的州银行通常是获得州特许的有限责任形式的股份公司，而不是合伙人制。美国银行业的发展，突出反映了银行业和政府的紧密关系，无论是联邦层面的合众国第一银行、合众国第二银行，还是各州层面的地方银行，政府直接参与银行设立，投入相当比重的资本，有些甚至是全资持有。政府对银行具有举足轻重的影响力。

2. 州银行对社会经济发展的贷款支持

州政府出资建立了银行，除了要求获得贷款，还有一点考虑就是要对贷款方向进行指导，以最大限度促进州的社会经济发展。19 世纪上半期，美国的基础设施建设主要由各州和地方发起，银行资本构成重要的建设资金来源。例如，1836 年肯塔基银行给路易斯维尔城提供了 2 万美元的贷款，以支持政府认购当地铁路公司的股票。1829 年，宾夕法尼亚银行曾因没有及时满足州政府所需的建设资金而受到公众指责。在新英格兰地

---

① Dewey, D. R., *State Banking before the Civil War*, Washington: Government Printing Office, 1910, pp. 207 – 211.

区，一些银行的特许状中明确规定了具体的投资方向。1803 年成立于马萨诸塞州的普利茅斯银行，特许状中要求银行在获得有效抵押的情况下，每年拿出资本总额八分之一的资金支持农业发展。该州的伍斯特银行也被同样要求。马萨诸塞州对首府波士顿的州立银行和萨福克银行也提出了类似的投资指引。1818 年，州政府要求这两家银行为居住在波士顿郊区从事农业和机器制造业的居民提供占其资本总额 12.5% 的贷款支持。在缅因州，州政府在 1802 年规定，州银行提供给农业的贷款支持不能低于银行资本的 12.5%，1812 年调整到不低于 10%。在纽约，虽然没有具体规定，但州银行同样对特定项目提供了支持。1792 年，在时任财政部部长汉密尔顿的要求下，纽约银行为费城的一家建设公司以 5% 的利率提供了 4.5 万美元贷款。1793 年 10 月，在纽约市市长的请求下，向费城的受灾居民提供了 5000 美元的借款。纽约银行资本总额为 160 万美元，1810 年，它将其中的 60 万美元投向机器制造和贸易领域。需要指出的是，这种投资导向与银行的治理结构很有关系。这家银行的大部分董事是机器制造商、工厂主和贸易商。1809 年，宾夕法尼亚州也学习了马萨诸塞州的做法，在新成立的费城农民和机器制造银行的特许状中规定，如果农民提出申请，可将银行资本总额的 10% 投向农业领域。1814 年，州政府出台具体规定，要求新设立的银行在一年内，应将不少于资本总额十五分之一的资金投向农业、机器和制造业，并在 1824 年银行法中重申了这一规定。① 州银行发展的早期阶段，个人储蓄在银行业务中的作用并不大。直到 1840 年以后，随着储蓄的日益增加，存款的增长逐渐超过了银行券，对银行的影响才越来越大。以纽约银行为例，早期存款只有 1610 万美元，到 1860 年存款总额翻了 7 倍，而同期的资本总额和银行券数量仅增长 3

---

① Dewey, D. R., *State Banking before the Civil War*, Washington：Government Printing Office, 1910, pp. 210–214.

倍，银行的铸币储备只增加了 4 倍。1857 年，当金融恐慌发生时，银行持有的铸币储备仅相当于存款和发行在外银行券的 13%。① 还是存在很大的兑付风险。

州银行在 19 世纪上半期的社会经济发展中扮演了重要角色。银行作为金融中介，集中社会资本，随后将资本再投入社会各个领域。州政府起到了引导作用。1837 年，俄亥俄州州长这样盛赞了州银行："正是银行贷款，购买了我们的土地，建立了我们的城市，清理了我们的田园，修建了我们的教堂，还建立了我们的学校。"② 塞拉认为合众国第二银行存在时的银行体系是最优的，他说："直到 19 世纪 30 年代，美国的银行体系在世界范围内都是最好的、发展非常迅速的银行体系，为快速发展的世界经济提供了广泛的信用和有效的支付体系。"他同时阐述了银行和政治之间的关系："然而，美国的银行体系还不是一个完美的银行体系。在州层面和国家层面，银行业已经带有高度的政治色彩。"③

到 19 世纪三四十年代的经济危机中，州银行受到很大影响，大量银行破产。1840 年，美国拥有 901 家州银行，到 1843 年，数量缩减为 691 家。塞拉批评杰克逊总统关闭第二银行导致了这样的后果。④ 从 19 世纪 30 年代开始，一半以上的州采取了自由银行制度，私人银行开始兴起，州银行度过了历史上最辉煌的时期。

---

① Dewey, D. R., *State Banking before the Civil War*, Washington：Government Printing Office, 1910, pp. 214 – 215.

② Bodenhorn, H., *A History of Banking in Antebellum American*, Cambridge：Cambridge University Press, 2004, p. 85.

③ ［美］罗伯特·塞拉：《扭转金融衰退》，载［美］普莱斯·费希拜克等《美国经济史新论——政府与经济》，张燕、郭晨、白玲等译，中信出版社 2013 年版，第 101—132 页。

④ ［美］罗伯特·塞拉：《扭转金融衰退》，载［美］普莱斯·费希拜克等《美国经济史新论——政府与经济》，张燕、郭晨、白玲等译，中信出版社 2013 年版，第 101—132 页。

# 第五节　交通运输业融资

## 一　政府与基础设施建设

自建国到 19 世纪上半期，美国经历了和英国几乎同步的基础设施建设时期，在美国称为"内部提升"，主要指收费公路建设和运河建设。公路建设和运河建设需要大量资金投入，而且建设周期长。1805 年，杰斐逊总统在第二次就职演说中曾预言，如果执行了推动国家兴旺的经济政策，就一定会出现财政盈余。虽然他反对联邦政府对州政府的干预，但是，他表示支持修订宪法，以便联邦政府的资金可以用于内部提升、艺术发展和教育事业。① 实际上，联邦政府从一开始就投入了内部提升运动，只是后来麦迪逊、门罗总统在是否违宪问题上犹豫不决，最终使联邦政府没有在内部提升运动中发挥主导作用。1796 年，联邦政府就曾给予私人公司土地，以便他们修建从慧灵到梅斯维尔的公路，当时并未在政界引发争论。此后国会和财政部对州的几项公路建设也提供了资本支持。1806 年 3 月，国会决定建设一条从波托马克河上游经宾夕法尼亚和弗吉尼亚最终到俄亥俄（1803 年俄亥俄州成为美国的第 17 个州）的公路。据说这项工程耗资 250 万美元，规模之大前所未有。杰斐逊总统支持联邦对内部提升提供资本援助，财政部部长加勒廷曾经对此表示反对，以后改变了想法。1807 年，在参议院指示下，加勒廷提出一个国内陆地和东部水运系统的全盘计划，也就是"加勒廷计划"。在计划中，他认为美国国土过于辽阔，缺乏私人资本，有必要利用联邦政府的资源打通各地之间的交通要道以支持私人投资。他估算公路和运河建设将耗资 2000 万美元，如果每

---

① Dewey, D. R., *Financial History of the United States*, Longmans, Green and Co., 1918, p. 218.

年支出 200 万美元，需要 10 年时间。一旦这些交通设施产生收入，可以卖给私人企业，其收益用来促进进一步的内部提升。① 但出于对是否违宪的疑问，这一计划最终没有采纳。1816 年，议员卡尔霍恩（以后曾任战争部长、副总统）提出了一项议案，建议联邦政府将来自合众国银行发放的分红和利润用于支持内部提升，但被麦迪逊总统以违宪否决。1822 年，时任总统门罗也否决了一项关于修建坎伯兰收费公路的议案。1824 年，参议员范伯恩提出修订宪法的建议，给予国会分配联邦资金投入公路和运河建设的权力。1825 年上任的约翰·昆西·亚当斯总统也支持联邦政府投入内部提升运动，国会的相关委员会曾对整个工程造价进行了估算，预计到 1830 年这项费用将达到 9600 万美元。② 但是，亚当斯未能获得连任，安德鲁·杰克逊总统对此持反对态度。1830 年 5 月，杰克逊总统否决了联邦政府出资建设梅斯维尔公路的议案，随后还否决了联邦政府认购华盛顿收费公路公司股份的议案，这使联邦政府主导内部提升的计划最终流产。③

虽然联邦政府没有采用加勒廷计划，议会也拒绝了纽约州开掘伊尔运河的协助请求，但联邦政府仍然采取了一系列措施，促进基础设施建设。从 1824 年到 1828 年，联邦政府在运河建设上总计投入 200 万美元。另外，到 1860 年，在俄亥俄州、密歇根州、印第安纳州、伊利诺伊州和威斯康星州，联邦政府总共给予各州 400 万英亩土地用于运河建设。联邦政

---

① ［美］乔纳森·休斯、路易斯·P. 凯恩：《美国经济史》，邸晓燕、邢露译，北京大学出版社 2011 年版，第 159 页。

② Dewey, D. R., *Financial History of the United States*, Longmans, Green and Co., 1918, pp. 212—214.

③ Dewey, D. R., *Financial History of the United States*, Longmans, Green and Co., 1918, p. 215.

府还认购了超过 300 万美元的运河公司股票。① 从马里兰到密苏里的全国公路没有按计划完成，但也修建到伊利诺伊州，仅在这条公路上联邦政府就投入大约 700 万美元。② 整体上看，在公路建设和运河建设上，联邦政府的投资总额也仍然可观。按照杜威的统计，从 1802 年到 1835 年，联邦政府投资于公路和运河的金额如表 4 - 3 所示。

表 4 - 3　　　　　1802—1835 年联邦政府投资于公路和运河的金额

| 时期 | 投资（万美元） |
| --- | --- |
| 1802—1805 年 | 0.5 |
| 1806—1810 年 | 9.4 |
| 1811—1815 年 | 36.4 |
| 1816—1820 年 | 147.5 |
| 1821—1825 年 | 63.5 |
| 1826—1830 年 | 273.7 |
| 1831—1835 年 | 421 |

资料统计：Dewey, D. R., *Financial History of the United States*, Longmans, Green and Co., 1918, p. 216.

在这种情况下，基础设施投资主要由州政府资本和私人资本共同构成，州政府在内部提升运动中发挥了主导作用，对私人资本发挥了引导功能。没有政府资本的参与，私人资本对如此规模的资本投入也缺乏信心。政府资本主要通过债券市场筹集，巨大的债务规模曾引发了政府的债务危机，这一点在 19 世纪尤为明显。美国工业革命在一定意义上就是在各州

---

① Taylor, G. R., *The Transportation Revolution 1815 - 1860*, New York: Harper & Row, Publisher, 1951, p. 49.

② ［美］乔纳森·休斯、路易斯·P. 凯恩：《美国经济史》，邸晓燕、邢露译，北京大学出版社 2011 年版，第 160 页。

政府的牵头与指导下进行的。因此，塞拉直言："州是撬动国家经济潜力的杠杆。"① 从表4-4中可以看到，州政府在社会经济发展中的资本投入。

表4-4　　　　　　1820—1859年州政府费用支出合计

（以当年价格计，占总支出的比例；单位：百万美元）

| 10年期 | 所有社会费用 | 占比（%） | 交通 | 占比（%） | 教育 | 占比（%） | 农业 | 占比（%） | 其他 | 占比（%） |
|---|---|---|---|---|---|---|---|---|---|---|
| 1820—1829 | 2.59 | 47.8 | 2.32 | 42.8 | 0.213 | 3.9 | 0.009 | 0.2 | 0.048 | 0.9 |
| 1825—1834 | 4.80 | 60.3 | 4.62 | 58.1 | 0.148 | 1.9 | 0.001 | 0 | 0.029 | 0.4 |
| 1830—1839 | 9.77 | 64 | 9.11 | 59.7 | 0.633 | 4.1 | 0.001 | 0 | 0.023 | 0.2 |
| 1835—1844 | 9.17 | 59.1 | 8.16 | 52.6 | 0.889 | 5.7 | 0.005 | 0 | 0.121 | 0.8 |
| 1840—1949 | 5.78 | 46.7 | 4.78 | 38.6 | 0.891 | 7.2 | 0.013 | 0.1 | 0.104 | 0.8 |
| 1845—1854 | 4.59 | 30.6 | 2.45 | 16.3 | 1.83 | 12.2 | 0.198 | 1.3 | 0.113 | 0.8 |
| 1850—1859 | 6.41 | 31 | 2.97 | 14.3 | 2.87 | 13.9 | 0.430 | 2.1 | 0.144 | 0.7 |

资料来源：［美］罗伯特·E.高尔曼：《19世纪美国的资本形成》，载［英］M.M.波斯坦、D.C.科尔曼、彼得·马赛厄斯主编《剑桥经济史》第7卷，第43—44页。

可以看到，从1820年到1844年，对交通运输业的投资占州政府全部开支的40%—60%，进入19世纪40年代中期以后，这一比例才开始逐渐下降。由于州政府财力有限，大量投资资金都是来自国内外资本市场的借款。例如，到1835年，虽然联邦政府还清了所有内外债务（这是历史上唯一的一次），但州政府的债务并没有减少，反而持续增加，而且借款增加数额要远远大于偿还数额。另外，大约40%的资本来自国外资本市场。纽约州的政府公债早在1817年就在伦敦上市，1830年以后，各州、

---

① ［美］斯坦利·L.恩格尔曼、肯尼思·L.索科洛夫主编：《剑桥美国经济史》第2卷，高德步、王珏总译校，王珏、李淑清主译，中国人民大学出版社2008年版，第371页。

各城市发行的公债也在欧洲市场出现。到1838年为止，有18个州总计借款1.70亿美元。到1842年，借债的州数量上升到20个，借款总额达到1.98亿美元。①

即便如此，联邦政府支出在整个政府支出总额中仍然远超州政府。相对于联邦政府的总支出，州政府即使在最活跃的时期，也没有任何一个较长的时期能够超越联邦政府。19世纪20年代到40年代的内部改进时期，州政府的全部支出为联邦政府支出总额的三分之二。除此以外的其他时期，这一比例大约为三分之一或者更少。②

### 二　收费公路与运河

#### （一）收费公路

在19世纪的美国社会经济发展中，各州经常处于一种相互竞争状态，这种竞争促使各州为发展经济争先恐后，这在内部提升方面十分明显。相对以后的运河建设和铁路建设，州政府在公路建设方面的投资较少，私人资本在这一领域占据主要地位。随着经济持续发展，城市之间的交通运输成为新的投资热点。1810年，城际收费公路约为4600英里，1830年达到27800英里。收费公路公司采取用发行股票的方式筹集股本，投资一般都来自私人资本，总额超过2500万美元。在新英格兰地区，到1840年，投资达到650万美元。收费公路造价较低，资本规模一般都不大，大部分收费公路公司的资本不超过10万美元，因此，投资人范围十分广泛，包括专业人士、农民、商人以及工厂主。大部分资本

---

① ［美］斯坦利·L.恩格尔曼、肯尼思·L.索科洛夫主编：《剑桥美国经济史》第2卷，高德步、王珏总译校，王珏、李淑清主译，中国人民大学出版社2008年版，第524页。

② ［美］斯坦利·L.恩格尔曼、肯尼思·L.索科洛夫主编：《剑桥美国经济史》第2卷，高德步、王珏总译校，王珏、李淑清主译，中国人民大学出版社2008年版，第361页。

还是来自富人，尤其是商人资本家，他们不仅投资银行和工厂，也投资收费公路。① 在新英格兰地区和大西洋中部各州，除宾夕法尼亚外，收费公路的投资绝大多数来自私人资本。一些州政府也有参与。例如，1817 年，弗吉尼亚州通过了收费公路法，允许州政府投资收费公路公司，如果得到私人资本的保障，最高可投入公司资本总额的 40%。② 1822 年，在宾夕法尼亚州约 600 万美元收费公路投资中，三分之二来自私人资本，另外三分之一来自州政府。在印第安纳州和 1830 年前的南卡罗来纳州，大部分收费公路公司的资本来自州政府，州政府获得了公司的全部股权。不过这种情况并不普遍，在其他地区，大部分收费公路仍然由私人资本出资并控制，州政府参与投资，不占控股地位。州政府参与投资收费公路的资本一部分来自发行债券。例如，1833 年，印第安纳州因投资收费公路发行的债券额度超过了 100 万美元，肯塔基州则接近 250 万美元。③

但是，公路公司的收费收入远不如预期那么高。在新英格兰地区的 230 家收费公路公司中，仅有 5—6 家支付过红利。在马萨诸塞州，最成功的一家公路公司 60 年间平均回报率仅为 3.1%。1838 年，俄亥俄州持有该州 26 家公路公司近一半的股权，到 1846 年，仅有 9 家公司发放过红利。最惨痛的可能是肯塔基州政府，持有的收费公路公司的股权合计约为 250 万美元，到 1851 年，股票价值仅为原来投资的 25% 到 30%。④ 关于收费公路公司快速衰亡的原因众说纷纭，大部分人认为是被随后兴起的运

① Taylor, G. R., *The Transportation Revolution 1815 – 1860*, New York：Harper & Row, 1951, Publisher, p. 25.

② Taylor, G. R., *The Transportation Revolution 1815 – 1860*, New York：Harper & Row, 1951, p. 23.

③ Taylor, G. R., *The Transportation Revolution 1815 – 1860*, New York：Harper & Row, 1951, pp. 25 – 26.

④ Taylor, G. R., *The Transportation Revolution 1815 – 1860*, New York：Harper & Row, 1951, pp. 25 – 27.

河和铁路运输超越。但泰勒指出，早在运河与铁路形成竞争优势前，收费公路公司就已经开始走下坡路。因此，收费公路建设是内部提升运动中过程较短、影响较小的一个阶段。内部提升运动的真正兴起，还是运河时代开启以后。

（二）运河

实际上，收费公路建设尚未结束，运河时代就已来临。运河建设热潮大约从 1815 年持续到 1843 年。相比收费公路，运河无疑是开支巨大的建设项目。当时，收费公路的造价是每英里 5000 至 1 万美元，而运河的造价是每英里 2 万美元至 3 万美元。一些地区的造价还要更高。比如，切斯皮克—俄亥俄运河的造价高达每英里 6 万美元。最高的是萨斯奎哈纳运河，据说造价为每英里 8 万美元。[1] 美国的运河建设 18 世纪末期就已经开始，但晚于英国，而且发展速度缓慢。到 1816 年，美国全国运河里程仅为 100 英里左右，仅有 3 条运河的长度超过两英里，最长为 28 英里。美国真正进入运河时代，是从伊利运河的兴建开始的。当纽约州决定建设这条运河时，整个州的人口还不到 100 万人，大部分居住在哈德逊河流域。开通这样一条运河，可以解决本周居民的交通和贸易运输问题。[2] 而且，纽约州也担心湖区贸易被蒙特利尔分流，建设运河可以继续保持湖区贸易在纽约州的繁荣。[3] 由于耗资巨大，纽约州原本希望能得到联邦政府的支持，但麦迪逊总统否决了提供 150 万美元的议案。随后，纽约州议会通过法案，决定由州政府来完成从哈德逊河到伊利湖之间的运河开掘。建设运

---

[1]　Taylor, G. R., *The Transportation Revolution 1815 – 1860*, New York: Harper & Row, Publisher, 1951, p. 53.

[2]　Taylor, G. R., *The Transportation Revolution 1815 – 1860*, New York: Harper & Row, Publisher, 1951, p. 33.

[3]　Wells, *Industrial History of the United States*, New York: The Macmillan Company, 1924, p. 172.

河的资金主要来自税收、债券以及未来的运河收费。这条运河无论是长度还是建设成本，都是史无前例的，施工难度也创造了历史纪录。当 1825年 10 月运河全线开通时，总长 363 英里，总投资高达 700 万美元。运河公司股票面额较小，最早被纽约市民购买，当运河公司通过收费开始盈利后，大投资者和海外投资也闻风而来。到 1829 年，外国投资者购买了运河公司一半左右的股票。①

伊利运河的建设和盈利引发了全美兴建运河的热潮。1826 年，宾夕法尼亚州议会批准州政府动用本州资金建设干线运河。由于要横跨阿巴拉契亚山脉，运河建设十分复杂。运河长 359 英里，到 1835 年竣工，投入资本总计 1200 万美元。另外，还有 650 万美元投资建设其他规模较小的运河。宾夕法尼亚州政府不仅认购运河公司的股票，而且还给予其他投资人认购年利 6% 的彩票债券的特权。② 在中大西洋各州，运河建设主要从宾夕法尼亚到特拉华河，以及从特拉华河通过纽约或新泽西到海岸。印第安纳州修筑了最长的水道，从俄亥俄河上的埃文斯维尔向北一直到俄亥俄州的托莱多。这条运河长 450 英里，名为沃巴什—伊利运河，耗资 650 万美元。俄亥俄州共修建了 761 英里运河，耗资总额为 1600 万美元。③ 弗吉尼亚州的内部提升耗资更为巨大。到 19 世纪 50 年代末，该州在运河、公路和铁路的投资总计高达 5500 万美元。④

由于所需资金庞大，在很多州，州政府持有运河公司股份或直接运营

①　［美］乔纳森·休斯、路易斯·P. 凯恩：《美国经济史》，邸晓燕、邢露译，北京大学出版社 2011 年版，第 162 页。

②　Taylor，G. R.，*The Transportation Revolution 1815 – 1860*，New York：Harper & Row，Publisher，1951，p. 51.

③　［美］乔纳森·休斯、路易斯·P. 凯恩，《美国经济史》，邸晓燕、邢露译，北京大学出版社 2011 年版，第 162—163 页。

④　［美］乔纳森·休斯、路易斯·P. 凯恩，《美国经济史》，邸晓燕、邢露译，北京大学出版社 2011 年版，第 162—163 页。

运河公司。即便是私人发起建设的运河，很大程度上也依靠州政府的支持。这一点在弗吉尼亚州和马里兰州更为明显。例如，弗吉尼亚的迪斯墨—斯沃普运河公司，募集股本总额为48.6万美元。其中，个人出资额仅9.6万美元，州政府出资19万美元，另外20万美元来自联邦政府。从1817年到1837年，运河建设的绝大部分投资来自联邦政府或州政府。詹姆斯河—卡纳瓦运河公司发行股票融资时，投资人有银行、市政府，但最大的投资人还是弗吉尼亚州政府。到1861年，弗吉尼亚州发行的州债券超过了1000万美元，资金主要用于投资詹姆斯河—卡纳瓦运河公司。修建切萨皮克—俄亥俄运河，超过80%的资本来自联邦政府和马里兰州政府，其中州政府占大头。兴建切萨皮克—特拉华运河时，联邦政府出资45万美元，宾夕法尼亚州出资10万美元，马里兰州和特拉华州分别出资5万美元、2.5万美元。在缅因州，为了给一家运河公司融资，州政府特地颁布特许成立了一家银行，要求这家银行投资运河公司。罗得岛甚至给予布莱克斯顿运河公司开展银行业务的特权。[①] 州政府的资金主要来自发行公债，还有一部分来自出售联邦政府授予的公用土地。[②]

到1840年，美国的运河已经达到3326英里，大部分完成于1824—1840年。从1816年到1840年，投入运河建设的资本总额为1.25亿美元。虽然以后也修建了一些运河，但主要里程已经在这个时期修建完成。[③] 19世纪40年代到50年代，由于早期对运河流量和规模的计算不足，很多运河进行了扩建和维修。这一过程花费更为巨大。以伊尔运河为

---

[①] Taylor, G. R., *The Transportation Revolution 1815 - 1860*, New York: Harper & Row, Publisher, 1951, pp. 50 - 51.

[②] Wells, L. R., *Industrial History of the United States*, New York: The Macmillan Company, 1924, p. 172.

[③] Taylor, G. R., *The Transportation Revolution 1815 - 1860*, New York: Harper & Row, Publisher, 1951, p. 52.

例，完成扩建最终花费 4450 万美元，是早期投资的 6 倍。从 1816 年到内战爆发前，投资在运河的资本总计 2 亿美元，其中 7500 万美元是 1840 年以后投入的。① 运河开始建设时，各州的债务规模还很小。随着运河建设的开展和深入，州的债务规模逐渐庞大起来。1820—1824 年，各州的债务总额约为 1300 万美元，1835—1837 年，债务总额增加至 1.08 亿美元。其中，超过 60% 用于运河建设。宾夕法尼亚州濒临破产，俄亥俄州也陷入严重的债务危机，纽约州甚至在一段时间里停止了运河建设。② 受到 1837 年经济危机的影响，宾夕法尼亚州无法支付因内部提升而累积的 3300 万美元债券利息，但最终州政府还是还清了债务。宾夕法尼亚的干线运河利润令人失望，仅为投资额的 3%，1857 年以 750 万美元的价格卖给了宾夕法尼亚铁路公司。③

　　当然，并非所有运河都获得政府的资本支持。在美国大西洋中部各州，情况就有所不同。例如，以约翰·波特为首的南方奴隶主和商人，是特拉华利—登运河公司的主要出资人，占公司股本总额的三分之一到二分之一。到 1849 年，这个地区所有股份公司股本总额的一半以上，主要掌握在六大家族手中：阿斯特家族、麦克奈特家族、尼尔逊家族、波特家族、斯蒂文森家族和斯托克顿家族。④ 菲什洛认为，州政府的出资份额并不高于运河公司获得的社会资本。美国的运河建设一共经过了 3 个投资周期。第一个周期是从 1810 年到 1834 年，包括伊利运河、宾夕法尼亚干线

---

① Taylor, G. R., *The Transportation Revolution 1815 - 1860*, New York：Harper & Row, Publisher, 1951, p. 53.

② Taylor, G. R., *The Transportation Revolution 1815 - 1860*, New York：Harper & Row, Publisher, 1951, p. 50.

③ ［美］乔纳森·休斯、路易斯·P. 凯恩：《美国经济史》，邸晓燕、邢露译，北京大学出版社 2011 年版，第 162 页。

④ Taylor, G. R., *The Transportation Revolution 1815 - 1860*, New York：Harper & Row, Publisher, 1951, p. 52.

运河的建设以及切萨皮克—俄亥俄运河的开工，俄亥俄—伊利运河的完工以及东部的私人运河的完工。这一阶段的运河里程为 2000 英里左右，虽然州政府提供的融资绝对值很高，但运河公司获得的公共资本占三分之二左右。第二个周期是从 19 世纪 30 年代到 40 年代，大部分工作是完成已开工运河的建设。这一阶段，60% 的投资来自欧洲。对国外资金的依赖产生了严重后果，当国外投资停止后，投资从 1840 年的 1420 万美元锐减到 1843 年的 100 万美元。第三个周期是从 19 世纪 40 年代到 60 年代。1844 年后新建运河不足 900 英里，这意味着运河建设已经到了末期，铁路建设的挑战是主要原因之一。①

运河发展过程中，汽船运输业很快发展起来。到 19 世纪 50 年代末，美国内河约有 800 条汽船从事运营。汽船的使用极大降低了运输费用。从 1815 年到 1860 年，向上游的实际运费下降约 90%，向下游的运费下降约 40%。② 政府对汽船运输业给予了很大支持，但在资本支持上相对较少，只有佐治亚州在一家汽船公司直接投资了 10 万美元。③ 规模和投资都无法与运河、铁路相比。

### 三　铁路

#### （一）铁路建设的启动和发展

早在 1815 年伊利运河开建时，就有一位名叫乔治·斯蒂芬斯的人希望获得纽约州政府的批准，建设一条从新泽西的特伦顿到新布伦瑞克的铁

① ［美］斯坦利·L. 恩格尔曼、肯尼思·L. 索科洛夫主编：《剑桥美国经济史》第 2 卷，高德步、王珏总译校，王珏、李淑清主译，中国人民大学出版社 2008 年版，第 397 页。

② ［美］乔纳森·休斯、路易斯·P. 凯恩：《美国经济史》，邸晓燕、邢露译，北京大学出版社 2011 年版，第 165 页。

③ Taylor, G. R., *The Transportation Revolution 1815 - 1860*, New York: Harper & Row, Publisher, 1951, p. 67.

路。由于缺乏资金，这个建议最终被放弃。和英国相似，美国铁路最早也是用于重型货物尤其是矿产品运输。一般认为美国最早的一条铁路是位于马萨诸塞州昆西市的"花岗岩铁路"，建成于 1826 年。严格意义来说，这还不是现代意义上的铁路，只是一条长两英里左右的轨道，依靠马匹和坡度作为动力，用来将花岗岩石运送到波士顿港口的码头。1827 年，另外一条 9 英里的铁路在莫奇奇恩克铺设完成。1829 年，特拉华—哈德逊运河公司修建了一条铁路，用以连接卡本戴尔的煤矿到宏斯戴尔的运河。后来特拉华—哈德逊运河公司从英国进口了第一台蒸汽机车，但发现无法使用，已有的铁轨主要用来承载以马匹为动力的轻型车厢，无力承载如此沉重的机车。铁路时代的到来，主要是各州激烈的商业竞争推动的。例如，巴尔的摩、查尔斯顿和波士顿这三个主要的商业城市，由于缺乏足够的内陆水运系统，为了拓展西部市场，最早开始了铁路建设。自纽约州建成伊利运河以后，巴尔的摩的贸易优势随即受到严重挑战。由于宾夕法尼亚州的交通体系有所改善，费城对巴尔的摩贸易优势地位的威胁越来越明显。这种情况下，巴尔的摩开建了美国第一条重要的铁路线。1828 年 5 月，巴尔的摩—俄亥俄铁路公司获得特许，到 1830 年建设完成开始运营，总长 18 英里。南卡罗来纳州的查尔斯顿，修建了一条沿萨凡纳河到汉堡的铁路线。开建这条线路也是为了获得本地在内陆贸易的份额，这是美国第二条铁路线，1833 年正式建成，不仅运输货物，还定期搭载乘客，总长 136 英里，是当时世界最长的铁路线。受到纽约的影响，波士顿计划建设一条从波士顿到奥尔巴尼的铁路。到伊利运河开通时，这个计划获得马萨诸塞州议会的批准。1830—1831 年，有 3 家公司获得特许。北部线路通到罗厄耳，西部的铺设到伍斯特，南部的一条通到普罗维斯敦。三条铁路到 1835 年全部建设完成。虽然马里兰州和南卡罗来纳州占据了铁路建设的先机，但宾夕法尼亚州迅速赶上。早期的铁路主要用作运河和河流系统运输煤的辅助线路，随后，大城市之间的运输线很快建设起来，尤其从费城到大型煤矿。最重要的一条煤炭铁路线是费城—雷丁线路。1834 年，州政府直接拥有的费城—哥伦比亚公司修建的铁路线连通了费城到州内城市的运河系统。同年，费城和特伦顿到北部的线路连通了新泽西州的卡姆顿和博伊，这样也就连通了费城到纽约港的线路。1840 年，美国铁路线达到 3328 英里。① 到 1850 年，达到 8879 英里，新增里程的 60% 是新英格兰地区和纽约州兴建的。到 1860 年，铁路里程陡增到 30626 英里，19世纪 50 年代是铁路热潮兴起以后发展最快的 10 年，其中西部的俄亥俄州、伊利诺伊州和印第安纳州最为突出。南部地区发展相对缓慢，中部大西洋各州的发展速度居中。50 年代也是美国铁路大整合的年代，很多短线铁路被连接起来，可以进行更长距离的运输。这一时期出现了大铁路公司，例如伊利铁路、巴尔的摩—俄亥俄铁路以及伊利诺斯中央铁路等，都是由一家单独的铁路公司兴建的。但是，大部分铁路公司还是地方铁路公司。例如，奥尔巴尼—布法罗铁路线，分别由不同地区的 7 家铁路公司拥有。1853 年，这几家公司进行了合并，成为现在的纽约中央铁路公司。② 贯穿东西部的铁路至少有 4 条，分别是：纽约中央铁路、伊利铁路、宾夕法尼亚州的铁路和巴尔的摩—俄亥俄的铁路。每一条铁路都是从东部沿海地区直通到西部终点。俄亥俄州在美国内战前的铁路长度就达到 3000 英里。其次是伊利诺伊州，拥有 2700 英里，印第安纳州拥有 2000 英里。③ 经过 19 世纪 50 年代的全面建设，美国已经实现了全国范围的铁路运输。

---

① Taylor, G. R., *The Transportation Revolution 1815 – 1860*, New York：Harper & Row, Publisher, 1951, pp. 75 – 79.

② Taylor, G. R., *The Transportation Revolution 1815 – 1860*, New York：Harper & Row, Publisher, 1951, pp. 84 – 86.

③ ［美］斯坦利·L. 恩格尔曼、肯尼思·L. 索科洛夫主编：《剑桥美国经济史》第 2 卷，高德步、王珏总译校，王珏、李淑清主译，中国人民大学出版社 2008 年版，第 407 页。

表 4 - 5                    美国内战前的铁路投资                （单位：百万美元）

| 时期 | 新英格兰 | 中大西洋 | 西部 | 南部 | 合计 |
| --- | --- | --- | --- | --- | --- |
| 1828—1843 年 | 29.7 | 64.9 | 9.7 | 33 | 137.1 |
| 1844—1850 年 | 79.5 | 52.8 | 20.2 | 19.7 | 172.3 |
| 1851—1860 年 | 40.5 | 126.4 | 370.3 | 199.4 | 737.3 |

资料来源：[美] 艾伯特·菲什洛：《19 世纪和 20 世纪初的美国国内交通运输》，[美] 斯坦利·L.恩格尔曼、罗伯特·E.高尔曼主编：《剑桥美国经济史》第 2 卷，中国人民大学出版社 2008 年版，第 409 页。（注：中大西洋地区包括马里兰州和特拉华州，西部包括了密苏里州。）

### （二）铁路建设与政府资本

铁路投资较之收费公路和运河规模更大，不仅有私人资本，还有政府资本。在南北战争之前的半个世纪，政府大量投资于基础设施——运河公司、码头公司、煤气公司和铁路公司等，这些公司的证券构成了交易所上市证券的主要部分。[①] 相对联邦政府，发挥主要作用的还是州政府和地方政府。早期阶段，投入铁路建设的州不多，直接拥有铁路公司和铁路线的就更少。以马萨诸塞州为例，曾经有人提议由州政府投资建设铁路，但最终被否决，争议不在于是否控制铁路公司，而是非铁路沿线的居民不能从此获得利益，因此持反对态度。在铁路建设开始时，很多运河才刚完工甚至还在开掘中，州政府在这些项目上开支很大，因此，包括纽约和俄亥俄在内的很多州对投资铁路十分犹豫。但是，南方的情况和北方不同。在私人资本尚未入场时，佐治亚州和弗吉尼亚州就已经开始行动了。1836 年，佐治亚州批准了建设西部到大西洋铁路的议案，到 1851 年，修建了从亚特兰大到查塔努加的铁路，这条铁路由州政府直接投资、拥有和运营。在弗吉尼亚，计划修建一条通往西部的铁路，但是该线路要横跨蓝岭，工程

---

① [美] 斯坦利·L.恩格尔曼、肯尼思·L.索科洛夫主编：《剑桥美国经济史》第 2 卷，高德步、王珏总译校，王珏、李淑清主译，中国人民大学出版社 2008 年版，第 477 页。

巨大且十分艰难，私人资本不愿意投资。于是，线路最艰难的 17 英里山路由州政府出资建设，随后将它租给了弗吉尼亚中央铁路公司。① 西北部的几个州，起先都积极参与了铁路建设，但在以后的财政困境中都将这些铁路卖给了私人公司。例如，1837 年，密歇根州计划建设 3 条横跨全州的铁路。到 1846 年，南部的两条铁路，密歇根中央铁路和密歇根南方铁路已初步完成并开始运营，但州政府陷入财务困难，被迫卖掉全部铁路资产。1834 年到 1836 年，印第安纳州决定建设从麦迪逊到来菲特的铁路线。1843 年，州政府在这条线路上的投资超过 160 万美元。以后州政府陷入债务危机，将这条铁路卖给了麦迪逊—印第安纳铁路公司。伊利诺伊州自 1837 年到 1838 年也开建铁路，但在随后的经济危机中全部卖给了私人公司。② 另外，一些地方政府在铁路投资中也发挥了很大作用。例如纽约州的特洛伊城仅有 2 万人，力图和奥尔巴尼城展开竞争。市政府发行了 60 万美元的债券，另外获得州政府提供的 10 万美元借款，开工修建了 20 英里长的斯克内克塔迪—特洛伊铁路，1842 年完成建设。③

同投资运河建设一样，很多州为了筹集铁路建设资金，在资本市场发行大量州债券。一份统计报告显示，1838 年，为了筹资兴建铁路，州政府总计负债 4300 万美元。在内战爆发前的 15 年里，开展铁路建设的州政府借款总计达 9000 万美元。1860 年，在南方各州，投资铁路的资本总额中，州政府和地方政府占比为 55%，其余份额主要由私人资本通过产品和服务提供。例如，新英格兰地区相比其他地区拥有最为雄厚的私人资

---

① Taylor, G. R., *The Transportation Revolution 1815 - 1860*, New York：Harper & Row, Publisher, 1951, pp. 90 - 91.

② Taylor, G. R., *The Transportation Revolution 1815 - 1860*, New York：Harper & Row, Publisher, 1951, p. 91.

③ Taylor, G. R., *The Transportation Revolution 1815 - 1860*, New York：Harper & Row, Publisher, 1951, pp. 91 - 92.

本，但马萨诸塞州政府也仍然给予铁路建设以资本支持。到 1841 年，该州的西部铁路公司总共获得了该州提供的 460 万美元，其中 60 万美元作为公司的股权投资，其余以借款形式提供。这条铁路的总投资中，州政府提供了 70% 的份额。1854 年，为建设跨越该州到西部的复线，州议会又批准了 20 万美元的投资。地方政府也不甘示弱，1842 年，斯托克布里奇公司将西部铁路和奥尔巴尼连接起来，为此，奥尔巴尼市政府发行了 100 万美元债券融资，用以支付新成立的奥尔巴尼—西部斯托克布里奇铁路公司的投资款。1846 年，纽约州发行了 300 万美元的债券，筹资支持伊利铁路建设，另外还筹资 900 万美元提供给其他 10 家铁路公司。19 世纪 40 年代到 50 年代，宾夕法尼亚州的各地方政府在铁路建设的投资总额约为 1400 万美元。在马里兰州，巴尔的摩市政府提供了巴尔的摩—俄亥俄铁路建设资本的一部分。该州南部线路的建设也主要靠州政府或地方政府的资本支持，有时候两级政府一起提供资本。弗吉尼亚州也是如此，到内战爆发前，该州为铁路建设总计提供了 2100 万美元。北卡罗来纳州为铁路建设背负的债务则超过了 900 万美元。到 1857 年，密苏里州给 7 个铁路公司提供的借款高达 2500 万美元。1858 年明尼苏达州刚成立，立即修订州宪法，以便为 4 家铁路公司提供 500 万美元的借款。到 1860 年，得克萨斯州总计提供了 200 万美元借款、500 万亩土地用于铁路建设。①

虽然政府对铁路建设提供的资本比例较运河投资略低，但绝对数额仍然可观。到 1860 年，铁路资本存量超过了 10 亿美元，其中政府资本大约

---

① Taylor, G. R. , *The Transportation Revolution 1815 – 1860*, New York：Harper & Row, Publisher, 1951, pp. 92 – 94.

占 25%。在南方，这一比例更高，大约 50% 以上。<sup>①</sup> 州政府铁路投资的款项绝大部分来自发债券发行。巨额债券使很多州负债累累，逐步陷入债务困境。菲什洛也指出，一些州的社会团体也对铁路建设进行了捐助，例如，印第安纳州社会团体捐赠的资金占到总成本的 4% 左右，俄亥俄州的捐赠则相当于印第安纳州、伊利诺伊州和威斯康星州的总和。这些社会团体的自主活动被认识是一种自我保护，以避免它们不会被新时代所抛弃。地方资助有时起到了催化作用，有利于获得更多的投资。<sup>②</sup>

（三）铁路建设与私人资本

铁路建设是为了满足现实需要，因此其调动私人资本的能力更强。虽然州政府或地方政府发挥了重要作用，但私人资本仍然构成铁路投资的主要部分。铁路建设早期，私人资本范围很广，包括商人、农民、小工厂主等。在西部，早期的铁路建设并未引起东部富裕地区投资人的关注，资本来源于当地居民，包括农民和工匠。当东部铁路线向西部延伸时，铁路公司希望沿线居民能提供资本支持，尤其是农民。这些人手中的流动资金很少，便以手中的农田作为抵押换取铁路公司的股票，铁路公司将这些土地资产挂到东部地区市场进行交易，所获收入用于铁路建设。据统计，从 1850 年到 1867 年，在威斯康星州，农民用于铁路建设而抵押的土地资产总计在 450 万美元到 500 万美元。<sup>③</sup> 相对而言，城市商业资本发挥了更大的作用。这些商人主要集中在东部沿海港口地区，希望通过铁路使本地区在贸易往来中占据优势。例如，巴尔的摩—俄亥俄铁路公司中，巴尔的摩

---

① ［美］斯坦利·L. 恩格尔曼、肯尼思·L. 索科洛夫主编：《剑桥美国经济史》第 2 卷，高德步、王珏总译校，王珏、李淑清主译，中国人民大学出版社 2008 年版，第 409 页。

② ［美］斯坦利·L. 恩格尔曼、肯尼思·L. 索科洛夫主编：《剑桥美国经济史》第 2 卷，高德步、王珏总译校，王珏、李淑清主译，中国人民大学出版社 2008 年版，第 408 页。

③ Taylor, G. R., *The Transportation Revolution 1815 – 1860*, New York：Harper & Row, Publisher, 1951, pp. 97 – 98.

的商人集团在私人资本中占据了主导地位，目的是恢复正在被侵蚀的西部贸易的份额。在查尔斯顿—汉堡铁路线中，查尔斯顿商会发挥了重要作用，出资的都是商会的核心商人，主要目的是获取乡村地区的业务。同样，波士顿的商人资本为新英格兰地区早期的铁路建设提供了主要资本，但仅投资于铺设到波士顿的线路。

由于铁路线可以打通贸易通道，使货物运输更为便利，因此铁路建设也得到了沿线工厂主和煤矿主的支持。例如，在波士顿—罗厄耳铁路公司中，棉纺织工厂主购买了大量公司股权，斯普林菲尔德和波士顿的资本家钟情于纺织业中心其可毕和马萨诸塞，因此出资支持了西部—诺坦普顿—斯普林菲尔德铁路。在特拉华州，一位名叫斯克兰顿斯的工厂主拥有一家铸铁厂，为了给产品拓展市场，他重金投资了拉克万纳—西部铁路公司。一位名叫斯蒂文·杰拉德的煤矿主，在理海拥有一家煤矿，于是在波茨维尔—丹维尔铁路中投资 2 万美元，希望这条铁路为他的煤产品提供一条运出矿区的通道。另外还有一些私人投资主要是为了股票投机，这一部分是金融资本，在铁路建设早期阶段并未参与，到 19 世纪 40 年代才开始进入铁路融资市场。1846 年，密歇根州卖掉了两条尚未建设完成的铁路，波士顿的金融资本家参与了这次买卖。波士顿和纽约的资本参与铁路公司股票交易，虽然不排除控制铁路公司的想法，但主要目的还是投机。①

外国资本在铁路建设中也发挥了很大作用，大量资金来自英国。早期阶段，一位名叫威廉姆·霍夫曼的英国人就持有巴尔的摩—俄亥俄铁路公司的 325 股普通股。在国外资本市场，铁路融资主要依靠债券融资，而不是公司股票，因为欧洲投资人更倾向于获得有固定回报的投资产品。美国铁路债券在英国发行最早可追溯到 1834 年。铁路公司发行了不同类型的

---

① Taylor, G. R., *The Transportation Revolution 1815 – 1860*, New York: Harper & Row, Publisher, 1951, pp. 98 – 100.

债券，包括以英镑偿付的债券、抵押债券和可转换债券等。英国投资人比较喜欢可转换债券，可以将债券转换为公司股票。到内战前，美国有 7 家铁路公司的证券在伦敦证券交易所上市。一些公司的管理人员或工程师经常前往伦敦销售铁路证券。一些铁路公司还在伦敦设有代表处，专门负责处理证券交易和股票分红方面的事务。还有些英国公司也会到美国报纸做广告，介绍美国公司到英国发行和上市。英国的巴林兄弟银行在美国的业务持续增长，内战前，巴林兄弟银行在美国还有两个合伙人，而且在波士顿设有代表处。①

铁路公司是美国最早的大企业，也是最早在纽约和国外资本市场筹集资本的股份制企业。由于募集资本规模巨大，因此铁路公司普遍采取股份有限责任形式。到 19 世纪 50 年代中期，至少有 15 家铁路公司固定资本超过 500 万美元。东西干线铁路公司使用的流动资本每年也在 200 万—300 万美元，而这一时期构成制造业主体的纺织厂的流动资本通常仅为 30 万—50 万美元。铁路公司一般拥有 4000 人以上的雇员，从事着种类不同的工作，而纺织厂的雇员很少超过 1500 人，而且从事相似工作。铁路公司成立以后，债券逐渐成为重要融资手段。对于铁路公司的创始人和沿线地带的居民而言，他们更愿意持有股票。但美国东部的投资人和来自欧洲的投资人认为债券是一种更安全的产品。在铁路建设的高潮时期，有一期抵押债券、二期抵押债券、三期抵押债券，还有收益债券、无抵押债券以及可转换债券。这些债券和铁路股票一起构成了美国资本市场重要的投资品种。②

① Markham, J. W., *A Financial History of the United States*, Volume Ⅰ, New York: M. E. Sharp, Inc., 2002, pp. 165 – 166.
② ［英］彼得·马赛厄斯、M. M. 波斯坦主编：《剑桥欧洲经济史》第 7 卷下册，王文捷、肖慧娟、宫瑞、柴瑜译，经济科学出版社 2004 年版，第 84 页。

#### 四　政府的债务融资困境

从 1820 年到 1841 年，大约 20 个州为经济发展负债近 2 亿美元，主要是在资本市场发行债券募集资金，然后再投入各项建设事业中，例如运河、铁路等，在北方各州这种情况尤其明显，在南部和西部各州程度较轻。南方各州的借入资金主要投资于银行，西部各州主要投资于商业企业。由于债务规模过大，导致有些州无力偿还。例如，密西西比州政府 1838 年在一家银行投资 500 万美元，结果这家银行管理混乱，经营不力，最终耗尽了全部资本。同样，佛罗里达州政府发售了以土地为抵押的债券，所筹资金用于投资一家银行，但发现这家银行无力偿还利息后，也宣布无法偿付债务。到 1841 年，南部的印第安纳州的债务总额高达 1300 万美元，其中 900 万美元用于内部提升。[1] 在北部各州，包括宾夕法尼亚州、马里兰州、密歇根州、印第安纳州和伊利诺伊州，财政问题更为严重，债务违约使州政府的信用遭受很大打击，大量外国投资人损失惨重。[2]

州政府在欧洲尤其是伦敦资本市场也发行了大量债券。从 1818 年到 1828 年，大约有一半以上的州债券融资来自欧洲。例如，马里兰州任命乔治·皮博迪为专员，负责与英国的银行家协商本州的未清偿债券事宜，结果他还另外借到 800 万美元。1840 年，宾夕法尼亚州的 3400 万美元未清偿债券中，英国人持有 2000 万美元。1837 年经济危机以后，很多州出现了无力支付利息的情况，不仅包括宾夕法尼亚州，还有纽约州、密西西

---

① Taylor, G. R. , *The Transportation Revolution 1815 – 1860*, New York：Harper & Row, Publisher, 1951, p. 47.

② Dewey, D. R. , *State Banking before the Civil War*, Washington：Government Printing Office, 1910, pp. 243 – 244.

比州、印第安纳州、阿肯色州、密歇根州和佛罗里达州。到 19 世纪 40 年代，这些在伦敦上市交易的州债券市场价格下跌了 50%。最终，大部分州恢复了利息支付，但密西西比和佛罗里达仍然无法支付，以致伦敦成立了一个密西西比债券持有人协会，专门负责和该州就利息支付及本金偿付进行谈判，据说这个协会一直存续到 1980 年。[①] 这一时期，各州的地方政府负债 2500 万美元。相比州政府和地方政府，联邦政府的负债仅为 500 万美元。[②] 这显现出内部提升运动是州政府和地方政府发挥了主导作用。各州对国内项目的投资一直持续到 19 世纪 40 年代早期，直到这些州因这些项目陷入财政困境为止。[③]

## 第六节　工业融资

美国制造业早期发展阶段规模不大，很多工厂的固定资本连同流动资本很少超过 1000 美元。19 世纪 20 年代，缅因州的锯木厂的资产价值都在 450 美元以内。在马萨诸塞州的北亚当斯市，一家棉纺织工厂的全部建设资本大约 1100 美元，包括建设水力动力装置和车间。1832 年，在罗得岛，68.4% 的工厂固定资本投资低于 5 万美元，18.4% 低于 1 万美元。119 家棉纺厂的平均投资额为 4.3 万美元，22 家毛纺厂的平均投资额接近 1.5 万美元。相对而言，钢铁厂的投资额要高很多。1857 年，在匹兹堡，

---

① Markham, J. W., *A Financial History of the United States*, Volume I, New York: M. E. Sharp, Inc., 2002, pp. 164 – 165. .

② ［美］普莱斯·费希拜克等：《美国经济史新论——政府与经济》，张燕、郭晨、白玲等译，中信出版社 2013 年版，第 26 页。

③ ［美］普莱斯·费希拜克等：《美国经济史新论——政府与经济》，张燕、郭晨、白玲等译，中信出版社 2013 年版，第 27 页。

轧钢厂的平均投资额为 15 万美元。[1] 19 世纪 40 年代以前，制造业工厂的主要组成部分还是纺织业。财政部 1832 年的一份报告显示，在东北部地区工业化程度最高的 10 个州中，资本超过 10 万美元的企业有 105 家。其中，88 家是纺织厂，12 家是炼铁厂，剩余的 5 家分别生产钉子、铁圈、火器、玻璃灯。其中，32 家工厂的雇工超过了 250 人，其中 30 家是纺织厂。[2] 因此，早期制造业企业规模较小，所需资本有限，这也就决定了制造业的融资模式，即利用私人资本市场就可以解决投资问题。

商业资本在制造业早期发挥了重要作用，无论是面粉厂还是纺织厂，很多投资人是当地杂货店老板，他们建立工厂后也直接经营。商人资本起到了引领的作用，随后其他领域的资金也开始进入制造业，包括农业、交通运输以及手工业等。很多商人在美国独立革命前后积累了大量财富，但拿破仑战争以后利润开始下滑，于是一些商人转向了其他领域包括制造业。在新英格兰地区，很多小工厂就由这样的商人建立。这些人的资本起到了引领作用，随后很多商人家族也开始挺进制造业。19 世纪 40 年代，那些在捕鲸业中获取了大量财富的商人，也开始向制造业投资。根据泰勒的记载，在波士顿有一位从事对外贸易的中国商人，名叫约翰·帕金森·库辛，1828 年以后，他开始从商业领域转移资本。1832 年，他在对外贸易中的资本额为 45 万美元，国内投资为 35 万美元。1839 年，对外贸易的投资缩减为 1 万美元，而国内投资达到 100 万美元，主要投资于交通运输业和制造业。1835 年，他在制造业投资的额度达到 15 万美元，到 1851

① Taylor, G. R., *The Transportation Revolution 1815 – 1860*, New York: Harper & Row, Publisher, 1951, p. 236.

② ［英］彼得·马赛厄斯、M. M. 波斯坦主编：《剑桥欧洲经济史》第 7 卷下册，王文捷、肖慧娟、宫瑞、柴瑜译，经济科学出版社 2004 年版，第 77—78 页。

年又增长了两倍。① 商人转换投资领域的情况在纽约、巴尔的摩和波士顿很明显。1828 年后，由于关税税率提高，很多商人开始缩减贸易业务，转而投资当地的纺织厂和地毯厂。1815—1830 年，哈佛和斯普林菲尔德的商人是康州河谷制造业的重要资本提供者。在新英格兰地区，波士顿和费城的代办行大量投资于棉纺厂。19 世纪 50 年代，由于铁路的出现，匹兹堡货运中心的地位有所减弱，当地很多商人开始投资钢铁厂。②

另外，工厂建立以后，随着利润积累，利润本身也成为制造业主要的资本来源之一。在新英格兰地区，工业资本成为工厂投资和扩张的主要来源。在康涅狄格州，有一家生产铜扣的工厂，1823 年的总投资为 6500 美元，该厂利用利润积累进行了再投资，到 1829 年，资本额增加到 2 万美元。还有一家名叫法尔河铁厂的企业，通过利润滚动投资，1821 年，初始投资仅为 24000 美元，到 1845 年，资产总额达到 5 万美元，这期间没有任何外部投资，全部依靠工厂利润。③ 除此以外，一些高利贷经营者或银行也会为工厂提供一些周转资金。还有一些工厂主和其合伙人或亲属联合获得了组建银行的特许权，于是，成立的银行就成为这家工厂的重要资本提供者。例如，罗得岛的罗兹兄弟在 19 世纪 40 年代和很多亲属一起建立了波塔克斯特银行。银行将其 50% 以上的资金用于为罗兹兄弟所属的企业提供贷款，还为其在纺织品制造、交通、贸易和房地产投机等方面提供资金。④

---

① Taylor, G. R., *The Transportation Revolution 1815 – 1860*, New York：Harper & Row, Publisher, 1951, p. 237.

② Taylor, G. R., *The Transportation Revolution 1815 – 1860*, New York：Harper & Row, Publisher, 1951, pp. 237 – 238.

③ Taylor, G. R., *The Transportation Revolution 1815 – 1860*, New York：Harper & Row, Publisher, 1951, p. 238.

④ ［美］斯坦利·L. 恩格尔曼、罗伯特·E. 高尔曼主编：《剑桥美国经济史》第 2 卷，高德步、王珏译校，王珏、李淑清主译，中国人民大学出版社 2008 年版，第 299 页。

19世纪30年代，公司法的通过使得任何人和团体只要填写一张表格，支付相关费用后就能成立公司。虽然组建股份公司变得更为容易，但也未对股份公司的构成产生显著影响。不同于银行和交通运输公司，制造业企业所需资本仍然很小，尤其以流动资本为主，因此，成立股份公司，在公共资本市场融资的情况并不普遍。卡伦德指出："建立一家制造业企业所需的资本额度不大，因此不需要太多人就可以解决融资问题。"[①] 这一时期，股份公司主要是银行和交通运输类企业，制造业股份公司数量很少，这种状况一直持续到19世纪末，这和英国、法国的情况十分相似。19世纪的前40年，在马里兰州、纽约州、新泽西州和俄亥俄州，从事制造业的股份公司只占股份公司总数的25%，而在19世纪第一个10年中，这一比例仅为9%。从19世纪的第二个10年开始，纽约州制造业股份公司数量突然激增，从头10年的24家增加到161家，占同期新增股份公司数量的41%。但是，在接下来的10年中，增长速度开始放缓，只有93家制造业企业获得股份公司牌照，占新增股份公司数量的25%。因此，制造业的早期发展阶段，主要依靠私人资本市场融资，企业形式主要是个人独资企业、家庭企业或合伙企业。除了所需资本有限，依靠个人融资即可实现以外，这也与人们普遍认为投资制造业企业风险较大有关系。制造业企业的股票很难销售出去，公众一般认为这种股票的风险较高。另外，对债权人而言，采取有限责任的方式十分不利。这些因素造成制造业在19世纪的大部分时间里很少在公共资本市场筹集资本。

对美国制造业融资研究中，有一个问题引起了广泛关注，就是19世纪美国制造业发展过程中，银行究竟发挥了什么作用。这一研究经历了不同的观点转变。传统观点认为，美国银行在制造业发展过程中发挥的作用

---

① Callender, G. S., "The Early Transportation and Banking Enterprises of the States in relation to the Growth of Corporation," *Quarterly Journal of Economics*, Vol. 27, 1903, p. 150.

很有限。19 世纪的银行学派奉行"真实票据理论",认为银行应该只为贸易活动提供中介服务而不提供资本。[①] 1833 年,纽约银行监管部门提供给国会的一份报告指出:"银行的功能不是提供借贷资本,而是坚挺的货币。所需的产业资本可以从个人或公司那里借,这些个人和公司应与货币没有关联,银行发行货币是为了支持流通,因此提供的借贷也只能是短期。"[②] 克洛斯认为,银行之所以采取了这样的业务政策,缘于它的资本特征。这些银行大都是由商人出资建立并控制,因此借贷业务更倾向于为他们自己提供服务。在本地的商业圈,大家都彼此熟悉,这样能更好地控制风险。[③] 对新出现的制造业,无论是经营方式,还是产品,相对而言更为陌生。对银行来讲,风险控制、资金安全以及保持偿付能力才是最重要的。这种倾向导致银行缺乏向制造业提供资本的兴趣。但是,随着研究的继续深入,人们对这一问题的认识也逐渐产生了变化。人们发现,在 19 世纪上半期,制造业企业的资本构成中,固定资本占比相对较低,而流动资本占比相对较高,从这个角度似乎可以解释银行主要提供短期资本而非长期资本的原因。例如,肯尼思·索科洛夫就指出,相对于固定资本,流动资本在绝大部分制造业中占有更高的比例。如果加上应收账款,流动资本在制造企业中的占比在 40% —90%。绝大部分企业中,机器和工具在资本总额中的比例一般为 1% —12%。固定资本中,主要还是土地和厂房。[④] 因此,由于固定资本占比很低,制造企业的建立和扩张可以通过私

①　Redlich, F., *The Molding of American Banking*: *Men and Ideas*, 2 parts, New York: Johnson Reprint Company, 1968, p. 46.

②　Chaddock, R. E., *The Safty Fund Banking System in New York*, *1829 – 1866*, Washington, D. C.: Government Printing Office, 1910, p. 41.

③　Krooss, H. E., "Financial Institutions", In *The Growth of American Seaport Cities*, *1790 – 1825*, Edited by David T. G., Charlottesville: University Press of Virginia, 1967, pp. 104 – 138.

④　Sokoloff, K. L., "Investment in Fixed and Working Capital During Early Industrialization: Evidence from U. S. Manufacturing Firms," *Journal of Economic History*, Vol. 44, 1984, pp. 545 – 556.

人资本市场予以解决，银行也就无须提供大额长期资本了。

# 第七节　证券交易所

独立革命以后，为了偿付战争债务，缓解财政困境，美国掀起了金融革命的浪潮。汉密尔顿发行了 8000 万美元新国债，主要在费城、纽约和波士顿这三个东部城市进行，于是这三个城市成为孕育美国资本市场的摇篮。早在 1754 年，费城就有了证券交易，但是规模有限，直到金融革命时期新的国债发行。费城的经纪商早期是在栗树大街进行交投活动，1790年，交易活动催生了费城证券交易所，这是美国第一家证券交易所，由10 名商人发起，开展银行股票和政府债券的交易。所谓的证券交易所，其实就是在咖啡馆里。[①] 1791 年，汉密尔顿组建合众国第一银行，总部在费城。第一银行的注册资本为 1000 万美元。政府以银行借款认购 20%，其余 80% 向社会发行。外国投资者逐渐成为第一银行的主要投资人，尤其是英国的机构，大约购入了 700 万美元的额度，投资人包括以后的巴林兄弟银行。随着新国债的持续发行，波士顿也成为另外一个证券交易所中心。1786 年，波士顿的报纸开始刊登政府证券的报价，随后国际性事件对股价的影响也在报纸上进行了刊发。1789 年，波士顿的报纸开始有规律地进行报价。到 1799 年，连伦敦票券的价格也开始在波士顿报价。影响证券价格的信息会在波士顿、费城和纽约之间传播。[②] 巴尔的摩、查尔斯顿也可以买到国债，规模比这三个城市小。国债构成了这

---

① Markham, J. W., *A Financial History of the United States*, Volume I, New York：M. E. Sharp, Inc., 2002, pp. 115.

② Markham, J. W., *A Financial History of the United States*, Volume I, New York：M. E. Sharp, Inc., 2002, pp. 115 – 116.

一时期证券市场的主要产品。

早在 1725 年，纽约就出现了单独的证券交易，连同商品交易、奴隶交易一起，都在华尔街的拍卖市场。同费城和波士顿一样，纽约的证券市场还不是一个有组织的市场，真正出现变化，也是到金融革命时期的国债发行以后。1791 年，两名商人合伙在纽约的商人咖啡馆里进行证券拍卖，拍卖时间是固定的，每周 3 次，从下午 1 点到下午 7 点。这个时间以外，参加拍卖的交易人和经纪商可以自由交易。股票持有人可以将股票存放在这个拍卖中心，拍卖人根据交易量收取佣金。经纪人可以为自己和客户参加拍卖和购买股票。1792 年的资本市场危机对纽约的股票交易产生了巨大影响，导致这个拍卖中心也受到强烈指责。如果在这个中心的交易称为场内交易的话，那么一些外围的经纪人的场外交易使这一体系受到了严重影响。于是，一些主要的场内经纪人于 1792 年 3 月在克里斯酒店聚会，试图制止这种场外交易，3 月 17 日，他们签署了协议，确定了固定的佣金收费率体系，这个做法一直延续到 1975 年。协议被称为《梧桐树协议》，普遍认为这是纽约证券交易所的起源。1794 年，这些商人和经纪商在唐蒂咖啡馆外交易，这家咖啡馆也由这些人建立。1812 年之前，这个交易所仍然是一个非正式的证券市场。[①] 1817 年，纽约的一些经纪商，主要是那些《梧桐树协议》签署人的后代，派遣了一个代表团去考察费城证券交易所，并依照费城证券交易所的相关文件，建立了纽约证券交易所。交易所的理事会由 7 个经纪公司和 13 名个人经纪人组成。交易所确定了最低的佣金费率，交易银行股票按 0.25% 收费，交易现金、本票和纽约承兑汇票按 0.5% 收费。交易所的具体地点多次变更。1817 年，交易所在华尔街 40 号，1819 年搬到了百老汇和里德街的华盛顿大厅，

---

① Markham, J. W., *A Financial History of the United States*, Volume I, New York: M. E. Sharp, Inc., 2002, pp. 117 – 118.

1827 年搬到了商人交易大厦。① 1835 年，商人交易所毁于一场大火，导致证券交易所关闭 5 天。在经历了两次短时间的搬家后，1842 年，新的商人交易所在华尔街 55 号建成，纽约证券交易所也就有了一个固定的场所。②

19 世纪上半期，美国的金融业、交通运输业发展迅速，得到资本市场的支持也最多。独立革命后，最早出现的股份公司是银行和保险公司，以后是收费公路公司、运河公司和铁路公司，制造业企业最少。③ 批准设立股份公司的权力由州立法机构掌握。随着时间的推移，一些州逐渐放松了对设立股份公司的限制，颁布了《普通公司法》，法案明确在某些特定的情形和规则下，公司不需要特许就可以设立。纽约州最早在 1811 年开始实施这项法案，其他州开始仿效。除了获得特许的股份公司以外，依照《普通公司法》设立的公司，股东仍然不能享有有限责任，直到 19 世纪中期才有所改变。④ 这一时期，在证券交易所上市的股份公司主要以金融机构为主，包括银行和保险公司。1798 年，纽约保险公司是 90 年代资本市场危机以后的第一家上市公司。1812 年美英战争爆发，未影响和政府无关的商业企业的发行工作。仅在 1812 年一年，就有 4 家新的股份银行公开发行股票并成立，包括富兰克林银行、城市银行、菲尼克斯银行和美国银行。美英战争结束以后，除了银行业，美国增长最快的行业是交通运输业。交通运输业的兴起使股份公司得到很大发展。交通运输业所需投资

---

① Markham, J. W., *A Financial History of the United States*, Volume I, New York：M. E. Sharp, Inc., 2002, pp. 123 – 124.

② Markham, J. W., *A Financial History of the United States*, Volume I, New York：M. E. Sharp, Inc., 2002, p. 159.

③ Wells, L. R., *Industrial History of the United States*, New York：The Macmillan Company, 1924, p. 200

④ ［美］约翰·S. 戈登：《伟大的博弈：华尔街金融帝国的崛起（1653—2011）》，祁斌译，中信出版社 2011 年版，第 42 页。

大，发行股票筹集资本成为主要的融资方式，股份公司也越来越多。投资人进行股权投资，不仅有获取分红的考虑，还有一点是有限责任可以使股东避免投资以外的风险。第一个公路公司是兰开斯特—派克公司，1794年完成了第一条由私人修建的公路，这条路在宾夕法尼亚州，从费城通到兰开斯特。随着内部提升运动的持续进行，纽约州和宾夕法尼亚州一路领先，总计铺设了4000英里收费公路。公路公司通常在本地市场发行股票筹集资本，由于大部分公司集中在费城、纽约、波士顿、巴尔的摩，这四个城市的交易所也成为美国主要的4家证券交易所。① 1811年7月，在纽约交易所交易的证券中，除了公债，还有6家银行和10家保险公司的股票；费城证券交易所则有5家银行、9家保险公司和7家桥梁和公路公司的股票，另外还有3种市政债券；在巴尔的摩证券交易所，有12家银行、6家保险公司、4家桥梁公司、1个制造业公司的股票，还有1支市政债券；波士顿证券交易所除了美国公债，还有4家银行、2家保险公司的股票，以及马萨诸塞州的债券。② 公路公司的光辉很快就被运河建设掩盖。1825年，伊利运河建成通航，伊利运河公司的股票受到广泛欢迎，包括国外投资人。运河热兴起的同时，铁路建设异军突起，将交通运输业的发展推向高潮。因此，到19世纪中期，除了政府证券以外，金融业和交通运输业证券是美国证券交易所的主要交易产品。1836年，在纽约证券交易所挂牌的股票中，包括38家银行，32家保险公司，4家铁路公司，4家运河公司和3家天然气公司。③ 银行股票占据了证券市场的最大份额，

---

① Geisst, C. R., *Wall Street*：*A History*, Oxford：Oxford University Press, 1997, pp. 22 – 23.

② Sylla, R., "Shaping the US financial system, 1690 – 1913：the dominant of public finance", in Sylla, R., Tlly, R. and Torella, G. (ed.), *The State, the Financial System and Economic Modernaization*, Cambridge：Cambridge University Press, 1999.

③ ［美］约翰·S.戈登：《伟大的博弈：华尔街金融帝国的崛起（1653—2011）》，祁斌译，中信出版社2011年版，第63页。

占全部上市公司数量的 47%，保险公司占 40%。19 世纪的前 40 年中，获得执照的大多数股份公司主要是银行和交通运输公司。① 从 1838 年到 1854 年，流通中的股票市值从大约 1.75 亿美元增长到 17.5 亿美元。②

19 世纪上半期，美国的投资银行业务有了较快发展，但仍处于早期阶段。不仅有协助铁路证券发行的中间机构，也有所谓的"贷款合约人"，他们买进证券，再以溢价卖出获得利润。这些业务主要由投机者和商人完成。商人投资证券并非只为盈利，也有利用证券做抵押获得银行贷款的考虑。1837 年经济危机中，很多州银行倒闭，随后进入"自由银行"时代，很多新成立的私人银行成为承销证券的新主力。因此，投资银行在美国由不同机构逐渐演化而成，主要还是私人银行。19 世纪上半期的英美战争和美墨战争中，投资银行开始崛起。美英战争开始后，政府于 1813 年发行 1600 万美元债券以筹集军费，最终只完成了 600 万美元的额度。这些债券是由约翰·雅各布·阿斯特、斯蒂文杰·拉德和戴维·帕里什三人承销的，后者代表巴林银行认购。这三人实际上组成了一个销售辛迪加，他们以 40 美分购入，以 82 美分卖出，最终获利高达 420 万美元，占美国政府拟计划筹集资本的四分之一。③ 美墨战争中，在国债发行中发挥了关键作用的是 1837 年建立的科克伦 - 里格斯公司。该公司从 1843 年认购联邦政府国债时起开始从事投资银行业务。在美墨战争中，公司成为国债发行的最大承销商，自此以后名声大噪。战争结束后，公司还将业务深入各州，不仅为各州发行债券，也为铁路公司承销债券。④ 一直到南北

---

① ［美］斯坦利·L. 恩格尔曼、肯尼思·L. 索科洛夫主编：《剑桥美国经济史》第 2 卷，高德步、王珏总译校，王珏、李淑清主译，中国人民大学出版社 2008 年版，第 300 页。

② Markham, J. W., *A Financial History of the United States*, Volume I, New York：M. E. Sharp, Inc., 2002, p. 162.

③ Geisst, C. R., *Wall Street：A History*, Oxford：Oxford University Press, 1997, p. 13.

④ Carosso, V. P., *Investment Banking In American：A history*, Harvard：Harvard University Press, 1970, p. 10.

战争之前，美国的投资银行业务主要由私人银行承担。这些私人银行的一个主要组成部分是国外银行的代理机构或者他们在美国的重要合作银行。

# 小　结

从美国建国到南北战争前的大半个世纪，是美国社会经济发展的早期阶段，为19世纪后半期的快速发展奠定了重要基础。独立革命胜利后，为偿付独立战争所欠的内外债务，开启了具有里程碑意义的金融革命。这一过程中，证券市场诞生了，中央银行也成立了，各州银行也大量涌现，使美国在建国初期便拥有了世界最先进的金融体系，不仅使美国顺利偿付了内外债，也为美国社会经济发展提供了良好的资本条件。但是，美国金融体系的发展之路并不平坦，杰斐逊总统终止了合众国第一银行的特许，导致美国在美英战争中出现了融资困难。19世纪30年代的杰克逊总统又否决了合众国第二银行延续特许的法案，美国随后经历了历史上第一次系统性经济危机。整体上看，19世纪美国金融体系和资本市场的发展，有以下几个突出特点。

首先，美国联邦各级政府在金融体系的构建以及社会经济发展过程中，发挥了主导作用。国家与金融发展存在紧密联系，国家行为或推动或阻滞金融发展，金融发展也对国家产生反作用。历史上看，西方主要大国金融体系的产生与变革，无一例外都是由国家的大规模财政需求引发。在美国，是由偿付独立战争时期的大量债务引发。联邦政府发行了大规模新国债以偿付旧债，债券的发行和交易促成了美国资本市场的诞生。联邦政府还发起设立了国家银行。合众国银行不仅为政府提供巨额资本，作为中央银行，还承担起制定、实施货币政策和维护金融稳定的职责。随着合众国银行的沉浮，州银行在不同时期获得快速发展，这是由各州急于推动本地区社会经济发展产生的巨大资本需求所决定的。州政府对州银行成立的作用类似于联邦政府对合众国银行，但在不同地区影响程度有所不同。州政府通过准入控制，不仅影响银行的资本规模，还直接影响到银行的贷款政策，使银行的业务行为最大限度符合州的发展需要。

不仅在金融行业，在交通运输业方面，政府的作用同样显著和关键。运河的最初建立由私人资本发起，州政府很快成为运河建设的主角，不仅投入巨资，有的州还负责运营。由于政府投资运河的资本绝大部分来自借款，还引发了政府的债务危机，一些州政府因此接近破产边缘。铁路建设中，政府资本也占有重要地位，出资比例很高。政府通过债券市场融资获得资本，进而将这些资本投入包括银行、运河、铁路在内的各产业领域。政府通过设立银行，不仅将储蓄和投资联结在一起，还将货币市场和资本市场联结在一起。这一点和英国完全不同，与德国比较相似。

鉴于政府的影响，塞拉直言："美国金融史就是一部政治经济史。……政府政策促成了大量成就，但也引起了几次金融倒退，这些成就和倒退一同改进了金融政策、法规和机构。"[①] 塞拉对19世纪美国资本市场的功能评价道："资本市场（有人也会说是金融体系）则是一个新的、不同的事物，在很大程度上是政府政策的产物。它的不同组成部分——货币和银行制度、证券市场、公共财政——已经得到长时间的研究，但是对其各部分之间的复杂性及其赋予联邦制的灵活性则关注不够。政府不仅是金融制度的建立者，也是金融制度的受益人。州政府从它们批准的金融机构中取得大量的税收收入。各级政府——联邦政府、州政府和地方政府——从证券市场上借款筹资，大大加快了美国的发展进程。一个现代资本市场是对土地和劳动力市场的良好补充。作为一个国家，美国很幸运地从早期就拥有

---

① ［美］理查德·塞拉：《扭转金融衰退——1789年以来的政府和金融体系》，载［美］普莱斯·费希拜克等《美国经济史新论——政府与经济》，中信出版社2003年版，第129页。

这三大市场。"① 可以说，美国各级政府在资本市场构建中发挥了主导作用，也是美国早期社会经济发展的主要推动力量。但是，政府并非总是发挥建设性作用。依照现代观点来看，杰斐逊和杰克逊执政时期政府对金融体系造成了严重破坏，这些行为并非单纯来自经济方面，主要来自政治分歧，这在一定程度上左右了 19 世纪上半期美国政府的金融政策走向，也影响这一时期美国经济的起伏和波动。

其次，银行是美国金融体系中最重要的组成部分，银行贷款市场规模要大于债券市场和股票市场。19 世纪上半期，美国的银行体系是合众国银行和州银行、私人银行共同组成。从功能上讲，合众国第一银行、合众国第二银行是作为中央银行出现的。两家银行先后成立，不仅购入政府发行的巨额国债，为政府提供资本支持，而且发行银行券，监管地方银行，为美国早期的金融稳定做出了贡献。1792 年的资本市场危机得以平息，合众国第一银行发挥的作用十分关键。19 世纪 30 年代，美国经济的快速发展与合众国第二银行实施的货币政策和监管政策也不无关系。除合众国银行以外，州银行在各州区域经济发展过程中作用显著，大规模参与了美国基础设施的建设。进入 50 年代，银行每年向社会提供的贷款总额通常高达 5 亿—6 亿美元。另外，债券市场的规模要大于股票市场，债券市场是政府除贷款市场以外主要的融资渠道。金融革命中，美国发行了 8000 多万美元国债。19 世纪上半期的内部提升运动中，各州的政府资本主要来自公共债券的发行。在国内资本市场认购有限的情况下，一些州还在国外资本市场尤其是伦敦市场发行债券。美英战争、美墨西战争都需要大量资金，主要通过发行国库券、长期债券予以解决。早期的股票市场主要由银行、保险公司和交通运输业公司构成，工业企业在资本市场融资还很少

---

① ［美］斯坦利·L.恩格尔曼、肯尼思·L.索科洛夫主编：《剑桥美国经济史》第 2 卷，高德步、王珏总译校，王珏、李淑清主译，中国人民大学出版社 2008 年版，第 355 页。

见，其规模和影响还不可和债券市场同日而语。工业股份公司的这种情况和英国、法国基本一致，到了19世纪末才有所改变。

最后，投资银行在19世纪资本市场发展过程中脱颖而出。投资银行的兴起是美国资本市场的一个显著特点。在英国，证券承销和发行主要由商人银行完成，法国主要是商业银行，德国主要是私人银行，以后是全能银行。美国则出现了专业进行证券承销发行的投资银行，投资银行脱胎于私人银行。虽然19世纪上半期处于初期阶段，但为其未来发展奠定了良好的基础。以后在南北战争中，投资银行成为美国资本市场的关键角色，确立了在资本市场的强大影响力，这一点和欧洲大陆资本市场的情况有所不同。

# 第五章　债券、贷款与政府
## ——大器晚成的德国资本市场

## 第一节　19 世纪的公共债券市场

### 一　统一前的债券市场

同英、法、美等国一样，德国资本市场的发展历程，与政府的参与密不可分，尤其是战争融资。从 17 世纪开始，普鲁士的军费开支就一直在财政支出总额中占据相当大的比例。弗里德里希一世时，他依靠自身收入积累了 800 万塔勒的战争基金，建立了 8 万人的庞大军队，预算规模由 1714 年的 370 万塔勒增加到 1740 年的 700 万塔勒。[①] 1740 年前后，军队和防务开支占普鲁士财政支出的 81%，高达 597 万塔勒。[②] 进入 19 世纪，军事支出所占比例虽然逐渐下降，但仍然高于其他各项支出。到 1821 年，军事开支占总支出的比例仍高达 43.4%，1829 年为 41.5%，1841 年为

---

① ［美］查尔斯·P. 金德尔伯格：《西欧金融史》，徐子健、何建雄、朱忠译，中国金融出版社 2007 年版，第 186 页。

② ［英］彼得·马塞厄斯、悉尼·波拉德：《剑桥欧洲经济史》第 8 卷，王宏伟、钟和等译，经济科学出版社 2004 年版，第 378 页。

39.0%，1850 年，仍高达 37.8%。① 与庞大的军事开支相比，国王的财产和税收十分有限，只能通过发行公债来筹集资金。因此，很多经济史学家也认为普鲁士发生了"金融革命"。蒂利、塞拉等人指出，早在拿破仑战争时期，德国就已进入了金融革命的早期阶段。② 这一阶段，国家逐步废除农奴制度，集中中央政府的职权，放松了对经济的控制。1815 年战争胜利后，这个进程进一步加快。但是，金德尔伯格认为，18 世纪到 19 世纪普鲁士的官僚机构非常高效，普鲁士没有金融革命的需要，即使有过，也只是自上而下的革命。③

德意志神圣罗马帝国的各邦国的公共债券主要由银行来发行。例如，由达姆施塔特银行负责发行的债务有：1854 年巴登和巴伐利亚发行的公债券；1858 年的不来梅债券；1862 年的沃姆斯市债券。1864 年由罗斯柴尔德银行组成的辛迪加承销奥地利债券。1866 年则有三笔：一笔是巴伐利亚公债，另一笔是萨克森公债，还有一笔是威登堡公债。1868 年承销的债券有：黑森公债，布伦瑞克的铁路债，普鲁士的 4% 年利率公债，以及汉堡的 4.5% 年利率公债。另外，还有一家大银行（DISCONTO – GE-SELLSCHAFT）发行的债券有：1859 年，普鲁士的一笔总额为 3000 万塔勒的公债，由该银行和柏林的大银行共同发行，这是"普鲁士辛迪加"承销团的起源，以后，这个承销辛迪加存在了很多年。1866 年，巴登政府发行了一笔 3000 万塔勒的公债，由该银行和德国海上贸易公司、拉登堡银行共同承销。这一年，巴伐利亚发行了一笔 3500 万弗罗林的公债，

① ［英］彼得·马塞厄斯、悉尼·波拉德：《剑桥欧洲经济史》第 8 卷，王宏伟、钟和等译，经济科学出版社 2004 年版，第 397—398 页。

② Sylla, R., Tilly, R. and Tortella, G., *The State, the Financial System and Economic Modernization*, Cambridge: Cambridge University Press, 1999, p.6.

③ ［美］查尔斯·P.金德尔伯格：《西欧金融史》，徐子健、何建雄、朱忠译，中国金融出版社 2007 年版，第 186 页。

由该银行与皇家巴达维亚银行等联合发行。另外，布伦瑞克还发行了一笔200万塔勒的公债。1867年，巴登溢价发行了1200万塔勒的4%年利公债。1868年，为建设曼海姆—卡尔斯鲁厄铁路，曼海姆市发行了320万塔勒公债，由拉登堡银行和罗斯柴尔德银行组成联合承销团共同发行。另外，普鲁士分别发行了两笔额度为4000万塔勒和500万塔勒的公债。普鲁士公债的发行由德国海上贸易公司牵头的辛迪加发行。1869年，但泽市发行了一笔公债，但数目不详。同年，普鲁士分别发行了两笔额度为450万塔勒和55万塔勒的公债。① 普鲁士既在国内市场发行债券，也在国外市场发行。例如1818年，普鲁士在伦敦发行了公债，1822年，还在伦敦发行了皇家海外贸易公司的公司债券，在法兰克福和汉堡也有借款。② 1848年普鲁士爆发了革命，一个重要结果是建立了国民议会，议会有权审查政府的预算，并享有控制政府财政收支的权力。南部邦国公共财政体系的发展较普鲁士更早，比如巴伐利亚、巴登和威登堡等，19世纪20年代，这些邦国即已建立自己的公债以及税收和支出管理体系，但在对经济放松管制方面则落在了普鲁士后面。③ 相比英国，普鲁士不仅更贫穷，而且缺乏一个广泛的、正在成长中的、可以从工业和贸易中获得财富的中产阶级，以利用储蓄购买公共债券。英国的预算建立在借款和税收收入基础上。普鲁士的预算同其他德意志邦国一样，主要依赖生产性公营企业的收入和税收，公债只是补充。各邦国的主要债务都以长期债券的形式发行，本质上与英国和法国的年金债券相似。1870年10月，普鲁士发行了一笔

---

① Risser, J., *The German Great Banks and Their Concentration*, Washington：Government Printing Office, 1911, pp. 62 – 63.

② ［美］查尔斯·P.金德尔伯格：《西欧金融史》，徐子健、何建雄、朱忠译，中国金融出版社2007年版，第243—244页。

③ Tilly, R., "Public policy, capital markets and the supply of industrial finance in nineteenth – century Germany", in Sylla, R., Tilly, R. and Tortella, G.（ed），*The State, the Financial System and Economic Modernization*, Cambridge：Cambridge University Press, 1999, pp. 7 – 8.

2000 万塔勒的联邦债券。到这一年 11 月和 1871 年 1 月，为了战争需要，以财政部债券的形式又发行了一笔 1.42 亿塔勒年利率为 5% 的债券。这次债券的发行不仅有银行辛迪加的参与，而且得到了英国银行的支持。在 19 世纪 70 年代后期开始发行帝国债券以前，德国没有统一的债务。①

## 二　统一后的债券市场

德国统一后，各邦国政府仍然继续发行债券进行融资。普法战争后，由于获得了巨额战争赔款，一笔 1.2 亿塔勒的债券发行计划没有实施。从 1871 年到 1880 年，普鲁士辛迪加和其他银行辛迪加总计承销了 6.4 亿塔勒普鲁士公债以及 1.42 亿塔勒的帝国国债。另外，同期汉萨城公债、威登堡、萨克森和黑森的公债估计超过了 10 亿马克。由于担心发行业务被这些银行辛迪加垄断，1880 年以后，公债和国债的发行允许更多社会机构参与。② 1899 年 1 月，德意志银行分别承销了一笔总额为 7500 万马克的帝国国债和一笔总额为 1.25 亿马克的公债，年利率为 3%。1900 年 3 月，帝国政府发行了一笔 8000 万马克的帝国财政票据，年利率为 4%。从 1794 年到 1913 年，德国的公债总额见表 5 – 1。

表 5 – 1　　　　　　　　1794 年到 1913 年的公债和国民收入

| 时间 | 国民收入（百万马克） | 人均（马克） | 公债（百万马克） | 人均（马克） | 人口（百万） |
|---|---|---|---|---|---|
| 1794 年 | — | — | 144 | 16.8 | 8.6 |
| 1807 年 | — | — | 160 | 32.7 | 4.9 |

①　［美］悉尼·霍默、理查德·西勒：《利率史》，肖新明、曹建海译，中信出版社 2010 年版，第 249 页。

②　Risser，J.，*The German Great Banks and Their Concentration*，Washington：Government Printing Office，1911，p. 380.

续表

| 时间 | 国民收入<br>（百万马克） | 人均<br>（马克） | 公债<br>（百万马克） | 人均<br>（马克） | 人口<br>（百万） |
|---|---|---|---|---|---|
| 1815 年 | 2031 | 197 | 863 | 83.7 | 10.3 |
| 1820 年 | 2333 | 210 | 652 | 58.5 | 11.1 |
| 1841 年 | 3788 | 252 | 525 | 34.8 | 15 |
| 1848 年 | 4382 | 270 | 475 | 29.4 | 16.2 |
| 1856 年 | 4742 | 274 | 743 | 42.9 | 17.3 |
| 1866 年 | 5923 | 303 | 870 | 44.4 | 19.5 |
| 1869 年 | 7849 | 324 | 1302 | 53.8 | 24.2 |
| 1872 年 | 8804 | 355 | 1248 | 50.3 | 24.8 |
| 1882 年 | 10054 | 364 | 2686 | 97 | 27.6 |
| 1892 年 | 12940 | 422 | 6240 | 204 | 30.6 |
| 1902 年 | 17691 | 499 | 6721 | 189 | 35.4 |
| 1913 年 | 30184 | 725 | 9421 | 226 | 41.6 |

资料来源：［英］彼得·马塞厄斯、悉尼·波拉德：《剑桥欧洲经济史》第8卷，王宏伟、钟和等译，经济科学出版社2004年版，第411—412页（注：这一公债数额还包括了大量的政府生产性企业的债务）。

从表5-1中可以发现，19世纪初，整个德国的债务规模还不大。到1815年后，突然剧增到8.63亿马克，此后到1866年为止，一直维持在5亿—10亿马克。和同时期其他国家相比，这是一个较低水平。德意志第二帝国成立后，德国的债务再次经历一个飞跃，从1872年的12.48亿马克快速增加到1913年的近94.21亿马克，增长了近8倍。这种快速增长意味着德国统一后，政府在社会、经济发展方面职能的进一步强化，对国家的管控能力进一步增强，以及因对外扩张而导致的军费有所增加。1871年以后，德国的债务包括了帝国债务、各邦国和城镇的债务三个主要组成部分。帝国政府享有关税、间接消费税、交易印花税、邮政电报系统等的营业收入以及登记税等，同时，可以发行浮动帝国国债来获取额外收入。

帝国建立之初的 1871 年没有债务，从 1871 年到 1877 年，帝国使用总计为 42.07 亿马克的法国战争赔款即可支付军事开支。1877 年以后，帝国债务迅速增加，尤其是 1880 年以后。表 5 - 2 为 1877—1914 年帝国的国债发行数据。

表 5 - 2                  1877—1914 年的帝国国债

| 时间 | 债务总额<br>（百万马克） | 人均债务<br>（马克） | 人口<br>（百万） |
|---|---|---|---|
| 1877 年 | 16 | 0.37 | 43.6 |
| 1880 年 | 218 | 4.8 | 45.1 |
| 1885 年 | 410 | 8.8 | 46.7 |
| 1890 年 | 1118 | 22.7 | 49.2 |
| 1895 年 | 2081 | 40 | 52 |
| 1900 年 | 2298 | 41 | 56 |
| 1905 年 | 3203 | 53.1 | 60 |
| 1910 年 | 4844 | 75 | 64.6 |
| 1914 年 4 月 | 5200 | 77.6 | 67.0 |

资料来源：［英］彼得·马塞厄斯、悉尼·波拉德：《剑桥欧洲经济史》第 8 卷，王宏伟、钟和等译，经济科学出版社 2004 年版，第 423—424 页。

从 1877 年起到 1914 年，国债余额增长了 319 倍，人均国债增长了 209 倍。国债主要用于军费开支。随着德国军备的持续扩大，以及海外殖民地事务的逐渐增加，所需资金越来越多。这些支出主要依靠国债融资解决。由于债务快速增加，德国于 1896 年通过一项法律，计划制订债务的偿还比率。国债融资的用途被国会和预算法案称为临时性支出方式，这为 1914 年战争爆发后以国债筹集战争经费创造了条件，战争支出被看作临时性帝国预算的一部分，由临时性手段筹集。虽然负债增加很快，但就债务规模而论，较之英、法等国并不算大。1914 年的总负债仅为经常性收

入的 2.5 倍。另外，德国的偿债比例也很低，1910 年的偿债支出仅占财
政总支出的 5%，1911—1913 年也仅为 8%。[①] 军费开支始终是德国财政
支出的主要组成部分。进入 20 世纪后，陆军开支所占比例有所下降，维
持在 33%—40%。海军支出大幅度增加，从占比不到 3% 增加到 10% 以
上，这与德国当时的对外政策紧密相关。除了帝国和各邦国政府发行的债
务（state loans），还有各城市发行的债券（communal loans）。随着第二次
工业革命的持续推进，各级地方政府发行的公债呈现快速增长的态势。其
中，依照《德国经济学人》的统计，从 1894 年到 1908 年，各邦国及各城
市发行的债券总额如表 5-3 所示。

表 5-3　　　　　　1894—1908 年地方债券总额（邦国政府与城镇）　（单位：亿马克）

| 时间 | 总额 | 时间 | 总额 | 时间 | 总额 |
|------|------|------|------|------|------|
| 1894 年 | 2.95 | 1899 | 6.6 | 1904 | 5.75 |
| 1895 年 | 1.39 | 1900 | 4.2 | 1905 | 6.87 |
| 1896 年 | 1.6 | 1901 | 7.99 | 1906 | 9.85 |
| 1897 年 | 1.67 | 1902 | 7.33 | 1907 | 9.72 |
| 1898 年 | 2.61 | 1903 | 5.26 | 1908 | 17.7 |

资料来源：Risser, J., *The German Great Banks and Their Concentration*, Washington：Government
Printing Office, 1911, p. 381.

　　可以看到，从 1894 年到 1900 年，地方债券发行总额为 21.02 亿马
克，年均发行量为 3 亿马克左右。进入 20 世纪后，债券发行量突然增加。
从 1901 年到 1908 年的 8 年间，发行总额为 70.47 亿马克，平均每年发行
额度为 8.8 亿马克。因此，德意志第二帝国成立以后，德国的公债主要分

---

①　[英] 彼得·马塞厄斯、悉尼·波拉德：《剑桥欧洲经济史》第 8 卷，王宏伟、钟和等
译，经济科学出版社 2004 年版，第 431 页。

为国债和地方债。地方债又分各邦国的债券和城镇债券。国债仍然占主要比重，到 20 世纪初，帝国国债是地方公债的 2.5 倍到 3 倍左右。

## 第二节　交通运输业融资

与美国在工业革命时期的情况类似，德国各邦国在国家社会经济发展中发挥了关键作用，只是程度和方式有所不同。19 世纪的大部分时间，德国很大程度上仍然是个农业国，从农业领域获得的资本在德国资本形成中占主导地位。19 世纪上半期，德国农业收入水平上升，促进了德国工业化。在工业革命的早期阶段，资本所有者对投资工业缺乏兴趣，更愿意购买不动产或政府债券，收益较高，风险也低。为了实现国家发展和经济增长，以普鲁士为代表的各邦国采取了很多政策来推动工业发展，例如关税保护、政府补贴以及政府投资基础设施等措施。进入铁路时代以后，工业发展进入了一个新阶段。在铁路建设带动下，德国的采煤和炼铁行业获得了大规模投资。政府在工业化进程中，一方面对一些行业主要是基础设施领域进行直接投资，另一方面通过政府投资带动相关产业如煤炭和炼铁等行业的发展。

19 世纪德国的工业化，铁路建设是核心组成部分。一些经济学家将铁路热潮开始的 40 年代，确定为德国经济的"起飞"时间。霍夫曼认为，到 19 世纪 50 年代，铁路对周边经济部门的影响变得十分明显。从 50 年代到 70 年代早期，铁路投资占全部净资本的 15%—25%。弗雷姆德林的研究显示，19 世纪 50 年代和 60 年代，德国铁路投资大致等于流向整个工业"制造企业"投资总额的 60%—70%。从 70 年代开始，铁路投资开始放缓，但到 19 世纪末期重新加快。1900—1913 年，平均每年的铁路投资额超过 5 亿马克，占净投资总额的 8% 左右。① 在普鲁士的铁路建设中，政府提供的资本发挥了重要作用，其他各邦政府发挥的作用更大。铁路建设早期，普鲁士主要依靠私人企业筹集资本，而西部和南部的邻邦主要依靠政府投资。1866 年普鲁士并入汉诺威和黑森加塞儿前，普鲁士的国有铁路线很少。这两次合并后，到 1871 年阿尔萨斯和洛林并入德国，形成了德意志帝国铁路史的前奏。"因为政治与经济的合而为一，在铁路政策领域内比在其他任何领域内更为彻底。"② 博尔夏德曾对普鲁士政府的铁路投资这样说道："总体来看，我们可以说，普鲁士政府宪法改革与政府借款之间存在相互关联，因受到这种不幸关系的妨碍，普鲁士政府对铁路交通工具的扩张，局限于拿出其经常性收入予以资助；直至 1849 年它才能追随德国其他各邦已经做出的榜样，通过政府主导的投资将铁路建造推进到私人资本不愿意承担的地区，并且也对私人企业开展铁路建设采取支持态度，其形式包括提供公共贷款等。"③ 另外，巴登和威登堡的铁路建设也是由政府出资。据博尔夏德的统计，到 1850 年，除普鲁士以外，德国其他地区的铁路建设总投资中，政府资本占 73.3%。在普鲁士，这一比例仅为 9.2%。整体上看，政府资本占德国全部铁路投资的一半左右。④

铁路建设不仅影响了资本流动，也对其他行业的发展产生了强大推动力。在铁路建设第一个热潮的带动下，德国产生了一大批工业股份公司，

---

① ［英］彼得·马赛厄斯、M. M. 波斯坦主编：《剑桥欧洲经济史》第 7 卷上册，徐强、李军、马宏生译，经济科学出版社 2004 年版，第 518 页。

② ［英］克拉潘：《1815—1914 年法国和德国的经济发展》，傅梦弼译，商务印书馆 1965 年版，第 181 页。

③ ［英］彼得·马赛厄斯、M. M. 波斯坦主编：《剑桥欧洲经济史》第 7 卷上册，徐强、李军、马宏生译，经济科学出版社 2004 年版，第 520 页。

④ Edwards, J., Ogilivie, S., "Universal banks and German industrialization: a reappraisal", *Economic History Review*, Vol. 49, 1996, pp. 427–446.

主要集中在采矿业、保险业和银行业等。从 1851 年到 1870 年，德国股份公司的资本总额为 24.05 亿马克，其中，矿业、铸造企业和盐业公司大约为 2.75 亿马克，保险公司为 1.58 亿马克，银行为 9465 万马克。同期，铁路公司的资本总额为 17.22 亿马克，占这一时期股份公司资本总额的 71%。19 世纪 50 年代后的 20 年，这些行业连同铁路，总计占全部股份公司总额的 92.7%。① 到 1875 年，铁路里程达到 27981 千米。80 年代，主要的铁路线基本建设完成。这一时期，很多私人铁路公司被政府收购。1907 年，铁路里程总计 56196 千米，其中，51871 千米由政府所有或政府管理，另外 4320 千米铁路由私人铁路公司经营。1904 年，在德国总长53822 千米的铁路线中，有 33734 千米的铁路隶属于普鲁士—黑森铁路联合公司。铁路建设的飞速发展使铁路运输量也快速提升。1902 年年底，投资于标准轨距铁路的投资额达到 135 亿马克，到 1907 年，增长到 150亿马克。或者说，1902 年时，每千米的投资额为 25.8 万马克，到 1907年，每千米的投资额为 27.71 万马克。1906 年，铁路公司已经输送旅客量达 12.85 亿人次，货物 5.08 亿吨。铁路公司盈利状况也比较好，1907年，标准铁路公司的营业收入为 27.45 亿马克，利润为 8.51 亿马克，投资利润率为 5.6%。② 另外，铁路建设还促成了金融行业长期资本与短期资本的融合，一定程度上推动了德国全能银行体系的建立。③ 关于各邦国在铁路建设发挥的作用方面，学术界存在争论，很多学者认同邦国在铁路建设中发挥了积极推动作用。也有一些学者认为，政府其实是阻碍了铁路

---

① Riesser, J., *The German Great Banks and Their Concentration*, Washington: Government Printing Office, 1911, p. 48.

② Riesser, J., *The German Great Banks and Their Concentration*, Washington: Government Printing Office, 1911, pp. 130 – 131.

③ Fremdling, R., "German", in P. O' Brien (ed.), *Railway and the Economic Development of Western Europe*, New York: St. Martin's Press, 1983, pp. 121 – 147.

建设的发展，尤其是 19 世纪 30 年代。当各邦国发现铁路建设将会引起贸易转移而不是贸易创造时，普遍对铁路采取了较为否定的态度。当一些铁路公司设计的线路要跨越邦国边界时，邦国给予特许的态度十分勉强。这些铁路线往往依照贸易路线规划，从而将一些贸易中心连接了起来。当邻国设置了铁路线并产生了显著效果后，嫉妒心理迫使那些冷眼旁观的邦国也不得不采取措施推动铁路建设，这才引发了 19 世纪 40 年代德国的铁路建设热潮。因此，这部分学者认为，如果没有政府的资助，在公共资本市场融资的铁路公司仍然能够成立，并更有效率，政府资本并非那个时代铁路建设的必需条件。[①]

## 第三节　工业融资

### 一　银行贷款市场

德国工业革命期间，制造业企业获得了银行的融资支持，这一点和英国既有相似点，也有不同点。英国主要是分布在各地的乡村银行，这与制造业早期的规模、产业类别和工厂所在地都有关系。德国银行业不如英国发达，早期是私人银行为工商业提供服务，1850 年以前，银行对工业企业发放长期贷款，覆盖范围还很小。在科隆、莱比锡、德累斯顿、奥格斯堡以及柏林，许多私人银行很早就参与到工业领域。1870 年以前，它们所发挥的作用可能比那些 1850 年以后才出现的股份银行在同一时期要大。不过，这些地方银行业务的地域范围还很有限，工业家与当地银行家之间的个人联系仍然起决定作用。

从 18 世纪到 19 世纪，德国有不少银行业中心，比如汉堡、科隆、法

---

① Fremdling，R.，"German"，in P. O' Brien（ed.），*Railway and the Economic Development of Western Europe*，New York：St. Martin's Press，1983，pp. 121 – 147.

兰克福和柏林等地，但是，银行业在欧洲处于落后水平，19 世纪初仍然如此。[1] 铁路建设以前，银行的主要业务是发行政府债券。工业发展的早期阶段，金融机构的特点反映出德国的农业社会特征和政治权力的分散。私人银行实际承担了经济体系中的支付功能，将储蓄和投资连接在一起，推动了工商业的发展。在德意志第二帝国成立以前，私人银行是德国金融体系中最重要的组成部分。它们不能发行银行券，但可以承兑票据，在一定程度上增加了经济领域的流动性，弥补了因政府控制而导致的货币数量不足。跨地区和国家贸易有利于资本积累，对德国经济发展提供了动力。德国一些重要的私人银行，都是商人家庭组建的，通常起步于商业和政治中心，因此，私人银行将商业活动和银行活动结合在一起。18 世纪中期以后，私人银行还进行了技术创新，例如短期贷款向长期贷款的转换。这种贷款周期的转换体现出早期私人银行已经开始对工业融资和政府融资提供支持。[2] 由于工厂、公司规模有限，因此，所需资本额度都不大，初始资本可以通过工厂主自己以及合伙人解决，银行贷款在工业资本筹集时期显得并不重要。1834 年，巴伐利亚建立了一家由私人资本出资但由政府监督的银行。1838 年，萨克森设立了莱比锡银行，这两家银行对 19 世纪 40 年代德国的工业发展有所贡献。[3] 一些银行也发放过量贷款。例如从 19 世纪 30 年代到 1847 年，科隆的沙福赫生银行（此时还是私人银行）给工

---

① ［美］查尔斯·P.金德尔伯格：《西欧金融史》，徐子健、何建雄、朱忠译，中国金融出版社 2007 年版，第 131 页。

② Fohlin, C., *Finance Capitalism and Germany's Rise to Industrial Power*, Cambridge：Cambridge University Press, 2007, pp. 17 – 18.

③ ［英］克拉潘：《1815—1914 年法国和德国的经济发展》，傅梦弼译，商务印书馆 1965 年版，第 153 页。

业企业发放的贷款从 250 万塔勒增加到 1200 万塔勒。[①]

1848 年，沙福赫生银行进行了改制，成为德国第一家股份信贷银行。此后，一些股份信贷银行先后成立。其中，较大的有 1851 年成立的柏林贴现银行，1853 年成立的达姆施塔特银行，1856 年成立的梅宁根的中德信贷银行和 1856 年成立的柏林人商贸公司银行。[②] 从 1853 年到 1857 年，新成立的股份信贷银行资本总额达到 20 亿塔勒。[③] 人们普遍认为，德国股份信贷银行的建立受到法国动产信用银行的启示。到 19 世纪 50 年代，随着《普鲁士采矿法》的颁行，以及铁路建设、焦炭熔铸法的运用，德国进入工业建设热潮，尤其是重工业。与英国不同，英国的工业化从消费工业开始，而德国的工业化是从资本密集型的重工业开始。由于所需资本较之过去更大，自身的资本积累不能满足发展要求，另外受到利润不稳定的影响，因此，股份公司的数量越来越多，同时对股份银行的资金需求大幅度增加，有学者认为 50 年代仅矿业和冶金业的资本需求就达到了 1 亿塔勒。整个 50 年代，科隆的沙福赫生银行是鲁尔地区新建立的重工业公司主要的贷款人。这家银行没有成为工业企业的发起人，只是在企业成立时持有股份，银行的目的是通过出售企业股票获得收益。从 19 世纪 50 年代到第一次世界大战前，沙福赫生银行在鲁尔地区煤炭行业、钢铁行业的融资业务中占据领先地位。在科隆的所有私人银行中，奥本海姆银行同鲁尔地区的重工业企业保持了紧密的业务联系，并进行了股权投资。例如，在1852 年成立的菲尼克斯公司中，奥本海姆银行投资 110 万塔勒，占公司

① Feldenkirchen, W., "Banking and Economic Growth: Banks and Industry in Germany in the Nineteen Century and Changing Relationship during Industrialization", in Lee, W. R. (ed), *German Industry and German Industrialization*, London and New York: Routledge, 1991, pp. 116 – 148.

② Fohlin, C., *Finance Capitalism and Germany's Rise to Industrial Power*, Cambridge: Cambridge University Press, 2007, p. 18.

③ Risser, J., *The German Great Banks and Their Concentration*, Washington: Government Printing Office, 1911, p. 47.

资本总额的 73%。后来，银行在巴黎证券交易所卖出 70 万塔勒的股票，另外 40 万由公司作为战略投资长期持有。① 由于股份银行资本实力更强，也就在工业融资中发挥着越来越重要的作用。

股份银行用于借贷的资本不仅有自有资本，还有客户储蓄，储蓄构成了信贷资本的重要组成部分，储蓄的快速增加为银行贷款的增长奠定了基础。德国银行的储蓄业务最早由德意志银行于 1870 年首先发起。德意志银行为此开设了专门的储蓄网点，最先是在柏林，随后在莱比锡、德累斯顿等地。这些网点的开设，也为一些工业家和资本家提供了投资机会，但金额通常都不大。对德意志银行而言，这些网点不仅使工业家和资本家申请贷款变得更容易，而且有利于银行同这些群体建立更为密切的联系，便于为银行建立起一个规模更大、更好的客户圈，推动银行的证券承销业务。② 从 1882 年到 1906 年，普鲁士所有银行的存款翻了 3 倍，到 1907 年翻了 5 倍。从 1875 年到 1907 年，整个德意志帝国的储蓄额从 18.69 亿马克增加到 138.89 亿马克，33 年增长了 643.05%。③ 1891 年，德国 143 家信贷股份银行的平均资本总额超过 100 万马克，储蓄总额达到 3.86 亿马克。到 1900 年，德国最大的 118 家信贷股份银行持有的储蓄总额达到 9.97 亿马克。1908 年 12 月 31 日，德国全部信贷股份银行持有的储蓄总额达到 27.5 亿马克，其中，143 家资本超过 100 万马克的银行持有其中

---

① Feldenkirchen, W., "Banking and Economic Growth: Banks and Industry in Germany in the Nineteen Century and Changing Relationship during Industrialization", in Lee, W. R. (ed), *German Industry and German Industrialization*, London and New York: Routledge, 1991, pp. 116 – 148.

② Risser, J., *The German Great Banks and Their Concentration*, Washington: Government Printing Office, 1911, pp. 192 – 193.

③ Risser, J., *The German Great Banks and Their Concentration*, Washington: Government Printing Office, 1911, p. 101.

22.5 亿马克的储蓄。[①] 在德国，还出现了专门从事储蓄业务的储蓄银行，和商业银行从事的储蓄业务并不完全相同。储蓄银行的客户主要是中下阶层，这些人的存款目的就是保证存款的安全，另外希望能获得更高利息。商业银行的客户主要是中上阶层，尤其是工商界人士，存款都是临时性的，对利息的高低并不太在意，主要是随时可用来投资，包括证券投资、抵押贷款或者对工业企业投资，他们更感兴趣的是，银行是否能提供更多的投资机会。[②] 从 19 世纪 50 年代到 70 年代，股份银行的贷款为这一时期工业融资起到重要作用。从 19 世纪到"一战"爆发前，大股份银行对老式的私人银行、地方以及邦属银行产生了巨大影响。以柏林为中心，这些股份银行将德国乃至全世界纳入了它们的业务范围。1904 年，大股份银行平均资本额为 1 亿—1.8 亿马克。它们主要通过长期信贷和为工业企业承销股票提供融资服务。长期信贷资金大约占这些银行资产总额的 75%。[③]

德国信贷银行的贷款业务主要包括：一是经常账户业务，二是票据承兑业务，三是票据贴现业务。另外，还有伦巴第贷款，即担保贷款。经常账户业务是信贷银行最主要的业务，范围十分广泛，是银行主要的收入来源之一。经常账户是银行为客户建立用于一般业务开展的账户，也是银行获得客户佣金的主要来源之一。经常账户中，银行首先为客户提供收支服务，包括票据的收取，尤其是从事海外贸易产生的票据收付。银行也为客户提供从事对外贸易所需的票据业务，一般在自己的投资组合中持有这样

---

① Risser, J., *The German Great Banks and Their Concentration*, Washington：Government Printing Office, 1911, p. 198.

② Risser, J., *The German Great Banks and Their Concentration*, Washington：Government Printing Office, 1911, p. 196.

③ ［英］彼得·马赛厄斯、M. M. 波斯坦主编：《剑桥欧洲经济史》第 7 卷上册，徐强、李军、马宏生译，经济科学出版社 2004 年版，第 723—724 页。

的票据。一方面便于为客户服务，另一方面提高银行资产的流动性。这些海外票据在需要时可以兑换成黄金。在经常账户，银行还可以为客户直接提供贷款，也可以通过贴现票据提供短期贷款。通过经常账户，银行可以获得通过为客户买卖证券提取的佣金。银行也可以经常账户中的证券作为抵押，为客户提供贷款。这些证券不仅有矿业公司的股票，也有美国的铁路股票。除此以外，经常账户业务还包括为客户感兴趣的公司的股份制改造提供资金支持，也为现有股份公司的重组提供资金。<sup>①</sup> 从 19 世纪末到 20 世纪初，信贷银行的经常账户贷款业务增长显著。票据承兑业务是信贷银行贷款业务的主要方式。据统计，在经常账户业务中，大约三分之一的贷款都是票据承兑贷款。相对于银行资本，19 世纪八九十年代，票据承兑贷款增长很快。票据贴现业务也是信贷银行提供贷款的重要渠道。在德国票据市场流通的票据是优先选择，其次是在柏林、汉堡和法兰克福等地流通的当地票据。1899 年经济泡沫期间，包括发行银行和抵押贷款银行在内，银行持有的贴现票据数量增加到 29.46 亿马克。到 1900 年，即泡沫破灭之前，增加到 30.87 亿马克。经济危机之后的 1901 年，回落到 27.76 亿马克。随后开始继续增加。到 1908 年，持有的票据总额达到 43 亿马克，其中，德国信贷银行持有的票据为 27 亿马克，6 家最大的柏林的银行持有 15 亿马克。<sup>②</sup>

## 二 全能银行与证券承销

德国的股份信贷银行除了贷款业务外，一般都开展投资银行业务，因

---

① Risser, J., *The German Great Banks and Their Concentration*, Washington: Government Printing Office, 1911, pp. 259 – 274.

② Risser, J., *The German Great Banks and Their Concentration*, Washington: Government Printing Office, 1911, pp. 275 – 295.

此也被称为"全能银行"。最著名的就是德意志银行，从 1870 年成立到现在仍然是世界上最大的银行之一。尤其是第二帝国成立以后，这些大银行支配着德国的金融体系和工业融资。其资产不足全国金融机构资产的十分之一，① 但举足轻重。19 世纪中期以后，股份公司的成立、兼并、收购都少不了股份信贷银行的参与，它们是德国工业化进程的重要推手。时至今日，德国大银行在德国金融体系和工业融资中仍然具有非常大的影响力。

德国股份公司成立或企业改制为股份公司时，全能银行就通过购买公司股份或者其他直接方式参与其中。例如，1856 年，达姆施泰特银行参与了 7 家公司的成立或改制，投资了这些公司的股权，价值大约有 250 万塔勒，包括纺织公司、采矿公司以及制造企业等，在奥尔登堡东印度航运公司也持有股份。1857 年，柏林贴现银行发起设立了一家矿物冶炼公司，投入资本 175 万塔勒。到 1863 年，由于严重亏损，这家公司从贴现银行分离，交给职业经理人管理，银行不再承担日常经营事务。银行投资这些公司，同时也承担了投资风险。到 1884 年年底，一共有 123 家股份公司破产，也导致投资这些公司的 37 家银行破产。德意志银行也受到过影响。例如，1890 年，德意志银行参与投资德意志奥地利图书馆，派出代表担任监事会主席职务。1900 年，公司的股票市值从 3400 万马克缩水至 2500 万马克，德意志银行损失惨重。② 即便如此，全能银行对新建公司和工厂改制带来的投资机会仍然乐此不疲。从 19 世纪 50 年代到 1873 年，全能银行经常以公司发起人的身份参与股份公司筹建，持有公司股份。自 80

---

① ［美］查尔斯·P.金德尔伯格：《西欧金融史》，徐子健、何建雄、朱忠译，中国金融出版社 2007 年版，第 114—145 页。

② Risser, J., *The German Great Banks and Their Concentration*, Washington: Government Printing Office, 1911, pp. 240 – 244.

年代开始，情况有所变化，银行开始避免在这些公司直接持有股份，可能是吸取了 70 年代经济危机的教训。自此以后，如果一家银行仍然持有工业公司的证券，一般来说，主要原因是承销的证券还没有销售完。当然，银行也可能为了促进公司的合并和卡塔尔的形成而持有股票。①

总体而言，相对于直接投资，全能银行发挥的最主要作用还是证券发行。其中，工业证券在全能银行的证券发行业务方面占据主要地位。这项业务的基础是银行的经常账户。无论是贷款，还是提供诸如证券买卖、证券管理、收支等各项业务，都通过客户在银行的经常账户进行。全能银行的证券发行主要有两种方式：一种是直接向社会推介，由社会公众直接认购；另一种是以自有资本全部认购，然后再向社会推销，这是包销模式。在 19 世纪早期的铁路建设中，通常采用第一种模式，到 19 世纪后半期则主要采取包销模式。法律规定，一般情况下，公司发行股票必须由 5 个以上发起人。私人企业改制为股份供公司，企业主就是发起人之一。如果企业主还要继续控制公司，就需要在发行的股票中占有控股地位。《1884 年股份公司修订法》和《1896 年交易所法》对银行的证券承销业务进行了规范，主要条款包括：首先，股份公司的股票必须被全额认购。公司正式成立前，支付到位的认购资金不能低于公司股本总额的 25%。如果在章程规定的时间内没有缴清全部认购资金，股份公司的设立就宣告失败。如果认购人不履行必需的正式手续，或者不出席创立大会，公司仍然可能会被宣告创立失败。其次，银行发行公司股票涉及的所有收费必须全部公开，且由独立的审计机构对公司的资产进行审计，发布审计报告，并提交法院备案。最后，如果新成立的股份公司承接了过去私人企业时期的业

---

① Feldenkirchen, W., "Banking and Economic Growth: Banks and Industry in Germany in the Nineteen Century and Changing Relationship during Industrialization", in Lee, W. R. (ed), *German Industry and German Industrialization*, London and New York: Routledge, 1991, pp. 116 – 148.

务，必须要经过一个完整的财务年度，发布资产负债表以后，公司的股票才可以获得证券交易所上市的官方许可。除了保险公司以外，其他各行业的股份公司，在未获得全部出资款以前，禁止股票在交易所交易。①

在证券发行中，全能银行的具体销售方式包括：（1）确定好股票价格，向社会公开销售，由社会人直接认购。如果股票被超额认购，银行通常更倾向于将股票配售给那些更有专业特长的投资人，或者明确在特定时期不卖出股票的投资人。很多时候，在募集资本之前，银行已经获得了在证券交易所的官方上市许可。（2）不开展股份销售活动，直接去获取一家或几家证券交易所的上市许可。但是，必须在发行时向交易所报告股票的价格以及价值总额。不同交易所对上市股票的最低价值额度都有规定，例如，柏林证券交易所的发行总额不能低于100万马克，在法兰克福证券交易所和汉堡证券交易所不能低于50万马克。不过，这些规定也存在弹性。（3）直接向投资人或发行银行的关系圈销售。这种方式通常是前两种发行方式的补充。由于不经过交易所，省去了很多发行手续，并使银行获得了长期持有发行公司股票的机会。通常情况下，银行进行证券承销，主要通过买卖差价获得主要收入。即使大银行拥有较强的抗风险能力，单独承销一家公司的证券也仍然存在风险。为了降低风险，全能银行一般为此组成一个联合体来共同承销，这就是"银行辛迪加"。建立这样一个发行联合体至关重要，不仅利益共享，而且风险共担。每个参与成员必须承诺接受确定的发行份额并支付认购款。通常由一家银行来牵头组织。如果组成的辛迪加规模较大，可以成立一个委员会来负责管理和协调发行工作。为了避免成员各行其是，在分配具体份额以前，通常由牵头银行负责统一管理证券。牵头银行还负责证券的发行价格和统一账户管理，组织上

---

① Whale, P. B., *Joint Stock Banking in Germany*, London：Macmillan and CO., Limited, 1930，pp. 39 – 42.

缴募集款。发行结束后，发行的利润或损失，以及未完成承销的证券，按此前的认购比例分配到各个成员。经过长期经营，一些辛迪加逐渐有了自己专门的业务领域。例如有专门承销普鲁士债券的辛迪加等。① 从 19 世纪 70 年代起，有的大银行还建立了分支机构，不仅吸收存款，而且为银行开展的证券承销工作筹集资金。②

### 三　私人资本市场

德国的迅速工业化在现代史上是人所共知的事实。早在帝国形成之前，德意志各邦国就已经具备了工业化的良好基础。凯恩斯曾说道："德意志帝国与其说是建立在血与铁上，不如说是建立在煤与铁上要更真实些。"③ 19 世纪前期，德意志各邦国开始推进土地革命。在普鲁士，施泰因—哈登贝格改革的农业立法，开启了德意志现代化的大门。普鲁士的农业现代化逐步扩展到其他邦国。这场农业革命，不仅废除了普鲁士农民的人身依附关系，而且立法改革的"赎免"方式还成为普鲁士工业革命资本积累的重要手段。到 1848 年，容克地主阶层获得 3520 万塔勒。到 1860 年，又获得 3940 万塔勒。容克地主用所获资金购置机器、农具，改良土壤，投资建设庄园工厂，后来又投资重工业和铁路。获得独立的农民也往往兼营家庭手工业，家庭手工业的兴起成为普鲁士工业革命起步阶段的一个重要特征。因此，这一时期，德国的资本来源主要包括：一是商人阶层通过在拿破仑战争时期供应军需物资，获得巨额利润，然后将这部分

---

① Whale, P. B., *Joint Stock Banking in Germany*, London: Macmillan and CO., Limited, 1930, pp. 33–46.

② Fohlin, C., *Finance Capitalism and Germany's Rise to Industrial Power*, Cambridge: Cambridge University Press, 2007, p. 240.

③ ［英］克拉潘：《1815—1914 年法国和德国的经济发展》，傅梦弼译，商务印书馆 1965 年版，第 320 页。

利润转投工业；二是农业革命过程中，庄园主、土地主获得大量赎金，将其中一部分投资于工业和基础设施领域。[①] 1840 年以前，德国各邦国对成立股份公司仍然采取保守政策。一方面是为了控制私人资本的需求，以便为国家的债务发行提供条件，另一方面是出于对有限责任制的反感。因此，工业革命前几十年中，企业融资问题主要依靠私人资本市场解决，这和英国、法国、美国工业革命前期制造业融资的情况非常相似。福林指出，从 19 世纪 20 年代以前，德国资本市场仍然是一个非常分散的地方市场，主要依靠个亲属关系和朋友关系筹集资本。[②] 工厂发起人自己的储蓄、家族成员和朋友提供的资金是这一时期资本来源的主要部分。中产阶级家族内部的团结一致对早期工业融资起了十分重要的作用。1830 年以后，虽然很多企业受制于资本短缺，不断寻求政府贷款，但是来自政府的贷款和财政支付在整体上还处于极低水平。大土地主对工业投资也保持谨慎态度，直到 19 世纪 50 年代才有所改变。科什认为，工业革命期间，商贸利润可能是最重要的资本来源，这些资本通过个人关系圈进入工业领域。既可能是商贸经营者自己建立一家工业企业，也可能是他与一个手工艺人或技工建立合伙形式的工业企业，或是成为与他非常熟悉的实业家所主持企业的名义合伙者。[③]

除了依靠工厂发起人以及亲属朋友等筹资以外，随着工业企业的发展，工业资本自身也是主要资本来源。从 19 世纪 70 年代到 90 年代，鲁尔地区的钢铁企业，其自有资本完全可以满足它们的投资需要。1895 年以后，超过 80% 的投资资金仍然来自企业内部。据此，费尔登基希尔指

---

① 丁建弘：《德国通史》，上海社会科学出版社 2012 年版，第 173—175 页。

② Fohlin，C.，*Finance Capitalism and Germany's Rise to Industrial Power*，Cambridge：Cambridge University Press，2007，p. 20.

③ ［英］彼得·马赛厄斯、M. M. 波斯坦主编：《剑桥欧洲经济史》第 7 卷上册，徐强、李军、马宏生译，经济科学出版社 2004 年版，第 684—685 页。

出，即使 90 年代以后外部投资变得越来越重要，这一时期内部融资仍然占据工业股份公司投资资金的主要部分。从 1880 年到 1914 年，银行对工业投资的贡献只占第二位。外部资本有所增加的原因，主要是由相对快速的经济增长和工业企业的合并引发的。这些因素导致投资收益增加，促使企业开始愿意获得外部资本，包括借贷资本和股权资本。[1]

### 四　公共资本市场

19 世纪 50 年代，德国还没有出现面向股份公司的专门法律。建立股份公司必须获得相关政府机构的许可。一些州政府认为，股份公司的有限责任制是股东有意逃避债务，因此，很多州拒绝颁发许可，股份有限公司在这一时期非常少，普鲁士也不例外。从 1770 年到 1850 年，普鲁士仅有 84 家股份公司，大部分是保险公司、矿业公司以及制铁公司。1851 年以后，普鲁士的控制政策才有所松动。1851—1857 年，普鲁士给 119 家公司颁发了经营许可。其中有 8 家是股份银行和其他金融机构。[2] 1850 年前，工业企业（不含铁路公司）通过公共资本市场融资的额度约为 3300 万塔勒，大约占普鲁士所有股份公司资本总额的 15%。其中，21% 为矿业股份公司。从 19 世纪 30 年代到 50 年代，由于采矿方式的转变，采矿公司所需资本大幅度增加，通过发行股票募集资本也变得越来越普遍。40 年代，建立一家专业的冶炼厂，所需初始资本为 20 万—30 万塔勒。创建一家纯粹的采矿企业，需要初始资本为 50 万—75 万塔勒。如果将鼓风高

---

① Edwards, J., Ogilivie, S., "Universal banks and German industrialization: a reappraisal", *Economic History Review*, Vol. 49, 1996, pp. 427 – 446.

② Timothy W. Guinnane., "Delegated Monitors, Large and Small: The Development of Germany's Banking System, 1800 – 1914", *Economic Growth Center*, Center discussion Paper NO. 835, Yale University, August 2001, p. 12.

炉和搅炼设备结合在一起，则需要约 100 万塔勒的资本。[1] 这种规模的融资需求是家庭企业无法承担的。整体上看，1850 年以前，股份公司在德国并不多见。普鲁士资本家主要投资于土地、抵押物和政府债券。组建公司必须由政府审批，容易遭到容克官僚的拒绝。19 世纪中叶情况发生了变化，主要是由铁路建设引起的。[2] 从 1826 年到 1850 年，在普鲁士成立了 102 家股份公司，资本总额为 6.38 亿马克。进入 50 年代以后，股份公司的数量开始快速增加。从 1851 年到 1870 年头 6 个月的近 20 年间，总计成立了 295 家股份公司，募集资本总额大约为 24 亿马克。[3] 从 1870 年到 1874 年，工业股份资本数量发生了巨大飞跃，股份总额达到近 3.34 亿塔勒，占所有股份公司资本总额的 28%。1850—1870 年，在所有股份公司募集的资本总额中，矿业公司占 69%，纺织部门占 16%，金属加工和机械工程行业占 8.5%，食品加工行业占 5%，化学行业占 2%，到 1870—1874 年，这一比例分别为：38%，6.5%，22.5%，16%，4.5%。[4] 可以看到，这期间矿业和纺织业占比下降幅度较大，金融加工和机械工程、食品加工和化学行业大幅增长。

1873 年，德国股份公司的注册资本总额为 12 亿马克，到 1913 年，增加到 120 亿马克。从 1886 年到 1895 年，成立了 1696 家股份公司，资本总额为 16.8 亿马克；从 1896 年到 1905 年，新设立了 2015 家股份公司，资本总额增加了 31 亿马克。大部分公司都是由原来的企业改制为股份公司的。1902 年，在普鲁士的所有股份公司中，有 9.3% 是 1870 年之前建

---

① ［英］彼得·马赛厄斯、M. M. 波斯坦主编：《剑桥欧洲经济史》第 7 卷上册，徐强、李军、马宏生译，经济科学出版社 2004 年版，第 688 页。

② ［美］查尔斯·P. 金德尔伯格：《西欧金融史》，中国金融出版社 2007 年版，第 224 页。

③ Risser, J., *The German Great Banks and Their Concentration*, Washington: Government Printing Office, 1911, p. 115.

④ ［英］彼得·马赛厄斯、M. M. 波斯坦主编：《剑桥欧洲经济史》第 7 卷上册，徐强、李军、马宏生译，经济科学出版社 2004 年版，第 690 页。

立的，54.3% 是在 1871—1895 年创立的，1895 年之后建立的仅占
36.4%。1873 年，工业股份只占股份资本总额的 30%，到 1903—1904
年，这一比例上升到 50%，其中，采矿业仍然占据主要份额，在工业股
份公司募集资本总额中占据 29% 的比重。[①] 到 1896 年，德国总计有 3712
家股份公司，资本总额约为 68.46 亿马克。其中，矿业和铸造企业 235
家，资本总额约为 10.22 亿马克；机器制造企业 235 家，资本总额约为
3.25 亿马克；纺织企业 259 家，资本总额大约 4.15 亿马克；酿酒业 378
家公司，资本总额约为 3.67 亿马克；建筑业公司 164 家，资本总额约为
1.73 亿马克；股份银行为 98 家，资本总额约为 12.4 亿马克，每家银行
的资本总额都超过了 100 万马克；化学行业有 108 家公司，资本总额约为
3.33 亿马克；电子行业有 39 家公司，资本总额约为 1.96 亿马克。[②] 可以
看到，除银行业以外，采矿业占比最高，约为 15%，其次是纺织行业，
占比约为 6%。机器制造业、酿酒等行业占比相差不多。从德意志帝国成
立到 1908 年，德国总计成立了 6249 家股份公司，募集资本总额约为
94.4 亿马克，这一数字不包括大型有限责任合伙企业。[③] 霍夫曼曾对工业
革命期间德国的工业资本与其中的股份资本进行统计，显示股份资本在工
业资本所占比例并不高。例如 1860—1870 年，由于德国各邦国政府对股
份公司的准入控制严格，股份公司数量还很少，股份资本在工业资本中的
比例也很小。这从侧面也反映出刚刚兴起的全能银行在这一阶段的工业化
中作用并不显著。直到 19 世纪 80 年代以后，工业领域中的股份公司才开

---

① ［英］彼得·马赛厄斯、M. M. 波斯坦主编：《剑桥欧洲经济史》第 7 卷上册，徐强、李军、马宏生译，经济科学出版社 2004 年版，第 725 页。

② Risser, J., *The German Great Banks and Their Concentration*, Washington：Government Printing Office, 1911, pp. 117－118.

③ Risser, J., *The German Great Banks and Their Concentration*, Washington：Government Printing Office, 1911, p. 115.

始显著增加。但是，这一比例仍然较低，直到 1913 年，在全部工业资本中，股份公司所占比例仍然低于 20%，大部分工业企业仍然是独资企业、合伙企业或私人公司。股份资本在工业资本中的比例见表 5 - 4。

表 5 - 4　　　　　　　股份公司资本在工业资本总额中的比例

| 时间 | 占比 | 时间 | 占比 |
|------|------|------|------|
| 1860 年 | 7.61 | 1900 年 | 16.19 |
| 1870 年 | 7.77% | 1910 年 | 19.74 |
| 1880 年 | 9.46% | 1913 年 | 17.77% |
| 1890 年 | 14.92% | | |

资料来源：Edwards, J., Ogilivie, S., "Universal banks and German industrialization: a reappraisal", *Economic History Review*, Vol. 49, 1996, pp. 427 - 446.

19 世纪后半期，德国的海上运输业和造船行业发展也很快，在证券市场不仅发行股票融资，还发行债券。1847 年 5 月 27 日，在汉堡成立了一家名为"汉堡—美洲船务运输股份公司"的海上运输企业，初始资本为 30 万马克，1853 年以后一直以每年 16% 的速度快速增长。1848 年公司开始运营时，仅有 3 条帆船，到 1856 年，公司引进了蒸汽船，开始了往来于汉堡和纽约的运输业务。到 1908 年，公司的资本总额增加到 1.25 亿马克。1909 年 1 月，利润达到 1680 万马克。除股份募集资本外，公司还发行了大量债券。1908 年，债券融资总额高达 7640 万马克。1857 年，不来梅成立了另一家船务运输公司，很多银行也参与了发起设立，初始资本总额为 951 万马克。公司开展从不来梅到纽约的定期海上运输。到 1908 年，公司资本总额增加到 1.25 亿马克，发行的公司债券达到 7640 万马克。[1] 19 世纪 80 年代，德国新成立了 14 家水上运输股份公司，90 年

---

① Riesser, J., *The German Great Banks and Their Concentration*, Washington: Government Printing Office, 1911, pp. 135 - 136.

代又成立了 6 家。到 1895 年，德国水路企业的总价值达到 15 亿马克。1907 年，运输行业一共有 26325 艘船只，运输能力达到 591 万吨。水路里程达到 13748.6 千米。截至 1895 年，水路承担了德国运输总量的 22%，铁路承担了 78%。① 德国的造船业很大程度上得益于银行的鼎力支持，19 世纪 80 年代开始繁荣起来。从 60 年代开始，英国开始用铁代替木料作为轮船的主要建设材料，德国造船厂最早跟进了这一历史性变革。在汉堡、不来梅以及东普鲁士的艾尔宾等地，都是大型造船企业的所在地。到 1905 年，造船业股份公司的股份资本总额达到 5400 万马克，这些公司还发行了 2500 万马克的企业债券。②

到 19 世纪末期，铁路建设热潮结束，德国的铁路网络建设完成。以德国全能银行为主体的金融体系也已形成。因此，包括银行业、保险业和交通运输行业在内的传统行业在资本市场的融资规模开始逐步减小。与此相反，随着企业数量的持续增加和技术变革的推进，工业企业在资本市场的地位逐渐增强，越来越多的工业企业通过证券市场发行股票和债券进行资本筹集。这是德国资本市场在 19 世纪末 20 世纪初出现的结构性变化。这一变化在同期的英国、法国、美国资本市场也一样明显。按照《德国经济学人》统计，从 1904 年到 1907 年的证券市场发行结构如表 5-5 所示（国内证券发行）。

表 5-5　　　　　1904—1907 年德国证券市场发行结构情况　　　（单位：亿马克）

| 种类 | 1904 年 | | 1905 年 | | 1906 年 | | 1907 年 | |
|------|------|------|------|------|------|------|------|------|
| | 面值 | 市值 | 面值 | 市值 | 面值 | 市值 | 面值 | 市值 |
| 政府债券 | 3.43 | 3.36 | 4.29 | 4.30 | 6.37 | 6.38 | 5.51 | 5.46 |

① Riesser, J., *The German Great Banks and Their Concentration*, Washington: Government Printing Office, 1911, p.141.

② Riesser, J., *The German Great Banks and Their Concentration*, Washington: Government Printing Office, 1911, p.139.

续表

| 种类 | 1904 年 | | 1905 年 | | 1906 年 | | 1907 年 | |
|---|---|---|---|---|---|---|---|---|
| | 面值 | 市值 | 面值 | 市值 | 面值 | 市值 | 面值 | 市值 |
| 公共债券 | 2.43 | 2.40 | 2.59 | 2.59 | 3.46 | 3.47 | 4.31 | 4.25 |
| 抵押债券 | 5.06 | 5.06 | 5.69 | 5.69 | 4.05 | 4.04 | 3.26 | 3.26 |
| 铁路债券 | 0.086 | 0.085 | 0.12 | 0.12 | 0.095 | 0.09 | 0.01 | 0.01 |
| 工业债券 | 1.09 | 1.14 | 1.14 | 1.15 | 1.82 | 183 | 1.71 | 1.73 |
| 铁路股票 | 0.035 | 0.038 | — | — | 0.017 | 0.22 | 0.0061 | 0.0062 |
| 银行股票 | 1.29 | 1.96 | 1.17 | 1.47 | 1.84 | 2.82 | 1.09 | 1.52 |
| 保险公司股票 | 0.024 | 0.028 | — | — | 0.015 | 0.019 | 0.036 | 0.036 |
| 工业股票 | 2.24 | 3.59 | 3.09 | 5.52 | 3.89 | 6.53 | 2.84 | 4.31 |
| 总计 | 15.79 | 17.63 | 18.1 | 20.82 | 21.58 | 25.21 | 18.77 | 20.59 |

资料来源：Risser, J., *The German Great Banks and Their Concentration*, Washington：Government Printing Office, 1911, p. 359 - 361.

上述统计不包括外国证券发行。可以看到，1904 年，德国证券市场中，包括政府债券在内的新发行债券市值约为 12.1 亿马克，占证券发行总额的 76.7% 以上，债券融资规模远远大于股票融资。这说明德国证券市场仍然以债券市场为主。20 世纪初，工业企业股份公司的数量快速增加，证券市场融资成为越来越普遍的现象，改变了过去股份公司主要由银行、保险公司、铁路公司组成的格局。工业企业还通过发行债券融资补充日常营运资金。包括股票和债券在内的工业证券融资总额为 3.33 亿马克，占新发行证券市值总额的 21%。到 19 世纪末，德国的铁路建设早已完成，因此铁路公司的股票融资和债券融资几乎停止。到 1907 年，德国债券发行总额约为 14.71 亿马克，仍然占证券市场总额的 71.4%，说明债券市场的主导地位仍然稳固。

## 第四节　普鲁士银行、德意志帝国银行

普鲁士银行早前是柏林的皇家银行，从严格意义上说就是一个国家银行。由政府管理，经营不动产抵押、票据贴现和商品抵押贷款，不发行银行券。进入铁路建设时期后，皇家银行的贴现和贷款业务规模迅速扩大。1848 年，皇家银行被普鲁士银行取代，意味着普鲁士国家银行时代的开始。建立这家银行的主要目的是，政府需要一个有发行权但不具独立地位的银行。普鲁士银行是股份银行，资本大部分来自私人，但银行的领导权掌握在政府手中。银行可以设立分行，可以发行银行券，初期最大发行额度为 2100 万塔勒。[①] 1876 年 1 月 1 日，普鲁士银行转型成为德意志帝国银行，德意志帝国银行正式成立，初始资本为 1.2 亿马克，到 1899 年 7 月增加到 1.8 亿马克。根据 1875 年的法案，帝国银行的职责为监管帝国流通的货币，促进支付，充分利用可使用的资本。帝国银行对利率的管理权实际掌握在帝国首相手中。银行的行长、董事都必须服从首相。对银行的监管由政府的银行管理委员会行使，帝国首相是这个委员会的主席，另外还有其他 4 名成员。银行的日常经营管理由银行的中央委员会召开的常务会议来行使，委员会由 15 名正式委员和 15 名候补委员组成，每月至少一次开会，主席由银行董事长担任。[②]

政府成立帝国银行，首要的任务是控制银行券的发行。当时，有 33 家银行具有银行券发行权。其中，有 10 家设在普鲁士的银行的发行资格

---

① ［英］克拉潘：《1815—1914 年法国和德国的经济发展》，傅梦弼译，商务印书馆 1965 年版，第 152—153 页。

② Risser, J., *The German Great Banks and Their Concentration*, Washington：Government Printing Office，1911, pp. 142－142.

需要每年重新申请。还有 10 家的特许状是 1900 年到期，另外还有 1952 年、1953 年及 1956 年到期的，还有 2—3 家的特许权没有期限限制。由于发行权非常分散，要实现集中需要一个过程。政府对银行享有发行权的要求非常严苛，比如，发行银行不能承兑汇票，不能自行买卖或代理客户先期买卖货物或证券，也不能发行面额在 100 马克以上的银行券。另外，银行的业务必须全部公开。如果没有帝国法律的允许，不能创设新的发行银行。对于银行券，政府规定了信用发行额度的上限。如果超过这个限额，超过部分按 5% 缴纳税款。帝国内，所有发行银行的信用发行额度不能超过 1900 万英镑（1 英镑合 20 马克）。其中，德意志帝国银行的信用发行额度占 1250 万英镑，巴伐利亚和萨克森的银行大约占了 200 万英镑。对银行的这些限制导致很多发行银行后来逐渐放弃了这项业务。1876 年，至少有 14 家银行放弃了发行业务，1877 年，又有 1 家银行放弃。1897 年，只有 7 家银行还保留着这项业务。10 年以后，除了德意志帝国银行以外，只剩下 4 家银行还保留了发行权，巴伐利亚、瓦登堡、巴登以及萨克森各 1 家。到 1912 年，银行券发行总额为 1.34 亿英镑，其中，1.26 亿英镑由德意志帝国银行发行。这样，德国的银行券发行基本上实现了统一和集中。帝国银行的另一项重要职能就是为国家进行现金保管。银行成立后的 70 年代末，现金准备在 2500 万英镑到 3000 万英镑。到了 80 年代，增加到 4000 万—4500 万英镑。进入 20 世纪的第二个 10 年，平均每年的现金准备大约在 6000 万英镑。现金准备中，黄金的比例持续上升，最高时达到 75% 左右。作为国家银行，帝国银行也在全国各地通过设立分行和支行提供银行业务服务。到 20 世纪初，开设了 100 多家分行和 4000 家左右的支行，支行向其所属分行负责。在德国的每一个比较重要的地方，都设有帝国银行的分支机构。帝国银行的职能之一，就是为所有需要现金的人提供服务，而且只收取非常便宜的手续费。[①]

按照法律规定，德意志帝国银行可以进行短期贷款，通常采用短期票据贴现贷款和抵押贷款的方式，短期票据贴现是最主要的贷款方式。由于持有的短期票据数量增加，帝国银行可以发行的银行券也相应增加，因为短期票据可以作为发行银行券的储备，用于兑付银行券。1905 年，帝国银行持有的贴现票据总额为 7.76 亿马克，到 1906 年，增加到 9.46 亿马克，1907 年为 10.6 亿马克。[②] 对帝国银行而言，抵押贷款的重要性不如票据贴现贷款，因为抵押物通常不能作为发行银行券的储备。但是，抵押贷款对债务人而言成本较小。由于利息计算周期就是贷款周期，而且债务人可以随时偿还部分或全部利息，虽然抵押贷款利息高于贴现率一个百分点，但仍然受到债务人的欢迎。

## 第五节　证券交易所

德国的证券交易所起源很早。16 世纪中期，汉堡和科隆就已经出现了证券交易所，规模都不大。在以后的两个世纪，这些证券交易所主要开展本地业务，交易品种以商业票据为主，以后逐步衰落。这和欧洲其他贸易中心的交易所非常相似，例如安特卫普等地。以后，各地的商人又建立了新的证券交易市场，有规律地开展交易活动。到 18 世纪末 19 世纪初，德国各地证券市场迎来了一个新的发展时期，主要是政府的债务融资和工业革命的推动。一开始，证券交易所的主要交易品种是债券。由于政府对

---

① ［英］克拉潘：《1815—1914 年法国和德国的经济发展》，傅梦弼译，商务印书馆 1965 年版，第 434—435 页。

② Risser, J., *The German Great Banks and Their Concentration*, Washington：Government Printing Office, 1911, p. 297.

成立股份公司进行严格控制，股份公司很少，股票交易不多。1757 年，在柏林证券交易所只有两家股份公司的股票。到 1800 年，普鲁士全国也还只有 4 家股份公司。自铁路建设开始以后，股份公司数量逐步增多。1843 年，普鲁士颁布了《普鲁士股份公司法》，为股份公司的成立创造了制度条件。但是，获得特许仍然十分困难。1835 年，仅有 25 家股份公司。19 世纪 50 年代，股份信贷银行开始大量成立，一定程度上增强了德国各地资本市场之间的联系。19 世纪中期，证券交易所的交易品种主要以公债、铁路证券和银行股票为主。随着工业革命的持续推进，工业股份公司的股票也逐渐在证券交易所上市，但数量不多。在德国最早的工业股份公司中，采矿公司占很大比例，这种高比例直到 19 世纪 70 年代以后才开始下降。矿业公司股票也就成为证券交易所最早的工业证券品种。50 年代，在柏林与科隆的证券交易所就有来自莱茵兰和威斯特伐利亚地区矿业公司的股票。从此时开始，报纸也开始征引采矿公司股票买卖的相关数据。1870 年以后，为了使发行的股票等得到更多投资人关注，越来越多的股份公司在发行股票时，会向社会公众说明股票的相关信息，发布广告，这种发行方式越来越普遍。50 年代，在莱茵兰和威斯特伐利亚的股份公司中，还出现了包括法国和比利时的资本。这些外国资本大约占到这两个地区矿业股份公司资本总额的三分之一，这使德国的资本市场逐渐具有了国际化的特点。① 第二帝国成立以前，法兰克福证券交易所和汉堡证券交易所在德国资本市场处于领先地位。第二帝国成立以后，柏林证券交易所成为德国资本市场的中心。从 1885 年到 1913 年，柏林证券交易所的

---

① ［英］彼得·马赛厄斯、M. M. 波斯坦主编：《剑桥欧洲经济史》第 7 卷上册，徐强、李军、马宏生译，经济科学出版社 2004 年版，第 690—691 页。

交易收入分别是法兰克福交易所的 9 倍、汉堡证券交易所的 12 倍。①

德国对股份公司的监管是伴随着股份公司的大量出现而逐步建立起来的。1861 年颁行的商法将特许体系推广到各个州，明确了股份公司的双层管理体制，即公司必须建立监督委员会和管理委员会。全能银行是德国股份公司成立和上市的主要金融中介。② 在证券监管方面，除适用于所有股份公司的公司法外，全能银行几乎没有受到太多影响，因此发展很快。1870 年的《股份公司修订法案》虽然取消了特许体制，但双层委员会管理体制作为法定义务仍然得以保留。1871 年，因普法战争的胜利和第二帝国的成立，新一轮工业化浪潮袭来，德国经济进入了一个快速发展时期。由于政府取消了对成立股份公司的不当限制，股份公司开始如雨后春笋般迅速增加。1872 年，在德国证券交易所上市的股份公司达到 432家。③ 这一轮经济热潮持续了 3 年，1873 年爆发了经济危机，大量股份公司破产倒闭。由于对股份公司的股票上市交易还没有法律监管，因此，大量公司无须公布招股说明书就可以直接到证券交易所募集资本，出现了很多欺诈行为。1884 年，德国颁布了第二版《股份公司修订法案》，对股份公司的成立制定了新的规定，明确了股份公司对欺诈行为须承担的法律责任。要求公司每年公布损益情况，发布资产负债表。法案还严格区分了监督委员会和管理委员会的职责权限，明确监督委员会的监督职责以及对公司信用承担的法定责任。这部法案成为德国现代公司管理制度的基础，一

---

① Fohlin，C.，*Finance Capitalism and Germany's Rise to Industrial Power*，Cambridge：Cambridge University Press，2007，pp. 224 - 226.

② Franks，J.，Mayer，C. and Wagner，H. F.，"The Origin of the German Corporation - Finance，Ownership and Control"，2005，p. 3. https：//papers. ssrn. com/sol3/papers. cfm？abstract_ id =798347.

③ Franks，J.，Mayer，C. and Wagner，H. F.，"The Origin of the German Corporation - Finance，Ownership and Control"，2005，p. 4. https：//papers. ssrn. com/sol3/papers. cfm？abstract_ id =798347.

直实施到 1937 年。1870 年法案和 1884 年法案都要求股份公司的股本必须全额募集。新公司成立时，已募集的股本不能低于股本总额的 25%。如果发行的股票超过面值，则须上缴 50% 的资本收益。另外，法案要求招股说明书必须确定股份的募集周期，参加公司创立大会的股东数量不能低于规定比例。这两项法律还强化了全能银行在承销业务中的地位。由于全能银行承销证券需要大量预付资金，法案要求全能银行不仅要充实资本，还要广泛拓展分支机构，一定程度上促进了全能银行的发展，增强了全能银行对股份公司的影响。①

19 世纪 80 年代后期到 90 年代初，德国进入新一轮经济发展热潮，证券市场因此持续繁荣。到 1890 年，德国股份公司超过了 3000 家。结果，1891 年就发生了银行倒闭和股市泡沫破灭，经济危机爆发。谷物期货交易价格大幅下跌，农民对此叫苦不迭，对证券市场强烈不满，甚至要求中止证券交易所的业务，尤其是商品期货交易市场。这场危机使人们对证券投机和市场的无序产生了警惕，认识到应该对投资人进行更有效的保护，促使德国政府对金融市场的监管进行了深入反思。1892 年，德国成立了证券交易所调查委员会，开始调查针对证券市场的诸多指控，最终的目的是完善金融监管体系。1896 年，《证券交易所法》颁行，这是德国证券监管的里程碑。法案包括诸多规范证券发行和上市的具体条款。在普通私人公司改制为股份公司这一问题上，法案规定，私人公司进行商业登记后，在获得公司股票在证券交易所许可上市之前须有一年等待期，这一年要公布公司的资产负债表和损益状况。在证券交易所交易的股票必须是公司的全额股份。法案还建立了证券交易监管的新体制，成立了两个新机构：一个是法律机构，另一个是专家委员会，主要目的就是强化对新发行证券的

---

① Whale, P. B., *Joint Stock Banking in Germany*, London: Macmillan and Co., Limited, 1930, p. 43.

审核。法案还增强了涉及监管的具体实施环节以及受损方的相关法律流程，对受理证券发行审核的机构给予了较大的独立性。法案强化了1884年法案中关于法律责任的条款，要求证券承销人必须对证券发行过程中因信息错误或误导而对投资人造成的损害负责。法案还明确了投资人在证券交易所进行交易的证券最低数量标准，并努力减轻公司与投资人、证券承销人与投资人之间的信息不平衡。法案对期货交易进行了更为严格的控制：禁止涉及矿业和工业企业的期货交易，也禁止谷物和面粉制造领域的期货交易。这项严厉的禁止性规定实际上中止了柏林的商品期货交易，一定程度上也阻碍了现货市场的发展，反而将很多业务推向了全能银行。福林认为，法案实际上增强了全能银行相对于地方银行和私人银行的优势地位。由于无法开展期货交易，增加了人们对现金进而对银行贷款的需求，这又促进了德国银行业的进一步集中。①

# 小　结

德国是经济史研究中以"银行为基础的金融体系"的代表，德国的快速崛起引发了学术界的持续关注和深入研究。毫无疑问，德国的崛起是一个综合因素作用的过程，包括科技、资本、人口、地缘政治等，资本市场在这一过程中发挥了重要作用。德国的崛起，有两个主要的推动力量，一个是银行，另一个就是德国各级政府。银行为政府、社会提供资本，是资本市场的主要参与机构；政府通过资本市场筹集资本，不仅包括贷款市场，也包括债券市场。同时，政府还是推动社会经济发展的主要力量，尤其在基础设施建设领域。

---

① Fohlin, C., *Finance Capitalism and Germany's Rise to Industrial Power*, Cambridge: Cambridge University Press, 2007, pp. 231 – 233.

银行是德国资本市场除政府以外最重要的角色。整个 19 世纪，银行提供的长短期贷款构成了资本市场主要的资本供给。证券市场作为资本市场的一个组成部分，较之银行贷款市场规模要小很多。19 世纪上半期，德国处于工业革命的第一阶段，银行数量不多且规模有限，对经济发展的推动作用还不明显。证券市场规模更小，主要以公共债券为主，对工业发挥的作用还十分微小。19 世纪上半期，虽然德国农业获得长足发展，但工业从农业获得的投资有限。有产阶层更愿意投资国内外债券和不动产。由于早期工业企业投资规模小，工厂发起人主要依靠私人资本市场解决融资问题，资本大量来自商业阶层。工业企业主要依靠自身解决融资问题，这种情况一直持续到 19 世纪末。19 世纪下半期，尤其德意志第二帝国建立以后，德国金融体系发生巨大变化。全能银行兴起，证券市场获得快速发展，工业革命也进入第二阶段。以全能银行为主体的金融体系成为德国工业融资的重要来源。包括两个部分：一个是银行提供给工业企业的贷款，间接融资市场的数量十分巨大。另一个是来自银行对工业企业的直接投资。全能银行还承销国债、公债和企业债，将货币市场与资本市场紧密连接在一起。第二帝国建立以后，工业企业通过证券市场发行股票募集资本的情况越来越多，到 20 世纪初，交通运输业以外的工业企业在证券市场发行股票募集资本的规模已经超过了其他行业。但是，从整体资本规模看，直接融资仍然远远小于间接融资市场，股份资本对工业发展的贡献小于借贷资本。从这个角度说，德国确实是以"银行为基础的金融体系"。

德国政府与资本市场的关系十分紧密，并具有很大影响力。一方面，政府投资企业的现象非常普遍。从铁路时代开始，各邦国政府就直接投资铁路公司。交通运输业主要依靠政府资本。19 世纪三四十年代的铁路建设时期，由于投资规模巨大，政府在铁路建设中发挥了核心作用。铁路投资又带动了以煤炭、炼铁为代表的其他工业产业。各邦国政府对铁路公司投资巨大，并实施了国有化，到 20 世纪初期，90% 以上的铁路线由政府控制。同时，政府通过发行债券从资本市场获取资金。政府的债券融资主要用于军事开支和社会发展。德国政府对资本市场的监管较之其他发达国家更直接、更严格。工业化早期，政府通过股份公司法、税收政策等引导资本市场发展。到 19 世纪后半期，影响更为有效和直接。政府制定了一系列制度措施，防范市场风险，规范市场发展，例如《股份公司法》《证券交易所法》等。从历史上看，德国不仅是工业后发国家，也是金融业后发国家。或许出于后发优势，德国金融体系和资本市场的发展到 19 世纪末 20 世纪初走在了世界前列。当代一些学者批评英国、美国的金融体系暴露出的种种弊端，而对德国金融体系褒扬有加。从 20 世纪的金融监管发展历程来看，德国无疑是开启现代资本市场监管模式的先驱。

学术界对德国工业化的一个争论是，德国工业革命期间是否存在资本短缺的问题。早期经济史学家一般认为，资本短缺是阻碍德国经济发展的主要因素。所谓资本短缺，主要是就储蓄资源的绝对短缺而言。以后，随着研究的进一步深入，学术界对这个问题的认识发生了很大改变。人们逐渐认为，就使用政府贷款、铁路工程和其他非制造业资本的用途来说，德国的储蓄资源具有可获得性，这说明并非储蓄资源本身不足，而是将既定储蓄资源转换为工业资本的意愿与能力不足，这一点和法国极为相似。蒂利认为，德国资本的供给量一直以来都是充裕的，资本市场发展的关键问题并不在于资本供给，而在于资本需求。资本需求的主体、数量和规模对一国资本市场的形成起到关键作用。19 世纪初期，德国对资本的主要需求来自拿破仑战争的军费所需。为了集中资本，德国采取了限制私人资本需求的措施。拿破仑被打败后，政府的资本需求明显下降。到 50 年代，德国开始进入了铁路时代，铁路的发展促进了工业的进步，尤其是重工业。铁路建设和工业建设共同促进了资本需求的提升。[1] 储蓄没有对投资产生限制，在农业、贸易和基础设施领域都有大量投资，各邦国的债券也有很好的流动性，这显现出德国并不缺乏资本。到19世纪30年代，德国的利率水平仅为3.5%到4%。[2] 不过，一些研究显示，有的邦国和部分行业也确实面临过资本短缺。例如，对1870年后10年间所发生的企业倒闭事件的调查显示，在所有的企业倒闭原因中，资本短缺占12%，仅次于"来自企业家方面的能力缺乏""企业过度扩张"[3]。这说明资本短缺问题虽然并不普遍，但的确在一些部门产生过。

整体上看，德国资本市场的发展历史是政府和银行共同推动的结果，政府在其中发挥了引领、推动和监督的作用，本身也是资本市场的主要参与者。正如蒂利所言："政府对发行银行的政策，颁行的公司法，以及对证券交易所的监管，这些因素共同作用，帮助塑造了德国资本市场的历史发展过程。这一结果并非意味着'市场'的胜利或是'大银行'的胜利，而是二者综合发挥作用的结果。它是金融市场与大银行体系之间力量的巧妙平衡和相互作用。"[4]

---

① Tilly, R., "Public policy, capital markets and the supply of industrial finance in nineteenth – century German" in Sylla, R., Tilly, R. and Tortella, G. (edit), *The State, the Financial System and Economic Modernization*, Cambridge: Cambridge University Press, 1999, p. 135.

② Feldenkirchen, W., "Banking and Economic Growth: Banks and Industry in Germany in the Nineteen Century and Changing Relationship during Industrialization", in Lee, W. R. (ed), *German Industry and German Industrialization*, London and New York: Routledge, 1991, pp. 116 – 148.

③ ［英］彼得·马赛厄斯、M. M. 波斯坦主编：《剑桥欧洲经济史》第7卷上册，徐强、李军、马宏生译，经济科学出版社2004年版，第682—683页。

④ Tilly, R., "Public policy, capital markets and the supply of industrial finance in nineteenth – century Germany", in Sylla, R., Tilly, R. and Tortella, G. (ed), *The State, the Financial System and Economic Modernization*, Cambridge: Cambridge University Press, 1999, p. 141.

# 结　　论

通过对上述五国的分析，可得出以下几个基本结论。

第一，政府是近代以来各国资本市场起源和发展的主要推手。

各国资本市场的起源和发展，与大规模政府融资密不可分。虽然资本市场出现时间较早，但真正发展起来，则是在各国的崛起阶段，这与大规模战争有关。战争需要融资，融资需要资本市场。这一点，尤以荷兰、英国、美国最为明显，法国、德国次之。如果没有政府的大规模战争经费筹集，或者政府基于社会经济发展所需的筹资，资本市场很难快速发展起来。在荷兰，"尼德兰革命"前年金产品和资本市场早已有之，但和17世纪相比，产品品种和市场规模相对较小。"尼德兰革命"爆发后，因战争经费筹集形成了持续庞大的资本需求，进而推动了资本市场的快速提升和发展。随着东、西印度公司的建立和持续拓展，资本市场的产品品种更加丰富，市场规模迅速扩大，现代意义上的荷兰资本市场才得以形成。资本市场为多年的战争提供了持续不断的资金支持，既实现了投资人的增值期望，也满足了政府的融资需求，并为荷兰成为殖民大国创造了条件。英国的霸权地位主要是通过18世纪一系列对外战争确立的。这些战争持续时间长，耗资巨大。没有一个有效的资金筹措体系，就无法支持战争、赢得战争。英国金融革命的开端，就是为了筹集战争经费。从光荣革命到

18 世纪后期，英国先后投入"九年战争"、西班牙王位继承战、奥地利王位继承战、"七年战争"等，战争经费的主要来源是国债。大规模国债融资推动了英国资本市场的快速发展。有了资本市场的"输血"，英国也就获得了为赢得战争所必需的资金支持。法国资本市场的历史和荷兰、英国大不相同，最显著的特点就是：第一，法国资本市场的历史很早，至少不比荷兰晚；第二，无论是旧制度时期，还是帝国时期、共和国时期，政府管制显著。集中和控制是法国政府对社会和经济的一贯管理原则。在旧制度时期，资本市场一直停滞不前，翻来覆去的交易所管理没有带来任何技术进步和革命，只是完全服从于国王的融资需要。资本市场的真正发展，还是要到大革命以后。无论是政府的公债发行，还是股份公司的融资，资本市场随着法国的再次勃兴而发展起来。同时，政府对经济社会和资本市场的干预要远远大于荷兰、英国、美国。法国很早就出现了针对证券交易所的监管法令，从王权时期到第三共和国一直延续了这样的监管文化和传统。法国政府在交通运输业发展方面发挥了主导作用，不仅进行规划和设计，还进行直接投资，或者与私人资本合作共同建设。和荷兰、法国和英国相比，美国虽然建国很晚，但从一开始即建立了现代金融体系，主要是因为要偿还独立战争时期的借款。联邦政府发行了大规模新国债以偿付旧债，债券的发行和交易促成了美国现代资本市场的诞生。可以说，美国的现代金融体系是建国时代由联邦各级政府直接构建的。与法国相似，德国政府与资本市场的关系也非常紧密。从铁路时代开始，各邦国政府就直接投资企业，主要是铁路公司。到 19 世纪末，绝大部分铁路公司都由政府直接控制。政府基于发展社会经济与军备扩大而产生的巨大融资需求推动了德国资本市场的进步。

第二，债券市场和银行贷款市场是最主要的资本市场。股票市场发展相对较晚，规模和影响力远不及前两者。

从历史上看，各国资本市场的早期阶段，主要是包括国债在内的公债市场，以后还有银行贷款市场。无论从市场规模，还是从对国家和社会经济的贡献度来看，这两大市场，构成了这一阶段资本市场的主体。16—17世纪，荷兰资本市场的主体是政府公债市场，包括短期证券、终生年金，永续年金。17世纪以前，金融产品以短期债券为主，1600年以后，长期债券产品比例逐渐上升。东印度公司成立以后，资本市场出现了股票和股票衍生品。在英国，17世纪末到整个18世纪，英国的资本市场几乎就是国债市场。股份公司虽然已经出现，从17世纪末到南海泡沫的短短三十年时间先后经历了两次高潮，但无论是规模还是对英国崛起的贡献，都不可和国债市场同日而语。到19世纪70年代，英国国债仍然占据伦敦证券交易所证券市值70%的比例。法国同样如此。从旧制度时期一直到第三共和国，法国资本市场的主体就是债券市场。19世纪法国进入工业革命时代，工业股份公司很少，在证券交易所上市的主要是公共债券和铁路公司、银行等的股票，债券融资规模要远远大于股票融资。美国在金融革命后，债券市场和股票市场同时出现。股票市场不仅有合众国第一银行的股票，以后还逐渐出现了地方银行、保险公司、交通运输企业的股票。债券市场不仅包括国债市场，还包括各个州的公债市场，国债和州债还能在欧洲资本市场发行。美国的银行贷款市场也很发达。19世纪前30年，由于各州急于推动本地区社会经济发展，州银行获得快速发展。绝大部分州都允许设立州银行，很多州政府持有全部的银行股权。州政府通过准入控制，不仅影响银行的资本规模，还直接影响到银行的贷款政策，使银行的业务行为最大限度符合州的发展需要。到1836年时州银行的资本实力已是合众国银行的10倍，在基础设施建设、教育等领域发挥了重要作用。进入50年代，银行每年向社会提供的贷款总额通常高达5亿—6亿美元。债券市场和银行贷款市场构成了这一时期美国资本市场的主体。德国由于是后发国家，股票市场虽然发达，但债券市场和银行贷款市场规模更大，影响更深。银行是德国资本市场除政府以外最重要的角色。19 世纪上半期，德国处于工业革命的第一阶段，工业化刚刚兴起，银行数量不多且规模有限，因此对经济发展的推动作用还不明显。证券市场规模也很小，主要以公共债券为主，对工业发挥的作用几乎可以忽略不计。进入 19 世纪后半期，尤其是德意志第二帝国成立以后，股份全能银行开始兴起并迅速占据了德国金融体系的关键地位，为德国政府和工业提供贷款支持，并承销发行国债、公债和企业债，将货币市场与资本市场连接在一起。到 20 世纪初，德国银行提供的借贷资本是发行证券融资（含债券）规模的近 10 倍。整体上看，西方国家的兴起，主要依靠债券市场、银行贷款市场，而不是股票市场。股票市场的真正发展，要到 19 世纪末 20 世纪后，这与这些国家工业化的进程、工业发展结构等密切相关。

第三，地方资本市场对各国崛起及社会经济发展的推动作用非常关键。

西方主要国家的资本市场，都有一个从地方市场到中心市场集中的过程。这个过程，也是各国资本市场的起源和早期发展的关键时期。在这个时期，地方资本市场对各国崛起发挥了不可替代的作用。荷兰由于自身的政治结构，资本市场本身就是一个分散的市场。阿姆斯特丹市场一家独大，其他省也有自己的市场，全国不是一个统一的资本市场。不同区域之间，相同的证券产品往往还有不同的价格。英国工业革命时期，地方资本市场发挥的作用就更为明显。工业革命早期的建设资本主要来自商业资本和农业资本，当地商人和土地主是最早的工厂主。由于工厂规模不大，所需建设资金依靠发起人自我筹集即可获得。因此，当地的私人资本市场是早期资本的主要来源。随着工业和贸易发展的推动，各个地方的乡村银行随之出现，为工厂提供短期借款，主要是贴现贷款。地方私人资本市场和银行贷款市场是英国制造业最主要的融资市场。运河公司、铁路公司和银行、矿业公司等主要在各自区域和地方获得公共融资。随着地方资本市场规模日益扩大，几个大工业城市的证券交易所也随之发展起来，例如伯明翰、利兹、利物浦等。伦敦资本市场主要是国债市场，以后大铁路公司的股票、债券也逐渐向伦敦转移。从19世纪初期到19世纪中期，伦敦成为国际金融中心，为国际融资提供服务。因此，伦敦资本市场虽然是本国的资本集散地，但并非英国工业融资的主要和唯一的场所。法国工业革命阶段，工业企业的发起发展和英国相似，所需资金主要是在当地私人资本市场解决。这与工业企业的地域性和规模较小的特点相一致，这一情况持续到20世纪初。在美国，地方资本市场从一开始就发展很快。随着国债的大量发行，股份公司的持续建立，费城、纽约、波士顿等地资本市场发展很快，也都成立了自己的证券交易所，为当地企业提供融资和证券流通服务，尤其是银行业、保险业和交通运输业等。除了股票和债券市场，各州的银行也为本地企业和机构提供资本，推动了当地的社会经济发展。和上述四国相似，工业革命早期到德意志帝国成立以前，德国工业企业发展主要是依靠各邦国的地主、农民和各级政府。在交通运输业，各邦国政府更是主力。从这个意义上讲，仍然是各地资本市场促进了德国早期的工业化。德意志帝国成立以后，由于普鲁士"一邦独大"，柏林作为全国资本市场的地位很快形成。法兰克福曾是德国最早的金融中心，但主要是发行政府债券，帝国成立以后很快将金融中心的位置让给柏林。需要指出，到19世纪末20世纪初期，上述各国地方资本市场的业务都有向中心资本市场集中的趋势，但阿姆斯特丹自19世纪后已无法和伦敦、巴黎、纽约和柏林相提并论。后4个城市不仅成为本国的金融中心，也成为世界金融中心。

# 参考文献

一 英文著作

Alborn, T. L., *Conceiving Companies*: *Joint – stock politics in Victorian England*, London and New York: Routledge, 1998.

Aoki, Masahiko, and Hugh, Patrick., *The Japanese Main Bank System*, *Its Relevance for Developing and Transformation Economies*, Oxford: Oxford University Press, 1994.

Andre Liesse, *Evolution of Credit and Banks of France to the Present Time*, Washington: Government Office, 1909.

Brewer, J., *The Sinews of Power*: *War*, *Money and the English State*, *1688 – 1783*, London: Unwin Hyman, 1994.

Blume, M. E., Siegel, J. J. and Rottenberg, D., *Revolution on Wall Street*, New York and London: W. W. Norton & Company, 1993.

Bayliss, B. T., Buttpilip, A. A. S., *Capital Markets and Industrial Investment in Germany and France*, Westmead, Farnborough, Hampshire: Saxon House, 1980.

Carruthers, B. G., *City of Capital*, *Politics and Markets in the English Financial Revolution*. Princeton: Princeton University Press, 1996.

Cottrell, P. L. , *Industrial Finance 1830 – 1914*, London: Methuen & Co. Ltd. , 1980.

Carswell, J. , *The South Sea Bubble*, London: Cresset Press, 1960.

Cummings, J. W. , *Toward Modern Public Finance: The American war with Mexico, 1846 – 1848*, London: Pickering & Chatto, 2009.

Chaddock, R. E. , *The Safty Fund Banking System in New York, 1829 – 1866*, Washington, D. C. : Government Printing Office, 1910.

Dean, P. , *The First Industrial Revolution*, Cambridge: Cambridge University Press, 1979.

Dale, R. , *The First Crash: Lessons from The South Sea Bubble*, Princeton and Oxford: Princeton University Press, 2004.

Dewey, D. R. , *State Banking before the Civil War*, Washington: Government Printing Office, 1910.

Ehrenberg, R. , *Capital and finance in the Age of the Renaissance*, translated from the Germany by H. M. Lucas, London: Jonathan cape, 1928.

Edwards, J. , Fischer, K. , *Banks, finance and investment in Germany*, Cambridge: Cambridge University Press, 1993.

Fisk, H. E. , *English Public Finance: From the Revolution of 1688*, New York: Banks Trust Company, 1920.

Fohlin, C. , *Finance Capitalism and Germany's Rise to Industrial Power*, Cambridge: Cambridge University Press, 2007.

Geisst, C. R. , *Wall Street: A History*, Oxford: Oxford University Press, 1997.

Hecksher, E. , *Mercantilism*, trans. By M. by Shapiro, London: Allen and Unwin, 1935.

Harris, R. , *Industrialization England Law: Entrepreneurship and Business Or-*

*ganization*, *1720 – 1844*, Cambridge: Cambridge University Press, 2000.

Higgs, R., *Crisis and leviathan: Critical Episodes in the Growth of American Government*, New York: Oxford University Press, 1987.

Israel, J. I., *Dutch Primacy in world Trade*, *1585 – 1740*, Oxford: Oxford University Press, 1989.

Kennedy, W. P., *Industrial structure, capital markets and the origins of British economic decline*, Cambridge: Cambridge University Press, 1987.

Knowles, L. C. A., *Economic Development in the Nineteen Century*, London: George Routledge $ Sons, Lted.

Levi, M., *Of Rule and Revenue*, Berkeley: University of California Press, 1988.

Lee, W. R., *German Industry and German Industrialization*, London and New York: Routledge, 1991.

Michie, R. C., *The London Stock Exchange: A history*, Oxford: Oxford University Press, 1999.

Mathias, P., *The First Industrial Nation, the Economic History of Britain 1700 – 1914*, second edition, London: Routledge, Taylor and Francis Group, 1983.

Mackenzie, K., *The Banking Systems of Great Britain, France, Germany, and The United States of American*, London: Macmillan and Co. Ltd., 1945.

Maurice Patron, *The Bank of France in Its Relation to National and International Credit*, Washington: Government Printing Office, 1910.

Nevin, E., *The Problem of The National Debt*, Cardiff: University of Wales Press, 1954.

Northrop, M. B., *Control Policies of the Reichsbank 1924 – 1933*, New York:

Columbia University Press, 1938.

Petram, L. O. , *The world's first exchange: how the Amsterdam market for Dutch East India Company shares became a modern securities market, 1602 – 1700*, Academisch Proefschrift, University of Amsterdam, 2010.

Paul, H. J. , *The South Sea Bubble: An Economic History of Origins and Conse-quences*, London and New York: Taylor & Francis Group, 2011.

Riley, J. C. , *International government finance and the Amsterdam capital market 1740 – 1815*, Cambridge: Cambridge University Press, 1980, http//: ro. now. edu/theses/3329.

Roberts, R. , Kynaston, D. , *The Bank of England: Money, Power and Influ-ence 1694 –1994*, Oxford: Clarendon Press, 1994.

Rockoff, Hugh. , *The free banking era: Are – examination*, New York: Arno Press, 1975.

Risser, J. , *The German Great Banks and Their Concentration*, Washington: Government Printing Office, 1911.

Scott, W. R. , *The Constitution and Finance of English, Scottish and Irish Joint – Stock Companies to 1720*, London: Cambridge University Press, 1912.

Schumpeter, J. A. , *The Theory of Economic Development: A Inquiry into Profits, Capital, Investment, and the Business Cycle.* Cambridge, MA: Harvard Uni-versity Press, 1911.

Tracy, J. D. , *A financial revolution in the Habsburg Netherlands: renten and ren-teniers in the country of Holland, 1515 – 1585*, Berkeley: University of Cali-fornia Press, 1985.

Taylor, G. R. (edited), *Hamilton and the National Debt*, Boston: D. G. Heath and Company, 1950.

Ward, J. R. , *The Finance of Canal Building in Eighteenth – Century England.* Oxford: Oxford University Press, 1974.

White, H. , *Money and Banking*, Boston: Ginn and Company, 1914.

Whale, P. B. , *Joint Stock Banking in Germany*, London: Macmillan and Co. , Limited, 1930.

Wells, L. R. , *Industrial History of the United States*, New York: The Macmillan Company, 1924.

Wallerstein, L. , *The Modern World System* Ⅱ , *Mercantilism and the Consolidation of the Europe World – Economy*, *1600 – 1750*, Academic Press, 1980.

Taylor, G. R. , *The Transportation Revolution 1815 – 1860*, New York: Harper & Row, Publisher, 1952.

Thompson, I. A. A. , *War and government in Habsburg Spain*, *1560 – 1620*, London: Athlone Press, 1976.

Sechrest, L. J. , *Free Banking*: *Theory*, *History*, *and a Laissez – Faire Model*, Westport: Quorum Books, 1993.

Supple, *The Royal Exchange Assurance*: *A history of British Insurance 1720 – 1970*, Cambridge: Cambridge University Press, 1970.

Sylla, R. and Tilly, R. , Tortella, G. ( eds. ), *The state*, *the Financial System and Economic Modernization.* Cambridge: Cambridge University Press, 1999.

Remini, R. V. , *Andrew Jackson and the Bank War*: *A Study in the Growth of Presidential Power*, New York: W. W. Norton and Company, 1967.

Redlich, F. , *The Molding of American Banking*: *Men and Ideas*, 2 parts, New York: Johnson Reprint Company, 1968.

Richards, R. D. , *The Early History of Banking in England*, London: P. S. King

& Son, Ltd. , 1929.

Roberson, J. S. , *Capitalism and accounting in the Dutch East India Company 1602 – 1623: an historical study of determining and practices*, Doctor of Philosophy thesis, School of Accounting and Finance, University of Wollongong, 2011.

Pressnell, L. , *Country Banking in the Revolution*, Oxford: Oxford University Press, 1956.

Poitras, G. , *The Early History of Financial Economics, 1478 – 1776*, Cheltenham: Edward Elagar, 2000.

O'Brien, P. (ed. ), *Railways and the Economic Development of Western Europe 1830 – 1914*, Oxford: St Antony's College, 1983.

North, D. C. , *The Economic Growth of the United States: 1790 – 1860*, Englewood cliffs: Prentice – Hall, Inc. , 1961.

Neal, L. , *The rise of financial capitalism. International capital markets in the Age of Reason*, Cambridge: Cambridge University Press, 1990.

Macdonald, S. B. , Gastmann, A. L. , *A History of Credit and Power in the Western World*. New Brunswick: Transaction Publishers, 2001.

Mccraw, T. , *The Founders and Finance*, Cambridge: The Belknap Press of Harvard University Press, 2012.

Murphy, A. L. , *The Origins of English Financial Markets: Investment and Speculation before the South Sea Bubble*, Cambridge: Cambridge University Press, 2009.

Marolein' T hart, Joost Jonker and Jan Luiten Van Zanden. , *A financial history of The Netherlands*, Cambridge: Cambridge University Press, 1997.

Leckie, R. , *From Sea to Shining Sea: From the War of 1812 to the Mexican*

*War*: *The Saga of American's Expansion*, Harper Perennial, 1994.

Land, P. , *The Industrial Revolution*: *The Britain of the Modern Age*, London: Book Club Associate, 1978.

Kaplan, E. S. , *The Bank of the United States and the American Economy*, Westport: Greenwood Press, 1999.

Jensen, M. , *The New Nation*: *A history of the United States during the Confederation*, *1781 – 1789*, New York: Alfred A. Knopf, 1967.

Holdsworth, J. T. and Dewey, D. R. , *The First and Second Banks of the United States*, Washington: Government Printing Office, 1910.

Hammnod, B. , *Banks and Politics in American*, Princeton: Princeton University Press, 1985.

Hooker, M. T. , *The history of Holland*, London: Greenwood Press, 1999.

Hargreaves, E. L. , *The National Debt*, London: Edward Arnold & Co. , 1930.

Gras, N. S. B. , *The Massachusetts First National Bank of Boston*, *1784 – 1934*, Cambridge: Cambridge University Press, 1937.

Fogel, R. W. , *Railroads and American Economic Growth*, Baitimore and London: The Hopkins Press, 1964.

Floud, R. and Johnson, P. (eds. ), *The Cambridge Economic History of Modern Britain*, Cambridge: Cambridge University Press, 2004.

E. Vidal, *The History and Methods of the Paris Bourse*, Washington: Government Printing Office, 1910.

Davis, L. E. , Cull, R. J. , *International Capital markets and American economic growth*, *1820 – 1914*, Cambridge: Cambridge University Press, 1994.

Dewey, D. R. , *Financial History of The United States*, New York: Longmans, Green and Co. , 1918.

Dean, P. and Cole, W. A., *British Economic Growth: 1688 – 1959 Trends and Structure*, Cambridge: Cambridge University Press, 1969.

Dickson, P. G. M., *The financial revolution in England: a study in the development of public credit, 1688 – 1756*, New York: St. Martin's Press, 1967.

Carosso, V. P., *Investment Banking In American: A history*, Harvard: Harvard University Press, 1970.

Chandaman, C. D., *The English Public Revenue, 1660 – 1688*, Oxford: Clarendon Press, 1975.

Chaudhuri, K. N., *The English East India Company: The Study of an Early Joint – Stock Company 1600 – 1640*, Volume Ⅵ, London and New York: Routledge/Thoemmes Press.

Clough, S. and Rapp, R., *European Economic History*, New York: McGraw – Hill, 1975.

Borchardt, K., *Perspectives on modern German economic history and policy*, Cambridge: Cambridge University Press, 1991.

Bodenhorn, H., *A history of Banking in Antebellum America*, Cambridge: Cambridge University Press, 2004.

Banner, S., *Anglo – American Securities Regulation*, Cambridge: Cambridge University Press, 1998.

Banks, E., *The Rise and Fall of The Merchant Banks*, London: Kogan Page Ltd., 1999.

Alfred Neymarck, *The Bank of France in Its Relation to National and International Credit*, Washington: Government Printing Office, 1910.

Arthur Louis Dunham, *The Industrial Revolution in France 1815 – 1848*, New York: Expositon Press, 1955.

Andreades, A. , *History of the Bank of England*, translated by Meredith, C. , Third Edition, London: P. S. King & Son, Ltd. , 1935.

Ashton, T. S. , *The Industrial Revolution 1760 – 1830*, Oxford: Oxford University Press, 1948.

Abe de Jong, Jonker, J. and Roell. A. , *Dutch Corporate Finance*, *1602 – 1850*, http: //repub. eur. nl/pub/40333/ERS – 2013 – 008 – F&A. pdf.

Atack, J. and Neal, L. (eds. ), *The Origin and Development of Financial Markets and Institutions from the Seventeenth Century to the Present.* Cambridge: Cambridge University Press, 2009.

## 二 英文论文

Carlos, A. M. , Neal, L. , "Amsterdam and London as financial centers in the eighteenth century", *Financial History Review*, Vol. 18, No. 1, 2012.

Carlos, A. M. , J. Key and J. L. Dupree. , "Learning and the creation of stock – market institutions: evidence from the Royal African and Hudson's Bay Companies, 1670 – 1700", *The Journal of Economic History*, Vol. 58, 1998.

Carlos, A. M. and L. Neal, L. , "The micro – foundations of the early London capital market: Bank of England shareholders during and after the South Sea Bubble, 1720 – 1725", *Economic History Review*, Vol. 59, 2006.

Duckham, B. F. , "Canal and River Navigations", in Aldcroft, D. H. and Freeman, M. J. (ed. ), *Transport in the Industrial Revolution*, Manchester: Manchester University Press, 1983.

Edwards, J. , Ogilivie, S. , "Universal banks and German industrialization: a reappraisal", *Economic History Review*, 1996.

Fritschy, W. , "Taxation in Britain, France and Netherlands in the eighteen century", *Economic and Social History in the Netherlands*, Vol. 2, 1990.

Feldenkirchen, W., "Banking and Economic Growth: Banks and Industry in Germany in the Nineteen Century and Changing Relationship during Industrialization", in Lee, W. R. (ed), *German Industry and German Industrialization*, London and New York: Routledge, 1991.

Gelderblom, O. and Joost, J., "Completing a financial revolution. The Finance of the Dutch East India trade and the rise of the Amsterdam capital market", *Journal of Economic History*, Vol. 64, 2004.

Goetzmann, W. N. and Rouwenhorst, K. G., "Perpetuities in the Stream of History" In W. N. Goetzmann and K. Geert Rouwenhorst (eds.), *The Origins of Value: The Financial institutions that Created Modern Capital Markets*. New York: Oxford University Press, 2005.

Greenwood, J., Jovanovic, B., "Financial Development, Growth, and the Distribution of Income", *Journal of Political Economy*, Vol. 98, 1990.

Gurley, J. G. and Shaw, E. S., "Financial Aspects of Economic Development", *American Ecnomic Review*, Vol. 45, No. 4, 1955.

Hartwell, R. M., "The take – off in Britain", in W. W. Rostow, *The Economics of Take – off into Sustained Growth*, Macmillan, 1965.

Jones, S., "The Cotton Industry and Joint – Stock Banking in Manchester, 1825 – 1850", *Business History*, Jul, Vol. 20, Issue 2, 1978.

Krooss, H. E., "Financial Institutions", In *The Growth of American Seaport Cities, 1790 – 1825*, Edited by David T. G., Charlottesville: University Press of Virginia, 1967.

King, G. G., Levine, R., "Finance, entrepreneurship, and growth: theory and evidence", *Journal of Monetary Economics*, Vol. 32, 1993.

Neal, L. , "Venture Shares of Dutch East India Company", In W. N. Goetzmann and K. Geert Rouwenhorst (eds. ), *The Origins of Value: The Financial institutions that Created Modern Capital Markets*. New York: Oxford University Press, 2005.

Newton, L. and Cottrell, P. L. , "Joint – Stock Banking in the English Provinces 1826 – 1857: To Branch or Not to Branch?", *Business and Economic History*, Vol. 27, No. 1, 1998.

North, D. C. and Weingast, B. W. , "Constitutions and Commitment: The Evolution of Institutions Governing Pubnlic Choice in Seventeenth – Century England." *Journal of Economic History*, Vol. 49, 1989.

Postan, M. M. , "Recent Trends in the Accumulation of Capital", *The Economic History Review*, Vol. 6, No. 1, 1935.

Patrik, H. , "Financial Development and Economic Growth in Under – developed Conutries", *Economic Development Culture Change*, Vol. 14, 1996.

Quinn, S. , "Money, finance and capital markets", in Floud, R. and Jonnson, P. (ed), *The Cambridge Economic History of Modern Britain*, Vol. I , Cambridge: Cambridge University Press, 2004.

Rockoff, Hugh, "New evidence on free banking in the United States", *American Economic Review* , Vol. 75, 1985.

Sokoloff, K. L. , "Investment in Fixed and Working Capital During Early Industrialization: Evidence from U. S. Manufacturing Firms", *Journal of Economic History*, Vol. 44, 1984.

Steensgaard, N. , "The Dutch East India Company as an Institutional Innovation", In *Dutch Capitalism and World Capitalism*, edited by M. Aymard, Cambridgge: Cambridge University Press, 1982.

Singh, A., "Financial liberalization, stock – markets and economic development", *Economic Journal*, Vol. 107, 1997.

Tilly, R., "Public policy, capital markets and the supply of industrial finance in nineteenth – century Germany", in Sylla, R., Tilly, R. and Tortella, G. (ed), *The State, the Financial System and Economic Modernization*, Cambridge: Cambridge University Press, 1999.

Williamson, J. G., "Why Was British Growth So Slow during the Industrial Revolution?" *Journal of Economic History*, Vol. 44, No. 3, 1984.

Vitols, S., "The Origins of Bank – based and Market – based Financial Systems: Germany, Japan, and the United States", WZB Discussion Paper, No. FS I 01 – 302, 2001.

Tracy, J. D., "Keeping the wheels of war turning: revenues of the province of Holland, 1572 – 1609", in G. Darby, ed., *New studies on the Dutch Revolt*, 2001.

Sylla, R., "Federal Policy. Banking Market Structure, and Capital Mobilization in the United States, 1863 – 1913", *Journal of Economic History*, Vol. 29, No. 4, 1969.

Schremmer, D. E., "Taxation and public finance: Britain, France and Germany", *the Cambridge Economic History*, VIII, Cambridge: Cambridge University Press, 1989.

Sylla, R., "Forgotten Men of Money: Private Bankers in Early U. S. History", *Journal of Economic Hisotry*, Vol. 36, No. 1, 1976.

Sylla, R., Legler, J. and Wallis, J. J., "Bank and State Public Finance in the New Republic: The Unite States, 1790 – 1860", *Journal of Economic History*, Vol. 37, 1987.

Rolnick, A. J. , and Weber, W. E. , "The free banking era: New evidence on laissez – faire banking", *Federal Reserve Bank of Minneapolis Staff Report*, Vol. 80, 1982.

Quinn, S. , "The Glorious Revolution's effect on English private finance: a microhistory, 1680 – 1705", *Journal of Economic History*, Vol. 61, 2001.

Pagano, M. , "Financial Markets and Growth: An Overview", European Economic Review, Vol. 37, No. 3, 1993.

Patterson, M. and David, R. "The Effect of the Bubble Act on the Market for Joint Stock Shares. " *The Journal of Economic History*, Vol. 50, No. 1, 1990.

Peter, T. and Hans – Joachim Voth, "Credit Rationing and Crowding Out during the Industrial Revolution: Evidence from Hoare's Bank, 1702 – 1862", *Explorations in Economic History*, Vol. 42, No. 3, 2005.

Neuburger, H. , Stocks, H. H. , "German banks and German Growth, 1883 – 1913: an empirical view", *Journal of Economic History*, Vol. 34, 1974.

Neal, L. , "The evolution of self – and state – regulation of the London Stock Exchange, 1688 – 1878", In D. Ma and J. L. van Zanden (eds. ), *Law and Economic Development: A Comparative Historical Perspective*, Stanford: Stanford University Press, 2011.

Neal, L. , "Financial Crisis of 1825 and Constructing British Financial System", *Review*, May/June, 1998.

Kuznets, S. , "Foreing Enomic Relations of the United States and Their Impact upon the Domestic Economic: A Review of Long Term Trends", *Proceedings of the American Philosophical Society*, Vol. 92, No. 233, 1948.

Jeffreys, J. B. , "Trends in Business Organisation in Great Britain since 1856", Ph. D. thesis, University of London, 1938.

Harris, R. , "The Bubble Act: Its Passage and Its Effects on Business Organiza-
tion", *The Journal of Economic History*, Vol. 54, No. 3, 1994.

Harris, R. , "Government and the Economy, 1688 – 1850", *The Cambridge
Economic History of Modern Britain*, Vol. 1, 2004.

Grossman, S. J. , Stiglitz, J. , "On the Impossibility of Informationally Efficient
Markets", *American Economic Review*, Vol. 70, 1980.

Gelderblom, O. and Jonker, J. , "Amsterdam as the cradle of modern futures
and options trading, 1550 – 1650", in W. N. Goetzmann and K. Geert Rou-
wenhorst (eds. ), *The Origins of Value: The Financial institutions that Created
Modern Capital Markets*, New York: Oxford University Press, 2005.

Gelderblom, O. and Jonker, J. , "With a view to hold: the emergence of institu-
tional investors on the Amsterdam securities market during the seventeen and
eighteen centuries", in J. Atack and L. Neal (eds. ), *The Origin and Develop-
ment of Financial Markets and Institutions from the Seventeenth Century to the
Present*, Cambridge and New York: Cambridge University Press, 2009.

Gelderblom, O. , "The Gold Age of the Dutch Republic", in W. Baumol, D.
Landes, and J. Mokyr (eds. ), *History of Entrepreneurship*, Princeton: Prin-
ceton University Press, 2008.

Fremdling, R. , "German", in P. O'Brien (ed. ), *Railway and the Economic
Development of Western Europe*, New York: St. Martin's Press, 1983.

Fritschy, W. , "A financial revolution reconsidered. Public finance in Holland
during the Dutch Revolt, 1568 – 1648", *Economic History Review*, Vol. 56,
2003.

Davis, L. E. , "The Investment Market, 1870 – 1914: The Evolution of a Na-
tional Market", *Journal of Economic History*, September, 1965.

Cameron, R., "England, 1750 – 1844", in Cameron, R., Crisp, O., Patrick, H. T., and Tilly, R., eds., *Banking in the Early Stages of Industrialization: A study in Comparative Economic History*, New York: Oxford University Press, 1967.

Carlos, A. M. and Neal, L., "Amsterdam and London as financial centers in the eighteenth century", *Financial History Review*, Vol. 18, No. 1, 2011.

Crouzet, F., "Capital Formation in Great Britain during the Industrial Revolution", in Crouzet (ed.) *Capital Formation in the Industrial Revolution*, London: Methuen & Co., Ltd., 1972.

Carlos, Ann M. and Neal, L., "Amsterdam and London as financial centers in the eighteenth century", *Financial History Review*, Vol. 18, No. 1, 2011.

Bodenhorn, H., "Private Banking in Antebellum Virginia: Thomas Branch & Sons of Petersburg", *Business History Review*, Vol. 71, No. 4, 2000.

Boot, A., Thakor, A. V., "Financial Systems Architecture", *Review of Financial Studies*, Vol. 10., No. 3, 1997.

## 三　中文著作

楚树龙、荣予:《美国政府和政治》,清华大学出版社 2012 年版。

丁建弘:《德国通史》,上海社会科学出版社 2012 年版。

齐世荣、钱乘旦、张宏毅:《15 世纪以来世界九强兴衰史》,人民出版社 2009 年版。

钱乘旦、许洁明:《英国通史》,上海社会科学出版社 2012 年版。

施诚:《中世纪英国财政史研究》,商务印书馆 2010 年版。

王正毅:《世界体系与国家兴衰》,北京大学出版社 2006 年版。

巫云仙:《德国企业史》,社会科学文献出版社 2013 年版。

徐滨：《英国工业革命中的资本投资和社会机制》，天津社会科学出版社 2011 年版。

张艺联：《法国通史》，北京大学出版社 2009 年版。

## 四　译著

［德］奥拓·冯·俾斯麦：《思考与回忆——俾斯麦回忆录》，杨德友、同鸿印等译，生活·读书·新知三联书店 2006 年版。

［德］赫尔穆特·沃尔曼：《德国地方政府》，陈伟译，北京大学出版社 2005 年版。

［德］卡·洛贝尔图斯：《关于德国国家经济状况的认识》，斯竹、陈慧译，商务印书馆 2013 年版。

［德］鲁道夫·希法亭：《金融资本》，福民、王辅民等译，商务印书馆 2007 年版。

［法］保尔·芒图：《十八世纪产业革命》，杨人楩等译，商务印书馆 1983 年版。

［法］布罗代尔：《15 至 18 世纪的物质文明、经济和资本主义》，生活·读书·新知三联书店 1997 年版。

［法］萨伊：《政治经济学概论》，陈福生、陈振骅译，商务印书馆 1997 年版。

［荷］马尔滕·波拉：《黄金时代的荷兰共和国》，金海译，中国社会科学出版社 2013 年版。

［荷］马克·T.胡可：《荷兰史》，黄毅翔译，中国出版集团东方出版中心 2009 年版。

［美］保罗·肯尼迪：《大国的兴衰：1500—2000 年的经济变迁与军事冲突》，陈景彪等译，国际文化出版公司 2005 年版。

［美］彼得·古勒维奇：《艰难时事下的政治——五国应对世界经济危机的政策比较》，袁明旭、朱天飚译，吉林出版集团有限责任公司 2009 年版。

［美］查尔·P.金德尔伯格：《西欧金融史》，徐子健、何建雄、朱忠译，中国金融出版社 2007 年版。

［美］查尔斯·A.比尔德、玛丽·R.比尔德：《美国文明的兴起》，许亚芬译，商务印书馆 2012 年版。

［美］查尔斯·R.盖斯特：《华尔街投行百年史》，寇彻、任晨晨译，机械工业出版社 2013 年版。

［美］查尔斯·P.金德尔伯格：《疯狂、惊恐和崩溃——金融危机史》，朱隽、叶翔译，中国金融出版社 2010 年版。

［美］查尔斯·P.金德尔伯格：《世界经济霸权 1500—1990》，高祖贵译，商务印书馆 2003 年版。

［美］道格拉斯·C.诺思：《经济史中的结构与变迁》，陈郁、罗华平等译，上海三联书店、上海人民出版社 1994 年版。

［美］道格拉斯·C.诺思：《制度、制度变迁与经济绩效》，杭行、韦森译，格致出版社、上海人民出版社 2016 年版。

［美］道格拉斯·C.诺思、罗伯斯·托马斯：《西方世界的兴起》，厉以平、蔡磊译，华夏出版社 2009 年版。

［美］房龙：《荷兰共和国兴衰史》，施诚译，河北教育出版社 2002 年版。

［美］弗朗西斯·福山：《政治秩序的起源——从前人类到法国大革命》，毛俊杰译，广西师范大学出版社 2012 年版。

［美］弗雷德里克·希尔、约翰·穆迪：《华尔街传奇》，秦传安译，上海财经大学出版社 2008 年版。

［美］海伦·米尔纳：《利益、制度与信息：国内政治与国际关系》，曲博

译、王正毅校，上海世纪出版集团 2010 年版。

［美］汉密尔顿、杰伊、麦迪逊：《联邦党人文集》，程逢如、在汉、舒逊译，商务印书馆 1985 年版。

［美］赫尔曼·M.施瓦茨：《国家与市场——全球经济的兴起》，徐佳译，凤凰出版传媒集团、江苏人民出版社 2008 年版。

［美］肯尼思·华尔兹：《人、国家与战争——一种理论分析》，信强译，上海世纪出版集团 2012 年版。

［美］罗伯特·基欧汉：《霸权之后——世界政治经济中的合作与纷争》，苏长和、信强、何曜译，苏长和校，上海世纪出版集团 2012 年版。

［美］罗伯特·吉尔平：《全球政治经济学：解读国际经济秩序》，杨宇光、杨炯译，上海世纪出版集团 2006 年版。

［美］普莱斯·费希拜克等：《美国经济史新论——政府与经济》，张燕、郭晨、白玲等译，中信出版社 2003 年版。

［美］乔纳森·休斯、路易斯·P.凯恩：《美国经济史》，邸晓燕、邢露译，北京大学出版社 2011 年版。

［美］斯蒂芬·哈格德：《亚洲金融危机的政治经济学》，刘丰译，吉林出版集团有限责任公司 2009 版。

［美］沃勒斯坦：《现代世界体系》，郭方、刘新成、张文刚译，高等教育出版社 1998 年版。

［美］悉尼·霍默、理查德·西勒：《利率史》，肖新明、曹建海译，中信出版社 2010 年版。

［美］亚历山大·格申克龙：《经济落后的历史透视》，张凤林译，商务印书馆 2009 年版。

［美］亚历山大·温特：《国际政治的社会理论》秦亚青译，上海世纪出版集团 2008 年版。

［美］约翰菲尔林：《美利坚是怎样炼成的》，王晓平、赵燕、黑黔译，商
　　务印书馆 2015 年版

［美］约翰·S.戈登：《伟大的博弈：华尔街金融帝国的崛起（1653—
　　2011)》，祁斌译，中信出版社 2011 年版。

［美］约翰·齐斯曼：《政府、市场与增长》，刘娟凤、刘骥译，吉林出版
　　集团有限责任公司 2009 年版。

［美］约翰·H.伍德：《英美中央银行史》，陈晓霜译，上海财经大学
　　2011 年版。

［美］詹姆斯·柯比·马丁、兰迪·罗伯茨等：《美国史》，范道丰、柏
　　克、曹大鹏、沈愈、杜梦纲译，商务印书馆 2014 年版。

［美］兹比格纽·布热津斯基：《大棋局——美国的首要地位及其地缘战
　　略》，上海世纪出版集团 2007 年版。

［日］富田俊基：《国债的历史：凝结在利率中的过去和未来》，彭曦、顾
　　长江、曹雅洁、韩秋燕、王辉译，南京大学出版社 2011 年版。

［瑞］尤瑟夫·凯西斯：《资本之都：国际金融中心变迁史》，陈晗译，中
　　国人民大学出版社 2011 年版。

斯坦利·L.恩格尔曼、肯尼思·L.索科洛夫主编：《剑桥美国经济史》，
　　高德步、王珏总译校，王珏、李淑清主译，中国人民大学出版社 2008
　　年版。

［匈］卡尔·波兰尼：《巨变》，黄树民译，社会科学文献出版社 2013
　　年版。

［英］阿瑟·刘易斯：《经济增长理论》，周师铭等译，商务印书馆 1999
　　年版。

［英］爱德华·钱塞勒：《金融投机史》，姜文波译，机械工业出版社出版
　　2013 年版。

［英］M.M.波斯坦等主编：《剑桥欧洲经济史》，王春法主译，经济科学出版社 2003 年版。

［英］J.S.布朗伯利编：《新编剑桥世界近代史》，中国社科院世界历史研究所编译，中国社会科学出版社 2008 年。

［英］查尔斯·古德哈特：《古德哈特货币经济学文集》，徐子健、何建雄、朱忠译，何建雄校，中国金融出版社 2011 年版。

［英］克拉潘：《1815—1914 年法国和德国的经济发展》，傅梦弼译，商务印书馆 1965 年版。

［英］克拉潘：《现代英国经济史》，姚曾廙译，商务印书馆 2014 年版。

［英］马歇尔：《货币、信用与商业》，叶元龙、郭家麟译，商务印书馆 1997 年版。

［英］尼尔·弗格森：《帝国》，雨珂译，中信出版社 2012 年版。

［英］尼尔·弗格森：《纸与铁》，贾冬妮、张莹译，中信出版社 2012 年版。

［英］沃尔特·白芝浩：《伦巴第街——货币市场记述》，沈国华译，上海财经大学出版社 2008 年版。

［英］约翰·罗：《论货币和贸易》，朱泱译，商务印书馆 2007 年版。